厦门大学

哲学社会科学繁荣计划

2011—2021

本书的出版得到厦门大学哲学社会科学繁荣计划的资助，特此鸣谢。

中国品牌

CHINESE BRANDS

【家电卷】

厦门大学品牌与广告研究中心　编

厦门大学出版社
XIAMEN UNIVERSITY PRESS
国家一级出版社
全国百佳图书出版单位

图书在版编目(CIP)数据

中国品牌. 家电卷/厦门大学品牌与广告研究中心编. —厦门:厦门大学出版社,2018.5
ISBN 978-7-5615-6866-8

Ⅰ.①中… Ⅱ.①厦… Ⅲ.①品牌-中国-百科全书②家电工业-品牌-中国-百科全书
Ⅳ.①F279.23-61②F426.619-61

中国版本图书馆 CIP 数据核字(2018)第 000666 号

出 版 人 郑文礼
责任编辑 刘 璐
封面设计 李嘉彬
技术编辑 朱 楷

出版发行 厦门大学出版社
社 址 厦门市软件园二期望海路 39 号
邮政编码 361008
总 编 办 0592-2182177 0592-2181406(传真)
营销中心 0592-2184458 0592-2181365
网 址 http://www.xmupress.com
邮 箱 xmupress@126.com
印 刷 厦门市金凯龙印刷有限公司

开本 787mm×1092mm 1/16
印张 28
插页 2
字数 669 千字
版次 2018 年 5 月第 1 版
印次 2018 年 5 月第 1 次印刷
定价 99.00 元

本书如有印装质量问题请直接寄承印厂调换

厦门大学出版社
微信二维码

厦门大学出版社
微博二维码

《中国品牌》简介

　　《中国品牌》由厦门大学新闻传播学院广告学系编撰，对中国各个行业的代表性品牌予以客观而系统的介绍。编写力求立场客观独立、数据准确、内容有针对性。现已编撰"食品卷"和"家电卷"。"家电卷"共介绍了178个品牌。

　　本书所称中国品牌主要指在中国创立、在中国成长、主要市场在中国、品牌生存时间达10年以上、编辑委员会过半认识、有官网资料的品牌。

　　每个品牌词条大致包括品牌简介、品牌发展历程、品牌识别、产品拓展或产品创新、市场拓展、广告和公关营销策略、企业危机事件、延伸阅读等。词条内容来源于企业官网、主流媒体的新闻网站、政府网站、营销及广告专业期刊、协会出版物、与品牌相关的正式出版物等公开资料。企业提供资料并校对数据错误，但采用权完全由编辑委员会决定。

　　编辑委员会由广告学系教师组成，名单如下（按姓氏拼音首字母排序）：

　　白海青、陈经超、陈瑞、陈素白、黄含韵、黄合水、林升栋、罗萍、苏文、王霏、王晶、曾秀芹、赵洁、周雨、朱健强。初稿编写人员为广告学系研究生。

目　录

中国品牌（家电卷）

SKG

SKG

一、品牌简介

SKG 是广东艾诗凯奇投资控股集团有限公司 (SKG 集团) 所属品牌，该公司创立于 2007 年，总部设在广东顺德，主要从事美容电器产品的研发、设计与制造，产品曾获德国 iF 奖和红点奖。

二、品牌发展历程

2007 年，广东艾诗凯奇投资控股集团有限公司在佛山顺德成立。

2009 年，在德国成立子公司。

2010 年，在美国成立子公司。

2011 年，与苏宁电器合作。

2012 年，获得"2012 年度网购消费者喜爱的广货品牌"荣誉。

2013 年，与海尔的售后服务商日日顺签订售后合作协议。

2015 年，中国家电连锁企业五星电器宣布和 SKG 达成合作，成为 SKG 在线下渠道的独家经销商。

三、产品技术创新

SKG 建立了由 100 多位专家组成的产品研究院，拥有来自全球 500 强企业的研发团队，拥有专利 177 项。

四、广告策略

2014 年，SKG 集团与 SKG 女团签订合作。

五、企业危机事件

2014 年 7 月，消费者投诉 SKG 冰箱质量差，新购买的 SKG 冰箱两周时间内出现两次故障，随后彻底瘫痪。还遭遇售后无门，SKG 售后服务体系欠缺。

六、企业公关活动

SKG 集团每年都会推出一款限量商品,销售收入用于公司设立的"Warm Home"公益基金。SKG 集团全力开展"慈善圆梦行动",帮助 250 个家庭圆梦;关爱村居妇女儿童,资助妇女儿童公益创投大赛。

七、延伸阅读

[1] 广东艾诗凯奇投资控股集团有限公司官网 [EB/OL].[2017-09-14].http://www.skg.com/index.htm.

[2] 宋德奇. 互联网家电之王:SKG 的成功之路 [J]. 中国质量万里行,2015(07):73-75.

[3] 许兆林,刘红梅. 五星电器线下独家经销 SKG[N]. 扬子晚报,2015-04-28(A54).

[4] SKG 三年售后恐成空谈 [N]. 北京商报,2014-07-10(E3).

[5] 中国品牌网 [EB/OL].[2017-09-14].http://www.chinapp.com/pinpai/10634###.

[6] SKG 天猫旗舰店 [EB/OL].[2015-09-14].https://skgdq.tmall.com/p/rd084334.htm?spm=a1z10.3-b.w9501172.-10051511421.3.Y1jD7Q&scene=taobao_shop.

[7] 搜狐媒体平台(财经)[EB/OL].[2017-09-14].http://mt.sohu.com/20151002/n422520 813.shtml.

[8] 环球网 [EB/OL].[2017-09-14].http://fashion.huanqiu.com/zxtg/2015-10/7741229.html.

（严文婧　陈瑞　蔡淑萍）

TCL

一、品牌简介

TCL 是 TCL 集团股份有限公司的公司品牌。1981 年成立于广东省惠阳地区，前身为 TTK 家庭电器（惠州）有限公司。目前该集团旗下拥有 3 家上市公司，员工 8.2 万人。该公司早期制造录音磁带，后拓展到电话、电视、手机、冰箱、洗衣机、空调、小家电、液晶面板等领域。1999 年，TCL 获得"中国驰名商标"称号。2008 年，上榜睿富"中国最有价值品牌排行榜"。2009 年，获得"CCTV 新中国建国 60 年 60 品牌"荣誉称号。

二、品牌发展历程

1981 年，成立惠阳地区电子工业公司。

1985 年，创办"TCL 通讯设备有限公司"。

1986 年，在国家工商行政管理局注册 TCL 商标。

推出免提式按键电话。

1993 年，TCL 通讯设备股份有限公司在深圳证券交易所上市。

1994 年，推出无绳电话。

1997 年，公司重组为 TCL 集团有限公司。

1999 年，TCL 国际控股有限公司在香港上市。

2002 年，TCL 集团董事长李东生被评为 2002 年"中国经济年度人物"。

TCL 集团副总裁万明坚被评为"全国十大杰出青年"。

2004 年，TCL 集团在深圳证券交易所正式挂牌上市。

李东生上榜《财富》杂志"2003 年亚洲年度经济人物"，当选美国《时代周刊》2004 年全球最具影响力商界领袖，获法国国家荣誉勋章。

TCL 通讯科技控股有限公司在香港联合交易所主板上市。

2007 年，获得商务部"最具市场竞争力品牌"称号。

TCL 炫尚 E72 液晶电视荣获德国红点工业设计大奖。

2009 年，推出 MiTV 互联网电视。

2012 年，获得第 45 届国际消费电子展（CES）年度智能云计算电视奖。

2013 年，李东生入选福布斯"2013 年中国 50 位最佳 CEO"。

通力电子控股有限公司在香港联交所主板上市。

2014 年，TCL 位列《财富》杂志"2014 年最受赞赏的中国公司"第 23 位。

三、产品技术创新

2001 年，TCL 集团成立博士后工作站。近年来投入成立了国家数字家庭工程技术研究中心、国家数字家庭工程技术研究中心等。

2005 年，锐翔 A 电脑机箱获得国家专利金奖。

2007 年，TCL 研发增强型液晶电视动态背光技术、圆偏振光液晶电视技术。

2008 年，推出高清影像互动电视 X9。

2009 年，推出 3D 商用电视。

2010 年，推出基于 Android 操作系统的智能电视。

2011 年，"液晶电视背光控制系统及方法"获国家专利金奖。

2013 年，TCL 集团成立国家级（首批）工业设计中心。

2014 年，TCL 量子点显示屏 QLED 荣获 2014 年 IFA 产品技术创新大奖的量子点显示技术金奖。

四、广告策略

（一）代言人

1995 年，演员刘晓庆代言 TCL 王牌彩电。

2001 年，韩国明星金喜善代言 TCL 手机。

2008 年，演员李冰冰代言 TCL 蒙宝欧女性手机。

2013 年，童星朱佳煜代言 TCL 迪士尼儿童电视。

2014 年，《中国好声音》学员张碧晨、余枫、陈冰代言 TV+ 家庭娱乐电视。

2015 年，歌手华晨宇代言 TCL 么么哒手机。

（二）广告语

2007 年 6 月，推出"创意感动生活"（The Creative Life）宣传语。

五、企业危机事件

2003 年 2 月，TCL 卷入"换股"风波。传言由 TCL 集团向 TCL 通讯定向新发 A 股，使"TCL 通讯"下市，TCL 集团实现上市。TCL 通讯发布澄清公告，坚决否认。

2003 年 3 月，TCL 对外正式公布《关于对公司 2000 年度会计报表所反映问题进行整改的报告》，随后北京一媒体发文称集团存在"内部人员犯罪秘闻"。公司董秘肖晓平回应：已完成整改，不存在"内部人员犯罪的秘闻"。虽然当年业绩不存在水分，但"造假犯罪风波"确实对公司形象造成了不利影响。

2015 年，TCL 宣布召回某批次共计 2.8 万台么么哒 3S 手机。大部分网友对此持正面态度。

2016 年，磅礴新闻题为《TCL 欺诈消费者引抱团维权 多次遭曝光后仍不痛改前非》文章遭今日头条客户端删帖。网友质疑 TCL 与今日头条存在猫腻。

六、企业公关活动

（一）赞助冠名

2006 年，冠名赞助第三届"TCL 高尔夫精英赛"。

2007 年，成为中国女子网球队首席赞助商；冠名"TCL 高尔夫精英赛"。

2009 年，成为中国国家男子篮球队官方合作伙伴及中国男子篮球职业联赛（CBA）指定赞助商。

2010 年，赞助广州亚运会。

2013 年，好莱坞星光大道地标性建筑"好莱坞中国大剧院"，正式更名为"好莱坞 TCL 中国大剧院"。

2017 年 7 月，冠名中央电视台《大国品牌养成记》，并推出三分钟短视频《大国品牌养成记·TCL 篇》。

（二）慈善公益

2004 年，捐资 2 600 万设立希望工程基金，三年内在全国贫困地区建设 50 所希望小学。

2007 年，董事长李东生及夫人魏雪捐资创立"华萌基金"，已资助共 500 名家庭贫困但品学兼优的学生，累计投入 8 000 多万元。

2008 年，向汶川地震灾区捐款捐物逾 520 万元人民币。

2012 年，成立 TCL 公益基金会。次年，TCL 公益基金会联合中国青少年发展基金会，启动"TCL 希望工程烛光奖"，项目计划连续五年共投入 2 500 万元。

七、延伸阅读

[1] TCL 官方网站 [EB/OL].[2017-07-28].http://www.tcl.com/group/companyInfo/index.

[2] 盘点这些年 TCL 通讯所使用过的明星代言 [EB/OL].[2017-07-28].http://mobile.yesky.com/283/68770283.shtml.

[3] 从刘晓庆到晨冰枫，盘点那些年的 TCL 电视代言人 [EB/OL].[2017-07-28].http://fans.tcl.com/item/63499-1.html.

[4] TCL 欺诈事件舆情汹涌 公关放暗语求删稿遭拒 [EB/OL].[2017-07-28].http://www.sohu.com/a/119341708_105618.

[5] TCL 召回事件：疑似炒作或适得其反？ [EB/OL].[2017-07-28].http://www.sohu.com/a/21504060_115928.

[6] 王芳 .TCL 遭遇"造假犯罪"风波 [EB/OL]. 人民网 .[2017-07-28].http://www.people.com.cn/GB/jinji/33/172/20030401/959932.html.

[7] TCL 集团向汶川地震灾区累计捐款 520 万元 [EB/OL].[2017-07-28].http://money.163.com/08/0513/13/4BR083TG00252MT9.html.

（丁琼洁　苏文　静思宇）

爱 浪

avlight®

一、品牌简介

爱浪为国光电器股份有限公司旗下著名音响品牌。爱浪成立于1999年，总部位于中国广州。爱浪专注于影音产品的研发、制造和销售，获"中国驰名商标"称号。

二、品牌发展历程

1996年，杨炼与黄文辑在广州一同创办公司。

1999年，杨、黄分道扬镳，杨炼出走创办爱浪，并在其后两年内采取多品牌策略，创立了涵盖爱浪、威莱、山水、丽尊、威发、雅佳、微美等七个音响品牌的美加集团。

2002年，爱浪由美加集团全资控股，次年在中高端市场占有率超过30%。

2006年，爱浪音响在"第三届中国十大影响力品牌"公益评选中获评为"中国音响行业最具影响力第一品牌"。

2012年11月13日，在国家工商行政管理总局第二阶段的保护注册商标专用专项行动中，爱浪商标被认定为"中国驰名保护商标"。

三、广告策略

演员谢霆锋代言系列广告，广告诉诸听觉享受展示功能和品质。

四、企业公关活动

2012年3月6日，爱浪音响组织"爱浪音响爱心助学"的捐助活动，向广东省河源市当地小学捐赠课桌椅。

五、延伸阅读

[1] 爱浪官网 [EB/OL].[2015-12-15].http://www.avlight.com.

[2] 刘步尘,瞿章文.爱浪音响的鼎盛与式微.新营销 [EB/OL]. [2015-12-15].http://www.emkt.com.cn/article/236/23698.html.

[3] 买购网.爱浪音响连续三年被授予 [EB/OL]. [2015-12-15]. http://www.maigoo.com/news/298821.html.

[4] 任云.爱浪音响高票当选中国行业最具影响力第一品牌.音响世界 [J].2007(3):76.

[5] 广告视频 . [2015-12-15]. http://v.yinyuetai.com/video/88271.

[6] 买购网.爱浪音响献爱心 捐助山区贫困学校 [EB/OL]. [2015-12-15]. http://www.maigoo.com/news/300934.html.

7

（宣长春　苏文　李丽芳）

A

爱 妻

一、品牌简介

爱妻是浙江爱妻集团的公司品牌。该公司始创于1992年，现有五家全资子公司，企业员工1 000余人，涉及产业包括炊具、小家电、压延铝片、进出口贸易、房地产等多个领域。

二、品牌发展历程

1992年，爱妻集团投入资金对企业进行大规模技术改造，开发研制日用铝制品。

1994年，引进新技术，把压力锅生产线改造成国内一流生产线。

1996年，公司解除联营合约，自创品牌，成立宁波爱妻压力锅有限公司。

1998年，开发研制奶锅、汤锅、炒锅、水壶、多用锅、家用电水壶和吸油烟机等系列炊具产品。

2000年，获得外贸进出口经营权。

2001年，引进先进的不粘生产线，建造小家电生产基地。

三、产品技术创新

在产品革新上，浙江爱妻集团拥有自有知识产权的产品专利83项，发明专利6项。其中"双重安全"的自动"报警阀"装置，获国家实用新型、外观型等多项专利。

四、广告营销策略

2014年，明星大S徐熙媛代言爱妻。

曾用广告口号"男人一生的承诺"。

五、延伸阅读

[1] 浙江爱妻电器有限公司官网 [EB/OL].[2017-08-09].http://www.chinaaichen.com/index.aspx.

[2] 中山市志豪有限公司官网 [EB/OL].[2017-08-09]http://www.gdzhihao.cn/index.html.

（王超然　周雨　蔡淑萍）

9

A

安吉尔

一、品牌简介

安吉尔是深圳安吉尔饮水产业集团有限公司的公司品牌，创立于1992年，其前身为深圳新世纪水科技有限公司。该公司专业进行净饮水设备的生产、研发，近年获得"中国最具竞争力十大民族品牌""中国家电年度技术创新奖"等荣誉。

二、品牌发展历程

1988年，开始研制净水器；进入中国净饮水行业。

1992年，安吉尔公司正式注册成立。

1993年，研制出饮水机。

1994年，安吉尔电子制冷饮水机面世，安吉尔成为饮水净水设备的研究、开发、实验与试验中心。

2002年，成立中国"饮水科技研发中心"。

研制出全程杀菌饮水机。

2005年6月，安吉尔被国家工商总局认定为"中国驰名商标"。

2005年，"EPH快速加热节能技术"被中国家电研究院评为年度技术创新奖。

2009年，被认定为"国家高新技术企业"。

2010年，被授予"中国饮水机行业标志性品牌"，获得"中国最具竞争力十大民族品牌"称号。

2011年，"快接式滤芯净化技术及外置式电磁加热技术"获得中国家电研究院评选的年度技术创新奖。

2012年，和反渗透膜供应商美国陶氏公司成为战略合作伙伴。

三、品牌识别

创立初期，安吉尔集团的Logo如图1所示，白底绿色字体，Logo只显示中英文名，其下方有一条简洁的绿色波浪线作为缀饰，以极为简单的标志塑造清纯洁净的"天使"形象。这样的品牌形象，支撑安吉尔一路成长为深圳本土培育的全国消费品知名品牌。

图 1　安吉尔旧 Logo

2013 年，安吉尔向高端化、专业化、品质化转型。将品牌 Logo 换为现在的式样（见 P10），字体和基本样式不变，换了配色，并在 Logo 下方配上新的品牌标语，更显高端大气。同时，安吉尔提出"高端净饮水专家"的全新品牌形象，邀请范冰冰代言，借重其高贵庄重的气质。

四、产品技术创新

1988 年，研制出净水器。

1993 年，研制出饮水机。

1995 年起，先后推出超静音系列饮水机、电子制冷饮水机、组合功能饮水机、微电脑控制饮水机产品，使用全密封快卸式聪明座、高性能开关电源、全过程空气杀菌过滤、抗菌设计、逆渗透精密过滤等技术。

2013 年，推出全新的家用水处理产品，推出直接针对国外客户的小型台式机。

2014 年，在"蝶变"新品发布会上，推出配备"美国原装进口陶氏滤芯"的高端净水器 A6。

五、广告策略

（一）代言人

2014 年，演员范冰冰作为品牌代言人。

（二）广告语

2014 年，推出"高端净饮水专家"宣传语。

六、企业危机事件

2006 年，一家生产无内胆饮水机的厂商称"99.3% 的饮水机均为有毒机"，安吉尔被推上危机的风口浪尖。安吉尔通过积极接受媒体采访来辟谣，推出新产品，并参与制定饮水机行业标准成功化解危机。

七、企业公关活动

2009 年，中国扶贫开发协会与安吉尔合作运营一期名为"中国校园饮水甘泉工程"的项目，为中西部地区 500 万师生解决安全饮水的问题。

2013 年，安吉尔为雅安地震灾区建立净饮水系统，保证救灾现场饮用水的正常供应。灾后恢复重建时期，安吉尔向当地学校捐赠净水设备，保证孩子们的饮用水安全健康。

2014 年 3 月 22 日，第 22 届"世界水日"当天，安吉尔和深圳大学联合举办"世界水日——极致节水公益活动暨安吉尔旱区饮水救助工程启动会"，帮助旱区解决饮用水问题。

七、延伸阅读

[1] 张静 . 净水饮水一体安吉尔净饮机"纯净"体验 [J]. 家用电器，2012(9):80-81.

[2] 尚海龙 . 指标严格，门槛不低饮水机能效标准：上半年有望发布 [J]. 电器 .2014(3):44-45.

[3] 汤怀宇 . 安吉尔，品质之上深发展 [J]. 现代家电，2010(7):45.

[4] 郑贱德 . 安吉尔引领饮水机行业十六载 [J]. 中国质量万里行，2009(3):78-79.

[5] 孔那 . 转型重塑品牌定位的思与变 [J]. 现代家电，2014(19):57-58.

[6] 王剑锋 . 深圳新世纪公司竞争战略分析与选择 [D]. 厦门大学，2004.

[7] 蔡峥嵘 . 深圳新世纪饮水科技有限公司整合营销研究 [D]. 湖南大学，2003.

[8] 深圳安吉尔饮水产业集团 . 深圳安吉尔饮水产业集团官方网站 [EB/OL]. [2017-07-28].http://www.angelgroup.com.cn/.

[9] 百度百科 . 安吉尔百度百科词条 [EB/OL].[2017-07-28].http://baike.baidu.com/link?url=FNfVaKCQZK_jmso8xbQziEpx5gGg9BqT_GV6VqCMQe5-MQClecxk9No5nbN-B6aR0Lo56cSmO9yo2g7Ym5D5Na.

[10] 艾肯家电网 . 孔那：安吉尔要做高端净饮水专家 [EB/OL].[2017-07-28]. http://www.abi.com.cn/news/htmfiles/2014-8/145803.shtml

[11] 直饮水时代 . 安吉尔借助行业发展契机 推动产业快步前进——深圳安吉尔饮水产业集团有限公司执行总裁曹刚 [EB/OL].[2017-07-28].http://www.boraid.cn/article/html/206/206224.asp

[12] 秦丽 . 做负责任的净水企业 ——访深圳安吉尔饮水产业集团有限公司总裁曹刚 [EB/OL].[2017-07-28].http://news.cheaa.com/2012/0807/333291.shtml

（吴海谧　王晶　翟悦）

奥克斯

AUX 奥克斯

一、品牌简介

奥克斯，为奥克斯集团（以下简称"奥克斯"）旗下的品牌。该公司始创于 1986 年，总部位于浙江省宁波市，拥有员工 2 万余人，产业涵盖电力、家电、医疗、地产、金融等领域。目前，奥克斯旗下拥有 2 家上市公司（三星医疗、奥克斯国际），5 家高新技术企业，以及"三星"和"奥克斯"两个子品牌，并在宁波、南昌、天津以及巴西、印尼建立了七大制造基地。

二、品牌发展历程

1989 年，宁波三星仪表厂成立，三星品牌创立，奥克斯进入仪表业。

1993 年，宁波三星集团成立。

1994 年，宁波 AUX 电器有限公司成立，奥克斯品牌创立，奥克斯进入空调业。

1999 年，奥克斯空调由合资走向自主经营，三星奥克斯智能工业城建成投产。

2000 年，宁波奥克斯置业有限公司成立，奥克斯正式进入房地产产业。

2001 年，宁波奥克斯集团有限公司、宁波奥克斯高科技有限公司成立，奥克斯进军配电业。

2002 年，宁波三星通讯设备有限公司成立，奥克斯进入通讯产业。

2003 年，奥克斯启动全国产业布局战略，建设宁波国际产业园、南昌产业园。

2004 年，奥克斯集团有限公司正式成立，使用全新的 VI 标识系统。

2006 年，奥克斯与浙江大学合作，成立浙江大学明州医院，奥克斯进入医疗产业。

2009 年，汇金小贷公司成立，奥克斯进入金融产业。

2011 年，三星电气在上海主板挂牌上市，后更名为"三星医疗"。

2012 年，三星电气收购上海联能仪表有限公司。

2013 年，奥克斯在上海新建金融中心，开展融资租赁业务。

2014 年，奥克斯成立医疗集团，全面部署医疗健康战略。

2015 年，奥克斯并购港股并更名为"奥克斯国际"，同时在巴西、印尼设立海外工厂，在澳洲发展海外地产。

三、品牌识别

2002 年，奥克斯考虑为空调产业进行 CI 定位，启用无穷符号内嵌"AUX"和"奥克斯"

的新 Logo。

2004 年，奥克斯更新 Logo，启用由中英文两部分构成的新标志，英文字母为"AUX"，中文则为"奥克斯"汉字，该 Logo 一直沿用至今。

图 1　初始 Logo（2002—2004 年）

图 2　全新 Logo（2004 年至今）

四、广告策略

2001 年，签约足球教练博拉·米卢蒂诺维奇，作为其产品代言人。

2003 年，赞助"中巴足球之战"，聘请球星罗纳尔多代言奥克斯产品。

2010 年，签约功夫明星李连杰，作为品牌形象代言人。

五、企业危机事件

2013 年，江苏南京消费者向媒体投诉称，所购买的奥克斯空调 4 年坏 6 次，高频率质量问题引发信任危机。事后，奥克斯回应称会与销售商进行协调，满足消费者要求。

2017 年 8 起，格力集团就多个"实用型专利"起诉奥克斯空调和美的空调，并分别索赔 1.1 亿元和 5 000 万元。针对该事件，而后奥克斯以多个"实用型专利"反诉格力集团，并索赔 5 000 万元。

六、企业公关活动

2003 年"非典"期间，奥克斯捐助 1 150 余万，用于支持"非典"防治工作。

2004 年，奥克斯出资 40 万支持全国工商业联合会，捐助 20 万元帮助贵州省织金县开展扶贫工作。

2005 年，奥克斯向印度洋海啸灾区捐款 800 余万元。

2008 年，奥克斯向汶川地震灾区捐款 1 000 万元。

2010 年，奥克斯向玉树地震灾区捐款 700 余万元，向海南文昌水害灾区捐款 100 万元。

2013 年，奥克斯向雅安地震灾区捐款 500 万元。

2012 年 10 月，奥克斯向浙江宁波鄞州区慈善总会捐赠 2 000 万元，用于帮助急、难、贫的老百姓看病就医。

2014 年 3 月，奥克斯捐资 1 000 万元浙江宁波鄞州区"五水共治"项目，用于鄞州区政府治污水、防洪水、排涝水、保供水、抓节水等工作。

2017 年 7 月，奥克斯向中国红十字基金会"院士博爱基金"捐赠 200 万元，用于支持"奥克斯院士博爱奖学金"项目。

1994 年至今累计，奥克斯已向各项慈善公益事业捐款 1.8 亿元。

七、延伸阅读

[1] 奥克斯集团官网 [EB/OL].[2017-09-20].http://www.auxgroup.com.

[2] 奥克斯提出千亿发展目标 [EB/OL].[2017-09-21]. http://news.hexun.com/2014-04-17/164000396.html.

[3] 云雀 / 奥克斯 / 华普消失的中国品牌历史 [EB/OL].[2017-09-21].http://www.autohome.com.cn/culture/201412/858330.html.

[4] 奥克斯营销总经理金杰畅谈奥克斯速度的冲击力 [EB/OL].[2017-09-21].http://www.sootoo.com/content/103581.shtml.

[5] 应华根．郑坚江：用财富衡量奥克斯的成长价值 [J]. 财富智慧，2005(3):45−47.

[6] 魏玉祺，冯洪江．奥克斯探寻链条深处的奶酪 [J]. 企业管理，2002(10):27−30.

[7] 奥克斯：营销让品牌更有分量 [EB/OL].[2017-09-21].http://ac.ea3w.com/128/1288587.html.

[8] 冯洪江．奥克斯的"金点子"擂台 [J]. 企业研究，2003(10):37−39.

[9] 奥克斯 20 周年庆典猜想 李连杰或携手米卢亮相引期待 [EB/OL].[2017-09-21]. http://www.jdxfw.com/html/2014/hqzx_0412/22504.html.

[10] 续约李连杰 奥克斯 2013 中国市场攻略发布 [EB/OL].[2017-09-21]. http://digi.163.com/13/0301/15/8OT1Q0DQ0016656B.html.

[11] 格力奥克斯专利互诉 空调产业新时代到来 [EB/OL].[2017-09-21].http://dh.yesky.com/113/302399113.shtml.

（陈丽　王晶）

奥 马

Homa 奥马

一、品牌简介

奥马，为广东奥马电器股份有限公司品牌（以下简称"奥马"）。该公司创立于 2002 年，总部位于广东省中山市，是一家研发、生产和销售电冰箱等各类家用电器、小家电产品、厨卫用具以及各类家用电器零配件的企业。2007 年，奥马产品获"国家免检产品"认证。2009 年，奥马获"中国出口名牌企业"称号。2012 年 4 月，奥马于深圳证券交易所上市。

二、品牌发展历程

2004 年，奥马被广东省科技厅评为"高新技术企业"。

2005 年，奥马业务拓展至欧洲市场，陆续与国际品牌伊莱克斯、Candy 建立战略合作伙伴关系。

2007 年，奥马正式以自有品牌"Homa 奥马"进入国内家电市场。

2010 年，奥马推出拥有自主知识产权的"双冻力"冰箱，改变传统冰箱使用单一蒸发器带来的制冷不均、压缩机功耗大等缺陷，奥马"双冻力"制冷技术已获国家专利认证。

2012 年，奥马被中国家用电器研究院评为"中国冰箱行业十强品牌"。

2014 年，奥马正式进入家用冷柜市场。

2015 年，奥马宣布涉足互联网金融科技业务。

2016 年，奥马冰箱创意广告案例《从富士康到小米，奥马冰箱的品牌蜕变 SHOW》获第 16 届 IAI 国际广告奖户外类银奖。

三、广告策略

（一）代言人

2008 年，奥马签约演员蒋雯丽作为品牌形象代言人，并在中央电视台投放由蒋雯丽出演的奥马产品广告。

2010 年，奥马签约演员赵薇作为奥马品牌形象代言人，由赵薇代言的奥马产品广告于该年 1 月在中央电视台等主流媒体播放。

（二）争议广告

2014 年，奥马投放以美国总统奥巴马形象为主视觉元素，辅以"奥马是 WHO"的主题文案广告，欲借"奥巴马"与"奥马"间的谐音关系推广品牌，引起争议。

四、企业危机事件

（一）质量危机事件

2011 年 2 月，上海市质量技术监督局发布 "2010 年第四季度上海市家用电冰箱产品质量监督抽查结果" 显示，奥马的一款产品能源效率等级、耗电量不合格。

2013 年 7 月，陕西省质监局公布 "2013 年二季度产品质量监督抽查结果" 显示，奥马BCD-151BSJ 型家用电冰箱耗电量、冷冻能力、能源效率等级不合格，被陕西省质监局列入黑榜。

2014 年 12 月，内蒙古自治区工商局进行 2014 年流通领域冰箱、洗衣机商品质量抽检，奥马在不合格产品之列。

（二）销量排名质疑

2011 年年底，拟在深圳证券交易所上市的奥马在招股说明书中称，其在国内冰箱销量排名第五。公布招股说明书后，奥马销量排名受到多家媒体质疑：奥马为广东省企业，在东北、华北、华中等地的家电卖场中都无供货，怎能名列国内冰箱销量第五？

针对质疑，2012 年 2 月，奥马主承销商国信证券相关负责人回应称：招股书披露奥马行业排名的标准是销量，奥马的销售区域主要集中于国外及国内的三四级市场，且国内市场起步较晚，广告宣传较少，因此国内品牌知名度不高。

五、企业公关活动

（一）公益活动

2013 年，奥马主办 "鹰飞翔，赢未来——奥马电器大学生圆梦计划"，面向高等院校学生社团或组织，征集有创意、可操作性强、参与度高的公益类活动方案。之后，由奥马专业团队评估选出有创意、执行性强的方案进行赞助。该活动从 2013 年 7 月起，跨度 5 个月。

（二）事件营销

2014 年，奥马瞄准初入社会工作的年轻人，以励志文化作为与年轻消费者对话的桥梁、打出 "年轻人的第一台冰箱" 的口号。为年轻人设计的 "I'm COOL" 系列彩色冰箱，重点营销 "卖冰箱更卖文化、卖服务更卖励志" 的品牌形象。

2017 年，奥马冰箱总部接受中央电视台财经频道《整点财经》栏目采访。

六、延伸阅读

[1] 奥马电器官网 [EB/OL].[2017-09-18].http://www.homa.cn/.

[2] 余荟琳.奥马冰箱：小米之路 [J].商界评论，2014(10):56.

[3] 张磊.以技术为支撑奥马冰箱将占一极 [J].家电科技，2010(2):13.

[4] 于昊.奥马高调进入家用冷柜市场 [J].电器，2014(10):57.

[5] 柯颂."奥马"聘蒋雯丽担当形象代言人 [N].中山日报，2008-02-18(A5).

[6] 刘莉.赵薇代言奥马重新布阵 [N].信息时报.2009-12-25.(D11).

[7] 奥马电器：你这样做广告，奥巴马知道吗？[EB/OL].[2017-09-18].http://www.yicai.com/news/

2014/06/3941421.html.

[8] 综合 . 奥马电器涉嫌虚假宣传引争议 [N]. 南方日报，2011-11-24(B08).

[9] 娇月 . 主承销商国信证券回应奥马电器排名第五质疑 [N]，证券日报 .2012-02-28.(D2).

[10] 金朝力 . 奥马冰箱遭遇成长的烦恼 [N]. 北京商报，2015-01-29(E3).

[11] 金璇 . 奥马电器冰箱质量遭批评 [N]. 珠江晚报，2011-12-16(A02).

[12] 三鹰工程升级奥马"圆梦计划"全面启动 [EB/OL].[2017-09-18].http://digi.163.com/13/0726/11/94N43KDM001665EV.html.

[13] 刘拓 . 奥马 I'm COOL 用色彩诠释年轻 [J]. 家用电器，2014(12):72.

[14] 央视财经走进奥马，揭开全球冰冷制造巨头神秘面纱 [EB/OL].[2017-09-18]. http://www.homa.cn/media/info_36_itemid_664.html.

（余洁　陈经超）

奥 普

AUPU 奥普

一、品牌简介

奥普，为杭州奥普电器有限公司（以下简称"奥普"）品牌。该公司成立于 1993 年，总部位于浙江省杭州市，是一家以生产家电产品为主的外商独资企业，隶属于香港上市公司奥普集团控股有限公司，主要生产销售包括浴霸、通风扇、电热毛巾架、厨房电器等家电系列产品。2006 年，奥普商标获"中国驰名商标"认证。

二、品牌发展历程

1993 年，中国第一台浴霸在奥普诞生。

1994 年，奥普第一台浴霸打入国际市场。

2003 年，奥普进入韩国市场。

2005 年，奥普进入美国市场。

2009 年，奥普获"国家高新企业"认定，并开始拓展电子商务渠道。

2009 年，由奥普控 40% 的奥普博朗尼厨卫科技有限公司成立，奥普进军厨电行业。

2010 年，奥普获"浙江省高新技术企业"认定。

2011 年，杭州奥普检测中心成立。

2013 年，奥普"至尊除醛集成吊顶""双核纯平浴霸 56 系列"两款产品分别获 2013 年中国家用电器技术创新奖以及工业设计创新奖。

2014 年，奥普与旭辉集团股份有限公司签署合作意向协议，此次奥普与旭辉的合作持续至 2016 年。

三、产品技术创新

1995 年，奥普推出迷你型和玲珑型浴霸，奥普产品开始系列化。

1997 年，奥普灯风结合的浴霸诞生。

1998 年，奥普双风叶轮成为新一代浴霸的技术核心。

2000 年，奥普推出 NBSS 安全取暖泡。

2001 年，奥普推出大灯距"经典"系列浴霸。

2002 年，奥普研发并推出钛金超薄系列浴霸。

2003 年，奥普与浙江大学合作，研发出中国第一代集成吊顶，主导制订了集成吊顶国家标准。

2005 年，奥普推出第二代浴顶产品，并研制成功易特能安全支架。

2009 年，奥普推出 1+N 浴顶奥芯系列产品，获复式循环加热专利。

2012 年，奥普"英伦"系列集成吊顶上市。

2013 年，奥普推出健康环保型吊顶——"净界"系列。

2014 年，奥普"欧·梵"系列集成吊顶上市。

2017 年，奥普与杭州杭机股份有限公司等单位联合，申报科技重大专项课题"超大口径光学元件超声磨抛加工技术及装备"项目。

四、广告策略

（一）代言人

2016 年，演员冯绍峰成为奥普品牌形象代言人，与奥普达成长期合作协议。

（二）电视广告投放

2013 年，奥普投资 1 800 万元，在中央电视台财经频道、新闻频道、电视剧频道，以及浙江卫视、江苏卫视等黄金热点栏目投放广告，进行品牌宣传。

2014 年，奥普投资 2 000 万元，在中央电视台新闻频道《共同关注》栏目投放广告，并从 2014 年 1 月 1 日开始，进行 186 天的全年隔日高频率投放。

五、企业危机事件

2013 年，嘉兴市万宝厨卫有限公司未经商标权权利所有人杭州奥普电器有限公司授权许可，擅自在浴霸等产品上使用"奥普""AUPU"等标识，侵犯杭州奥普电器有限公司第"730979""1187759""1803772"号注册商标的商标专用权，经诉讼调解后，万宝厨卫有限公司法人代表郑建良于 2014 年 1 月 7 日在《钱江晚报》B2 版登报致歉。

六、企业公关活动

2014 年 8 月，奥普获得进驻南京青年奥林匹克村资格。

2015 年 3 月，奥普启动"奥普千万基金青年创业计划"，助力青年人创业。

2015 年双十一期间，奥普举办双十一"我与吴尊在一起，为爱狂欢购"营销活动，借演员吴尊人气，促进奥普产品销售。

六、延伸阅读

[1] 奥普官网 [EB/OL].[2017-09-18]. http://www.aupu.net/.

[2] 吴兴杰. 用互联网思维规划全渠道营销 [J]. 现代家电，2014(12):41.

[3] 刘川. 奥普：拓展渠道，产品多元 [J]. 电器，2011(07):34.

[4] 奥普光电：申报科技重大专项课题项目 [EB/OL].[2017-09-18]. http://sc.stock.cnfol.com/gushizhi-

bo/20170911/25318329.shtml.

[5] 奥普 & 冯绍峰 就这样被你们的牵手征服 [EB/OL].[2017-09-18]. http://www.sohu.com/a/79868689_213397.

[6] 打造"中国名片"极致卫浴空间 奥普入驻青奥村半数运动员楼 [EB/OL].[2017-09-18].http://www.aupu.net/plus/view.php?aid=823.

[7] 为梦想护航 杭州奥普千万基金助力青年创业 [EB/OL].[2017-09-18].http://www.js.chinanews.com/news/2015/0323/114184.html.

（严文婧　曾秀芹）

奥特朗

一、品牌简介

奥特朗，为奥特朗电器（广州）有限公司（以下简称"奥特朗"）品牌。该公司 2000 年 4 月成立，总部位于广东省广州市，是一家研发生产及销售节能环保的快速电热水器、空气能热水、供暖产品的企业。目前，奥特朗主要拥有即热式电热水器、多模电热水器、燃气热水器、即热恒温空气能热水器四大品类产品。2010 年，奥特朗商标获"中国驰名商标"认证，奥特朗获"高新技术企业"认定。

二、品牌发展历程

2001 年，奥特朗首款机型 DSF1 问世，全面启动广州市场。

2004 年，奥特朗市场由广州区域拓展到全国。

2008 年，奥特朗科技园落成。

2009 年，奥特朗成为中国快热式电热水器国家标准起草与制定单位。

2011 年起，奥特朗全面停止研发速热式产品，并开始开发恒温即热式电热水器和多模电热水器。

2012 年，奥特朗进军空气能项目。

2014 年，奥特朗智能恒温燃气热水器上市，奥特朗热水器市场全面布局基本完成。

2015 年，奥特朗成功申报广东省快速电热水器工程技术研究中心。

2016 年，奥特朗发动"龙头革命"，全面启动电热龙头的市场推广。

三、广告策略

2005 年，奥特朗启动中央电视台、江苏卫视、浙江卫视以及湖南卫视等全国八大卫视的广告联播。

2011 年，奥特朗与搜狐视频达成年度合作伙伴关系，并在《搜狐视频高清综艺》的 8 个情感类节目投放产品广告。

2012 年 7 月，奥特朗在中央电视台财经频道《一锤定音》栏目投放为期一年的双模电热水器广告。

2012 年 9 月，奥特朗在湖北卫视晚间黄金时间《长江剧场 1》投放双模电热水器广告。

2014 年 4 月，奥特朗在爱奇艺、乐视网等主流视频网站 IPAD 客户端投放《来自星星的你》《我的男闺蜜》《我的儿子是奇葩》等热播大剧贴片广告。

2014 年 5 月，奥特朗在中央电视台电视剧频道播出的都市情感剧《纸婚》中植入品牌广告。

2015 年，奥特朗全年在中央电视台《经济之声》栏目，以及五大航空杂志《南方航空》《深圳航空》《厦门航空》《上海航空》《新航空》投放产品广告。

四、企业危机事件

2008 年，奥特朗成功注册"迅腾"加热系统技术商标。但在此之后发现，欧安尼电热水器公司利用该技术商标生产产品，在湖南等地进行销售。该事件侵犯奥特朗"迅腾"商标专用权。

2009 年，奥特朗将欧安尼电热水器公司诉至长沙市湘雅路工商所，经过两个多月的查办，最终判定欧安尼电热水器公司构成侵权，责令其立即停止侵权行为并赔偿奥特朗的经济损失，消毁印有"双核迅腾"的印刷品和标签。同时，欧安尼电热水器公司还将停止使用奥特朗的"双模"技术概念，承诺"不再做任何虚假宣传"。

五、企业公关活动

（一）慈善活动

2008 年 5 月，奥特朗通过广东红十字会向汶川地震灾区捐款近 12 万元。

2008 年 12 月，奥特朗与广东红十字会开展"暖冬计划"，再次向汶川地震灾区捐助 40 万元，用于购买过冬物资。

（二）活动赞助

2008 年，奥特朗赞助 2008 年全国沙滩排球巡回赛。

2009 年 6 月，奥特朗独家冠名搜狐网主办的"奥特朗杯"中国室内设计明星博客大赛。

2009 年 11 月，奥特朗赞助第 18 届亚洲田径锦标赛。

2012 年，奥特朗赞助由东莞市体育局、广东观音山国家森林公园联合主办的东莞市第四届"奥特朗"杯全民健身万人登山大赛。

（三）事件营销

2014 年夏，奥特朗借"冰桶挑战赛"热度，适时发布挑战视频。视频中奥特朗员工将一桶冰水泼向正在通电工作的奥特朗电热水器，结果显示热水器正常运行未受干扰。与此同时，奥特朗向电热水器企业海尔、美的和 A.O. 史密斯发起挑战。

六、延伸阅读

[1] 奥特朗电器官网 [EB/OL].[2017-09-19]. http://www.otlan.com.

[2] 唐永明 . 奥特朗：启动市场 速度为王 [J]. 销售与市场，2004(5Z):44.

[3] 李卫泽 . 奥特朗以创新的产品立足市场 [J]. 现代家电，2013(18):70.

[4] 宋佳楠. 顺流而上 奥特朗强势进军净水领域 [J]. 家用电器，2011(8):57.

[5] 奥特朗聚焦高端商务群体 投放经济之声广告 [EB/OL].[2017-09-19].http://home.ifeng.com/news/detail_2014_07/07/2552990_0.shtml.

[6] 奥特朗：操作细分市场的高手 [EB/OL].[2017-09-19].http://www.abi.com.cn/news/htmfiles/2014-4/140758.shtml.

[7] 奥特朗发起 2011 年度第一轮广告"冲击波" [EB/OL].[2017-09-19].http://news.zol.com.cn/225/2254732.html.

[8] 奥特朗品牌植入央视大戏《纸婚》[EB/OL].[2017-09-19]. http://kitchen.ea3w.com/143/1437095.html.

[9] 奥特朗成为搜狐视频年度合作伙伴 [EB/OL].[2017-09-19].http://news.zol.com.cn/225/2254284.html.

[10] 陈浩勤. 国内快速电热水器爆出首起商标侵权案 奥特朗状告中山欧安尼索赔千万 [N]. 中山商报，2009-11-06(A9).

[11] 张红. 奥特朗四十万元 助四川灾区过冬 [N]. 郑州晚报，2008-12-12.

[12] 奥特朗独家赞助室内设计博客大赛落幕 [EB/OL].[2017-09-19].http://info.homea.hc360.com/2009/11/241033464584.shtml.

[13] 天帅. 为亚运，奥特朗力鼎"第 18 届亚洲田径锦标赛"[J]. 家用电器，2009(12):65.

[15] 奥特朗电热水器冰桶挑战三巨头 [EB/OL].[2017-09-19]. http://kitchen.ea3w.com/145/1453818.html.

（余洁　苏文）

澳柯玛

AUCMA
澳柯玛

一、品牌简介

澳柯玛是澳柯玛股份有限公司的公司品牌。该公司于1991年成立，前身是黄海冰柜厂，2000年12月29日在上海证券交易所上市。公司拥有员工7 000多人，营销网络覆盖全球100（多）个国家和地区。澳柯玛主营冰柜、冰箱、商用冷链产品，并以超低温设备、电动自行车、洗衣机、生活电器、自动售货机为发展业务。

二、品牌发展历程

1991年，黄海冰柜厂更名为青岛澳柯玛电器公司。

1994年，通过ISO 9001国际质量保证体系认证，获得国际家电市场通行证。

1995年，澳柯玛冰柜被国家统计局等认定为"中国电冰柜大王"。

1996年，获得生产企业进出口经营权。

1998年，青岛澳柯玛股份有限公司成立。

2000年，在上海证券交易所上市，股票名称澳柯玛，股票代号600336。

2002年，澳柯玛电冰柜产品被认证为"中国名牌产品"。冰柜产销量连续九年居国内同行第一。

2003年，获得国家环保总局颁发的中国首届保护臭氧层贡献奖金奖。

2004年，澳柯玛冷冻箱被国家质量监督检验检疫总局认定为"国家免检产品"。

2005年，成为驻华使馆专用家电产品品牌；冰箱产品全部达到国家节能认证1级水平。

2008年，售出中国第一台"家电下乡"补贴冰箱。

2009年，中标全国范围家电下乡惠农工程，成为家电下乡生产、流通双中标企业；参加起草编制的国家标准《葡萄酒储藏柜》获得国家标准委的批准发布。

2010年，成为"2010年国家火炬计划重点高新技术企业"。参加电冰箱耗电量国际标准修订会，成为标准修订起草工作组成员。

2011年，"青岛澳柯玛股份有限公司"变更为"澳柯玛股份有限公司"；成立青岛澳柯玛超低温冷冻设备有限公司及青岛澳柯玛商用电器有限公司。

2012年，澳柯玛冰柜连续十六年蝉联冷柜国内销量第一；澳柯玛电动车获称"2011年度消费者最信赖品牌"；澳柯玛的金海豚品牌被评为"用户满意服务品牌"。

2013 年，澳柯玛冷柜获 2012 年度全国市场同类产品销量第一名；澳柯玛电动车再次入选公安部采购目录企业；澳柯玛与 Global Good 正式签约，共同研发供发展中国家儿童免疫使用的新型疫苗储存设备。

2014 年，澳青电器加纳公司（ACE）成立。

三、品牌识别

图 1 1989 年，澳柯玛启用企业 Logo，由"澳柯玛""aucma"和两只腾空而起的海豚图形组合而成。

图 2 2001 年年底，为适应国际化发展的需要，更新 Logo。Logo 使用变体的大写英文字母"AUCMA"。

图 3 2013 年，再次更新 Logo，新 Logo 以红色为主。

四、广告策略

澳柯玛的经典广告语为"没有最好，只有更好"。

五、公关活动

1995 年 11 月，出资 100 万元邀请中国煤矿文工团来青岛演出。资助高校特困生。

1995 年 12 月起，累计出资 84 万元赞助青岛市歌舞剧团。

1996 年 7 月，出资 25 万元赞助"山东工人足球队"参加全国第三届工人运动会。

1996 年，出资 120 万元资助当时降为甲 B 的青岛海牛队。老人节时向青岛市社会福利院赠送微波炉、冰柜等电器用品，倡导敬老爱老的优秀社会风尚。

1997 年年初，出资成立中国第一家女子足球俱乐部，推动女足事业的发展。

1997 年 4 月，出资 380 万元作为中国女排训练经费。赞助"世界儿童和平墙"活动。

1997 年 7 月，独家协办"青岛啤酒节"。8 月，出资 50 万元赞助第八届全国运动会。9 月，出资 30 万元在中国海洋大学设立"澳柯玛奖教基金"。11 月，出资 11 万元订购报刊，参与送报下乡、文化扶贫、科技扶贫工作。

1998 年，赞助中国乒乓球协会；出资 20 万元赞助青岛市第十三届职工运动会；长江流域洪涝灾害中，捐款捐物价值 150 万多元。

1999 年，向青岛本地儿童福利院、希望工程、语言学院等赠送家电产品或物资。

1999 年，向贵州贫困地区捐赠衣被。

2000 年，赞助青岛市沿海书画院、新年音乐会，帮助对口扶贫单位张家屯镇。

2001 年，援助西部建设，在青海龙羊峡三坝台兴建防护林。

2002 年，为部队、学校、农村地区捐赠杂志；援建"澳柯玛布雷姆乐园"。

2003 年，为新疆伽师、巴楚地震灾区重建家园捐赠财物 20 万元；出资 60 万元在山东科技大学设立"澳柯玛奖学金"和"澳柯玛助学金"。

2004 年，与中华全国总工会在国内率先联合发起"困难职工子女澳柯玛爱心助学行动"，向北京 10 所大学的 500 名困难职工子女捐助总计 300 万元。

2005 年 8 月，出资 30 万元支援新疆吐鲁番市"澳柯玛希望小学"。9 月，捐助"见义勇为捐款"10 万元。

2006 年 10 月，为贵州省遭遇自然灾害的地区捐赠衣物。

2008 年，通过青岛市红十字会向四川地震灾区捐赠首批善款 100 万元，用于灾后"希望小学"的重建。开展献爱心活动，捐赠医用冷柜设备、棉衣棉被。

2009 年 7 月，由澳柯玛职工、中国石油大学师生组成的西部梦想实践队，前往贵州省小学支教，设立澳柯玛西部梦想奖学金和图书室。

2012 年，组织并赞助亚洲羽毛球锦标赛。

2013 年，成为 2014 年青岛世界园艺博览会高级赞助商，提供整体交通服务。

2014 年，澳柯玛超低温公司提供的低温冷柜登上"科学号"海洋科考船。

七、品牌危机事件

2006 年，澳柯玛陷入资金链断裂传言。3 月 13 日，澳柯玛发布公告，称控股股东青岛澳柯玛集团总公司占用其财产价值 6 亿元，严重影响公司的生产经营，山东省青岛市中级人民法院裁定冻结澳柯玛集团总公司持有的澳柯玛股权 20 700 万股，冻结期限自 2006 年 3 月 9 日至 2007 年 3 月 8 日。传言称澳柯玛资金链断裂，投资者抽逃资金。

八、延伸阅读

[1] 澳柯玛官网 [EB/OL].[2015-12-21]http://www.aucma.com.cn.

[2] 邵立德,范九龙.澳柯玛,高质量托起的中国名牌——访澳柯玛集团董事长鲁群生 [J].中国质量技术监督,2000(05):53-56.

[3] 王化成,卢闯,张磊.澳柯玛危机解析——公司治理失效的后果 [J].财务与会计,2007(02):25-26.

[4] 马克.澳柯玛入驻央视商城 传统企业电商发展引思考 [J].走向世界,2013(25):63.

[5] 张应龙.随需应变式营销成就澳柯玛 [J].中国质量与品牌,2006(01):94-95.

[6] 王晓征.澳柯玛孕育新的腾飞 [J].招商周刊,2006(03):33.

[7] 李剑锋.澳柯玛 2009 年实现大跨越 [J].电器,2010(01):45.

[8] 澳柯玛集团遭多家银行催讨贷款资金链濒于断裂 [EB/OL].[2015-12-21]http://www.globrand.com/2006/23801.shtml.

（晋雯　苏文　李丽芳）

白 雪

一、品牌简介

白雪是江苏白雪电器股份有限公司的公司品牌。江苏白雪电器股份有限公司是轻工家电行业电冰箱（冷柜）、全封闭制冷压缩机生产经营和机电产品自营进出口企业，始建于 20 世纪 50 年代初，从 80 年代开始涉及家电产品的制造，90 年代后定位于家用和商用电器产品的生产。1997 年初，白雪获得 ISO9001 质量管理体系证书，1998 年底通过 ISO14001 环境管理体系认证。2004 年，"Baixue"（白雪）被国家工商总局商标局认定为"中国驰名商标"。公司现有职工 800 多人，总资产 20 亿元。

二、品牌发展历程

1951 年，常熟数家私营业主联合成立常熟琴达新工厂。

1956 年，公司合营成立常熟琴达新机械厂。

1960 年，变更为"常熟农业机械厂"。

1980 年，变更为"苏州地区机械厂""国营常熟机械总厂"。

1983 年，研制出国内第一台全封闭制冷压缩机，被列为国家"六五"技改项目。

1987 年，从机械总厂划分出来，成立"国营常熟制冷设备厂"。

1988 年，成立常熟白雪制冷设备（集团）公司，兼并常熟市第二钢厂。

1992 年，变更为"江苏东方机电集团公司"，成立中美合资常熟市英特新型构件有限公司。

1993 年，朱勤保上任公司董事长兼总经理，开发白雪冷柜（匹配白雪制冷压缩机）。

1994 年，接收常熟市制冷设备二厂。

1995 年，白雪制冷压缩机第 100 万台出产。

1997 年，获得 ISO 9001 质量管理体系证书。

1999 年，企业通过 ISO 14001 环境管理体系认证，在制冷设备二厂建立 OEM 生产基地。

2001 年，白雪冷柜被认定为"国家首批免检产品"。

2002 年，白雪冷柜获得"中国名牌"称号，获"年度中国保护消费基金会消费者可信产品"荣誉，制冰机获国际家电展工业设计潜力奖。

2003 年，白雪制冷压缩机获"中国名牌"称号，获国家火炬计划项目。

2004 年，"Baixue"（白雪）被认定为中国驰名商标，微型压缩机获国家火炬计划项目。

2005 年，收购"阪神电器"经营性资产，建办江苏雪龙电器有限公司。

2006 年，收购"市无线电专用设备"，建办江苏蓝天空港设备有限公司，成为国家火炬计划重点高新技术企业。获得北京国际家电展环境贡献奖，其制冰机、压缩机、售货机均获得专利博览会金奖。

2007 年，建办江苏雪龙机电有限公司，获江苏省高新技术企业认定。

2008 年，收购常熟电讯器材有限公司，收购常熟市制冷设备二厂资产并转制为江苏雪龙制冷设备有限公司，被国家发改委等五部门认定为"国家级企业技术中心"。获中国家电博览会节能奖，直流压缩机获得中国家电博览会环保奖，制冰机、酒柜均获中国家电博览会创意奖。

2010 年，建成"国家级产品测试中心"。

2011 年 3 月，参加中国家电博览会。车载冰箱、直流冰箱压缩机、自动售货机获中国家电博览会技术创新奖，冰箱压缩机获中国家电博览会技术金蕊奖。

三、企业危机事件

2008 年 4 月 14 日，白雪公司向国家商标局提出撤销袁庆堂注册卡通松鼠图形商标的争议申请。袁庆堂上诉至北京第一中级法院。袁庆堂曾与原江苏阪神电器公司有过合作，并于 2004 年 9 月 7 日向国家商标局申请注册卡通松鼠图形商标。而白雪公司于 2005 年企业并购江苏阪神电器公司。北京一中院最终裁定撤销袁庆堂注册卡通松鼠图形商标。

四、企业公关活动

（一）公关活动

1999 年 11 月，白雪公司参加在北京举行的第十一次《蒙特利尔议定书》缔约大会，承诺为保护大气臭氧层做努力，主动削减在产品生产中的氟利昂用量。根据《蒙特利尔议定书》保护大气臭氧层的要求，公司在利用联合国多边基金援助的基础上，投资近 2 亿元，建成 R600a 和 R134a 年产能力 200 万台制冷压缩机柔性生产线。

2000 年，白雪公司为全市百名下岗工人无偿赠送电冰柜、饮水机等家（商）用电器，协助其个体经营再就业。

（二）公益活动

2000 年—2008 年，白雪每年组织职工义务献血，总人次超过 500 人，献血量超过 10 万毫升。

2002 年、2003 年，白雪公司捐赠抗洪、抗旱救灾地区款项 35 万元。

2008 年，白雪公司捐款"四川大地震"灾区 72 万元。

2010 年，白雪公司捐款援助"玉树大地震"灾区 30 万元。

1997 年—2008 年，白雪公司设立"白雪奖学基金"，捐赠本市各中学贫困寄宿学生毛毯等物资用品；入股江苏省常熟中学和常熟市昆承中学，扶持学校发展；捐助江苏省常熟中学、常熟市中学、常熟市职教中心、常熟市理工大学搬迁新校区各类电器产品和款项；捐助安徽阜阳地区残障学校，重庆三峡库区贫困失学儿童，资助响水县贫困学生重返校园，向昆明希望工程、常熟市慈善总会捐资。

五、延伸阅读

[1] 江苏白雪电器股份有限公司官网 [EB/OL].[2015-11-15].http://www.china-baixue.com/.

[2] 杨艳,赵柳方.做肩负责任感的恒星——走近江苏白雪电器股份有限公司董事长朱勤保 [J]. 中国检验检疫，2010(07):47-48.

[3] 江苏蓝天空港设备有限公司官网 [EB/OL].[2015-11-15].http://vcmvending.chinabaixue.com/.

[4] 薛白.白雪电器从自我否定到超越自我 [J]. 中国防伪，2003(11):31.

（严文婧　陈经超　李丽芳）

百　得

BEST百得

一、品牌简介

　　百得是中山百得厨卫有限公司的公司品牌。该公司 1991 年成立于广东中山，前身是小榄农机机械厂，目前是华帝股份有限公司的控股子公司，主要生产、销售厨卫产品，2007 年获"中国驰名商标"荣誉。

二、品牌发展历程

　　1957 年，小榄成立小榄农机机械厂，隶属小榄镇工业总公司。

　　1991 年，小榄农机机械厂调整产业结构，改名中山市百得燃气具有限公司，经营燃气用具配件电磁阀和热电偶等产品。

　　1996 年，百得获得建设部所授予的燃气具生产许可证，成为全国八大燃气具生产基地之一。

　　1998 年，百得脱离小榄镇工业总公司，与华帝集团合并，作为华帝百得事业部运作。

　　2000 年，百得重新进行股份调整，以潘垣枝为首的股东们收购了百得公司及其品牌，成立中山市百得燃气具有限公司。

　　2005 年，百得系列吸油烟机成为"国家免检产品"。

　　　　　　　获"全国质量检验稳定合格产品"证书。

　　2010 年，百得吸油烟机通过中国节能环保认证。

　　2012 年，百得厨卫被华帝股份收购，重组上市。

三、品牌识别

　　2001 年，提出"实实在在，一得百得"宣传语。

　　2002 年，提出"点燃生活激情"的概念。

四、产品技术创新

　　2001 年，获外观设计"燃气热水器"专利。

2004年，分火器（外环火盖）燃气灶、分火器（内环火盖）燃气灶、台体槽孔式分火器燃气灶三项获专利。

2005年，炉头外观获设计专利证书。

五、广告策略

2002年，著名节目主持人刘仪伟代言百得。

六、延伸阅读

[1] 百得厨卫官网 [EB/OL].[2017-08-09].http://www.chinabest.com.cn/main.html.

[2] 杨同峰. 华帝并购百得厨卫"定案" [N]. 南方都市报，2012-08-29(QB16).

[3] 中山市档案馆. 我们的路：中山市开放改革实录（1979—1996）[M]. 中山：中山市档案馆，1997:346.

[4] 你是百得十年老用户么 [N]. 乌鲁木齐晚报，2012-08-09(31).

[5] 王燕玲. 百得"变形金刚"震撼上市 预交定金5倍返 [N]. 都市消费晨报，2012-06-15(F4).

[6] 百得售后打造完美服务——免费安检进万家 [N]. 都市消费晨报，2007-07-17(E8).

[7] "百得"，得人心者得市场 [EB/OL].[2017-08-09].http://www.zsnews.cn/News/2006/06/16/572411.shtml.

（谢文萍　曾秀芹　蔡淑萍）

百　特

一、品牌简介

百特是浙江百特电器有限公司的公司品牌，该公司创建于 1991 年 10 月，位于温州市，现有员工 1 000 余人，主要生产烫发器、电吹风、电推剪、剃须刀等美容美发器具。

二、品牌发展历程

1991 年，百特电器有限公司创立。
2010 年，通过电子商务开拓内销市场。

三、产品技术创新

百特推出的儿童理发剪，比欧盟标准（小于 70 分贝）低 10 分贝，与之相关的防触电保护获得欧美认可。
此外，公司还拥有 100 多个专利，200 多款创新产品。

四、企业公关活动

百特赞助温州大学瓯江学院 2008 年首届"百特杯"电器创意设计大赛。

五、延伸阅读

[1] 百特电器官网 [EB/OL].[2017-08-09].http://www.paiter.com/cn/.

[2] 百特电器特在哪里 [N]. 温州商报，2012-04-11(17).

[3] 安全质量是"命脉"百特电器引领行业标准 [EB/OL].[2017-08-09].http://news.163.com/12/1231/14/8K2ELCHO00014JB6.html.

[4] "百特杯"电器创意设计大赛结果揭晓，我院学子喜获佳绩 [EB/OL].[2017-08-09].http://edu.zjol.com.cn/05ks/system/2010/06/05/016665634.shtml.

（余洁　朱健强　蔡淑萍）

半 球

一、品牌简介

半球电器隶属于广东半球实业集团，1969 年成立于湛江，目前拥有下属生产性子公司 11 家，职工 3 000 多人，主要生产家电产品，包括电饭锅、电饭煲、电压力锅、电磁炉、电热水壶、豆浆机等。

二、品牌发展历程

1969 年，公司建立，曾名湛江市家电总厂、湛江市家用电器工业公司。
1987 年，广东半球实业集团有限公司组建。
1988 年，半球集团公司通过注册并开始运营。
1990 年，半球入选"全国 500 家最大的工业企业"。
1991 年，半球商标获得首届中国驰名商标提名奖。

三、广告策略

（一）广告语
20 世纪 90 年代初，广告语为"服务社会　不分东西半球"。
经典广告语还有"清风起半球，半球君悉否""家有半球，用水不愁"。
（二）营销策略
比较经典的是半球电器 1992 年在浙江的广告策略。利用杭州作为全省政治、经济、文化中心的优势，展开市场攻势，进行"梯度推进"。第一步，五六月间以大量的线下广告活动，提高"半球"在浙江的知名度。第二步，根据浙江自 7 月起天气越来越热，人们不愿呆在厨房里的实际情况，在七八月间推出以电饭煲为重点的广告。第三步，利用"十一"前后的结婚高峰期和消费热潮，推出"半球新系列"。

四、公关活动

2010 年，半球集团向玉树灾区的 100 所希望小学捐赠"世博红"健康饮水机。

五、企业危机事件

（一）质量危机

2014年，天津、福建两地工商部门披露了半球品牌电热水壶的质量问题。报告显示，型号OT-A15-20L，生产日期为2014年4月21日的半球电热水器问题突出，七个项目被检出质量不合格。同时，半球集团还被发现没有全国联保售后，折射出半球小家电的市场管理乱象。

（二）管理危机

20世纪90年代，半球电器的经营管理模式多次出现失误，逐渐走下坡路。大量管理、技术、销售人员离职，自主创业，兴起一大批民营家电企业。湛江市政协家电产业调研报告中写道，"据专家预测，半球电器的品牌若不规范、有序运作，其价值有可能在五年内消失殆尽"。2014年，湛江市政府着手行动，赎回"半球"债权，计划通过盘活地产、资产解决遗留问题。

六、延伸阅读

[1] 中山市半球燃气器具有限公司官网 [EB/OL].[2017-08-11].http://www.zsbanqiu.com/ch/index.asp.

[2] 张汉平.半球集团跨世纪的拓展 [J].决策与信息，1994(4):16-17.

[3] 卢明高.半球集团的"三大三小"战略 [J].集团经济研究，1992(6).

[4] 顾明主.中国改革开发辉煌成就四十年 湛江卷 [M].北京：中国经济出版社，1992.

[5] 李秀森.管理与决策：企业集团生存与发展的关键 [J].管理世界，1992(4).

[6] 付君萍.半球欲借重组再起飞 [J].电器，2003(8):38-39.

[7] 杨家东.广州半球集团营销策略研究 [D].吉林大学，2015.

[8] 蔡磊主编.三十六计名人成功决策与计谋（二十二）[M].北京：中国戏剧出版社，2007.

[9] 张冰馨.小家电企业拉开了以社会责任塑品牌大幕 [EB/OL].[2017-08-11].http://www.cheaa.com/product/2010/0713/240759.shtml.

[10] 北京商报.半球小家电深陷管理危机 多地爆发质量问题 [EB/OL].[2017-08-11].http://finance.sina.com.cn/consume/puguangtai/20141219/105821117897.shtml.

[11] 郭丹.三十而立，湛江家电产业路在何方 [EB/OL].[2017-08-11].http://szb.gdzjdaily.com.cn/zjrb/html/2011-02/03/content_1464998.htm.

[12] 湛江品牌老字号"半球电器" [EB/OL].[2017-08-11].http://www.zjppzx.com/a/wenhualvyou/laozihao/2010/0202/40.html.

[13] 李波.湛江：30年品牌荆棘路 [EB/OL].[2017-08-11].http://www.gdzjdaily.com.cn/topic/node_845/2009-07/16/content_1078587.htm.

[14] 夏经典广告语3000句 [EB/OL].[2017-08-11].http://www.twyft.com/guanggaoruanwen/2015/0523/24024.html.

（陈振华　曾秀芹　蔡淑萍）

贝昂·艾尔盾

一、品牌简介

艾尔盾是苏州贝昂科技公司的公司品牌，该公司于 2009 年在苏州成立，专注于空气净化领域。2014 年，贝昂获得空气净化器获得红星设计奖。

二、品牌发展历程

2005 年，贝昂创始团队在硅谷研究用国际最先进的"离子风"创新技术取代传统风扇，实现无声电脑。

2008 年，贝昂创始团队携"离子风"技术参加"春晖杯"中国留学人员创新创业大赛并获奖，开启创业之路。

2009 年，苏州贝昂科技有限公司成立。

2010 年，获中新创股 650 万种子基金，组建核心技术团队。

2011 年，第一台无风机空气净化器上市。

2013 年，获得"赛富亚洲"基金投资加盟。

2014 年，贝昂专业净化器品牌 Airdog 发布。

三、产品技术创新

贝昂空气净化器全部采用创新"双极猎尘（TPA）"无耗材核心净化技术，由硅谷空气博士团队打造，能够主动吸附和猎捕空气中的颗粒、尘埃、雾霾，打破传统空气净化器的被动滤网过滤，可以吸附大小为 PM2.5 的 1/100 的颗粒。

此外，公司还拥有近百项国内国际技术专利。

四、广告策略

贝昂在 B2C 方面使用新的广告方式。趁着 PM 2.5 引发热议，贝昂向薛蛮子、潘石屹等意见领袖免费赠送产品，请他们在微博上介绍使用感想。通过这种方式，贝昂在淘宝店铺上的访问量迅速增加。

五、企业危机事件

2014 年 12 月，贝昂创始人冉宏宇发表公开信指责格力利用合作之名抢夺净化器专利，并提起对格力电器侵犯贝昂三项空气净化器专利权的诉讼。期间，贝昂方面曝光了双方合作的细节和相关证据。2015 年 5 月，案件在上海知识产权法院开庭。

在贝昂与格力专利纠纷之际，山东中际集团旗下的空气净化器品牌尼尔逊指责贝昂科技侵权，指出在离子风技术研发过程中，自己投入大量财力、物力、人力及技术支持，专利权应归尼尔逊所有。冉宏宇回应称双方是合作关系，曾经有过矛盾，双方将会联合声明，澄清一些事情。

六、企业公关活动

（一）慈善公益

2014 年 9 月，贝昂启动与由央视知名主播主导的公益项目"爱的分贝"的战略合作，以新品预售的方式捐助"爱的分贝"公益组织，每售出一台 JY300 空气净化器，即向爱的分贝捐款 33 元。

2014 年 12 月，贝昂在天津"打造无污染绿色教室"，先后走进华豪国际幼儿园、天津十一幼，赠予空气净化器并讲解操作方法。

（二）赞助冠名

2015 年，贝昂成为世界田径挑战赛官方合作伙伴。

七、延伸阅读

[1] 贝昂官网 [EB/OL].[2017-08-17].http://www.beiangtech.com/.

[2] 曲琳. 贝昂：三位硅谷博士的小家电梦 [J]. 创业邦，2012(09).

[3] 贝昂 清新空气不再是奢侈品 贝昂科技将推新品向智能化迈进 [J]. 消费电子，2014(17).

[4] 赵秋玥. 创造家用效果最好的空气净化器：访苏州贝昂科技有限公司董事长冉宏宇 [J]. 电器，2014(11): 56-57.

[5] 贝昂就侵犯其空气净化器专利正式起诉格力 [EB/OL].[2017-08-17]. http://tech.sina.com.cn/e/2014-12-22/09499900024.shtml.

[6] 格力贝昂尼尔逊陷连环专利纠纷 [EB/OL].[2017-08-17]. http://finance.sina.com.cn/chanjing/gs-news/20150106/020821230157.shtml.

[7] 刘旭辉. 贝昂成为 2015 世界田径挑战赛官方合作伙伴 [EB/OL].[2017-08-17].http://www.chinanews.com/jk/2015/05-21/7292502.shtml.

[8] 王德祥. 格力连遭两起诉讼 与贝昂官司周三开庭 [EB/OL].[2017-08-17]. http://news.cheaa.com/2015/0518/445018.shtml.

[9] 让聋儿听见爱的分贝 [EB/OL].[2017-08-17]. http://info.js.hc360.com/2014/09/23170764082.shtml.

[10] 贝昂走进"天津十一幼"打造绿色无污染教室 [EB/OL][2017-08-17]. http://www.prnews.cn/press_release/118920.htm.

（余洁　周雨　蔡淑萍）

B

倍尔康

一、品牌简介

倍尔康是广州市金鑫宝电子有限公司的专利品牌。广州市金鑫宝电子有限公司创办于2000年，是香港爱亿天集团下属子公司，该公司集研发、生产、销售和服务于一体。

二、品牌发展历程

2000年，广州市金鑫宝电子有限公司成立。

2011年，金鑫宝电子有限公司全资子公司广州市旭俊医疗器械有限公司成立，负责中国区运营活动，包括倍尔康。

三、品牌识别

图1　2017年1月，倍尔康更换Logo，新老Logo在一段时间内共存。

四、产品技术创新

产品获"聚光杯专利证书""实用新型专利证书"等多项专利。

五、企业公关活动

2014—2016年，倍尔康举办"用体温关爱孩子"公益活动，向各地幼儿园捐赠非接触式电子体温计。

六、延伸阅读

[1] 倍尔康电子体温计官网 [EB/OL].[2017-08-17].http://www.berrcom.com/.

[2] 倍尔康闪耀亮相第 77 届中国医疗器械（春季）博览会 [EB/OL].[2017-08-17].http://news.163.com/17/0520/11/CKSJ9LVM00018AOP.html.

39

（谢文萍　陈瑞）

B

倍轻松

breo®

一、品牌简介

倍轻松（breo）是深圳市倍轻松科技股份有限公司的公司品牌，该公司 2000 年成立于深圳，员工人数近千人，专注于研发便捷式按摩产品，分为头部、眼部、颈部、手部、MINI 等系列产品。公司近年荣获多个设计大奖，如日本 G-mark 设计奖、iF 奖和红点奖等。

二、品牌发展历程

2000 年，深圳市倍轻松保健用品实业有限公司成立。

2007 年，公司更名为深圳市轻松科技股份有限公司。

2008 年，倍轻松英文品牌由"breeze"更换为"breo"。

2012 年，公司更名为深圳市倍轻松科技股份有限公司。

2014 年，倍轻松 ineck2 获得日本 G-mark 设计奖、倍轻松 iSee4 眼部按摩器荣获德国 iF 设计奖。

2015 年，倍轻松 SCALP 头皮按摩器荣获德国红点奖。

2016 年，倍轻松科技股份有限公司正式登录全国中小企业股份转让系统，进入资本市场。

倍轻松"SCALP 按摩器（抓头式）在"中国专利奖""评选中荣获中国外观设计优秀奖。

2017 年，倍轻松 Eye1 眼部按摩器获得德国 iF 设计奖。

倍轻松 iSee 系列获澳大利亚优良设计奖。

三、产品技术创新

倍轻松在国内外申请近 600 项专利，其中发明专利超过 150 项，PCT 国际专利量约 70 项。

四、广告策略

2007 年，将产品定位于中医保健相关产品，在"2007 中国学生营养与健康高峰论坛"中进行会议宣传，传播中医理念和对视力保健的作用。

五、企业公关活动

（一）赞助冠名

2010 年，倍轻松成为上海世博会中国民营企业联合馆健康产品赞助商。

（二）慈善公益

2012 年，投资拍摄公益微电影《父亲的手》。

2015 年，倍轻松关爱基金会向深圳山体滑坡事故受灾群众捐赠 200 套保暖内衣。

六、延伸阅读

[1] breo 倍轻松官网 [EB/OL].[2017-08-19].http://www.breo.com.cn.

[2] 邵律 , 李海东 , 徐路 . 以便捷式按摩产品研发领航全球中医简易健康 深圳市倍轻松科技股份有限公司打造倍轻松理疗健康世界 [J]. 上海经济 ,2013(7):58.

[3] 深圳市轻松科技开发有限公司简介 [C]//2007 中国学生营养与健康高峰论坛资料汇编 . 北京，2007.

[4] 倍轻松脊椎宝 [N]. 当代生活报，2010-09-18(013).

[5] 倍轻松发布心脏健康腕表 UME Watch[EB/OL].[2017-08-19]. http://tech.sina.com.cn/other/2015-04-09/ 1648 10025186.shtml.

[6] 倍轻松借世博理念 "轻松" 营销 [EB/OL].[2017-08-19]. http://www.ebrun.com/online_market-ing/7705.html.

[7] 倍轻松情感微电影《父亲的手》爆红看完必落泪 [EB/OL].[2017-08-19].http://ent.news.cn/2012-11/08/c_123930617.htm.

（谢文萍　陈瑞　蔡淑萍）

奔 腾

POVOS®奔腾

一、品牌简介

奔腾，为上海奔腾企业集团（以下简称"奔腾"）品牌。该公司始创于1986年，总部位于上海，是一家集家用电器产品研发、制造、销售为一体的综合性高新技术企业。集团下属浙江奔腾电器股份有限公司、温州奔腾电器有限公司、芜湖奔腾电器有限公司、嘉兴长江家电有限公司、国立电器制造有限公司等5家子公司。2007年，奔腾电磁炉获"产品质量国家免检"认证，"奔腾"商标获"中国驰名商标"认证。

二、品牌发展历程

2002年，奔腾创始人刘建国成立上海奔腾实业有限公司。

2003年，"奔腾"品牌启用，生产电磁炉、浴霸、加湿器、吸油烟机、豆浆机五大系列产品。

2004年，上海奔腾企业集团组建成立，下属上海奔腾企业（集团）有限公司、浙江奔腾电器股份有限公司及温州奔腾电器有限公司。

2008年，上海奔腾电工有限公司成立，奔腾进入个人护理小家电领域。

2010年1月，新华都实业集团股份有限公司入股奔腾。

2010年末，奔腾电器（上海）有限公司成立，与奔腾电工以及2010年收购的日本高尔夫用品品牌HOMA，构成奔腾集团核心业务板块。

2011年，荷兰飞利浦公司全面收购奔腾电器（上海）有限公司股份、团队、销售渠道及品牌。在厨房小家电方面，飞利浦和奔腾宣布采取双品牌运作模式，奔腾专注于奔腾电工有限公司的个人护理产业。

2011年至2014年，奔腾牌剃须刀连续四年获"上海名牌"认定。

三、产品技术创新

2012年，奔腾突破剃须刀行业技术壁垒，掌握锐角刀头核心技术，获得自主知识产权专利、实用新型及外观专利80余项。

2013年10月，奔腾电饭煲搭载创新"有氧呼吸程序"，推出全球首款"会呼吸的电饭煲"。

2013年12月，奔腾电磁炉搭载全新MOMO-TOUCH5.0技术，实现全触摸效果。

2014 年，奔腾连续获得旋转式电动剃须刀刀头、一种挂烫机的喷头结构、具有停机保护的加湿器、具有理光头功能的理发剪、一种直发器的闭夹锁改良结构等 5 项发明专利，使奔腾发明专利数达 31 项。

截至 2014 年底，奔腾已拥有各项专利 284 项，包括 126 项实用新型专利、124 项外观专利，31 项发明专利及 3 项国际专利。

四、广告策略

2008 年，奔腾与中央电视台、上海东方卫视达成合作，并在中央电视台科教频道、财经频道、社会与法频道，及上海东方卫视黄金档节目投放奔腾剃须刀产品广告《婴儿篇》。

2009 年 6 月，奔腾再次与中央电视台社会与法频道达成合作，建立长期战略伙伴关系。

截至目前，奔腾电视购物业务体系已拓展全国 40 余家电视购物平台，21 个省市电视台。

五、企业危机事件

2013 年，《青岛早报》《北京商报》等多家媒体接到消费者投诉称，购买的奔腾电磁炉使用不到三个月，就出现产品爆炸、不加热等质量问题。针对产品质量问题，奔腾回应，"若产品在维修服务期间，奔腾集团及其销售商提供全面维修服务"。

六、企业公关活动

2009 年 8 月，奔腾冠名首届长三角赛车文化节暨第七届"天马论驾"赛车活动。

2010 年，奔腾冠名 2011 年上海东方卫视春节晚会。

2013 年 5 月至 6 月底，奔腾推出年度新品"会呼吸的电饭煲"营销活动。该营销活动通过线上、线下媒体传播，实现 1.5 亿人次曝光、117 万人次互动。

七、延伸阅读

[1] 奔腾官网 [EB/OL].[2017-09-16].http://www.povos.com.cn.

[2] 于文，焦龙梅. 最杰出的商人：温州人创业启示 [M]. 北京：经济管理出版社，2009.

[3] 刘蔚. 奔腾电器 浙江中小企业成长样板 [J]. 成功营销，2004(5):84-87.

[4] 入股奔腾电器 新华都进军家电行业 [EB/OL].[2017-09-16]. http://www.eeo.com.cn/industry/it_telecomm/2010/01/29/161948.shtml.

[5] 飞利浦宣布收购奔腾电器 [EB/OL].[2017-09-16]. http://it.sohu.com/20110712/n313107093.shtml.

[6] 奔腾电器发展三步曲 [EB/OL].[2017-09-16]. http://club.ebusinessreview.cn/blogArticle-107480.html.

[7] 奔腾电器技术再创新 奔腾电磁炉可大火力爆炒 [EB/OL].[2017-09-16].http://tech.huanqiu.com/Enterprise/2013-12/4681999.html.

[8] 吴有根. 联手央视，一路奔腾 [J]. 广告人 .2008(01):133.

[9] 袁善铭. 奔腾电器：差异化突围聚力电视广告投放、强化终端陈列与促销 [J]. 经理人，2013(01): 102-103.

[10] 奔腾"会呼吸的电饭煲"跨媒体营销 [J]. 现代家电，2013(22):22.

[11] 丁奉生. 奔腾电器永远奔腾向前——上海奔腾企业集团国际央视广告传播策划 [J]. 广告人，2006(02):50-53.

[12] 奔腾电器高销量背后藏质量服务隐忧 [EB/OL].[2017-09-16]. http://www.ce.cn/cysc/zgjd/kx/201312/11/t20131211_1896582.shtml.

（王超然　王霏）

碧水源

一、品牌简介

碧水源是北京碧水源科技股份有限公司的公司品牌。该公司 2001 年创建于北京中关村，拥有近 30 家下属公司，主要从事膜技术的研发和生产，以及为城市生态环境建设提供整体解决方案，产品荣获国家科学技术进步奖二等奖。

二、品牌发展历程

2001 年，北京碧水源科技发展有限公司成立。

碧水源膜生物反应器生产基地建立。

碧水源第一台膜生物反应器和第一台 CWT 智能化设备研制成功。

2003 年，碧水源、清华大学被批准为国家 863 项目膜生物反应器产业化项目的执行单位。

2004 年，被中国环保协会评为"中国优秀环保企业"。

2006 年，被评为"2006 年度优秀环境工程公司""2006 年度中国优秀环境骨干企业"。

2007 年，完成股份制改造，注册资本为 1.1 亿元。

2008 年，正式进军无锡环太湖地区市场，建立合资公司"江苏碧水源环境科技有限责任公司"。被评为 2008 年度"福布斯"中国最具潜力企业第 14 名。

2009 年，被评为 2009 年度"福布斯"中国最具潜力企业第 9 名，获得教育部科学技术进步奖一等奖。

2010 年，成立"云南城投碧水源水务科技有限责任公司"。碧水源董事长、总经理文剑平获得"中关村十大领军企业家"称号，碧水源被评为"2009 年度水业十大优秀工程公司"。

首次公开发行股票并于深交所创业板正式挂牌上市。

2011 年，碧水源博士后工作站正式授牌。

北京碧水源博大水务科技有限公司成立。

设立湖南碧水源科技有限公司和南京城建环保水务投资有限公司。

内蒙古东源水务科技发展有限公司成立。

成立合资公司武汉武钢碧水源环保技术有限责任公司。

2012 年，投资设立新疆科发环境资源股份有限公司。

投资设立碧水源（禹城）环保科技有限公司。

与环保部环境保护对外合作中心、中国环境科学研究院等在京签署合资协议，共同组建"中环国宏环境资源科技有限公司。

与中关村发展集团股份有限公司、北京中关村科技创业金融服务集团有限公司等设立中关村科技租赁（北京）有限公司。

与北京城市排水集团有限责任公司签订协议，投资北京京建水务投资有限公司。

2013年，承建的地理式MBR最生水工程——昆明市第十污水处理厂投入运营。

2014年，与施耐德电气在北京正式达成长期战略合作伙伴关系。

三、产品技术创新

碧水源研发出PVDF增强型微/超滤膜、超低压反渗透膜和膜生物反应器（MBR）技术，解决了"膜材料研发、膜设备制造和膜应用工艺"技术难题。

2003年，碧水源第二代智能化小型污水处理系统（CWT）开发成功。

2004年，碧水源"浸入式生物型连续微滤系统"开发成功。

2007年，碧水源推出多种超一级A新工艺——3AMBR及MBBR、FBBR等技术。

2008年，与清华大学合作成立"清华大学—碧水源环境膜技术研发中心"。

2010年，碧水源中空纤维膜、膜元件和膜组器三大自主创新技术产品被评为"中关村十大企业技术创新成果"。

碧水源"膜生物反应器组器系统（MBRU）"获得第十二届中国国际高新技术成果交易会优秀产品奖。

四、广告策略

2012年8月，董事长文剑平参加中央电视台《对话》栏目。

五、企业公关活动

2012年7月，碧水源久安公司组织员工参与7·21京港澳救灾，总公司向房山区捐赠300台（套）、价值200万元的高科技净水设备。

2015年6月，碧水源联合中国志愿服务基金会、MBR联盟发起"'饮水思源'中小学生饮水安全计划"基金项目。

六、延伸阅读

[1] 碧水源官网 [EB/OL].[2017-08-20].http://www.originwater.com/.

[2] 秦长城.碧水源：水中"掘金"[J].新理财，2014(05):58-61.

[3] 施耐德电气(中国)有限公司.耐德电气与北京碧水源科技股份有限公司签署战略框架合作协议[J].电机与控制应用，2014(08):69.

[4] 碧水源科技 [EB/OL].[2017-08-20].http://news.xinhuanet.com/tech/2015-04/29/c_127747202.htm.

（严文婧　陈素白　蔡淑萍）

蝙 蝠

一、品牌简介

蝙蝠牌风扇是南京长江电子信息产业集团旗下产品。该公司 1946 年建于南京，前身是南京长江机器制造厂（即国营 720 厂），现有在职职工 2 900 余人，下属 18 家子、分公司。主要产品有雷达、卫星地面接收站、精密模具、集成电路引线框架、UPS 电源系统、电风扇、电机、电焊机及变压器等。

二、品牌发展历程

1946 年，南京长江机器制造厂成立。

1980 年，南京长江机器制造厂研制出蝙蝠电风扇并开始销售。

1984 年，蝙蝠风扇在保加利亚获得普罗夫迪夫举办的世界博览会上获得家电产品一等奖。

2004 年，中国电子信息产业集团与南京市国资委签署企业重组协议，成立南京长江电子信息产业集团有限责任公司。

四、广告策略

1981 年 4 月，南京长江机器制造厂在南京新街口百货商店临街橱窗摆上"蝙蝠"风扇昼夜运转，并在产品下面写着宣传语："从 4 月 1 日起开始运转，请您算一算，到今天共运转了多少小时？" 9 月 17 日，《新华日报》发表文章《"蝙蝠"风扇运行四千多小时完好如新》，使其成为南京当时一大新闻。随后，该厂在各个城市选择著名商场的橱窗进行风扇不停歇运转的展示，开展"转给你看"活动，引起消费者的注意和对产品质量的信赖，逐渐打开全国市场。

五、延伸阅读

[1] 南京长江电子信息产业集团官网 [EB/OL].[2017-08-20]. http://www.bianfu.com/.

[2] 崔秀芝 . "蝙蝠"起飞的公关策划 [J]. 公关世界，1996(07):10-12.

[3] 俞雷.1981 年：崔秀芝和蝙蝠电扇 [J]. 21 世纪商业评论，2007(06):122.

[4] 黄亚南, 张筠 .30 年前的老"蝙蝠"如今还能转 [N]. 扬子报，2014-06-25(A38).

[5] 严涉 .CEC 中国电子新王者 [EB/OL].[2017-08-20]. http://finance.sina.com.cn/review/observe/20050909/14041956151.shtml.

（于斌　周雨　蔡淑萍）

冰 熊

BING XIONG

一、品牌简介

冰熊是浙江华美电器制造有限公司的家电品牌，该公司 2003 年成立于杭州，前身是杭州市家用电器工业公司，目前有员工 3 000 多人，主要从事冷柜等制冷家电的生产、研发与销售，"冰熊"冷柜曾获中国驰名商标荣誉。

二、品牌发展历程

1981 年，华美的前身——杭州市家用电器工业公司成立，投产制冷设备。

1982 年，华美第一台冷柜问世。

1995 年，蒋端平在杭州成立杭州新洲销售有限公司。

2000 年，成立杭州新洲制冷设备有限公司。

2003 年，浙江华美电器制造有限公司成立。

2006 年，公司斥资收购著名制冷公司下属冰熊保鲜设备厂，获得"冰熊"商标使用权。

2007 年，公司投资成立浙江华美制冷设备有限公司。

2009 年，浙江华美冰箱有限公司正式投产使用。

2011 年，进行股权分配与改造，成立华美集团。

三、企业危机事件

1998 年，中国证券监督管理委员会对河南冰熊保鲜设备股份有限公司（以下简称冰熊公司）利用募股资金买卖本公司股票问题进行调查，没收冰熊公司挪用募股资金买卖本公司股票和以个人名义开设股票账户买卖股票的非法所得 472.26 万元，并处以罚款 20 万元；认定冰熊公司原董事长许敏祥和直接责任人马剑为证券市场禁入者，5 年内不得担任任何上市公司和证券业务机构的高级管理职务。

2003 年，因与华意压缩机股份有限公司买卖纠纷一案，江西省景德镇市中级人民法院拟查封冰熊公司所有的全部冰柜生产线及所属厂房，查封公司库存冰熊牌冷柜 2 000 台。

2014 年，流通领域大家电商品质量抽检结果显示，由河南冰熊电器股份有限公司生产的冰熊牌冷藏冷冻箱不合格。

四、延伸阅读

[1] 浙江华美冰熊集团官网 [EB/OL].[2017-08-18].http://www.huameilenglian.cn/index.php.

[2] 浙江华美电器制造有限公司官网 [EB/OL].[2017-08-18].http://www.zjhuamei.cn/.

[3] 河南冰熊制冷设备有限公司 [EB/OL].[2017-08-18].http://www.huamei-ypylg.com/index.html.

[4] 李代广 . "冰熊"品牌欲再度"雄霸天下"[N]. 企业家日报，2013-06-20(07).

[5] 李世顶 . "华美·冰熊·AUKOGEMA 爱之盛典"华彩绽放 [N]. 大河报，2014-10-23(F17).

[6] 石岩 . 河南老品牌复兴的冰熊样本 [N]. 河南科技报，2013-11-29(B4).

[7] ST 冰熊生产线将被查封 [N]. 华西都市报，2003-10-16(18).

[8] 河南冰熊电器一批次冰熊冷藏冷冻箱抽检不合格 [EB/OL].[2017-08-18].http://news.qinbei.com/20140916/1765575.shtml.

[9] 段亚林 . 论大股东股权滥用及实例 [M]. 北京：经济管理出版社，2001：336.

[10] 李世顶 . 冰熊"商标迷局"纠结了谁 [N]. 大河报，2010-11-09(11).

[11] 傅玉龙 . 全国征集广告语获奖作品荟萃·评析 [M]. 香港：中国文化出版社，2008(16).

（谢文萍　陈素白　蔡淑萍）

步步高

步步高

一、品牌简介

步步高是广东步步高电子工业有限公司的公司品牌。1995 年成立于东莞市，前身是广东力高电子有限公司。目前，该集团旗下有 4 家专业公司，业务涵盖生产数字视听产品、通信设备、教育电子产品和生活电器产品。获"中国驰名商标"。

二、品牌发展历程

1995 年 9 月，步步高公司前身——广东力高电子有限公司在东莞长安成立。

1996 年 3 月，步步高电话机厂取得了邮电部第一个有绳电话机"入网许可证"。

1996 年 11 月，步步高首次在中央电视台黄金时段投放广告。

1997 年 7 月，在中央人民广播电台进行的一项关于电脑市场的调查报告中，步步高学生电脑在同行业中市场占有率第一、品牌知名度第一。

1998 年 3 月，步步高公司被评为 1997 年度中央电视台广告意识强十佳企业。

1998 年 8 月，北京赛诺研究公司进行的全国主要品牌电话机零售量排行榜及占有率调查表明，步步高电话机的市场占有率居全国第一。

1998 年 10 月，在"改革开放二十年科技成果"展览中，步步高电话成为参展的唯一现代电话机品牌，被中国革命博物馆永久收藏。

1999 年 6 月，时任总经理的段永平被《亚洲周刊》评为亚洲商业金融业 20 位"千禧年领袖"之一。

2000 年 10 月，"步步高"被广东省工商行政管理局认定为广东省"著名商标"。

2001 年 12 月，在中央电视台进行的"消费者心中售后服务满意度最高的家电品牌"调查活动中，步步高以真诚优质的服务名列"家电行业售后服务十佳"榜首。

2002 年 2 月，"步步高"被国家工商行政管理总局批准认定为"中国驰名商标"。

2002 年 8 月，步步高复读机、电子词典荣获"保护消费者权益优质信誉品牌"。

2002 年 9 月，步步高复读机荣获广东省政府颁布的"广东省名牌产品"荣誉称号。

2002 年 9 月，步步高（电话机）被国家质检总局评定为"中国名牌产品"。

2003 年 2 月，步步高公司被广东省人民政府评定为"广东省优秀民营企业"。

2004 年 4 月，步步高公司被广东省人事厅评为"广东省专利工作先进企业"。

2004 年 7 月，步步高家庭影院获得广东省人民政府颁发的"广东省名牌产品"称号。

2004 年 12 月，步步高复读机、电子词典、MP3 被中国消费者基金会评为"消费者信赖的知名品牌"。

2005 年 4 月，步步高公司被评为 2004 年度员工满意企业。

2005 年 4 月，步步高被评为"2005 年 CCTV 我最喜爱的中国品牌"。

2005 年 9 月，步步高电话机再度被国家质检总局评定为"中国名牌产品"。

2006 年 5 月，步步高公司被广东省人民政府评为"2004 年—2005 年度广东省百强民营企业"。

2006 年 12 月，步步高电子词典获得国家质监总局"国家免检产品"资格。

2004 年到 2010 年，步步高公司连续被广东省人民政府评为"广东省百强民营企业"。

三、广告策略

（一）媒体选择

步步高投放电视广告的媒体包括中央电视台（步步高点读机）、湖南电视台（步步高点读机、VIVO 智能手机）、中国教育频道（步步高点读机），除了电视媒体广告，步步高还通过网络视频前贴广告的形式推广产品。

步步高的广告大事件包括：

1996 年 11 月，步步高首次在中央电视台黄金时段投放广告。

1997 年 8 月，步步高请影星李连杰拍摄步步高 VCD 影碟机广告。

1999 年 7 月，歌星张惠妹为步步高语言复读机拍摄广告。

1999 年、2000 年，步步高两夺央视广告标王。

2000 年 5 月，国际巨星施瓦辛格为步步高拍摄电视广告。

2005 年 6 月，步步高邀请蔡依琳拍摄电子词典广告。

（二）品牌代言人

步步高音乐手机：宋慧乔、江映蓉、李霄云、黄英、郁可唯、刘惜君。

步步高学习机：蔡依林、何炅、谢娜、李维嘉。

步步高点读机：高君雨、田亮和田雨橙、TFBOYS。

四、企业危机事件

（一）步步高巨额广告费阴谋论

2011 年以来，步步高旗下双品牌运作的步步高音乐手机、OPPO 音乐手机的广告几乎赞助了国内的各类冠军收视电视节目。业内人士测算，仅 2011 年，步步高旗下这两个手机品牌的广告费用超过 10 亿元。"开着飞机撒钱"的烧钱式营销让步步高陷入激辩的中心。销量大跌说、稳定人心说、浪费资源说、搏命狂赌说……各种质疑都有。

（二）步步高退出生活电器

2011 年 3 月 1 日，步步高在官方网站上正式宣布，逐步退出生活电器行业，这意味着步步高将全面退出家电行业。被步步高董事会定位为未来重要战略部分的生活电器一直未能进入状态，中怡康的数据显示，2010 年步步高豆浆机国内市场仅排名第七，电磁炉排名第九，市场份额均未超过 1%。步步高的电压力锅和电热水壶两大类产品，连相应榜单的前 20 名都没有进入。据步步高生活电器的区域经销商私下向《IT 时代周刊》透露，大约从 2009 年开始，步步高生活电器的市场占有率就一直在萎缩。截至 2010 年，步步高在小家电市场上的亏损超过 3 亿元。

五、企业公关活动

（一）赞助

1999 年 10 月，冠名赞助 1999 年步步高世界杯男子乒乓球赛。

2000 年 3 月，冠名赞助 2000 年全国女足超级联赛。

2000 年 4 月，"步步高杯"全国围棋电视快棋赛在北京圆满结束。

2000 年 6 月，第九届"步步高杯"全国青年歌手电视大奖赛专业组决赛开始。

2001 年 1 月，赞助 2000 年中央电视台春节联欢晚会。

2001 年 3 月，赞助"步步高无绳电话杯"全国女子排球联赛。

2001 年 9 月，赞助 2002 年"步步高无绳电话杯"全国女子排球联赛和"步步高电子词典杯"全国男子排球联赛。

2002 年 2 月，赞助 2001 年中央电视台春节联欢晚会。

2005 年 1 月，赞助 2005 年全国新年登高全民健身活动。

2005 年 5 月，赞助 2005 年—2006 年"步步高移动电话杯"全国女子排球联赛和"步步高迷你音响杯"全国男子排球联赛。

2006 年 5 月，赞助 2006 年—2007 年"步步高外语通杯"全国女子排球联赛和"步步高音乐手机杯"全国男子排球联赛。

2009 年 5 月，步步高音乐手机赞助湖南卫视 2009 年的《快乐女声》。

2010 年 1 月，步步高音乐手机赞助江苏卫视《非诚勿扰》和《时刻准备着》。

2010 年 3 月，步步高音乐手机赞助湖南卫视《快乐中国》和《快乐男声》。

2011 年 3 月，步步高音乐手机再度冠名湖南卫视王牌选秀节目《快乐女声》。

2013 年 1 月，步步高音乐手机 VIVO 赞助湖南卫视《快乐大本营》，成为其冠名商。

（二）公益活动

1998 年 4 月，向中国少年儿童活动中心捐助总价值 15 万元的步步高学生电脑、图书。

1999 年 1 月，1998 年长江、松花江流域发生历史罕见大水，步步高捐款 100 万元，公司员工捐款捐物计现金 5 2970 元、衣物 1 000 多件，受到民政部、中华工商联合会的表彰。

2003 年 11 月，为荣获第九届世界杯赛冠军的中国女排颁发奖金 100 万元。

2004 年 9 月，为荣获雅典奥运会冠军的中国女排颁发奖金。

2008 年 5 月 13 日，通过中华慈善总会，向四川地震灾区捐款人民币 500 万元，资助灾区人民抗震救灾，重建家园。截至 5 月 24 日，步步高员工已捐款 68 万多元，其中 40 万元通过东莞市红十字会汇往四川地震灾区。

2013 年 4 月 20 日，雅安地震，步步高旗下的 VIVO 手机首批捐款 100 万。

六、延伸阅读

[1] 步步高官网 [EB/OL].[2017-07-28].http://www.gdbbk.com/.

[2] VIVO 智能手机官网 [EB/OL].[2017-07-28].http://www.vivo.com.cn/.

（段秋婷　黄合水　李丽芳）

彩 虹

一、品牌简介

彩虹是成都彩虹电器集团股份有限公司的公司品牌，该公司 1983 年成立于成都，最初为成都钻床附件厂，主要产品为家用柔性电热取暖器具和家庭杀虫卫生用品，彩虹电热毯、电热蚊香片，获"中国名牌""中国驰名商标"荣誉。

二、品牌发展历程

1983 年，成都钻床附件厂列为成都市首批试行经营承包责任制改革的企业，实行经营承包责任制。

1984 年，成都钻床附件厂更名为成都电热器厂。

1985 年，首批彩虹牌电蚊香片（器）进入成都市场。

1986 年，成都电热器厂完成技改引进项目——在全国推出引进日本住友化学技术和原药生产的彩虹牌电蚊香系列产品。

1987 年，成都电热器厂兼并成都锦江电瓷厂。

1991 年，董事长、总经理刘荣富荣获"全国五一劳动奖章"。

1992 年，成都电热器厂兼并成都体育机械二厂。

1993 年，以成都电热器厂为主体发起的成都彩虹电器（集团）股份有限公司创立。

1998 年，成都彩虹集团兼并湖北省武穴纺织厂西区，建立彩虹集团中南电器厂。

2005 年，电热毯、电热蚊香片获评 2000 年—2005 年全国质量检验稳定合格产品。
刘荣富获"全国劳动模范"称号。

2011 年，成都彩虹电器集团正式宣布，将携手落户成都的京东商城进军电子商务市场。

2013 年，彩虹牌电热毯获得艾普兰十大最受大众欢迎产品奖。

三、广告策略

2014 年 12 月，CCTV-2 经济生活频道《消费主张》栏目组对成都彩虹集团进行访问，录制关于暖手宝和电热毯使用安全的专题节目。

四、企业公关活动

2010 年，成都彩虹集团为青海省玉树县灾区捐款。

2012 年，举行"四川省工会金秋助学资助仪式"。

在成都慈善总会成立"彩虹专项基金"，用于开展公益事业和慈善救助活动。

2013 年，向芦山地震灾区捐款 50 余万元。

举行由成都彩虹集团等一批爱心企业资助的 2013 年"阳光圆梦工程"助学金发放仪式。

举行成都市"慈善一日捐"活动。

2015 年，彩虹集团营销中心与西昌冕宁二村小学开展互助励志活动。

成都彩虹集团向北川羌族自治县陈家坝乡平沟村捐款 20 万元。

五、延伸阅读

[1] 成都彩虹电器集团股份有限公司官网 [EB/OL].[2017-08-18].http://www.rainbow.com.cn/.

[2] 杨东，唐爽. 彩虹电器携手京东商城"触网"[N]. 华西都市报，2011-10-28(026).

[3] 彩虹集团向灾区捐赠 50 余万元 [EB/OL].[2017-08-18]. http://news.sina.com.cn/o/2013-04-23/052926916482.shtml.

（严文婧　陈素白　蔡淑萍）

彩 阳

KYOUNG
彩阳

一、品牌简介

彩阳是贵州彩阳电暖科技有限公司的所属品牌，该公司 1992 年成立于贵州遵义，主导产品是彩阳牌电热毯、电热垫、暖手暖脚宝等柔性电暖器具，曾获"中国驰名商标"荣誉。

二 、品牌发展历史

1992 年，在遵义娄山关建厂。

1993 年，更名为贵州彩阳电热毯厂。

1998 年，在上海建厂，组建上海彩阳电热毯有限公司。

2008 年，贵州彩阳电热毯厂更名为贵州彩阳电暖科技有限公司。

被认定为"国家级高新技术企业"。

2010 年，贵州彩阳集团成立，拥有上海彩阳电热毯有限公司、上海家用纺织品有限公司、贵州彩阳实业有限公司、贵州娄山关酒业有限公司等多家企业。

三、产品技术创新

2002 年，在国内推出全线路安全保护电热毯，获得国家专利。

2008 年，获得碳纤维电热毯全线路安全保护技术国家发明专利，推出自动控温碳纤维保健电热毯。

此外，1997 年至今，公司相继研发非织造印花布复合式电热毯、安全保护多功能电热毯、新一代微电脑数码自控温电热毯产品、双温双控电热毯、多功能电暖板等产品，其中多项获得国家专利。

四、企业公关活动

2010 年，贵州彩阳集团为娄山中学捐助价值 12 万元的教学电子产品，每月资助几十名贫困学生。

2012 年，贵州彩阳集团捐资 20 万元成立娄山中学"彩阳奖学基金"。

2014 年，彩阳捐资 200 万元申办的遵义市桐梓县第一个非公募性公益基金会——贵州省彩阳助学公益基金会正式成立。

五、延伸阅读

[1] 彩阳集团官网 [EB/OL].[2017-08-21].http://www.caiy.com.cn/.

[2] 管弦，欧国勇. 驾着"飞毯"战商海 [N]. 中华工商时报，2015-04-23(03).

[3] 娄毅. 彩阳奖学基金 情暖娄山学子 [N]. 娄山关，2012-12-25(04).

57

（于斌　黄含韵　蔡淑萍）

c

长　城

一、品牌简介

长城是苏州长城电扇股份有限公司的家电企业品牌，1975 年成立于江苏苏州，前身为苏州电扇厂。目前企业拥有研发中心、组装基地、五金制造、电机制造和塑料件制造五大基地。主要产品是电风扇、室内加热器、吸油烟机、冷热饮水机、电饭锅、电磁灶、家用燃气器具、家用电动洗衣机、空气幕等。

二、品牌发展历程

1970 年，苏州电扇厂成立。

1980 年，长城电扇第一条装配流水线投产。

1994 年，获全国最畅销国产商品金桥奖。

1996 年，以长城为龙头的市属工业集团成立，同时将苏州轻工业电机总厂、苏州厨房设备厂、苏州长城电扇组装厂和苏州模具制造中心等四家单位纳入"长城"管辖

1997 年，长城电扇厂进行二次创业。

1998 年，长城集团交由苏州市机械管理局委托经营管理。

经国家质量奖审定委员会批准，荣获银质奖。

1999 年，成立苏州长城机电有限责任公司（苏州长城电器有限公司）。

2002 年，被评为"3·15 质量无投诉服务无投诉诚信企业"。

三、产品技术创新

1983 年，台扇获国家经委颁发的新产品金龙奖、轻工部优质产品。

1984 年，长城开发出 7 种新产品。

1985 年，开发出采用灯扇两用的设计的 FS5-40 新型落地扇。

1986 年，开发出 FS7-40 电子选时落地扇。

1988 年，率先运用电脑遥控技术，开发五通道电脑遥控落地扇。

1988 年—1990 年，成功开发 5 大类 87 种新品种、新款式、新花色的家电产品。

四、广告策略

（一）广告语

1980 年代，长城电扇推出"长城电扇、电扇长城"广告语。

（二）媒体策略

1984 年，在北京召开新闻发布会向有关部门和新闻单位汇报本厂的生产科研状况，造大声势。

1985，在冬季电扇促销的淡季，长城电扇在全国多家报刊刊登新年"鸣谢"广告。

1986 和 1990 年，两次邀请《人民日报》《经济日报》《工人日报》等影响力大的报刊参与"长江行""长城行"采访长城电扇销售活动。

五、企业危机事件

1996 年，大量人员涌进，企业没有限制地扩张，以及先发货后付款的经营规则存在漏洞，大规模的扩张和无法收回的货款造成了严重的三角债。

1998 年，长城债务诉讼接连不断，工厂停产，职工队伍人心涣散，土地、厂房等有效资产也全部抵押给相关人员，致使无法实现盘活。

1999 年，长城电器采取了一种"只要你缴纳商标使用费，我们就允许你生产"的做法，使得新生产的长城电风扇存在非常多质量问题，并且市场上还出现了很多质量低劣的伪造长城风扇，长城电风扇的品质和信誉度急剧下滑。

六、公关活动

1985 年，长城电扇厂成为上海电视台"长城杯世界足球邀请赛"独家特约播放单位。

七、延伸阅读

[1] 长城品牌介绍 [EB/OL]. [2017-09-01]. http://mp.ppsj.com.cn/greatwallelec.html.

[2] 中国制造 1975 长城电扇 [EB/OL]. [2017-09-01]. http://money.163.com/special/00253JPA/1975changchengdianshan.html.

[3] 张文礼，冯峰，许子年. 民族品牌依旧在长城电扇永不倒 [J]. 中国机电工业，2011(9): 112-114.

[4] 张文贤. "长城"的市场营销创新战略研究 [J]. 商业经济与管理，1993(6): 36-39.

[5] 刘桂莲. 盯住市场，掌握信息，增加品种，长城牌电扇冬季出现订货热 [N]. 人民日报，1984-11-14.

[6] 长城电扇曾经的辉煌 [EB/OL]. [2017-09-01]. http://news2.jschina.com.cn/system/2011/07/13/011212285.shtml.

[7] 白光 . 华夏当代广告评析 150 例 [M]. 北京 : 中国广播电视出版社 , 2003.

[8] 徐霖 . 生意经 [M]. 北京 : 工商出版社 , 1996.

[9] 陈培爱 . 广告策划与策划书撰写 [M]. 厦门 : 厦门大学出版社 , 1993.

[10] 胡忠泽 . 长城电扇电扇长城 [J]. 集团经济研究 , 1990(2): 64.

（吴海谧　朱健强　庄佳）

长 虹

一、品牌创立

长虹是四川长虹电子控股集团有限公司的品牌。1958 年成立于四川绵阳，前身是国营长虹机器厂，目前拥有 4 家上市公司和 3 家新三板挂牌公司。长虹已成为集军工、消费电子、核心器件研发与制造为一体的综合型跨国企业集团，并正向信息家电内容与服务提供商挺进。2011 年，长虹入围世界品牌 500 强。

二、品牌发展历程

1958 年，780 厂（长虹前身）成立。

1988 年，国营长虹机器厂独家发起并控股成立四川长虹电器股份有限公司。

1994 年，四川长虹股票在上海证券交易所挂牌上市。

1997 年，长虹获"中国驰名商标"认证。

长虹控股原吉林长春无线电一厂并正式挂牌营运。

长虹全面收购四川绵阳原五洲电源厂。

长虹控股江苏南通原三元公司，江苏长虹正式挂牌式营运。

1999 年，四川长虹电源有限责任公司正式挂牌运行。

2001 年，长虹获得"中国最有价值品牌"荣誉。

长虹彩电、空调、DVD 批准免检。

长虹彩电获"中国名牌"称号。

2002 年，广东长虹正式成立。

2003 年，长虹控股组建广东长虹电子有限公司。

长虹 DVD 获"中国名牌"称号。

2004 年，长虹高清读卡电视全面上市。

2006 年，长虹首台"量子芯"电视诞生。

长虹欧洲电器有限公司在捷克宁博市开业。

2007 年，长虹出资组建虹视公司，发展 OLED 产业。

四川长虹成为华意压缩第一大股东。

"歼十飞机工程"电源系统荣膺"国家科学技术进步特等奖"。

2009 年，四川长虹与台湾友达光电组建合资公司生产液晶电视模组。

2010 年，长虹空调 Dll、等离子电视 cobble、等离子电视 knight 和 LED 电视 stream 荣获欧洲 Plus X 大奖。

长虹中东电器有限责任公司开业庆典在迪拜举行。

长虹跻身中国 500 最具价值品牌榜单。

长虹跻身并蝉联亚洲品牌 500 强。

2011 年，美菱雅典娜 BCD-310WPC 冰箱获 Plus X Award 大奖。

长虹旗下冰箱压缩机技术中心荣获"国家级技术中心"称号。

长虹获"中国跨国百强"荣誉。

长虹入围世界品牌 500 强。

2012 年，长虹公司旗下红星公司"高性能氧化铍高导热"项荣获国防科学技术进步奖一等奖。

美菱雅典娜冰箱 BCD-310WPB 荣膺 IFA 工业设计创新大奖。

长虹跻身中国企业 500 强榜单。

长虹跻身中国制造企业 500 强。

长虹蝉联世界品牌 500 强企业。

2014 年，长虹蝉联中国 500 最具价值品牌。

长虹蝉联中国企业 500 强。

2015 年，长虹公司"微通道管材与换热器制造技术及其应用"及"星地融合广域高精度位置服务关键技术"获得国家科技进步二等奖。

长虹首款双模式儿童电视系统正式上市。

长虹蝉联中国 500 最具价值品牌。

2016 年，长虹蝉联亚洲品牌 50 强。

长虹蝉联世界品牌 500 强。

2017 年，长虹联手清华大学等单位共同参与的"DTMB 系统国际化和产业化的关键技术及应用"项目荣获国家科学技术进步奖一等奖。

三、产品技术创新

1972 年，长虹第一台黑白电视机试制成功。

1985 年，生产第一台国产化长虹彩色电视机。

1993 年，长虹自行设计制造的大屏幕彩电生产线建成投产。

1996 年，长虹技术中心被列为国家级重点技术中心。

1998 年，设立长虹—东芝联合实验室。

长虹—三洋联合实验室成立。

2001 年，推出"自然风""四季风""立体风"等系列空调新品，空调三期技改工程完成。

2002 年，长虹空调四期技改完成。

2004 年，长虹"平板显像金三角"六项独有专利技术首次亮相。

2005 年，长虹—电子科大 IC 设计联合实验室成立。

2008 年，长虹数字音视频处理 SoC（System-on-Chip）芯片亮相。

2009 年，"OLED 国家地方联合工程实验室"授牌。

2010 年，长虹发布 3D 网络平板电视，产品融合 3D、网络两大领域新技术。

长虹—香港理工大学交互设计联合实验室揭牌。

2011 年，国家工程实验室揭牌，PDP 国家工程实验室开始运行。

2012 年，西安交大—长虹研究院揭牌。

2013 年，长虹和中科院声学所联合宣布复合型智能语音芯片研发成功。

2014 年，长虹推出 CHiQ 系列智能家电。

2015 年，长虹推出 CHiQ 二代产品。

2016 年，四川长虹与瑞士公司 ABB 合作，设立中国西部首个机器人应用联合实验室。

2017 年，四川省国防科技工业办公室、电子科技大学、四川长虹电子控股集团有限公司联合成立国内首个电子信息军民融合创新实验室。

四、广告策略

2006 年，徐静蕾担任品牌形象代言人。

2007 年，林志玲担任长虹手机代言人。

2009 年，孙红雷担任长虹手机代言人。

2015 年，邓超担任 CHiQ 系列产品代言人。

五、企业危机事件

1998 年，因所谓"销售方式的改变"，济南市 7 家国有商场联合拒售长虹彩电。"四川长虹"股票受到冲击，直线下跌 10% 以上。

2004 年，长虹在美国遭遇巨额诈骗的消息在业内传播，APEX 公司拖欠长虹应收账款 40 余亿元。导致长虹股价大幅跳水，甚至影响了大盘的走势。

2010 年，长虹多款型号液晶电视遭遇"蓝屏门"，开机后不出现正常图像，只呈现蓝色画面。用户强烈要求长虹厂家召回。

2015 年，长虹集团党委副书记、纪委书记杨学军采取公开报案方式，举报长虹集团、长虹股份董事长赵勇涉嫌严重滥用职权，造成国有资产重大损失。

六、企业公关活动

（一）慈善公益

2009 年，长虹向四川"帐篷新生活行动"捐赠长虹电视、家用太阳能光伏电源系统、储箱等产品。

长虹公司向北川中学高考录取生提供助学金。

2010 年，长虹公司通过中国红十字总会向玉树地震灾区捐赠 200 万元。

2013 年，长虹向芦山县地震灾区捐赠太阳能移动电视、高强度 LED 手电筒、高能应急灯、长动力电池以及移动电源太阳能灯和生活物资。

（二）冠名赞助

2005 年，"长虹杯 2005 年全国大学生感观创意设计大赛"在北京召开，展现出长虹"快乐、创造、科技、时尚"的企业风采。

2007 年，长虹公司与中国乒乓球队在北京举行战略合作签约仪式，长虹成为中国乒乓球队主赞助商、战略合作伙伴和中国乒乓球协会官方主赞助商。

2009 年，长虹赞助"青少年爱眼护眼中国行"活动，全程策划并支持青少年宫系列爱眼护眼宣传活动。

2011 年，"长虹大师杯"中国乒乓球年度总决赛在北川新县城体育馆举行。

（三）事件营销

2014 年，长虹与腾讯联合发起的"在一起"活动正式启动，该活动紧扣光棍节、圣诞节、新年跨年等流行节庆，开展"歌词表白、创意晒恩爱、为真爱点赞"等有趣互动，吸引逾 200 万年轻用户参与。

七、延伸阅读

[1] 长虹长动力：实力决定电池续航"长"度 [EB/OL].[2017-09-05].http://mobile.163.com/10/0420/10/64N5T4AH00112K8F.html.

[2] 林志玲代言 长虹手机红起来 [EB/OL].[2017-09-05]. http://tech.sina.com.cn/mobile/n/2007-02-26/17081391325.shtml.

[3] "跑"进长虹当经理 邓超当花瓶还是救命稻草？ [EB/OL].[2017-09-05].http://tech.163.com/15/0922/02/B4371URJ000915BD.html.

[4] 长虹董事长身陷滥权巨亏丑闻 [EB/OL].[2017-09-05]. http://news.163.com/15/0729/00/AVLDRSAE00014AED.html.

[5] 长虹液晶电视身陷蓝屏门 用户投诉要求召回 [EB/OL].[2017-09-05].http://news.youth.cn/kj/201007/t20100721_1294379.htm.

[6] 长虹企业官网 [EB/OL].[2017-09-05]. http://cn.changhong.com/index.html?f=top.

（汪妍　黄合水　庄佳）

超 人

一、品牌简介

超人品牌创立于 1992 年，是广东超人节能厨卫电器有限公司的品牌，该公司 2003 年成立于中山市，前身为中山市超人电器有限公司。主导产品有燃气灶、吸油烟机、消毒柜、燃气热水器、电热水器、燃气取暖炉。2009 年荣获"中国驰名商标"称号。

二、品牌发展历程

1992 年，第一代专利产品"超人内旋火"燃气灶上市。

1998 年，强力深型吸油烟机自动生产线正式投产，为当时国内最先进的生产线之一。

2000 年，广东生产基地建成使用。

2003 年，中山市超人电器有限公司注册成立。

2005 年，第三代上进风内旋火、第四代双旋火、第五代双旋王冠火等专利燃气灶技术研发成功。

2006 年，获"中国质量万里行质量跟踪品牌"荣誉称号。

2007 年，获得中国节能产品、中国环保产品认证。

2012 年，超人电器三角新工业园奠基。

2013 年，获高新技术企业认证。

2014 年，更名为广东超人节能厨卫电器有限公司。

发布第十代专利内旋火燃气灶，获国家发明专利。

三、品牌识别

图1 1992年—2007年，带有美国超人风格的字母R造型。

图2 2008年至今，使用新Logo。

四、产品技术创新

内旋火，作为一项运用在燃气灶上的燃烧技术，其正式名称为"旋流集中燃烧技术"，俗称"内旋火"或"旋火"，1993年由广东超人节能厨卫电器有限公司研发成功。截至2014年，共研发10代内旋火燃气灶产品，获128项国家专利。

五、广告策略

（一）代言人

2010年—2012年，影视明星胡军出任品牌形象代言人。

（二）创意策略

1992年，品牌创立之初便导入CIS（企业形象识别系统）。

六、企业危机事件

2009年，甘肃省质监部门对燃气灶产品抽查，超人燃气灶被检出一氧化碳含量不合格。记者多次致函才得到企业"必定严肃整改"的回复。

广东省质监部门检出超人家用燃气灶气密性不合格。

七、企业公关活动

（一）慈善公益

2010年，超人创立公益品牌"壹点爱公益助学机构"，积极开展"壹点爱公益助学""壹点爱公益图书室""壹点爱爱心食堂""壹点爱夏令营"等活动。主要内容包括公益助学、公益书社、夏令营、物资捐赠、慈善义卖。为社会公益事业发展做出了积极贡献。

（二）事件营销

2011 年和 2012 年，举办第一届、第二届"我想去西藏"自行车骑行探险活动，以推动社会文化和环保事业发展。

八、延伸阅读

[1] 超人官网 [EB/OL].[2017-08-07].http://www.china-chaoren.com.cn/.

[2] 20 年 10 代！超人电器内旋火燃气灶的前世今生 [EB/OL].[2017-08-07].http://jiaju.sina.com.cn/news/20140512/360420.shtml.

[3] 超人燃气灶不合格，存在安全隐患 [EB/OL].[2017-08-07].http://www.chinachugui.com/news/2009/0612/0906129666.shtml.

C

（张雨歌　曾秀芹　庄佳）

厨之宝

CZB 厨之宝®

一、品牌简介

厨之宝是中山市厨之宝电子厨具有限公司所属品牌，该公司创立于1998年，是集厨卫电器与整体橱柜、衣柜研发、生产、销售于一体的企业，目前已形成以整体橱柜、吸油烟机、燃气灶具、消毒柜、燃气热水器、电热水器等系列产品为主的六大系列近百个品种。

二、品牌发展历史

1998年，中山市厨之宝电子厨具有限公司成立。

2002年，获"质量达标合格产品"荣誉称号。

2004年，荣获国家"全国工业产品生产许可证"。

2005年，国家一级科技查新单位证实，厨之宝"引射催化无焰燃烧与增容红外辐射民用燃气灶具"为国内首创。

2007年，获得"中国节能产品认证""中国环保产品认证"。

产品进入国家发改委和财政部的国家节能产品强制采购清单。

2012年，厨之宝工业园项目启动。

三、广告策略

2010年，推出厨电行业新的营销模式——"百度计划"，在中国经济网、搜狐等多家网站刊发题为"'百度计划'助力厨之宝做大做强 央视投放凸显企业实力与信心"的宣传文章，同年3月1日至8月31日举办口号为"中奖100%！中出一年好运来！"的主题活动。

四、公关活动

2010年，在全国范围开展节能减排、低碳生活理念，通过展板、宣传教材呼吁大家共同行动起来，从自身做起。厨之宝在活动现场为消费者展示最新研制成功的新产品。

五、延伸阅读

[1] 厨之宝官网 [EB/OL].[2017-08-21].http://www.chuzhibao.com/zh-CN/index.html.

[2] 蔡伟歆.厨之宝：中国燃气具红外线技术的创新者 [J].家用燃气具，2011(01):16-17.

（于斌　林升栋　蔡淑萍）

69

C

创尔特

Chant 创尔特

一、品牌简介

创尔特是创尔特热能科技（中山）有限公司的所属品牌，该公司成立于 2002 年，是广东长青（集团）股份有限公司旗下企业，位于广东省中山市。长青集团主要从事热能科技产品的研发、制造和销售，纵向开发燃气具、太阳能的高效能、低污染产品及配件。

二、品牌发展历程

2002 年，创尔特热能科技（中山）有限公司成立。

2005 年，创尔特低碳产业群正式立项。

2007 年，完成股份制改造并更名为广东长青（集团）股份有限公司。

2008 年，检测中心获得燃气具"中国合格评定国家认可实验室证书"。

2009 年，长青国际工业园一期工程在中山小榄工业基地正式落成投产。

检测中心获得"CE 认可实验室证书"。

2010 年，被中国轻工业联合会评选为"2009 年度中国轻工业五金行业十强企业"。

被国际节能环保协会授予"世界低碳环境中国推动力产品""世界低碳环境中国推动力百强企业"。

2011 年，公司首发 A 股正式在深圳证券交易所挂牌上市。

公司首个秸秆发电项目——山东省沂水生物质发电项目通过 72 小时验收投产。

被中国市场研究中心授予"中国燃气热水器制造业十强企业"。

2013 年，明水长青环保能源有限公司 CDM 项目在联合国成功注册。

三、品牌识别

2015 年，"创尔特"正式更名为"长青·创尔特"，提出新的品牌概念——新生代高端厨电。

四、产品技术创新

长青集团在上海同济大学等国内七所设有燃气专业的大学设立十年的"长青燃气奖学金"。在此基础上，2006 年 8 月在全国 9 所高校增设"长青技术创新课题资金"。

2006 年 10 月，研发出创尔特近吸式吸油烟机。

2008 年 12 月，创尔特 L1 真节能冷凝式燃气热水器上市。

2009 年 11 月，创尔特喷火灶通过广东省经信委组织的专家鉴定并上市。

五、广告策略

2010 年，湖南卫视主持人张丹丹成为品牌代言人。

2015 年，演艺明星陆毅成为长青创尔特品牌新形象代言人。

六、公关活动

2014 年 5 月，邀请重庆工业职业技术学院工业设计专业二年级 107 名师生参与广东工业设计采风之旅第二站——广东长青集团进行参观学习。

七、延伸阅读

[1] 创尔特官网 [EB/OL]. [2017-08-21]. http://www.chinachant.com/.

[2] 博锋，池小红. 营销标杆，中国家电企业价值营销案例 [M]. 北京：人民邮电出版社，2007.

[3] 长青·创尔特新生代厨电概念抢 90 后家庭眼球 [EB/OL]. [2017-08-21]. http://www.jia360.com/syzx/Article/20150515/1431677254921.html.

（于斌　苏文　蔡淑萍）

创 佳

Canca 创佳

一、品牌简介

创佳品牌隶属于潮州市创佳集团有限公司，该公司创建于 1996 年，位于广东潮州。创佳的主要产品为彩色电视机，也致力于半导体集成电器、大功率晶体管封装及芯片研发等高新技术研发工作。2005 年，创佳获得"中国出口名牌"荣誉。

二、品牌发展历程

1996 年，创佳电子有限公司在潮州成立。

1997 年，创佳彩电在 1997 年国际电子技术博览会上获得金奖。

1999 年，召回创佳模拟电视，改换创佳数字电视。

创佳公司开发的"卫星内藏背投影 48 英寸彩色电视机"被国家经贸委认定为"国家级新产品"。

2001 年，创佳荣获"产品质量免检证书"。

2003 年，创佳高科技工业园奠基暨潮州市创佳微电子有限公司成立。

2005 年，创佳集团被商务部评定为"重点培育和发展的出口名牌"企业。

2006 年，第十四届世界生产力大会上，创佳集团获得"2006 年世界市场中国（家电）十大年度品牌"荣誉。

2015 年，创佳获"2015 年度中国智能电视十大品牌"。

三、品牌识别

创佳 CANCA

Canca 创佳

图 1 2010 年 6 月，创佳正式启用新 Logo。

四、产品技术创新

2002 年，"掺铒光纤放大器等关键光通讯器件"被国家科技部列为"国家火炬计划项目"。

2005 年，创佳公司与清华大学合作的"数字电视信源编解码芯片"项目被国家科技部评为 2005 年国家重点新产品计划项目。

2015 年，设立潮州市创佳协同创新研究院。

五、广告策略

2005 年，创佳公司与央视《绝对挑战》栏目合作，通过电视招聘区域销售总监。节目播出之后，创佳为全国各地代理商刻录了一万余盘节目光盘，在终端销售专卖店反复播放。

六、企业公关活动

（一）赞助冠名

2001 年，创佳公司冠名与中国记协联合举办的"创佳彩电杯"新世纪报纸版面编辑趋势研讨会暨报纸版面编辑协作合成会议。

2007 年，创佳集团赞助拍摄纪录片《毛主席用兵真如神》，在中央电视台黄金时段播出。

赞助由潮州市委市政府与央视国际频道联合举办的《同乐五洲》特别节目"相聚潮州——古桥焕彩·名城增辉"大型文艺晚会。

由潮州社科联设立，创佳集团每年赞助的"创佳奖"奖学金发放仪式在潮州市党政机关会堂举行，旨在奖励潮州高考成绩优异的考生。

2009 年，创佳集团赞助协办"中华情·相约潮州 走进故里"大型文艺晚会。

（二）慈善公益

2006 年，在潮州市委市政府举办的"情满潮州"大型活动之"春风暖人心"帮扶特困家庭工程启动仪式上，创佳集团捐款 108 万元用于帮扶 100 户低保特困家庭。

设立由创佳员工组成的"爱心基金会"。

2008 年，创佳集团向潮州籍奥运冠军林跃赠送一套 193 平方米的商品房。

2010 年，潮州市创佳爱心协会成立暨系列关爱活动启动仪式在潮州市党政机关会堂隆重举行。

七、延伸阅读

[1] 潮州市创佳集团有限公司官网 [EB/OL].[2017-08-21].http://www.canca.com/.

[2] 杨兴国 . 品牌伐谋 [M]. 北京：经济管理出版社，2013.

[3] 梁景裕 . 性价比才是王道 创佳安卓智能 3D 电视 42HME5000X12 试用体验 [J]. 消费电子，2013(9)：72-74.

[4] 亦非 . 一个潮州汉子的家国情怀：专访创佳集团董事长辜树辉 [J]. 消费电子，2012(6)：16-18.

[5] 武家奉 . 看创佳怎样创"佳"[J]. 中国中小企业，1998(10):18.

[6] 成凯文.创佳彩电江西市场营销方略 [J].新余高专学报，2004(3):56-58.

[7] 潮州创佳跨入微电子领域 [J].集成电路应用，2003(3):34.

[8] 创佳"一级能效"液晶电视 [N].科技日报，2011-06-03(04).

[9] 黄启兵.广百电器数码影视节火爆新品牌创佳电视强势进驻 [N].羊城晚报，2009-07-23(B12).

[10] 节能惠民潮货当先 [N].潮州日报，2012-09-02(A1).

（吴海谧　苏文　蔡淑萍）

创　维

Skyworth 创维

一、品牌简介

　　创维，为创维集团有限公司（以下简称"创维"）品牌。该公司成立于 1988 年，总部位于广东省深圳市，是一家以研发制造消费类电子，如智能电视、空调、冰箱、洗衣机、显示器件、数字机顶盒、安防监视器、网络通讯、半导体、3C 数码等产品的高新技术企业，有员工 4 万余人。2000 年，创维数码控股有限公司在香港主板上市。2005 年，创维商标获"中国驰名商标"认证。2011 年，创维彩电获"中国名牌产品"认证。

二、品牌发展历程

　　1988 年，创维实业有限公司在香港成立，设立全球信息家电中心。

　　1994 年，创维与深圳 RGB 电子公司合资，成立创维—RGB 电子公司。

　　1996 年，创维在深圳宝安区建立的创维电子城投产。

　　1999 年，投资集团"ING 集团"等三家国际资本向创维集团注资。创维数码音像公司成立。

　　2001 年，创维彩电事业部成立。

　　2002 年，创维（深圳）数字研究中心投入使用，创维 29TWDP、29TP9000 彩电产品获中国产品创新设计奖。

　　2004 年，创维发动"平板风暴"，进军平板产业。

　　2006 年，创维平面显示科技工业园全面投入使用。

　　2009 年，创维 E90、E11LED 电视，获德国 iF 产品设计大奖。

　　2011 年，创维背光液晶模组技改中标广东省战略产业技改项目。

　　2014 年，创维凭借原生营销案例"创维酷开 TV 整合营销传播方案"获中国广告长城奖广告主奖之"营销传播金奖"。

　　2015 年，创维收购德国电视机制造商美兹 Metz。

　　2016 年，创维东南亚制造基地揭牌。

　　2017 年，创维数字 mini game box 获德国红点奖。

三、品牌识别

　　2006 年，创维在北京向外界正式宣布，启用全新的以蓝色为基调的新品牌标识。新 Logo

取消原先的图形标，改用纯文字标志和专有蓝色，将原来大写字母改为以小写为主。

图 1　初始 Logo：1988—2006 年

图 2　全新 Logo：2006 年至今

四、产品技术创新

2000 年，创维与东南大学无锡应用科学与工程研究院达成合作，共同创建江苏数字技术研究院。

2001 年，中国第一条液晶背投生产线在创维投产。

2003 年，创维推出拥有自主知识产权的"V12 数字引擎"技术。

2005 年，创维与广东 Linux 中心签订"开发数字电视系统合作协议"。

2006 年，创维推出全球首台 3G-USB 液晶电视及屏变技术、中国首款国标手持数字移动电视。

2007 年，创维联合美国 Real Networks 公司，推出全球首台 RM/RMVB 格式液晶电视。

2010 年，创维与英特尔合作，推出全球首创即时视讯聊天的酷酷聊天电视（COCO 聊天电视）。

2011 年，创维与华南理工大学共同投资创立广东省 OLED 显示屏产学研合作平台，从事 OLED 技术研究。

2012 年，创维与广东省广播电视网络股份有限公司达成战略合作，在广东广电网络覆盖区域共同启动"发展互动机顶盒、推广高清一体机"的深度合作。

2013 年，创维推出全球首款全色域创维 4K 65E900U 电视、中国品牌首台天赐 OLED 电视。

2015 年，创维集团与日本东芝株式会社达成战略合作，双方在白电产品（冰箱、洗衣机、吸尘器）展开长期战略合作。

五、广告策略

1997 年香港回归期间，创维拍摄制作由歌手张明敏出演的广告片《创维情，中国心》，以特殊的形式表达爱国之心。

1999 年，签约歌手郑伊健、影星章子怡，代言创维健康电视产品系列。

2003 年，签约乐队女子十二乐坊，代言创维 V12 系列液晶电视。

2008 年，签约国家射击队、国家飞碟射击队作为品牌形象代言人。

2010 年，签约歌手周杰伦，代言旗下彩电产品。

六、企业危机事件

（一）陆强华事件

1996 年，陆强华加盟创维集团，出任创维集团中国区营销总部总经理。陆强华在职期间，创造了"集中受控式"的营销模式，其核心是财务和物流必须由总部进行集权管理，但该营销观念与创维集团董事长黄宏生观念相冲突。2000 年 8 月，陆强华被免职。

2000 年 11 月，陆强华带领原创维 150 多名营销员工加盟高路华，出任新组建的东菱电器集团总裁兼中国销售总部总经理。同时，陆强华就创维拖欠工资、私自解除聘用合同为由，将黄宏生告上法庭。

2001 年 1 月，深圳市劳动仲裁委员会对此案进行首次审理。5 月，深圳市劳动仲裁委员会作出裁决结果，陆强华 1000 万元赔偿要求被驳回。随后，陆强华上诉到深圳市中级人民法院。深圳市中级人民法院在 2001 年 12 月终审判决陆强华败诉。

深圳中院终审判决书称，陆强华必须无条件执行判决书裁定的还款义务，即归还 1997 年黄宏生引进他时花 80 万元为其在上海购置的房产，该房产为陆强华承诺在创维服务十年的保证。终审败诉的陆强华并未如期履行生效判决。

这一事件引起社会极大反响，陆强华因此成为中国最有争议的职业经理人。

（二）黄宏生事件

2004 年 11 月，黄宏生及其弟黄培升因涉嫌造假账以及挪用公司资金在香港被香港廉政公署拘捕，后香港廉政公署起诉黄宏生兄弟涉嫌盗取创维资金近 4838 万港元。

2006 年 7 月，香港区域法院裁定黄宏生和黄培升串谋盗窃及串谋诈骗等四项罪名成立，法院当庭宣布两人被判入狱 6 年。

2006 年 8 月，据港台媒体报道，创维公开宣布，黄宏生已辞任公司非执行主席及非执行董事职位，8 月 9 日开始生效。从 2004 年 12 月黄宏生接受香港廉政公署调查起，创维即致力择清与黄宏生关系，以保证业务正常经营。

此次黄宏生风波虽引发信任危机，使得不少民企心惊胆战，创维方面还是对黄宏生表示肯定，称其作为创维集团的创办人，对公司的发展有莫大功劳。

七、企业公关活动

（一）赞助活动

2005 年，创维赞助湖南卫视播出电视剧《大长今》。

2007 年，创维成为中国航天事业合作伙伴和中国航天事业赞助商。

（二）慈善活动

2004 年，创维启动栋梁工程助学基金，援助 1 000 名贫困大学生完成学业。

2005 年，创维捐资 1 000 万元兴建西部光彩学校。

2006 年，创维新农村影院工程启动，为全国亿万农民放电影。

2007 年，创维出资 300 万元启动"创维健康之旅"，组织网友发现中国之美，并沿途开展捐助和扶贫活动。

2009 年，创维向深圳边防支队捐赠 82 台电视。

八、延伸阅读

[1] 创维集团官方网站 [EB/OL].[2017-09-20].http://www.skyworth.com/cn.

[2] 李薇.创维变革之道 [J].IT 经理世界，2013(1):111-112.

[3] 李芊蕾.对创维事件的多角度思考 [J].交通企业管理，2005(5):55-56.

[4] 刘虹辰.创维现象：家电企业的转型范本 [J].深圳商报，2014(3):7-8.

[5] 捷报频传：创维数字 mini game box 荣获国际红点设计大奖 [EB/OL].[2017-09-20]. http://js.china.com. cn/information/zgjsw75/msg20705378342.html.

[6] 创维、华工共建产学研合作平台——抢占新一代平板显示技术制高点 [EB/OL].[2017-09-20]. http:// www.ty360.com/ 2011/1/2011_1_38452.htm.

[7] 李琳.创维首次换标 南京熊猫陆荣昌加盟 [EB/OL].[2017-09-20].http://business.sohu.com/20060620/ n243832258.shtml.

[8] 李琴，张志勇.创维：离开黄宏生的日子 [J].中华工商时报，2007(4):6-7.

[9] 王旗.悲情黄宏生 [J].财经时报，2006(7):1-3.

[10] 袭祥德.创维身陷大喜大悲 [J].商务周刊，2005(14):16-17.

[11] 刘映花.创维百万换标选择重新定位 [EB/OL].[2017-09-20].http://tech.sina.com.cn/it/2006-06-20/0637997736.shtml.

[12] 从湖南卫视《大长今》广告投放中的启示 [EB/OL].[2017-09-20]. http://news.sina.com.cn/c/m/ 2006-07-27/164010553690.shtml.

（陈丽　苏文）

春 兰

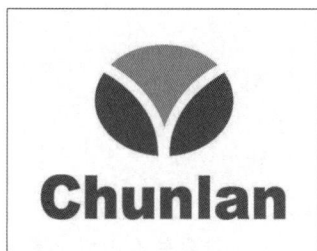

一、品牌简介

春兰是春兰（集团）公司的公司品牌。该公司 1985 年成立于江苏泰州，目前总部位于上海和泰州。该公司产品涵盖家用空调器、商用空调器、压缩机、高能动力电池及电源管理系统、电站系统、机械加工及动力产品、住宅与商业地产等。1999 年，春兰商标获得"中国驰名商标"称号。

二、品牌发展历程

1985 年，陶建幸成为泰州冷气设备厂厂长。

1989 年，泰州冷气设备厂与香港钟山公司合资成立江苏春兰制冷设备有限公司。

1990 年，春兰制冷设备总公司成立。

1993 年，春兰（集团）公司成立。

　　　　春兰集团董事局主席、CEO 陶建幸荣获"全国五一劳动奖章"。

1994 年，春兰股份在上海证券交易所上市，股票代码：600854。

1998 年，陶建幸获得"霍英东奖"。

2000 年，春兰上海总部暨上海投资公司开业。

2001 年，春兰牌系列空调获得"国家级免检产品"称号。

2002 年，春兰研制四大类 18 种型号的 15 吨豪华型卡车。

　　　　启用国内第一家非航空企业机场——春兰机场。

2003 年，"春兰创新型矩阵管理"获得第九届"全国企业管理现代化创新成果"一等奖。

2005 年，应用春兰动力镍氢电池组及其管理系统的"东风"混合动力客车在武汉投入商业运营；配置春兰动力镍氢电池组及其管理系统的"一汽"混合动力城市客车驶下装配线。

　　　　陶建幸获得世界经理人成就奖。

2006 年，陶建幸再度获得世界经理人成就奖。

2010年，春兰"混合动力城市客车节能减排关键技术"获得2009年度国家科技进步二等奖。

三、产品技术创新

研发投入方面，春兰拥有博士后工作站、国家级电器检测中心（国家级实验室）、春兰研究院。

1995年，研制具有完全自主知识产权的一拖多变频空调器；研发双缸四冲程摩托车。

1997年，研制水冷摩托车发动机。

1999年，研制小功率电喷摩托车发动机。

春兰—三菱半导体实验室挂牌。

2000年，春兰"空调仿真研究"成果发布。

2001年，研发高能动力镍氢电池达到"国际先进水平"。

"空调声音质量评估技术的研究与应用"成果发布。

2002年，春兰"混合动力客车用镍氢电池组及其管理系统"课题，被列入国家"863计划"。

"空调器离心风机系统的数值分析与应用"成果发布。

2003年，"智能家庭——未来的趋势"成果发布。

2005年，春兰高能动力电池参加"国家'十五'重大科技成就展"。

研制可同时配置8台室内机的CDMV智能小型中央空调。

成立"春兰空调瑞萨科技半导体应用技术联合实验室"。

2006年，家电产品率先实现无铅焊接。

2009年，春兰"动力镍氢电源系统"入选首批国家自主创新产品名单。

四、企业危机事件

2005年开始，春兰结束连续11年的盈利历史，首次亏损2 595万元；2006年亏1.98亿元；2007年亏3.15亿元；2008年上半年，再度亏损9 510万元，同年4月30日，"春兰股份"被上海证券交易所实施停牌，暂停上市交易。造成此次危机的原因与春兰不恰当的多元化经营战略有关。

五、企业公关活动

（一）赞助冠名

1998年—2016年，连续冠名赞助（第一届至第十一届）"春兰杯"世界职业围棋锦标赛。

（二）慈善公益

1998年，向抗洪抢险灾区捐1 600万元人民币以及10万美元。

2002年，启动"春兰—中国'围棋希望工程'基金"。

六、延伸阅读

[1] 春兰官方网站 [EB/OL].[2017-08-05].http://www.chunlan.com/.

[2] 杨联民，史有龙，刘晓苏."春兰"，创造春天的奇迹 [J]. 中国改革，1994(8):44-46.

[3] 陈明星，廖原，史有龙，刘晓苏.制造"春天"的人——记春兰 (集团) 公司总经理陶建幸 [J]. 成才，1995(4):23-25.

[4] 印富贵.春兰集团经营存在的问题及对策 [J]. 现代商业，2010(2):130-131.

[5] 刘春英，董晓莹.营销策略在春兰崛起中的重要作用 [J]. 市场营销导刊，2003(2):52-54.

[6] 春兰退市危机：陶建幸之痛 [EB/OL].[2017-08-05].http://www.abi.com.cn/news/htmfiles/ 2008-3/67571.shtml.

[7] 春兰：从行业龙头到退市边缘 [EB/OL].[2017-08-05].http://finance.sina.com.cn/chanjing/b/20080517/13404880946.shtml.

[8] 春兰：昔日王者缘何风光不再 ?[EB/OL].[2017-08-05].http://www.abi.com.cn/news/htmfiles/ 2008-3/67621.shtml.

[9] 李仁.打造全球领先霸业：从传统企业向新经济企业跨越 [M]. 中华工商联合出版社，2001. 1.

[10] 辛文，刘瑰香.春兰集团捐款 1683 万元赈灾 [J]. 紫光阁，1998(9).

C

（陈醒　林升栋　静思宇）

得　胜

TAKSTAR® 得胜

一、品牌简介

得胜是广东得胜电子有限公司所属品牌，该公司 1995 年创建于广东惠州市。产品涵盖麦克风、耳机、扩音器、音响系统、集成应用五大产品制造系统，涉足五金、塑料、贴片、涂装和彩印等配套加工系统。2014 年，得胜荣获"中国驰名商标"。

二、品牌发展历程

1995 年，广东得胜电子有限公司成立。

推出品牌产品"得胜"。

1998 年，股东撤资，资金回笼困难，得胜砍掉其他行业的投资，重新培养技术力量。

1999 年，得胜成立研发部、中心实验室，引进丹麦等国设备仪器数十台，从民用麦克风、耳机转向专业麦克风、耳机发展。

2001 年，公司决定介入扩音机领域，开启国内扩音机市场。

2003 年，得胜被《人民日报》市场信息中心调查评为"中国市场产品质量用户满意最具竞争力第一品牌"。

2007 年，得胜被评为"高新技术企业"。

得胜组建"广东省电声工程技术研究开发中心"。

得胜产品被认定为"十大最具竞争力品牌"。

2008 年，得胜被评为"十大竞争力品牌"。

被亚洲品牌委员会评为"中国电声行业最具发展力品牌"。

2009 年，得胜被评选为"十大民族品牌"。

2011 年，得胜与惠州音平电声科技股份有限公司决议确立品牌战略合作伙伴关系。

2012 年，得胜被评为"十佳麦克风品牌"。

2014 年，得胜商标被认定为"中国驰名商标"。

三、品牌识别

图 1   得胜注册商标

四、产品技术创新

2005 年，得胜研发生产 CM-450 型真空管电容传声器。

2006 年，得胜推出 UHF-968 型无线耳机。

2007 年，公司组建广东省工程技术研究开发中心。

2008 年，得胜研发生产的"小振膜电容传声器"荣获惠州市科学技术奖励三等奖、国家重点新产品证书，2009 年获广东省科学技术奖励三等奖。

2010 年，得胜 TS-650 型有线耳机荣获惠州市科学技术奖励证书、博罗县科学技术奖励荣誉证书。

2008—2012 年，得胜陆续推出多款自主创新专利产品——DA-1210 数字扩音器、WTG-800 多频点无线导游系统、DA-237 集成化窗口对讲机、E16 双喇叭扩音器、SGC-598 摄像机录音麦克风、MS24G 无线智能会议麦克风系统及多款 KTV 工程无线麦克风。得胜共获得专利 114 项，其中实用型新专利 26 项，外观专利 88 项。

五、广告策略

（一）广告语

得胜相继使用"中国电声行业先驱者""TAKSTAR，让全世界都听得见中国的声音"及"TAKSTAR 得胜，专注好声音"等宣传语。

（二）营销策略

2011 年，得胜与音平商城合作，在商城网站投放产品试用视频，邀请歌手梁静茹等分享自录视频，以此进行宣传推广。

六、企业公关活动

（一）赞助冠名

2011 年，得胜冠名赞助"得胜"杯 2010 年度音响灯光十大颁奖盛典。

（二）慈善公益

2008 年，为发展博罗县旅游业，得胜董事长杨辉隆捐款 800 万元建设博罗县龙溪太平山旅游风景区，主导兴修博罗普济寺（原资福寺）。

2008 年，得胜组织汶川地震后的"抗震救灾献爱心"捐款活动，号召全体员工捐款捐物，筹得善款 45 682 元，公司单位捐款 10 万元。

为帮助汶川地震灾区恢复教育事业，得胜向灾区捐赠扩音器 2 000 台，总价值 30 万元。

2012 年，得胜电子参与《东江时报》"为圆梦教师圆新梦"活动，捐赠便携式数字扩音器作为教师节礼物。

七、延伸阅读

[1] 得胜官网 [EB/OL].[2017-08-21].http://www.takstar.com/.

[2] 得胜科声系列官网 [EB/OL].[2017-08-21].http://www.ksheng.com/.

[3] 闫雯雯.发展核心技术,努力打造世界品牌——访得胜董事长杨辉隆 [J].电声技术，2007(1):84.

[4] Billow.杨辉隆：得而不馁，胜而不骄 [EB/OL].[2017-08-21].http://www.gdcsh.com/websiteNews-Action!findNewsByNewsId.action?newsId=1261.

[5] 慧聪音响灯光网.得胜冠名支持 2010 年度音响灯光十大颁奖盛典 [EB/OL].[2017-08-21].http://info.audio.hc360.com/2011/03/172003281009.shtml.

[6] 温斌.得胜——锐意创新的品牌力量 [EB/OL].[2017-08-21].http://info.audio.hc360.com/2012 /09/291707385954.shtml.

[7] 杨兆清.得胜：从广东制造走向世界品牌——专访广东得胜电子有限公司总经理杨志豪 [J].电声技术，2008(7):88.

[8] 中国文明网.杨辉隆 [EB/OL].[2017-08-21].http://wmw.boluo.gov.cn/news/show-1426.aspx.

（蒋小燕　陈瑞　蔡淑萍）

德 尔

一、品牌简介

德尔是德尔国际集团的公司品牌。该公司 1994 年创立广东省，前身是广东德尔电器有限公司。该公司主要从事生产家用搅拌机、商用搅拌机、食物处理器、果汁机、榨汁机、碎肉机等产品。

二、品牌发展历程

1994 年，贺颖创立新颖模具设计公司。

1999 年，在香港注册赫兹电器有限公司。

2001 年，工厂迁至阳江，成立阳江德尔电器有限公司。

2003 年，德尔商标在中国注册。

2005 年，与家居建材零售商美国家得宝公司（The Home Depot）签约合作。

2006 年，与小家电品牌商 Black & Decker 合作，开拓北美市场；与连锁零售企业沃尔玛公司（Wal-Mart）在加拿大签约合作。

阳江德尔电器有限公司更名为"广东德尔电器有限公司"。

2008 年，与美国零售商塔吉特百货（Target）签约合作。

德尔投入 100 万元登陆淘宝商城。

获得中国企业产品创新设计大奖赛（CIDF）最佳功能设计奖（JC-611）。

2009 年，与国际化零售连锁集团家乐福（Carrefour）合作；与英国零售公司乐购（Tesco）签约合作；与中国家电连锁国美电器签约合作。

德尔电器在美国纳斯达克（NASDAQ）上市，股票代码"DEER"。

2010 年，德尔小家电博物馆对外开放。

2013 年，与万科及中海物业签约合作。

三、延伸阅读

[1] 德尔官网 [EB/OL].[2017-08-08]. http://www.deerinc.net/.

[2] 黄云清. 不急不躁，从打造样板市场做起 [J]. 现代家电，2010(15):38.

[3] 宾云水. 德尔：抓住特殊渠道，争取市场机遇 [J]. 现代家电，2009(23):22.

[4] 新浪财经美股 德尔集团 Deere & Co (DEER)[EB/OL].[2017-08-08].http://vip.stock.finance.sina.com. cn/usstock/summary.php?s=DEER.

（蒋小燕　陈瑞　静思宇）

德尔玛

一、品牌简介

德尔玛是佛山德尔玛电器有限公司的公司品牌，2011 年由飞鱼与珠三角多家企业共同出资创建，总部设于广东省顺德区，主营加湿器、杆式吸尘器等产品，涉及厨房电器、美容电器等领域。

二、品牌发展历程

2006 年，佛山飞鱼品牌设计公司成立。

2010 年，佛山市飞鱼电子商务有限公司成立。

2011 年，飞鱼自主研发生产网络品牌产品"德尔玛 Deerma"。

2012 年，佛山市飞鱼电子商务有限公司相继与华帝、万和、格兰仕等国内名牌，小田、鲨科等国际品牌签署战略合作合约。

　　　　　　　成立德尔玛电器工厂。

2015 年，佛山市飞鱼电子商务有限公司和广东小冰火人网络科技有限公司联合成立网上顺德家电馆运营公司。

三、广告策略

（一）广告语

轻松放飞，品质生活。

如果你买不到一个满意的小家电，就来德尔玛电器吧！

（二）营销策略

2012—2013 年，飞鱼先后与品牌方合作，建立华帝电子商务中心、万和电子商务中心、广东格兰仕日用电器电子商务有限公司，以集团公司模式，与华帝、万和、格兰仕、小田等国内知名一线品牌进行行业唯一的全盘战略深度合作，业务遍及天猫、淘宝、京东、唯品会、亚马逊、1 号店、苏宁易购等十多个全球知名电商平台。

四、延伸阅读

[1] 飞鱼电商官网 [EB/OL].[2017-08-21].http://www.118buy.cn/.

[2] 德尔玛电器官网 [EB/OL].[2017-08-21].http://www.deerma.com/.

[3] 广东飞鱼：扎根本土，创建高速发展的自主品牌 [EB/OL].[2017-08-21].http://news.163.com/14/1120/14/ABGH224F00014AEE.html.

（于斌　陈经超　蔡淑萍）

迪 美

一、品牌简介

迪美是迪美国际集团（香港）环保科技有限公司的公司品牌，目前拥有 2 000 多家代理商，在香港总部设有科研机构，中国大陆设有广东、上海、北京总部以及 8 家分公司。该公司集生产、销售为一体，专门从事空气污染治理、净化系列产品研发。2007 年，获得"中国著名品牌"荣誉。

二、品牌发展历程

2008 年，迪美环保科技有限公司事业部进驻中国大陆，在东莞成立迪美环保科技有限公司。
2009 年，迪美国际环保科技有限公司与德国汉方签属合作联盟关系。
2012 年，迪美宣布国际国家级实验室年底正式运营。
2014 年，迪美国际和招商证券合作顺利进入新三板。
　　　　迪美国际北京总部正式运营。
2015 年，迪美国际集团（深圳）总部正式成立。

三、企业公关活动

2010 年 4 月，迪美国际全体同仁携代理商和所有合作伙伴向地震灾区发出捐款倡议书。
2010 年 6 月，迪美国际发起百万资助大学生创业公益活动。

四、延伸阅读

[1] 迪美官网 [EB/OL].[2017-08-11].http://www.dm-88.cn/index.asp.

[2] 中华网 . 迪美空气净化器 CCTV 央视大量投放广告 [EB/OL].[2017-08-11].http://finance.21cn.com/newsdoc/zx/2012/09/28/13133663.shtml.

[3] 迪美国际集团（北京）总部官网 [EB/OL].[2017-08-11].http://www.chujiaquandm.com/.

（李年林　陈素白　蔡淑萍）

帝 度

DIQUA帝度

一、品牌简介

帝度是惠而浦（中国）股份有限公司旗下的家电品牌，该公司成立于 2014 年 11 月，坐落在合肥高新技术产业开发区，前身是合肥荣事达三洋电器股份有限公司（合肥三洋）。公司主要生产洗衣机、冰箱以及厨房电器、生活电器等系列产品。

二、品牌发展历程

1994 年，（中日合资）合肥三洋洗衣机有限公司成立。

合肥三洋与荣事达集团合作，成立荣事达三洋联合销售公司。

1997 年，公司更名为合肥三洋荣事达电器有限公司。

2000 年，公司改制，成立合肥荣事达三洋电器股份有限公司。

2004 年，合肥荣事达三洋电器股份有限公司 A 股在上交所上市。

2009 年，公司原荣事达集团持有股份划转合肥国有资产控股有限公司。

2011 年，合肥荣事达三洋采用"三洋—帝度"主副品牌模式，新推出三洋洗衣机帝度系列高端产品。

2012 年，德国柏林第八届中国家用电器创新成果奖颁奖典礼上，帝度冰箱获得"2012 年度最具成长力家电品牌"以及"2012 年度产品创新奖"两项荣誉。

2013 年，合肥三洋与惠而浦（中国）投资有限公司签订协议，惠而浦获得公司 51% 的股权，成为公司的控股股东，合肥国资委变为第二大股东。

在"2013 年中国冰箱行业高峰论坛"上，帝度获得年度冰箱行业"成长先锋品牌"和消费者信赖品质奖两项荣誉。

IFA 展会上，帝度获得"最具创新力家电品牌"殊荣。

在"2013 年中国家用电器创新成果评选"活动中，荣获"2013 年度最具创新力家电品牌"称号。

2014 年，美国惠而浦正式控股合肥三洋，合肥三洋从国资控股变身为外资控股，帝度由此成为惠而浦旗下品牌。

在新华网主办的"中国智造，世界影响——寻找具有世界影响力的中国品牌"颁奖典礼上，帝度品牌摘得 2014 年最具世界影响力的中国品牌大奖。

三、产品技术创新

2012 年，帝度品牌冰箱 BCD-280TGE 在"2011 年—2012 年中国冰箱行业高峰论坛"中荣获 2011 年—2012 年冰箱行业"经典三门冰箱之星"。

2013 年，中国家电博览会期间，帝度多门冰箱 BCD-372WMGB、帝度意式冰箱 BCD-322WTB、帝度 DG-F60311BCG 超薄滚筒洗衣机，分别荣获中国家电艾普兰奖十大最受大众欢迎产品奖和中国家电艾普兰奖洗衣机产品奖。

帝度品牌洗衣机 DG-F7533BCX 在"2013 年中国洗衣机行业高峰论坛"中荣获 2013 年度变频洗衣机"静音之星"，帝度品牌洗衣机 DB70599ES 获 2013 年度波轮洗衣机设计创新奖。

2014 年，帝度全球设计论坛暨 2014 年新品发布会发布了极智冰箱，静界、静海洗衣机以及天净空气净化器三大全新品系。

四、广告策略

（一）代言人

2013 年，合肥三洋公司邀请台湾娱乐明星林志玲代言品牌。

（二）广告语

2013 年，出现"高端生态家电引领者"的概念，广告语为"帝度好冰箱，水润更新鲜"；洗衣机产品也推出广告语"帝度洗衣机，洁净更安静"。

（三）营销策略

2012 年，帝度的品牌调性确定为："人机自然，相融共生，回归自然的高品质生活。"在帝度冰箱的电视广告中，运用源自大自然的新鲜玫瑰花，传递帝度品牌的"自然品位生活格调"，以及帝度冰箱的持久保鲜功能。

2014 年，帝度携手东方卫视，展开"巨幅让利"的电视购物专场。

五、企业公关活动

（一）赞助冠名

2012 年 2 月，帝度正式与中国南北极科考队签约，成为中国南北极科考队的官方赞助合作伙伴，帝度系列冰箱产品成为中国南北极科考队的指定专用产品。2013 年 1 月，帝度与南北极科考队续约。

2012 年—2013 年，公司连续承办"帝度风采，书写中国——皖军书法华夏行"活动，在贵阳、成都、拉萨、北京、广东等地举行。

2012 年 12 月，帝度特约赞助第六届南京大学 EMBA 年度峰会暨南京大学 EMBA 十周年庆典。

2013 年 11 月，公司承办"第七届中国（合肥）国际消费电子博览会家电设计论坛暨首届'帝度杯'家用电器工业设计大赛颁奖典礼"。

（二）公益慈善

2013 年 11 月，公司举办冬日暖阳活动，为贫困地区学子改善读书环境、生活条件进行物资捐助与公益关爱。此活动自 2007 年开始。

2014 年 7 月，帝度"生态家电中国行"活动，林志玲随代言品牌赴南宁、成都、哈尔滨等全国各地，宣传生态家电理念，践行环保。

六、延伸阅读

[1] 帝度官网 [EB/OL].[2017-08-21].http://www.diqua.com/ .

[2] 惠而浦官网 [EB/OL].[2017-08-21].http://www.whirlpool.com.cn/.

[3] 程诚 . 从"合肥制造"到"合肥智造"的飞跃：合肥三洋国际化品牌"DIQUA 帝度"诞生记 [J]. 中国高新区，2012(3):46-50.

[4] 秦丽 . 力推"帝度"新品牌，合肥三洋启动双品牌经营战略 [J]. 电器，2011(12):67.

[5] 陈莉 . 聚焦"生态·交互·体验"帝度举办全球设计论坛并发布 2014 年新品 [J]. 电器，2014(4):49.

[6] 徐志仓，章荣中，张洁 . 科技创新与品牌建设的协同性研究：以合肥三洋帝度品牌为例 [J]. 巢湖学院学报，2013(4):60-64.

[7] 刘步尘 . 合肥三洋巨资打造帝度是为短视买单 [J].IT 时代周刊，2012(24):66.

[8] 陈莉 . 展高端化雄心帝度力邀林志玲代言 [J]. 电器，2013(7):48.

[9] 梁明，武志军 . 荣事达三洋：向一流的全球化品牌迈进 [J]. 中国品牌，2014(1):82.

[10] 周伟婷 . 章荣中：合肥三洋的"高端突围战" [J]. 成功营销，2014(5):12-13.

[11] 李艳 . 文化营销："帝度"品牌构建的新思维 [J]. 怀化学院学报，2013(3):40-42.

[12] 第二届"帝度杯"国际家用电器工业设计大赛启动 [J]. 机械设计，2014(2):117.

[13] 中国家电网 . 帝度斩获"最具世界影响力的中国品牌"大奖 [EB/OL].[2017-08-21].http://news.cheaa.com/2014/1230/431834.shtml .

[14] 郭伟，林娜，李春阳 . 帝度崛起的大格局 [EB/OL].[2017-08-21].http://finance.sina.com.cn/hy/20130711/113916091124.shtml.

[15] 森博公关集团 . 人机自然 相融共生——合肥三洋·帝度品牌突围 [EB/OL].[2017-08-21].http://www.cenbo.cc/case_con.php?action=1&aid=104 .

[16] 孙聪颖 . 三洋重金砸央视推广帝度 [EB/OL].[2017-08-21].http://tech.sina.com.cn/e/2012-11-29/01007839783.shtml .

[17] 徐红明 . 家电品牌营销观察：帝度双十一战略三连击 [EB/OL].[2017-08-21].http://tech.hexun.com/2013-11-15/159719325.html.

[18] 新安晚报 . 帝度品牌论道金陵 助力第六届南京大学 EMBA 年度峰会 [EB/OL].[2017-08-21].http://news.sina.com.cn/o/2013-01-07/081925972822.shtml.

[19] 思雨 . 冬日暖阳助学小卫士 帝度 DIQUA 空气洗守护健康 [EB/OL].[2017-08-21].http://www.ccidnet.com/2013/1216/5289911.shtml .

[20] 中国日报网 . 林志玲引领帝度生态生活风冷节火爆全国 [EB/OL].[2017-08-21].http://www.chinadaily.com.cn/hqcj/xfly/2014-07-28/content_12093601.html.

（蒋小燕　陈经超　蔡淑萍）

帝 康

一、品牌简介

帝康是佛山市聚阳新能源有限公司的自主研发品牌，该公司成立于 2005 年，以广东佛山为总部基地，在北京、云南、上海、深圳、香港等城市建立研发、贸易中心，为全球客户及合作伙伴提供高科技节能热水设备，提供热水需求解决方案。2007 年，获得中国"名优品牌""知名品牌"和"著名品牌"荣誉。

二、品牌发展历程

2005 年，帝康成立。

2009 年，帝康新总部基地落成，乔迁至广东佛山。

2010 年，帝康获得"中国采暖行业十佳品牌"称号。
帝康获得"中国空气能热水器排行前三"称号。

2011 年，帝康成为采用搪瓷内胆水箱、钛管换热器的生产型企业。

2011 年，帝康被认定为"质量诚信单位"。

2012 年，帝康被联合国（中国）采购授权中心授权为"联合国（中国）采购定点采购基地"。
帝康获得"十大竞争力品牌"称号。

2013 年，帝康荣获"国家级高新技术企业"认证。
帝康获得"十大科技创新品牌"。

2014 年，帝康获得"十大新锐品牌之首"。
帝康获得中国空气能网评选的"2014 年消费者最喜爱的空气能十大品牌"。

三、产品技术创新

帝康高温热泵机组采用自主研发专利技术，使用谷轮压缩机、R134a 环保冷媒和优良的氟路系统控制，可保证机组长时间高温稳定运行，延长使用寿命，根据环境温度和蒸发温度，自动调节高温空气热泵设备运行工作状态和条件。目前广泛应用于供暖、原油加热、工业保温、生产用热等领域。

2009 年，帝康取得"一种多功能空调热泵机组"实用新型专利证书。

2011 年，帝康采用"家用热泵零下 15 度正常运作技术"。

2012 年，帝康取得"一种全效冷热水机组系统""水源地暖一体式热泵热水机""一种并联式水源地暖热泵热水机"和"一种低温型空气源热泵热水器"实用新型专利证书。

2013 年，帝康空气能推出霸王箱系列、三分归元气、雪龙三号系列等新品，可以降低日常热水用电费用。

2014 年，帝康牵手中国科学院合作研发"IAH"化学热泵。

帝康协助中国科学院热泵研发小组制造二氧化碳热泵系统。

四、延伸阅读

[1] 帝康官网 [EB/OL].[2017-08-21]. http://www.dkqh.com/index.html.

[2] 中国空气能网. 空气能热水器有多好，让帝康空气能告诉你 [EB/OL].[2017-08-21]. http://www.51kqn.com/news/ 20150331 −12963.html.

（张雨歌　陈经超　蔡淑萍）

电 蟒

一、品牌简介

电蟒是广州天韵云音实业有限公司所属品牌，该公司 2014 年成立于广州，主要生产音响设备。

二、品牌发展历程

2014 年，由广晟资产、国光电器、同方股份、喜马拉雅广告、九天音乐投资成立广州天韵云音实业有限公司（电蟒科技）。

在广州 TIT 创意产业园发布电蟒云音响。

2015 年，电蟒科技联合京东正式发布电蟒 2 Face 以及电蟒 2 Pro 两款产品。

三、产品技术创新

电蟒科技拥有三项核心技术：第一，DRA 技术的音频格式，在文件大小上与目前的 MP3 格式相近，但音质接近无损音乐播放格式。第二，DPS 音效技术，可以实时自动优化音频输出，最大程度优化声音细节。第三，C-Play 云音乐操作系统，比 SONOS 的系统更方便简洁，一般消费者可以快速上手。

四、广告策略

2014 年，电蟒云音响借海珠有轨电车（万胜围—广州塔）开通的时机，进驻广州有轨电车站台，打破了以往只通过互联网渠道向客户展示产品的方式。

2015 年，电蟒通过节日营销和参与式营销的结合，推出"十五的月亮 16 元"活动，在微信朋友圈里引起刷屏效应。

为了给即将在洱海发布的电蟒云音响二代蓄势，电蟒科技联合互动派在微博与全民上演"颜性恋眼中 face"的热议好戏，引发晒照互动，这次营销活动在两天内获得超过

1 500 万的曝光量。

五、企业公关活动

（一）赞助冠名

2014 年，电蟒赞助"中广国际杯广告金像奖颁奖典礼暨'营销传播新时代'高峰论坛"。
电蟒成为 2014 年美丽南方音乐节独家云音响赞助商。

2015 年，中超联赛杭州绿城 VS 北京国安在杭州黄龙体育馆激情开打，电蟒作为赞助商携手京东来助阵。

电蟒云音响携手京东成为上海草莓音乐节的云音响赞助商。

"第五届中国少儿小金钟音乐大赛"主办方与电蟒共同举行大赛绿色通道赛区海选赛。电蟒云音响成为"小金钟"大赛绿色通道赛区的指定教学音响合作伙伴。

（二）公益慈善

2014 年 8 月 28 日，电蟒参与"为爱而生·慈善之夜"中秋慈善晚宴拍卖活动，义卖所得善款捐给南方阅读公益基金会，用于在贫困山区建设"悦读馆"。

六、延伸阅读

[1] 电蟒官网 [EB/OL].[2017-08-21].http://www.crazyboa.com.

[2] 李洪涛,陈健.电蟒云音响发布全球首台高端发烧级云音响 [EB/OL].[2017-08-21]. http://homea.people.com.cn/n/2014/0620/c41390-25178532.html.

[3] 舟晓宁.电蟒云音响发布两款新品 打造音频版乐视生态 [EB/OL].[2017-08-21]. http://news.xin-huanet.com/tech/2015-05-20/c_127824157.html.

[4] 梅花网.电蟒"獠牙"，2 天破 1500W 曝光量是怎么做到的？ [EB/OL].[2015-09-01].http://www.meihua.info/a/63902.

[5] 今日头条.5 小时影响 150 万人，电蟒是怎样打造小米般营销案例的？[EB/OL].[2015-09-01].http://toutiao.com/a4055290705/.

（李年林　陈瑞　蔡淑萍）

电 洋

一、品牌简介

电洋是广东佛山市百沃厨卫电器有限公司旗下的品牌。该公司成立于2004年，位于广东佛山，在上海、兰州、山东、四川、湖南、江西等地设有办事处，拥有广州、江门、顺德三大五金配件铸造及五金冲压生产基地，主要从事家用厨卫的制造、研发和销售。

二、品牌发展历程

2004年，佛山市顺德区力泰厨具有限公司成立。

2007年，广州市花都区宏信铸造厂成立。

2008年，江门市新会区升辉五金铸造厂成立。

2009年，佛山市顺德区力泰厨具有限公司正式更名为"佛山市喜亮厨卫电器有限公司"。

2012年，佛山市喜亮厨卫电器有限公司顺德分公司成立。

2013年，佛山市顺德区天鹰电器实业有限公司成立。

　　　　获得"中国厨卫行业十大品牌""中国工程建设推荐产品""全国消费者放心满意品牌""绿色环保道选产品"等荣誉称号。

2014年，公司重新进行资源整合，成立企业电子商务团队。

三、产品技术创新

百沃拥有多项发明专利，累计开发猛火炉、煲仔炉等两大系列400多款产品。

四、广告策略

百沃聘请李连杰担任电洋的品牌形象代言人，提出"出彩中国产品 享誉世界品牌"的口号。

五、延伸阅读

[1] 电洋官网 [EB/OL].[2017-08-21].http://www.xiliangdq.com/index.asp.

（李年林　陈经超　蔡淑萍）

顶 厨

CHEFTRONIC 顶厨

一、品牌简介

顶厨是东莞市顶厨电器科技有限公司的公司品牌，该公司 2002 年成立于广东省东莞市，是一家厨房电器制造商，主要研发、生产和销售搅拌机、咖啡机、榨汁机。2015 年获得"中国十大厨卫电器品牌"称号。

二、品牌发展历程

2002 年，创办宏伟模具加工店。

2008 年，更名为"东莞市宏图模具实业有限公司"。

2009 年，研发搅拌机系列产品，成立研发中心。

2010 年，成立东莞市顶厨电器科技有限公司。

正式注册"顶厨"商标，"顶厨"从此诞生。

推出公司首款拥有自主知识产权的 986 厨师机。

2011 年，形成了厨师机、搅拌机、料理机、咖啡机、切菜机、碎肉机、榨油机碾磨机、原汁机、破冰机、烤箱等系列厨房电器产品多元化业务发展。

2012 年，成立东莞市易家电器科技有限公司。

成立东莞市宏奥电子科技有限公司。

2014 年，完成 1.5 亿元的募股工作，首批股东董事产生。

2015 年，在第八届品牌节评比中，顶厨获得由行业协会颁发的"中国十大厨卫电器品牌"称号。

三、产品技术创新

顶厨建立了独立的智能系统、电路集合、机电研发中心，与国内外大学联合建立各类健康及材料等数据实验室。

目前已获得专利五十多项。

四、广告策略

新型城镇化建设大力推进的政策红利积极推进企业走向三四线城市，顶厨顺势避开一二线市场的激烈竞争，在多个三四线城市开通专卖店和多个销售渠道，网络覆盖率达到 78% 以上。

五、企业公关活动

顶厨致力于西部偏远山区的学童教育，联合中国青少年发展基金，帮助云贵川等地失学儿童。

六、延伸阅读

[1] 顶厨官网 [EB/OL].[2017-08-22].http://www.cheftronic.cn/.

[2] 东北新闻网．顶厨摘得"中国十大厨卫电器品牌"称号乃实至名归 [EB/OL].[2017-08-22]. http://house.ifeng.com/detail/2015_07_30/50495272_0.shtml.

[3] 东北新闻网．解码为何顶厨发展迅速，成为厨卫行业独特"风景" [EB/OL].[2017-08-22].http://house.ifeng.com/detail/2015_07_30/50495268_0.shtml?su=al.

[4] 新浪乐居．外重市场营销，内重品质践行，顶厨致力环保厨房塑建 [EB/OL].[2017-08-22]. http://news.dichan.sina.com.cn/2015/07/21/1088839.html.

[5] 中国口碑网．顶厨：高贵而价不贵，深耕畅销三、四级城市 [EB/OL].[2017-08-22]. http://www.hao-koubei.com/html/News_12194401.html.

（蒋小燕　黄含韵　蔡淑萍）

东 菱

一、品牌简介

东菱是广东新宝电器股份有限公司所属品牌，该公司 1995 年正式成立，位于广东佛山市，专业从事小家电研发、生产、销售。公司曾获"中国名牌产品""国家免检产品""红星奖"等荣誉。

二、品牌发展历程

1995 年，公司正式成立。

2005 年，公司生产首台冰激凌机。

2006 年，公司股份制改造完成，正式更名为"广东新宝电器股份有限公司"。

新宝公司东菱电热水壶荣获中国名牌产品称号。

东菱果汁机荣膺国家免检产品。

2007 年，新宝电器东菱脱手立电熨斗获红星奖。

2008 年，新宝电器东菱电热水壶荣膺"中国名牌"称号。

2009 年，新宝电器即热式水壶 KE7915、多士炉 TA8078 荣获中国创新设计红棉奖，多士炉 TA8078 荣获红棉奖至尊奖。

2010 年，公司推出第一款家用豆奶机。

2011 年，东菱荣获中国驰名商标称号。

新宝电器面包机 BM1301 荣获第十三届中国专利奖外观设计优秀奖。

2013 年，新宝电器 Ec1706 蒸汽站电熨斗荣获 2013 年中国进出口商品交易会首届出口产品设计奖（简称 CF）金奖。

2014 年，新宝股份在深圳证券交易所挂牌上市。

三、产品技术革新

2004 年，新宝组建的广东省电热、电动类小家电工程技术研究开发中心通过省级专家论证。

2015 年，公司成立了"新宝绿色智能厨房小家电研究院"。

截至 2017 年，公司拥有专利超过 2 000 项，其中发明专利 170 多项。

四、企业危机事件

2008 年，北京市工商局公布了小家电产品抽检情况，东菱的一款微波炉产品因不合格被强制下架。新宝电器方面对此事的说法前后不一，一说该款微波炉 2007 年始已没有销售，只作为赠品流通，可能是被当地代理商拿出来当正品卖；一说是东菱小家电长期在海外市场做 OEM，国内外产品在质量监控和管理流程上有所不同，同一个合格产品换一个地方可能会因为温差、环境的原因出现问题。

五、企业公关活动

（一）赞助冠名

新宝电器多年来赞助佛山本地群众文体事业的发展。其中，勒流"东菱杯"羽毛球公开赛已举办 7 届；"新宝杯"乒乓球赛公开赛已举办 15 届；"东菱杯"佛山地区男子篮球公开赛已举办 9 届。

（二）慈善公益

新宝电器参与各种社会慈善活动，每年均斥资数百万元助教助学、济困济贫。在四川汶川地震、青海玉树地震以及雅安地震等重大自然灾害发生时，新宝电器都捐资捐物，投入救助。

六、延伸阅读

[1] 广东新宝电器股份有限公司官网 [EB/OL].[2017-08-23].http://www.donlim.com/index.aspx.

[2] 艾肯家电网. 东菱，品牌崛起之道——专访东菱国内营销总经理彭光顺 [EB/OL].[2017-08-23]. http://club.1688.com/article/3544546.html.

[5] 李碧凤. 新宝公司小家电产品企划研究 [D]. 吉林大学， 2009.

[6] 唐闻彪. 新宝公司西式小家电国内市场销售渠道设计 [D]. 吉林大学 , 2008.

[7] 小家电频曝质量问题 东菱微波炉被强制退市 [EB/OL].[2017-08-23]. http://www.abi.com.cn/news/htmfiles/2008-2/65894.shtml.

（张雨歌　陈瑞　蔡淑萍）

东　申

satwol东申

科技温暖人生

一、品牌简介

东申是长沙东申电器有限公司的公司品牌。该公司 1999 年成立于长沙市，原为宁乡县鑫科家用电器厂，目前拥有 3 家分公司，主要从事生活家电的研究、设计、生产与销售。

二、品牌发展历程

1999 年，公司创始人熊正坤开始研究设计实木取暖器，开发出新一代的实木取暖器系列产品。

2004 年，由熊正坤设计的幸福牌取暖器在长沙及周边城市销售。

2006 年，幸福牌取暖器商标被他人抢先注册，公司改名并重新发展和推广。

2009 年，公司正式在湖南宁乡经开区成立宁乡县鑫科家用电器厂，工厂集设计、开发、生产于一体。

2010 年，"东申"商标正式注册申请。

东申电器成为中国商品条码系统成员。

2011 年，正式成立长沙东申电器有限公司，建立工厂。

2013 年，在广东省中山市成立东申生活电器有限公司。

2015 年，东申电器在东申工业基地召开全球新品发布会，宣布第四代智能电暖桌上市。

三、产品技术创新

2011 年，公司获得"外观新型专利证书""实用设计专利证书"。

截至目前，公司共荣获十多项国家专利。

四、广告策略

2014 年 9 月，东申聘请综艺节目《爸爸去哪儿》中的"村长"李锐担任品牌形象代言人。

五、企业危机事件

2013 年 12 月，国家质检总局通报室内加热器产品质量国家监督抽查结果，东申品牌产品上不合格名单，湖南省质量技术监督部门按照有关法律法规对相关产品依法进行处理。

六、企业公关活动

2014 年 8 月，长沙东申电器有限公司携手主持人李锐共同组织的"博爱东申 情暖童心"贫困留守儿童百万慈善捐赠行动在湖南宁乡启动，该捐赠已获得有关慈善机构的支持，将通过各地区民政部门送到贫困留守儿童手中。

七、延伸阅读

[1] 东申官网 [EB/OL].[2017-08-11].http://www.csdsdq.com.

[2] 百度百科. 东申电器 [EB/OL].[2017-08-11]. http://baike.baidu.com/link?url=oAyQZav3qWB6Aa4x-kzAPr8 kfIFw8btybAsUwEKj5tOyur3x_nLmnoCuxAsgMGCF3u8tClidsTN7IkOysHTkiZq.

[3] 新科技. 东申电器：电暖桌也得做出逼格 [EB/OL].[2017-08-11]. http://it.21cn.com/prnews/a/2015/0831/16/29978431.shtml.

[4] 中国质量新闻网. 合康、万宝、索宝等品牌室内加热器上不合格名单 [EB/OL].[2017-08-11].http://www.cqn.com.cn/news/xfpd/xfjs/smjd/823316.html.

[5] 林晓丽. 村长李锐售书助阵贫困留守儿童捐赠行动 [EB/OL].[2017-08-11]. http://info.homea.hc360.com/2014/08/2219141012337.shtml.

（李年林　陈素白　蔡淑萍）

东 研

DNC
Natural life

一、品牌简介

东研是北京东研二十一世纪环境科技有限公司所属品牌，总部位于北京，在全国 20 多个省市设有分公司，专门研发、经营智能净水系列、空气净化系列、智能卫浴系列以及环境家电系列产品。

二、品牌发展历程

2006 年，东研启动社区售水机项目。

2009 年，东研推出家用净水系列产品。

2010 年，东研相继研发并推出智能卫浴系列、空气净化系列、健康绿电系列产品。
　　　　获得"中国优秀产品奖"。

2011 年，获得亚洲中小企业"博鳌奖"年度诚信企业家、第三届中国自主创业大会金犁奖。

2012 年，被评为"节能惠民 2012 年度品牌"、中国好产品 10 强。

2013 年，被评为中国创新产品十强（制造类）、中国空气净化十佳企业奖。
　　　　东研环境电器体验中心在长沙开业。

2014 年，东研商祺净水系列产品获得"中国国家强制性产品认证证书"。
　　　　东研获得中国净水行业"十大知名品牌"称号。

2015 年，东研获得中国质量检验协会颁发的"全国质量和服务诚信优秀企业"称号。

三、产品技术创新

2015 年 5 月，发布东研首款无废水 RO 反渗透净水机——DNC 吉淼智能净水机。

四、企业危机事件

2015 年 6 月，有消费者称购买的东研牌马桶盖加热器出现故障，报修一个多月未解决，东研客服称由于产品停产导致没有替换零件，引起不满与投诉。

五、企业公关活动

（一）事件营销

2014 年，兰州地区发生自来水苯含量超标事件，导致饮水恐慌。东研采取多种措施，让兰州地区市民喝上健康的好水。

（二）慈善公益

2013 年，东研发起净水机"免费申领"活动。

东研发起的亲子科普行——"安心水，开心玩，做东研净水小卫士"系列主题活动先后在西安、沈阳、南京、济南等地举办，内容包括亲子游戏、科普实验、了解健康知识等环节。

2014 年，东研南京 DNC 体验中心联合南京《东方卫报》举办"感恩节包饺子甄选最美组合"的亲子活动。

六、延伸阅读

[1] 东研官网 [EB/OL].[2017-08-28]. http://www.dnc21.com.

[2] 东研健康抢滩央视 吹响广告攻势号角 [EB/OL].[2017-08-28]. http://www.jia360.com/m/2015/0818/1439869534431.html.

[3] 岳亦雷 . 消费者报修一个多月未解决，东研客服称产品停产导致没有替换零件 [N]. 北京晨报，2015-06-04.

（李年林　陈瑞　蔡淑萍）

方 太

一、品牌简介

方太是方太集团的公司品牌，该公司 1996 年创建于浙江宁波，目前在全国已有员工 15 000 余人，业务涉及厨房电器、集成厨房以及海外事业三个领域。公司曾获"中国驰名商标""中国名牌"称号，多次获得 iF 设计奖和红点奖等荣誉。

二、品牌发展大事记

1996 年，方太诞生，英文名为"fotile"。

1997 年，推出人工智能深型吸油烟机。

2003 年，公司宣布将品牌名由"方太厨具"更名为"方太厨房专家"。

2005 年，方太荣获"中国驰名商标"，方太油烟机荣获"中国名牌"称号。

2006 年，"世界品牌实验室"颁布的"中国 500 最具价值品牌榜"，方太位列行业前茅。

2007 年，方太灶具荣获"中国名牌"称号。

方太油烟机、方太灶具荣获 iF CHINA 设计奖委员会颁发的 iF CHINA 设计奖。

2008 年，方太荣获"中国消费者第一理想品牌"。

2009 年，方太推出导烟吸附技术吸油烟机风魔方。

2010 年，方太灶具、消毒柜荣获红点奖。

2011 年，方太荣膺由中国质量协会颁发的"第十一届全国质量奖"。

方太荣获 2011 年 CCTV 中国年度品牌大奖。

2012 年，方太获得"2012 年度公益品牌形象奖""2012 年度中国社会责任优秀企业"荣誉。

2013 年，方太新一代"风魔方"在北京发布。

2014 年，方太新一代欧式油烟机云魔方在上海发布。

2016 年，方太推出欧近跨界吸油烟机星魔方、水槽洗碗机 Q6，以及蒸微一体机 Z1 三款厨电产品。

方太水槽洗碗机 Q1 荣获红点奖。

方太"双擎强排系统"和水槽洗碗机 Q6 分别获得德国 IFA 年度技术创新奖和年度设计创新奖。

三、品牌识别

2009 年，方太品牌定位为"嵌入式厨房电器专家"。

2011 年，方太品牌定位为"方太，中国高端厨电专家与领导者"。

2013 年，方太品牌定位为"高端厨电领导者"。

四、产品技术创新

2011 年，方太的"高效静吸"科技，在获得不跑烟效果的同时，达到了 48 分贝静音标准，荣获由中国轻工业联合会颁发的"中国轻工业联合会科技进步一等奖"。

公司先后研发出深型吸油烟机、欧式吸油烟机、近吸式吸油烟机、嵌入式成套化厨电等产品，拥有专利 1 000 多项，其中发明专利 215 项。

方太拥有国家认定的企业技术中心和厨电实验室，内设 2 个中国合格评定国家认可委员会认可实验室（电气、燃气），并新构建了创新研究院。

五、广告策略

（一）代言人

1997 年，方太邀请香港节目主持人方任莉莎女士代言品牌。

2000 年，方太邀请演员梁馨代言品牌。

2008 年，方太邀请设计师马岩松代言品牌。

2009 年，方太邀请魔术师刘谦代言品牌。

（二）广告语

1997 年，广告语为"炒菜有方太，除油烟更要有方太"。

（三）广告奖项

2015 年，"方太：至强吸力，不服来比"案例荣获 2015 Top Digital Awards 创新奖数字技术平台类铜奖。

2016 年，方太"创意 H5 助力方太简·不凡 618 欢购节推广"案例获得中国广告长城奖互动创意优秀奖。

六、企业公关活动

2006 年，方太启动系统性、持续性的"方太至诚关怀服务城市主题讲座"公益活动，邀请社会热点话题的专家，帮助用户平衡事业与生活。

2009 年，捐赠方太·浙江大学家族企业研究基金。

2010 年，方太携手《南方周末》，共同发起以"分层次、全系统、可亲近的国学自修平台"为奋斗目标的"方太青竹简国学计划"，通过系统而持续的公益活动推动中华国学经典教育。

2012 年，方太集团启动关爱自闭症家庭的公益项目——2012 年方太小雨伞自闭症家庭关爱计划，对自闭症患儿家庭进行专业心理辅导。

2014 年，方太集团向浙江大学教育基金会捐赠 2 000 万元，支持浙江大学管理学院企业家学院的成立与建设项目。

七、延伸阅读

[1] 方太官网 [EB/OL].[2017-08-25].http://www.fotile.com.

[2] 张华 . 方太新老广告案例分析 [J]. 广告大观（综合版），2001(10):20-21.

[3] "打破边界 颠覆创新" 方太斩获 IFA 展两项创新成果奖 [EB/OL].[2017-08-25].http://www.takefoto.cn/viewnews-907575.html.

[4] 恭喜《创意 H5 助力方太简·不凡 618 欢购节推广》案例又获奖啦！[EB/OL].[2017-08-25].http://www.ad-cn.net/read/6347.html.

[5] 互动通"方太"案例荣获 2015 Top Digital Awards 创新奖 [EB/OL].[2017-08-25].http://www.meihua.info/a/63663.

（段秋婷　林升栋　蔡淑萍）

飞 雕

一、品牌简介

飞雕是飞雕电器集团所属品牌，该公司创立于 1987 年，总部位于上海，主营墙壁开关插座，涉足与墙壁开关紧密相关的其他领域，包括移动插座、照明、水暖、浴霸、换气扇、家用线缆等建筑水电系统产品。飞雕先后获得"中国驰名商标""中国电开关行业标志性品牌"等称号。

二、品牌发展历程

1987 年，飞雕成立。

2000 年，在上海设立飞雕的松江工业园。

2005 年，收购意大利米兰 elios.s.p.a 公司，在米兰建立研发中心。
飞雕浴霸荣获"国家免检产品"称号。

2006 年，荣获"中国驰名商标"称号。

2008 年，荣获"中国电器开关行业唯一标志性品牌"称号。

2009 年，开始筹划厨卫项目。

2010 年，荣获"中国十大电工品牌"称号、最佳世博用材推荐奖。

2011 年，引进咨询公司并成立战略投资公司，以"建筑水电系统集成商"为品牌目标。正式启动厨卫、涂料等项目。
获称"中国电工十大驰名品牌"。

2012 年，推出跨界设计的 F1 系列产品。
厨卫项目上市，导入新 VI 系统，企业开始第二次创业。

2013 年，获称"2013 年中国房地产开发企业 500 强首选供应商（开关面板类）"。

三、产品技术创新

2006 年，公司成立飞雕研发中心。截至 2017 年，公司共获得国家专利两百多项。

四、企业公关活动

（一）事件营销

飞雕每年都会响应世界自然基金会（WWF）的倡议，在"地球一小时"活动中，带领员工通过"天天低碳晨会""寻找节能环保卫士""闲置物品DIY"等系列行动，让大家将节能环保的承诺转化成习惯，做到每天都是"地球一小时"。

（二）慈善公益

2013年，飞雕电器集团向雅安地震灾区捐赠应急灯及手电筒。

2014年，以"感恩有你"为主题的小昆山镇慈善捐赠企业仪式上，飞雕集团捐赠50万元。

五、延伸阅读

[1] 飞雕官网 [EB/OL].[2017-08-28]. http://www.feidiao.com/.

[2] 翁向东. 飞雕：老树新花的怒放 [J]. 销售与市场（评论版），2013(12)：64-67.

[3] 情系雅安 飞雕电器集团向灾区爱心捐赠 [EB/OL].[2017-08-28].http://home.163.com/13/0426/18/8TDJN14U001048P8.html.

[4] 践行企业社会责任 飞雕与你感恩同行 [EB/OL].[2017-08-28].http://news.sina.com.cn/o/2014-02-25/212929562295.shtml.

（张雨歌　黄含韵　蔡淑萍）

飞　科

FLYCO飞科

一、品牌简介

飞科，为上海飞科电器股份有限公司（以下简称"飞科"）品牌。该公司始建于 1999 年，2002 年浙江飞科电器有限公司成立，2012 年正式更名为上海飞科电器股份有限公司，是一家集剃须刀及个人护理电器研发、制造、销售于一体的企业。飞科现已形成以上海为总部，浙江和安徽为生产基地的发展战略格局。2016 年 4 月，飞科在上海证券交易所上市。

二、品牌发展历程

1999 年，飞科研制出国产第一款双头旋转式剃须刀。

2003 年，飞科开始在各省会城市设立办事处，地级城市设立分办事处，建立完善的市场营销网络体系。

2005 年，飞科成为中国电动剃须刀行业国家标准制修订单位。

2007 年，飞科兼并同行业 5 家企业组建飞科公司，飞科获得中国剃须刀行业首枚"中国驰名商标"认证。

2008 年，在第三届中国品牌节上，飞科获"中国电动剃须刀行业标志性品牌"称号。

2009 年，中国市场调查研究中心将飞科剃须刀、电吹风、电熨斗产品评为"中国最具竞争力十大民族品牌"。

2011 至 2012 年，飞科连续两年获"上海民营 100 强企业""上海民营制造业企业 50 强"称号。

2013 年，飞科获上海市名牌推荐委员会审定的"上海名牌"荣誉称号。

2014 年 5 月，飞科披露上市招股说明书，拟公开上市。

2017 年，飞科剃须刀 FS375 凭借剃须技术获中国家电艾普兰奖。

三、产品技术创新

2004 年，飞科将产品线拓展至电吹风、电熨斗、鼻毛修剪器等个人护理系列。

2006 年，飞科推出全身水洗剃须刀，首次将此项技术应用于 100 元以上产品。

2007 年，飞科在上海成立技术研发中心，建立创新研究的新技术研究中心、新产品开发工程研究中心、剃须刀品质研究中心。

2015年，飞科朝智能家电方向发展，研发智能家电产品，包括空气净化器、加湿器、健康秤、智能扫地机、吸尘器等。

飞科先后掌握全身水洗、全方位浮动剃须、弧面刀网、"S"型捕须等技术，目前拥有自主研发专利100余项，并基于市场需求"微创新"。近年来，飞科每年向市场推出新品10余款。

四、广告策略

2002年，飞科在中央电视台播放广告，进行品牌推广，至今已连续十多年。启用广告语"飞科剃须刀，全方位浮动剃须，三环弧面刀网，全身水洗，飞科剃须刀"。

2014年5月，飞科上市招股说明书显示，飞科连续多年与中央电视台以及东方卫视、湖南卫视、浙江卫视等地方卫视展开广告合作，对"天下足球""快乐大本营""天天向上""中国达人秀""中国好声音"等重点节目进行赞助和广告投放。2011年至2013年，飞科广告投入约占同期营业收入的十分之一。

五、企业危机事件

2004年5月，荷兰飞利浦公司起诉飞科产品外观专利侵权。2005年11月，北京市高级人民法院作出终审判决，宣告飞利浦起诉飞科侵犯专利无效。

2012年8月，荷兰飞利浦公司起诉飞科有限、浙江飞科及公司经销商深圳市新发利电子贸易有限公司侵犯其95190642.9号发明专利，截至2014年3月，案件仍在审理中。

2014年5月，飞科上市招股说明书中公开承认，其核心产品电动剃须刀近八成为小工厂代工生产，并称无法完全控制外包厂家，存在生产、经营风险。该消息引发媒体讨论，加上过度依赖外包、研发能力弱、飞利浦起诉侵权案件未解决、公司财务总监变动频繁等问题，飞科上市前景受阻。

2014年7月，为冲击IPO（首次公开募股），飞科以工厂重组为名降低员工工资，员工切身利益受到损害。该事件引起飞科公司员工不满，员工在无人组织的情况下自主罢工，公司重组计划受阻。

六、企业公关活动

2008年5月，飞科向四川汶川地震灾区捐献100万元。

2009年6月，飞科独家赞助冠名第十五届上海电视节，董事长、总裁李丐腾在电视节闭幕式和白玉兰颁奖晚会为最佳纪录片类获奖者颁奖。

2010年7月，飞科向浙江省青年创业就业基金会捐赠50万元，用于支持青年就业创业工作。

2014年12月，飞科携手万维家电网在北京中关村举办"我型我SHOW，飞科百变白领秀"为主题的产品体验活动。

2015年，飞科被上海市松江区慈善基金分会授予成立十周年贡献奖。

七、延伸阅读

[1] 飞科商城官网 [EB/OL].[2017-08-01].http://www.flyco.com/.

[2] 张弦. 飞科李丏腾 创业是一场尊严之战 [J]. 时代青年: 悦读, 2012(2):10-11.

[3] 飞科: 如何成为电动小商品的第一品牌 [J]. 现代营销: 经营版, 2012(3):18-19.

[4] 张令凯. 剃须刀广告创意引发的思考 [J]. 中国品牌, 2010(06):33.

[5] 飞科: 洞察用户需求 真正实现智能互联化转型 [EB/OL].[2017-08-01].http://dh.yesky.com/life/303/53147303.shtml.

[6] 飞科剃须刀 FS375 问鼎 2017 艾普兰奖产品奖 [EB/OL].[2017-08-01].https://baijiahao.baidu.com/s?id=1562037306647252&wfr=spider&for=pc.

[7] 飞科电器高速生长存隐患 广告占销售费用近 70% [EB/OL].[2017-08-01].http://www.linkshop.com.cn/web/archives/2014/289924.shtml.

[8] 飞科电器拟募资提高产能 专利纠纷或影响上市 [EB/OL].[2017-08-01].http://money.163.com/08/0513/13/4BR083TG00252MT9.html.

[9] 临时抱佛脚 飞科电器 IPO 工厂重组受阻 [EB/OL].[2017-08-01].http://news.3news.cn/html/news /cj/2014/0715/16323.html.

[10] 你就是百变白领 "我型我 show" PARTY 玩儿翻天 [EB/OL].[2017-08-01].http://hea.163.com/14/1206/17/ACQ427L6001628C1.html.

（严明君　周雨　李慧）

富士宝

一、品牌简介

富士宝，为佛山市富士宝电器科技股份有限公司（以下简称"富士宝"）品牌。1992 年，该公司在广东省佛山市成立，是一家集研发、生产、销售于一体的生活小家电高新技术企业。目前，富士宝已拥有防磁墙电磁炉、无级变压锅、电饭煲、多功能食物料理机、快速水煲、电热开水瓶、加湿器、电风扇、空调扇、取暖器等多系列百余款产品。2007 年，富士宝获"广东省高薪技术企业"认证。2008 年，富士宝获"AAA 级中国质量信用企业"称号。

二、品牌发展历程

1994 年，富士宝第一生产基地在广东省佛山市落成。

2002 年，富士宝产品进军东南亚市场。

2006 年，富士宝产品线开始向电压力锅和电饭煲延伸。

2007 年，富士宝电磁炉获"广东省著名商标""广东省名牌产品"称号。

2014 年 6 月，富士宝与慧聪家电网，在顺德召开年度战略合作签约仪式发布会，富士宝与慧聪家电网达成战略合作关系。

至今，富士宝已与国美、苏宁、家乐福、沃尔玛、大润发、好又多等大型连锁机构取得合作，在全国拥有 1500 家专业卖场合作伙伴。

三、产品技术创新

1998 年，富士宝推出中国大陆市场第一台富士宝电磁炉。

2003 年，富士宝应用电网突变限制技术，使电磁炉能在更大范围的电压下工作。同时，投入电压力锅领域的研发，突破传统匚式结构，研制出具有自主知识产权的无级变压锅。

2006 年，富士宝研发出"防磁墙"技术，并推出防磁墙电磁炉，使电磁炉的磁辐射比国际标准限制低 70%。

2007 年，富士宝创新研发出可编程 IGBT 驱动技术（PIDT），使电磁炉性能更稳定。

2008 年，富士宝研发并推出 3D 彩控技术为核心的新一代电磁炉产品。

四、广告策略

2008 年，富士宝与中央电视台达成合作，进行品牌推广。

五、企业危机事件

（一）被侵权事件

1998 年，广东南海市家乐仕电器有限公司利用富士宝公司商业秘密，向富士宝销售网络单位销售仿冒富士宝专利生产的电热开水瓶。仿冒行为侵犯富士宝专利权，并对富士宝产品销售和品牌形象造成不良影响。

2008 年，深圳富士宝电器在生产销售的各款电磁炉产品、产品说明书、产品包装、企业宣传网页、零售环节使用"FSHIBO""富士宝""深圳富士宝电磁炉""深圳富士宝牌电磁炉"等文字，并将佛山市富士宝电器科技股份有限公司商标"FUSHIBAO"注册成域名。该行为侵犯富士宝商标专用权，对富士宝品牌形象造成不良影响。

（二）"山寨"危机事件

2007 年，深圳市一家公司套用富士宝国家免检身份生产富士宝牌取暖器。事后，富士宝负责人声明：富士宝虽然也生产取暖器，但其在深圳并无分厂，富士宝与深圳这家生产取暖器的厂家无任何关系。

（三）质量危机事件

2007 年，由北京市消费者协会抽选，国家家用电器质量监督检验中心检测的"北京市场销售的主要电磁炉品牌的产品质量状况"调查中，富士宝电磁炉为得分最低的两个品牌之一。

2010 年 3 月，山西省质量技术监督局公布 2010 年第一季度对粗苯、煤焦油、钢丝绳、电饭锅、针织内衣等产品质量的监督抽查结果显示，富士宝电饭锅保温温度项目不合格。

2010 年 7 月，广东省质量技术监督局通报 17 种产品质量监督抽查结果，近六成电磁炉产品抽查不合格，富士宝生产的富裕宝系列电磁炉名列其中。

2010 年 8 月，陕西省质量技术监督局对电磁灶产品质量进行监督抽查，结果显示富士宝生产的规格为 1H–MH2129C 的产品热效率不合格。

2013 年 12 月，安徽省工商局通报的电磁炉、豆浆机质量监测结果显示，富士宝型号为IH–MP 2116C 的电磁炉上不合格产品名单。

2017 年 4 月，广东省工商局发布的流通领域缺陷商品公告显示，富士宝生产的规格为IH–H2132C 的电磁炉为缺陷产品。

六、企业公关活动

2008 年，在"腾飞 2008——富士宝 2008 年度经销商大会"上，富士宝为中华环境保护基金会捐款。

2011 年 4 月起，富士宝开展"我有我的百变时尚"网络有奖游戏活动，此次营销活动通过线上活动和媒体新闻报道，对富士宝新产品"百变魔扇"进行了宣传，并助力富士宝产品终端销售。

2013年8月起，富士宝开展"风火战役"产品推广活动。此次活动共涉及五个方面：第一，全面支持客户的产品推广会议；第二，鼓励并支持客户开建分销网点；第三，大力支持客户组织户外促销及产品演示等活动；第四，产品支持，包括电磁炉、压力煲、饭煲等新品上市以及特价产品支持；第五，配套的售后服务。

七、延伸阅读

[1] 富士宝官网 [EB/OL].[2017-08-06]. http://fushibo1688.b2b.globalbuy.cc.

[2] 慧聪家电网：富士宝企业简讯 [EB/OL].[2017-08-06]. http://info.homea.hc360.com/zt/fushibao/index.shtml.

[3] 何冰冰 . 富士宝换标，向多元化发展 [J]. 日用电器，2008(3):15.

[4] 电磁炉行业面临新发展 富士宝 3D 彩控技术前景看好 [EB/OL].[2017-08-06].http://www.abi.com.cn/news/htmfiles/2008-8/76100.shtml.

[5] 蒋传光，等 . 法律法案精析 [M]. 合肥：安徽大学出版社，2001.

[6] 佛山公布 2008 年知识产权十大典型案例 [EB/OL].[2017-08-06].http://www.docin.com/p-113351511.html.

[7] 冒牌取暖器 擅贴免检标 [EB/OL].[2017-08-06].http://finance.sina.com.cn/roll/20071207/06221842614.shtml.

[8] 佛山"富士宝"电饭锅保温温度项目不合格 [EB/OL].[2017-08-06].http://www.cqn.com.cn/news/xfpd/xfjs/qt/303206.html.

[9] 步步高、富士宝、亿龙等品牌电磁炉热效率不合格 [EB/OL].[2017-08-06].http://news.iqilu.com/shehui/tushuoshehui/20100826/309228.shtml.

[10] 安徽省工商局通报 2013 年第三季度电磁炉豆浆机质量监测情况 [EB/OL].[2017-08-06].http://www.cqn.com.cn/news/xfpd/ccgg/dfcc/2013/814192.html.

[11] 广东："飞利浦""新飞"等 19 款电磁炉被定为缺陷商品 [EB/OL].[2017-08-06].http://www.ccn.com.cn/328/941901.html.

[12] 网络游戏破戒 富士宝活动成功圈人圈地 [EB/OL].[2017-08-06].http://roll.sohu.com/20110730/n314995035.shtml.

[13] 盛宴空前 富士宝"风火战役"八月开启 [EB/OL].[2017-08-06].http://info.homea.hc360.com/2013/08/070857959743.shtml.

（王庆伟　陈瑞　李慧）

高　科

GAOKE高科®

一、品牌简介

高科，为高科集团品牌。该公司始创于 1993 年，前身为深圳市宝安高科电子有限公司，总部设于广东省深圳市，是一家专业从事通讯、视听、多媒体、数码娱乐等系列产品研制与销售的公司，现有员工 2 000 余人。目前，高科集团在全国设有 30 多个分公司和办事处，集团系列电子产品销往德国、英国、法国、意大利、俄罗斯、巴西、新加坡、韩国、香港、台湾等 50 多个国家和地区。2010 年，高科商标获"中国驰名商标"认证。2011 年，高科集团获国家级"高新技术企业"称号。

二、品牌发展历程

1993 年，高科集团开始生产电子游戏产品。

1995 年，高科集团获深圳市政府颁布的"高科技民营企业"称号。

1997 年，高科集团获深圳市政府颁布的"高新技术企业"称号，并开始生产无绳电话。

1998 年，高科工业园落成并投入使用。

2001 年，高科集团进军数字视听行业（VCD、DVD、PDVD）。

2003 年，高科集团进军移动通讯产业，主推 PHS 手机及无线公话。

2005 年，高科电话机获"中国名牌产品"称号。

2005 年，高科集团推出新品牌"GETEK"商标电话。

2006 年，获"国家免检产品""广东省著名商标"认证。

2007 年，高科集团取得手机生产牌照，进军手机生产与销售行业。

2008 年，高科集团获广东省政府颁布的"民营百强企业"称号。

2009 年 6 月，高科水田第二工业园竣工并投入使用。

2011 年 8 月，深圳光明新区高科科技园第一期竣工并投入使用。

2013 年 7 月，高科网络事业部正式挂牌。

三、广告策略

2001 年，高科集团聘请影视明星范冰冰为品牌形象代言人。

四、企业危机事件

2007 年 10 月，广东省工商行政管理局公布 2007 年第三季度广州市场小电器产品质量检测结果显示，深圳市宝安高科电子有限公司生产的"高科"电话机（规格型号 HCD737TS-DL95；生产日期或批号：2006.12.01）因安全性能不符合相关标准抽查不合格。

对于此事，高科集团在工商局抽查发现问题后立即核实，相关负责人称，问题是由电话机电池盖上漏贴"注意事项"标签引起，标签内容应为"装入或更换三节 AA 电池时，请将电话外线拔掉，装好电池后再插入外线"。事后，公司迅速将各流通领域的该款机型全部加贴"注意事项"标签。

2013 年，广东省质监局通报的 2012 年广东省电话机产品质量专项监督抽查结果显示，广州、深圳、珠海、惠州、东莞等 5 个地区 21 家企业生产的电话机产品，在 40 批次中有 19 批次电话机产品不合格，其中包括 GAOKE 高科品牌。针对该事件，高科集团在质监局抽查发现问题后，立即核实并对问题产品进行了整改。

五、延伸阅读

[1] 高科官网 [EB/OL].[2017-08-12].http://www.gaokelink.com/about.asp?id=17&WebType=1&ids=6.

[2] 秦伟平. 高科世界 听说精彩——庆祝深圳高科电子有限公司成立十周年特别报道 [J]. 中国电子商情，2002(10):65.

[3] 赵超锋. 深圳"高科"电话机不合格 [J]. 商品与质量，2008(Z1):03.

[4] 这 19 批次电话机不合格 涉及达尔讯、高科等品牌 [EB/OL].[2017-08-12].http://www.cqn.com.cn/news/xfpd/xfjs/smjd/692871.html.

[5] 广东质监抽查电话机 不合格产品发现率为 47.5%[EB/OL].[2017-08-12].http://www.cqn.com.cn/news/xfpd/ccgg/dfcc/2013/692873.html.

（张雨歌　黄合水　李慧）

格兰仕

Galanz 格兰仕

一、品牌简介

格兰仕是格兰仕集团有限公司的公司品牌。该公司 1978 年成立于广东省佛山市,前身是顺德桂洲羽绒厂,目前在中国香港、美国、日本等国家和地区设立分公司。该公司主要生产微波炉、微波器皿、生活小家电、空调、冰箱、洗衣机、厨房电器。

二、品牌发展历程

1978 年,梁庆德创办顺德桂洲羽绒厂。

1988 年,成立桂洲畜产品企业(集团)公司,包括桂洲畜产品工业公司以及该公司与外商合资的三家工厂。

1992 年,桂洲畜产品企业(集团)公司更名为广东格兰仕企业(集团)有限公司,生产销售格兰仕牌微波炉。

2003 年,更名为广东格兰仕集团有限公司。

2009 年,入选《环球企业家》年度"最具全球竞争力中国公司 50 强"。

2015 年,微波炉 P80U20EPV-GZ(P0)获得家电艾普兰奖。

2016 年,微波炉 G90F25MSXLVIII-A7(G0)获得红顶奖。

微蒸烤一体机获得 IFA 节能环保技术金奖。

2017 年 5 月,格兰仕已在全球 143 个国家和地区申请注册了自主商标。

三、品牌识别

与旧 Logo(如图 1)相比,新 Logo(如图 2)也分中、英两部分,但字体和颜色有所改变。英文比原来的更圆滑,中文由原来黑色变成与英文统一的红色;中文部分还按照各产品进行了细分,如格兰仕电饭煲、格兰仕电磁炉等都有自己的产品 Logo。

图 1　旧 Logo（2006 年 7 月之前）

图 2　新 Logo（2006 年 7 月至今）

四、产品技术创新

研发投入方面，格兰仕在中国总部成立家电研究院、家电技术研发中心、国家级实验室、博士后工作站，在日本大阪设立了研发中心。

2001 年，研发格兰仕第一台光波微波组合型微波炉（简称"光波炉"）。

2016 年，累计申请国内国际专利 2 208 项。

五、广告策略

2015 年 3 月，推出卡通形象"西红柿"作为品牌代言人（如图 3）。格兰仕中的"仕"和西红柿的"柿"谐音，与粉丝紧密关联。天下"格兰仕"都"柿"一家人。

图 3　品牌代言人

六、企业危机事件

2014 年 4 月 14 日凌晨，中山市格兰仕家用电器有限公司部分员工酒后喧哗，并开音响，影响到其他员工休息，引发员工之间口角。近 200 名员工在南厂区员工宿舍区内聚集，并从宿舍楼上向下扔水杯、暖水壶等物品，导致公司少量财物受损。事件发生过程中无人员伤亡。

七、企业公关活动

（一）赞助冠名

2010 年，格兰仕成为"上海世博生命阳光馆爱心合作伙伴"。

2013 年，冠名中央电视台美食节目《城市流行味》。

（二）慈善公益

2004 年，格兰仕向南亚六国海啸疫区捐赠光波炉与光波空调用于疫区消毒杀菌，获得红十字勋章。

2008 年，向汶川地震灾区捐助 1270 万元现金及物资。

2009 年，向顺德区容桂慈善会捐赠 1000 万元用于镇区慈善事业。

八、延伸阅读

[1] 格兰仕官方网站 [EB/OL].[2017-08-02].http://www.galanz.com.cn/.

[2] 格兰仕更换商标 新 logo 更显时尚 [EB/OL].[2017-08-02].http://www.abi.com.cn/news/htm-files/2006-7/36812.shtml.

[3] 最具全球竞争力中国公司 50 强产生 [EB/OL].[2017-08-02].http://finance.ifeng.com/topic/news/jzl2009/news/industry/corporate/20090617/807795.shtml.

[4] 格兰仕创业 38 年坚持"用户代言"[EB/OL].[2017-08-02].http://www.cqn.com.cn/news/cjpd/1133984.html.

[5] 冒题，陈彦儒.中山市政府：格兰仕事件已平息 少数员工请辞 [EB/OL].[2017-08-02].http://www.chinanews.com/sh/2014-04-15/6067495.shtml.

[6] 家电企业冠名美食节目，春节舌尖上摆擂台 [EB/OL].[2017-08-02].http://www.abi.com.cn/news/htmfiles/2013-2/123517.shtml.

[7] 格兰仕 1270 万元捐赠驰援四川赈灾 [EB/OL].[2017-08-02].http://finance.sina.com.cn/chanjing/b/20080517/17124881132.shtml.

（陈醒　王霏　静思宇）

格　力

一、品牌简介

格力是珠海格力电器股份有限公司的公司品牌。该公司 1985 年成立于珠海，前身是珠海经济特区工业发展总公司，目前拥有格力、TOSOT、晶弘三大品牌，员工近 8 万名。公司主要从事生产家用空调、中央空调、空气能热水器、手机、生活电器、冰箱等产品。2006 年获得空调行业"世界名牌"称号。

二、品牌发展历程

1985 年，珠海经济特区工业发展总公司成立。随后，相继成立了珠海经济特区冠雄塑胶有限公司和珠海海利空调器厂。

1991 年，"冠雄"和"海利"合并成立格力空调器厂。

1994 年，格力电器开始统一使用"GREE"商标。

1996 年，格力电器股票在深圳证券交易所上市，股票代码：000651。

2001 年，格力电器（巴西）有限公司成立，格力电器迈向国际化。

2004 年，收购集团旗下凌达压缩机、新元电子、格力电工、小家电等子公司。

2005 年，推行 6 年免费包修政策。

2012 年，格力 1 赫兹变频技术获得国家科技进步奖。

2014 年，格力家用中央空调承诺 6 年免费保修政策。

联合国授予董事长董明珠"城市可持续发展项目宣传大使"荣誉。

格力电器官方电商渠道"格力商城"正式上线。

2015 年，"基于掌握核心科技的自主创新工程体系建设"项目获得国家科学技术进步奖。

格力光伏直驱变频离心机组获得英国 RAC 制冷行业年度国际成就奖（RAC Cooling Industry Awards）。

三、产品技术创新

研发投入方面，2015 年，公司获批建设空调设备及系统运行节能国家重点实验室。截至

2016年，拥有2个国家级技术研究中心、1个国家级工业设计中心、7个研究院、1个机器人工程技术研究开发中心、52个研究所、727个实验室。

开发超低温数码多联机组、高效永磁同步变频离心式冰蓄冷双工况机组、环境温度－40℃工况下制冷技术、三缸双级变容压缩机技术等15项"国际领先"技术，累计申请专利27 487项，获得授权专利15 862项。

四、广告策略

（一）代言人

2010—2014年，影星成龙代言格力电器。

2014年，格力董事长董明珠成为格力代言人。

（二）广告语

1994年，在中央电视台"新闻联播"黄金时段播放5秒广告，推出广告语"格力电器，创造良机"。

1997年，"好空调，格力造"。

2005年，"精品空调，格力创造"。

2010年，"掌握核心科技"。

2015年，"格力，让世界爱上中国造"。

五、企业危机事件

2012年，美国消费者投诉，格力电器通过Soleus出售的低容量除湿机容易着火。检查发现，该产品存在设计缺陷，部分产品质量不合格，可能危害公共安全。至此，格力在美国市场陷入产品质量危机。2013年，格力迫于舆论压力决定召回存在质量问题的除湿机，涉及12个品牌约225万台产品。2016年，美国消费品安全委员会（CPSC）称，格力同意支付约一亿元人民币的处罚。该事件使得格力和代言人董明珠形象受损。

2016年，山东省枣庄市发生"5·13空调外机爆炸事件"，导致两名格力维修工遇难。珠海格力电器股份有限公司质量控制部部长方祥建称，事故原因初步认定为化学爆炸，而且因空调外机爆炸身亡的两名维修工没有相关维修资质。他表示首先会做好人道工作。

六、企业公关活动

（一）赞助冠名

2016年，格力成为里约奥运会赞助商；冠名"环广西公路自行车世界巡回赛""中国杯国际足球锦标赛"。

（二）慈善公益

2006年，向因台风"碧利斯"遭受洪灾的广东受灾地区捐款600万元。

2008年，格力电器向中国南方冰雪灾区捐款120万元。

向"5·12"汶川地震灾区捐款1 700万元。

2010年，向西南旱灾最严重的云南、广西、贵州三省捐款680万元。

此外，格力还向西藏贫困地区捐资助学，成立"北京师范大学珠海分校董明珠奖助学金"等。

七、延伸阅读

[1] 从广告语的演变看格力的发展轨迹 [EB/OL].[2017-08-02].http://gd.sina.com.cn/sztech/gd/2015-10-09/11002704.html.

[2] 让世界爱上中国造 格力发布新口号 [EB/OL].[2017-08-01].http://news.ifeng.com/a/20150924/44720793_0.shtml.

[3] 卢泰宏 . 格力"差异"传播铸良机 [EB/OL].[2017-08-01].http://www.cmmo.cn/b/87057/39753.html.

[4] 格力终止与成龙合作 董明珠称一年可省一千万 [EB/OL].[2017-08-01].http://tech.sina.com.cn/e/2014-06-11/16219431015.shtml.

[5] 于璇 . 格力：掌握核心科技 [J]. 电器，2010(9):32.

[6] 代言格力这两年，董小姐都抢过哪些头条？[EB/OL].[2017-08-01].http://tech.qq.com/a/20160316/029055.htm.

[7] 格力除湿机事件终于告一段落 董明珠形象受损 [EB/OL].[2017-08-01]. http://news.to8to.com/article/119803.html.

[8] 枣庄格力空调爆炸原因初步判断为化学爆炸 [EB/OL].[2017-08-01]. http://news.cheaa.com/2016/0518/478380.shtml.

[9] 格力成为里约奥运会赞助商 [EB/OL].[2017-08-01].http://news.xinhuanet.com/sports/2016-07/ 07/c_129125516.htm.

[10] 格力电器历年重大捐款记录 [EB/OL].[2017-08-01]. http://info.homea.hc360.com/2010/04/210857501680.shtml.

（纪晓君　黄含韵　静思宇）

格林格

一、品牌简介

格林格，为四川格林格电器有限公司（以下简称"格林格"）品牌。该公司创建于2004年5月，总部设于广东省中山市，是一家专业研发、生产、销售商用和家用吸油烟机、燃气灶、热水器及其他厨卫电器产品的企业。目前，格林格拥有四川崇州、广东中山两大生产基地，以及四川格林格电器有限公司、四川成泰科技有限公司和广东中山格林格电器有限公司在内的3家下属企业。2007年，格林格被评为"国家高新技术产业"，并获"四川名牌产品"认定。

二、品牌发展历程

2004年，格林格创始人余泰成创立格林格品牌，成立四川成泰科技有限责任公司，并研发出中国市场第一台侧吸式（近吸式）油烟机。

2006年，四川格林格电器有限公司成立，并注资建立格林格第一条吸油烟机生产线。

2007年，广东中山格林格电器有限公司成立，并注资建立格林格第一条燃气灶具生产线。

2008年，格林格型号CXW-160-G006J侧进风抽油烟机获2008年第五届中国企业产品创新设计奖（CIDF奖）优秀奖。

2012年，格林格总部迁入广东省中山市黄圃工业园。

2013年，格林格推出中国市场第一台超薄式吸油烟机，并在广东中山市生产基地建立第一条热水器生产线。

2014年，格林格通过英融集团在上海股权交易中心挂牌。

三、广告策略

2008年5月底，格林格携手四川卫视签署品牌推广协议，并于四川电视台科教频道与《美食美克》栏目投放为期两个月的品牌广告。

2008年9月，格林格与中央电视台达成"联手打造品牌战略计划"的协议，并在中央电视台综艺频道投放主题广告《深附吸》，该广告为格林格抽油烟机外型和吸烟效果组成的15秒广告片。

四、企业危机事件

2008 年 3 月，上海市质监局根据市民举报，于格林格上海经销公司办公地点及仓库质量检查发现，格林格涉嫌生产和销售不符合国家强制性标准 GB4706.1—1998 的抽油烟机产品。事后，格林格公司负责人回应称，产品采用的是双曲面"旋流"油烟分离，获得过国家专利。

2009 年，广东容声电器生产的"容声 CXW-218-D11-L16"仿冒格林格吸油烟机产品专利。格林格认为该行为已构成侵权，将广东容声电器告上法庭，要求其销毁侵权专用模具，赔偿经济损失。

五、企业公关活动

2008 年，格林格参与厦门吉家·家世界举办的厦门"爱在八月"品牌家居产品义卖会，现场以低价义卖上百件家居产品，并将所筹善款全部用于闽西南地区贫困山区助学、建校等行动。

六、延伸阅读

[1] 格林格官网 [EB/OL].[2017-08-09].http://www.greengod.com.cn/.

[2]CIDF 奖组委会 .2008 第五届中国企业产品创新设计奖（CIDF 奖）盛大揭晓 [EB/OL].[2017-08-09].http://www.visionunion.com/article.jsp?code=200805160029.

[3] 余太成人物简介 [EB/OL].[2017-08-09].http://hunan.sina.com.cn/hengyang/ssbh/2014-08-27/100614135.html.

[4] 格林格超薄吸烟机"抢烟不抢风头" [EB/OL].[2017-08-09].http://hea.163.com/14/0312/23/9N643EC00016656E.html#from=relevant#xwwzy_35_bottomnewskwd.

[5] 英融集团在中山举行总裁峰会 [EB/OL].[2017-08-09]. http://news.21cn.com/caiji/roll1/a/2015/0814/03/29919054.shtml.

[6] 2008 年格林格电器携手央视 强势打造品牌形象 [EB/OL].[2017-08-09].http://www.chinachugui.com/news/2008/0719/0807192306.shtml.

[7] 格林格牌抽油烟机涉嫌不符国标被扣 [EB/OL].[2017-08-09].http://video.xinmin.cn/xianchang/2008/03/27/1097476.html.

[8] 四川格林格打假 广东容声成被告 [EB/OL].[2017-08-09].http://sichuan.scol.com.cn/sczh/20091130/2009113070856.htm.

[9] 人间有爱 感动中国之"爱在八月" [EB/OL].[2017-08-09].http://www.chinachugui.com/company/2011/0824/1108249262.shtml.

[10] 百度百科格林格词条 [EB/OL].[2017-08-09]http://baike.baidu.com/link?url=wfF2VeuQBtIy1X0CzCaJi2KNCisV-EijWKPHW-_MN1yEXdD7Xk_mFJeu9fLCZ-eoZl_ndaaavBhOXhxSE1HJE.

（王庆伟　黄合水　李慧）

顾　家

Gujia顾家®
健康低碳厨房

一、品牌简介

　　顾家，为广东顾家电器有限公司（以下简称"顾家"）品牌。该公司 2002 年 8 月正式成立，其前身为 1992 年成立的中山顾家电器有限公司，总部位于广东省中山市，拥有员工 2 000 余人。目前，顾家电器已形成灶具（红外线聚能燃气灶、燃气灶、沼气灶）、抽油烟机（冷凝式抽油烟机）、热水器（电热水器、燃气热水器和太阳能热水器）、消毒柜、橱柜等系列产品为主的 1 000 多个品种，其中红外线聚能燃气灶具为中国两大红外线聚能灶具品牌之一，燃气热水器、抽油烟机分别进入全国行业前十强。

二、品牌发展历程

　　2004 年 12 月，顾家成功申请"红外线灶具炉头"国家专利认证。

　　2008 年 10 月，顾家"冷凝式七重净化吸油烟机"通过 3C 中国国家强制性认证。

　　2008 年 11 月，顾家成功申请"冷凝式七重净化吸油烟机油烟分离网"国家专利认证。

　　2009 年 4 月，顾家注册商标"顾家"，并获"中国驰名商标"认证。

　　2009 年 12 月，顾家成功申请"红外线灶具悍马系列""冷凝式七重净化吸油烟机系列"国家专利认证。

　　2014 年，顾家获中国家电协会颁发的最受消费者信赖奖。

三、企业危机事件

　　2007 至 2014 年，甘肃、湖北、广东各地质量技术监督局先后抽检出顾家吸油烟机、热水器、燃气灶等产品存在质量问题。2007 年，顾家电器虽有针对问题产品进行质量整改，但后期仍出现质量抽检不合格的情况。

四、延伸阅读

[1] 顾家电器官网 [EB/OL].[2017-08-02].http://www.gd-gujia.cn/about/.

[2] 吴艳霞. 把"透"做透：王旭东总结顾家电器四川市场的成功秘诀 [J]. 建材与装饰 (上旬刊), 2009: 60-61.

[3] 顾家电器荣获 "最受消费者信赖奖" [EB/OL].[2017-08-02].http://weibo.com/p/100606294563 7334/home.

[4] 甘肃抽查吸油烟机，广东顾家电器上不合格名单 [EB/OL].[2017-08-02].http://www.cqn.com.cn/ news/xfpd/xfjs/smjd/407519.html.

[5] 湖北工商抽检燃气具和液化石油气，发现不合格商品 50 批次 [EB/OL].[2017-08-02].http://www. cqn.com.cn/news/xfpd/ccgg/dfcc/2014/1031651.html.

[6] 标称中山市狮强电器、广东顾家电器等企产的家用燃气快速热水器被检出不合格 [EB/OL].[2017-08-02].http://www.cqn.com.cn/news/xfpd/xfjs/jcjj/891890.html.

（严明君　苏文　李慧）

哈 博

Airboo 哈博

一、品牌简介

哈博，为广东哈博电器有限公司（以下简称"哈博"）品牌。该公司成立于 2007 年，总部位于广东省广州市，其前身为广州市哈博电器有限公司，是一家专业研发、制造及销售即热式电热水器、快热式电热水器、速热式电热水器、商用电热水器等制热电器及低碳节能环保产品的企业。自 2007 年推出四款即热式电热水器以来，哈博已研制出 9 个系列、16 个款式的电热水器。2008 年，哈博即热式电热水器获"中国著名品牌"认证。

二、品牌发展历程

2007 年，哈博与海尔签订防电墙技术应用授权，并推出四款即热式电热水器。

2008 年，哈博华南市场启动。

2009 年，哈博全国市场战略启动。

2010 年，哈博推出即热式电热水器新品 AF38。

2011 年，哈博专利节能保健按摩护肤花洒及其他新系列产品上市。

2013 年，哈博凭借带有智能调节水流量功能的电热水器获国家知识产权局颁发的专利证书。

2014 年，哈博与广州市标准化研究院起草快热式电热水器产品标准，哈博速热式电热水器全新 AF67 系列上市。

2017 年 1 月，"广州市哈博电器有限公司"正式更名为"广东哈博电器有限公司"。

三、品牌标识

2016 年 6 月，哈博品牌 Logo 全新升级。全新 Logo 标志"A"字母融入笑脸符号，暗合企业追求健康快乐的经营理论，"i"字母的圆点用橙色与笑脸弧线呼应，寓意企业以人为本。

AIRBOO

图 1　初始 Logo：2007 年—2016 年

图 2　全新 Logo：2016 年至今

四、广告策略

2010 年，哈博在中央电视台及各省市电视台投放产品广告，进行品牌宣传。

五、企业公关活动

2011 年 11 月，哈博在江苏泗州举办"爱在哈博，情暖泗州"营销活动，向百岁老人送温暖，通过社会征集和评选，共计向 6 位百岁老人赠送哈博快热式电热水器。

2011 年圣诞节，哈博在安徽阜阳举办"激情哈博，挑战寒冬，贵妃出浴"营销活动，活动期间投放大量车体广告，并邀请当地电视台、报纸等媒体对活动进行宣传。

2014 年，哈博为开拓俄罗斯远东及我国寒冷地区市场，在齐齐哈尔地区投放 50 台免费试用机，回馈消费者。

六、延伸阅读

[1] 哈博官网 [EB/OL].[2017-09-03].http://www.airboo.com/.

[2] 哈博获 2010 中国家电产业十大热水器企业奖 [EB/OL].[2017-09-03].http://info.homea.hc360.com/2011/05/261459697935.shtml.

[3] 哈博快速电热水器：不怕漏电的热水器 [N]. 南国今报，2010-09-30(049).

[4] 哈博防电墙电热水器带动即热式安全革命 [EB/OL].[2017-09-03].http://info.homea.hc360.com/2009/11/191041463580.shtml.

[5] 冯涛. 哈博热水器惠民见行动 [N]. 鹤城晚报，2014-04-19.

[6] 哈博：率先建立快热式电热水器售后布局 [EB/OL].[2017-09-03].http://digi.163.com/12/0314/11/7SI7QN650016656A.html.

[7] 哈博科技打造电热水器巅峰品质 [EB/OL].[2017-09-03].http://info.xjd.hc360.com/2011/03/22113656822-2.shtml.

[8] 凝聚品牌力量影响改变未来 [EB/OL].[2017-09-03].http://digital.it168.com/a2012/0717/1373/000001373184.shtml.

[9] 哈博新推出 AF326 系列产品价优物美 [EB/OL].[2017-09-03].http://info.homea.hc360.com/2009/05/111137434017.shtml.

[10] 2010 家电行业十大获奖企业哈博电器专访 [EB/OL].[2017-09-03].http://info.homea.hc360.com/2011/04/271144680815.shtml.

（刘雅梦　陈经超　李慧）

海 尔

Haier

一、品牌简介

海尔是海尔集团的品牌。海尔集团创立于 1984 年，在全球布局了十多个主流品牌，包括卡萨帝、日日顺、GEA、AQUA、斐雪派克、统帅、DCS、MONOGRAM 等。公司从冰箱生产起步，逐渐拓展到家电、通讯、IT 数码产品、家居、物流、金融、房地产、生物制药等领域。公司获企业管理金马奖、国家质量管理奖、国家科技进步奖等奖项。

二、品牌发展历程

1984 年 10 月 23 日，青岛电冰箱总厂和德国利勃海尔公司签约引进当时亚洲第一条四星级电冰箱生产线。

1984 年 12 月 26 日，张瑞敏带领新的领导班子接管小白干路上的青岛电冰箱总厂。

1987 年 2 月 1 日，在世界卫生组织进行的招标中中标。

1990 年 1 月 1 日，海尔先后获得国家颁发的企业管理"金马奖"和"国家质量管理奖"。

1992 年 2 月 1，海尔在青岛东部高科技开发区征地 800 亩，建设海尔工业园。

1992 年 9 月 2 日，海尔通过 ISO 9001 国际质量体系认证。

1994 年 4 月 22 日，海尔超级无氟电冰箱参加世界地球日的展览，成为唯一来自发展中国家的环保产品。

1995 年 5 月 22 日，海尔集团东迁至刚落成的海尔工业园。

1997 年 9 月，海尔进入黑色家电、信息家电生产领域。与此同时，海尔以低成本扩张的方式先后兼并广东顺德洗衣机厂、莱阳电熨斗厂、贵州风华电冰箱厂、合肥黄山电视机厂等 18 个企业。

1998 年 3 月 25 日，海尔总裁张瑞敏应邀前往哈佛大学讲课，海尔文化激活休克鱼的案例写入哈佛工商管理学院的教材。

1999 年 4 月 30 日，海尔在美国的南卡罗来纳州开设厂房，建成三园一校（海尔开发区工业园、海尔信息产业园、美国海尔园、海尔大学校部）。2000 年投入生产。

2001 年 4 月 5 日，美国南卡罗来纳州政府为感谢海尔为当地经济发展所做的贡献，将美国海尔工厂附近的一条路命名为海尔路，这是美国唯一以中国品牌命名的道路。

2001年12月12日，海尔广告牌揭牌仪式在意大利米兰举行。广告牌位于米兰Malpen-sa机场附近的高速路上。

2002年12月1日，海尔集团首席执行官张瑞敏光荣当选十六届中央委员会候补委员。

2004年3月3日，首批标有"海尔"品牌标志的5 500台笔记本和台式电脑登陆法国市场。这是我国企业首次大批量利用自有品牌出口电脑。

2006年1月9日，海尔不用洗衣粉的"环保双动力"洗衣机获国家科技进步二等奖。同年进入印度市场。10月14日，海尔集团首家澳大利亚专卖店在悉尼开业。11月21日，海尔中央空调与"鸟巢"建设方北京城建集团在北京钓鱼台举行签约仪式。

2008年，北京奥运会期间，海尔作为2008年北京奥运会全球唯一白色家电赞助商，为奥运村以及国家体育场、水立方、青岛奥帆基地等37个奥运竞赛场馆提供共6万件绿色节能创新产品。

2010年1月7日，第四十三届国际消费类电子产品展览会（CES）在美国拉斯维加斯举行，海尔集团参展并推出全球首台具有时代性、国际性、超值性的"无尾"电视解决方案。同年，海尔集团被科技部批准成为全国首家创新方法试点企业。

2013年，海尔集团与阿里巴巴集团联合宣布达成战略合作。

2014年6月12日，国家工业和信息化部运行监测协调局在青岛发布2014年（第13届）中国软件业务收入前百家企业名单，海尔入选全国前十。

2015年5月28日，品牌咨询机构Interbrand发布2015年最佳中国品牌价值排行榜，海尔集团品牌价值连续四年蝉联家电行业品牌第一。

三、技术创新

（一）专利创新

海尔累计申请专利17 508项，其中发明专利7 598项，海外专利3 299项，居行业首位。

（二）标准创新

海尔是参与国际标准、国家标准、行业标准制定最多的中国家电企业。截至2013年6月，在自主知识产权的基础上，海尔累计提报84项IEC国际标准提案，其中防电墙技术、家庭多媒体网关等28项国际标准已经发布实施；海尔主导和参与350项国家行业标准的编制、修订，其中305项已经发布，有10项获得国家标准创新贡献奖。海尔还承担了全国家用电器服务、可靠性、智能家电、无线电力传输家电4个分技术委员会及2个工作组的秘书处工作。

四、市场拓展

（一）产品设计国际化

自1994年海尔在东京成立首家海外设计分部以后，先后在洛杉矶、硅谷、阿姆斯特丹、蒙特利尔成立海外设计分部；在汉城、悉尼、东京、洛杉矶、硅谷、阿姆斯特丹、维也纳、蒙特利尔、中国台湾、中国香港等城市设立信息中心。

（二）海外建厂

1996 年 12 月，海尔集团在印度尼西亚投资建厂，设立海尔莎保罗有限公司，首次实现海外投资跨国生产。1997 年 6 月，菲律宾海尔 LKG 电器有限公司成立。1997 年 8 月，马来西亚海尔工业有限公司成立。1997 年 2 月，南斯拉夫生产厂成立。

（三）海外营销网络

海尔取得一系列国际公认的产品质量认证，产品先后进入美国、德国、法国、日本等发达国家市场。海尔集团在已形成有效的海外营销网络外拥有 49 个经销商，销售网络达 18 000 多个，产品出口 87 个国家和地区，建立起售前宣传、售中安装、售后服务的全方位营销体系，为海外建厂打下良好基础。

（四）市场国际化

海尔集团基本实现"三个三分之一"战略，即国内生产国内销售 1/3、国内生产海外销售 1/3、海外生产海外销售 1/3。海尔出口走的是"创名牌、扩名牌"的路线，即首先进入发达国家建立信誉，创出牌子，然后迅速占领发展中国家市场。目前，海尔出口市场欧美地区占 60%，东南亚地区占 16%。

五、广告策略

海尔集团重视广告投放，一直投入巨资在央视等媒体投放广告。新媒体时代开始，海尔的网络广告投放也位居同行业之首。2014 年，海尔取消在杂志硬广方面广告的投放，重视互联网投放。

海尔广告没有广告代言人，主要的广告都展示产品。海尔的广告代理商也不固定，2008 年一年更换了四家广告代理公司，目前的代理商为优盟北京、阳狮、博达大桥、BBDO 以及 Symbol Media 等。

六、企业危机事件

2013 年 9 月 21 日，南昌市新建县樵舍镇一对年幼的小姐妹在家中玩耍时，不幸爬进海尔洗衣机被绞死，经调查，确定两女童是洗衣机桶内的高速旋转状态致死。

对此，海尔官方发表了回应："作为家电制造商，海尔提醒广大用户严格按操作规程使用家电产品，监护好未成年儿童的安全，谨防意外发生。"

据媒体报道，这一回应与海尔 9 月 23 日的声明明显矛盾。当时，海尔声明称"根据我司洗衣机产品的设计原理和性能分析，在报道陈述的条件下，海尔洗衣机不可能发生转动"由此引发关注。

七、企业公关

海尔集团用于希望工程方面的捐款、捐物共计 5 083 万元，在全国 24 个省、市、自治区援建希望学校的总数达到 129 所（128 所希望小学，1 所希望中学）。

自 1999 年起，海尔集团出资 300 万元，设立"海尔爱心救助基金"，每年捐赠 8 万元利息，用于救助弱势群体。

2006 年，海尔澳大利亚公司与澳大利亚西老虎（橄榄球）队联合资助悉尼乳腺癌基金会。

2008 年，海尔为青岛市农村贫困残疾人"安居工程"捐款 22.6 万元。

2008 年 5 月 12 日，四川汶川发生大地震，5 月 13 日，海尔集团启动"重建家园"计划，支持灾区救灾和灾后重建工作。截至 2008 年，海尔集团"重建家园"计划已累计捐赠 1 937 万元。

2008 年 8 月底以来，古巴遭受 50 年以来最严重的自然灾害。海尔集团积极筹款集物，向古巴捐助冰箱、彩电、电脑等，总价值约为 15 万美元。

2009 年 8 月 20 日，在"跨越海峡的爱心——捐助台湾受灾同胞赈灾晚会"上，海尔向台湾同胞捐款 200 万元人民币。

2009 年 5 月 11 日，海尔集团向中华骨髓库样品库捐赠超低温冰箱。

八、延伸阅读

[1] 海尔官网 [EB/OL].[2015-12-28], http://www.haier.net/cn/.

[2] 张瑞敏 . 海尔是海 [M]. 北京：机械工业出版社，2015.

（崔笑宁　黄含韵　李丽芳）

海曼普

HiMOP
海曼普

一、品牌简介

海曼普品牌，隶属于上海海曼普环保科技有限公司（以下简称"海曼普"）。该公司成立于 2002 年，总部设于上海市，是一家专业从事室内空气检测、污染治理、空气净化，负责海曼普空气净化器的销售、代理、加盟业务的综合性企业。

二、品牌发展历程

2003 年，海曼普与德国欧米实验室展开深度合作，中德专家共同研制用以去除低浓度甲醛的空气净化材料。该项目为国家"十五"重点科技攻关项目，获得中华预防医学会一等奖，产品为国家最新专利产品，入选国家灾害应急物质储备库名单。

2005 年 10 月，海曼普多晶改性复合陶瓷颗粒材料研制成功。

2006 年 9 月，海曼普取得中国疾病预防控制中心在空气净化领域最权威、最全面的检测合格报告。

2006 年 10 月，海曼普取得国家化学建材检测中心的实际使用效果检验合格报告。

2006 年 11 月，海曼普获得国家科技创新成就展项目。

2007 年 11 月，海曼普品牌荣获中华预防医学会科学技术一等奖。

2012 年，海曼普进入民用市场。

三、广告策略

2014 年，中央电视台新闻频道《直播间》栏目于 5 月 18 日、6 月 1 日对海曼普空气净化器进行了报道，海曼普品牌知名度得以提升。

四、企业危机事件

2010 年 5 月，中国新闻网报道称："从中国疾病预防控制中心了解到，中国标准化委员会中国青少年卫生健康指导中心最新调查结果表明，中国每年有220万青少年死于因室内污染所引发的呼吸系统疾病，其中100万是5岁以下幼儿。由中国疾病预防控制中心环境所研制的以海曼普滤芯为主要净化材料的海曼普快速除甲醛空气净化器，是解决中国普遍存在的家装污染和室内空气污染问题的一种有效手段。"

但2011年1月人民网观点频道提及该报道时用了"2010十大假新闻，谁为赚眼球而折腾公众感情"的标题，称上述新闻"文字诘屈聱牙不说，怎么看都像是植入式广告"，对新闻及海曼普产品真实性提出质疑。事后，相关部门核实并辟谣称，报道该事件的记者参与了名为"室内空气污染控制措施研究成果发布会"的会议，会议主要内容为推广中国疾病预防控制中心环境研究所研制的以"海曼普滤芯"为主要净化材料的快速除甲醛空气净化器，发布者只声称每年有很多人死于室内污染，"220万"这个数字为报道记者从别处抄袭而来。

五、延伸阅读

[1] 海曼普官网 [EB/OL].[2017-09-02]. http://www.haimop.com/4046.html.

[2] 国家"十五"重点科技攻关项目关于室内空气污染控制措施的研究成果落户我市鹤壁市春天保健品有限公司取得海曼普空气净化器在我市的推广权 [N]. 淇河晨报，2011-09-01(A17).

[3] 调查显示中国每年有220万青少年因室内污染而死 [EB/OL].[2017-09-02].http://news.sohu.com/20100517/n272153494.shtml.

[4] 看2010十大假新闻，谁为赚眼球而折腾公众感情？[EB/OL].[2017-09-02].http://opinion.people.com.cn/GB/157411/211613/211614/213223/.

[5] 网络媒体新闻价值取向误区刍议 [EB/OL].[2017-09-02].http://media.people.com.cn/GB/22114/44110/238969/18015821.html.

[6] 孙燕明.海曼普快速除甲醛空气净化器投放市场 [N]. 中国消费者报.2010-05-24(B2).

[7] 朋友搬新家就送海曼普 [N]. 燕赵晚报，2007-04-20(C04).

[8] 使用海曼普找回安全感 [N]. 吴江日报，2014-09-26(A12).

[9] 海曼普如何关爱上一代 [N]. 吴江日报，2014-08-29(A08).

（刘雅梦　林升栋　李慧）

海美迪

一、品牌简介

海美迪，为深圳市海美迪科技股份有限公司（以下简称"海美迪"）品牌。该公司于2005年12月成立，总部位于广东省深圳市，其前身为深圳市海美迪科技有限公司，是一家专注于家庭多媒体应用开发、智能影音终端播放设备以及智慧家庭生态建设的国家高新技术企业。2013年，海美迪获"国家高新技术企业"认证。

二、品牌发展历程

2005年，深圳市海美迪科技有限公司成立。

2006年，海美迪与康佳集团签署IPTV机顶盒设计方案合作协议，与美国Texas Instruments建立良好合作伙伴关系，成为TI公司DAVINCI平台在中国重点支持的IPTV机顶盒方案设计公司。

2007年，海美迪成功将美国Sigma Design公司的85系列产品引入IPTV领域。

2008年，海美迪公司转型开启自主品牌创新阶段。

2009年，海美迪HD100产品获《数码家居》消费者最受推荐奖。

2010年，海美迪建立自己的生产加工基地。

2011年，海美迪HD600B获2011年中国设计奖红棉奖。

2012年，海美迪推出采用安卓操作系统的智能网络机顶盒海美迪Q5。

2013年，海美迪公司乔迁新址，生产规模全面扩大。

2014年，海美迪与湖南卫视芒果TV强强联合，推出芒果嗨Q品牌，产品包括基于海思四核芯片方案的芒果嗨Q-Q5四核电视盒子，内置K歌软件、标配话筒的芒果嗨Q-Q9，土豪金外观的芒果嗨Q-H7等。

2015年，海美迪H7三代获中国国际消费电子展览会科技领先品牌奖。

2016年，深圳市海美迪科技有限公司更名为"深圳市海美迪科技股份有限公司"。

三、产品技术创新

2008年，海美迪发布中国第一款能播放RMVB格式的播放机HM2010S，以及公司首款

1080P 的高清播放机 HD8-TH。

2009 年，海美迪发布两款真正意义上全格式全高清 1080P 播放机 HD300A、HD300D 新品。

2010 年，海美迪推出基于 Sigma Design 8643 平台的烧友级产品 HD800 系列新品。

2011 年，海美迪推出基于 1 186 方案的全国首款 900 系列 3D 播放机，以及公司自主研发开通的 HiTV 在线播放平台，该平台为国内领先在线播放平台之一。

2012 年，海美迪推出采用安卓操作系统的智能网络机顶盒 Q5 新品。

2015 年，海美迪推出行业首款 64 位 8 核 RK3368 芯片的海美迪 H7 三代。

2017 年，海美迪与海外华语点播平台 Lingcod TV 达成战略合作，推出首款全球华语视频云机顶盒 M7。

目前，海美迪产品取得知识产权 8 项（包括 6 项实用新型专利、2 项软件著作），旗下产品均已通过国家 3C 认证、欧洲 CE 认证、美国 FCC 认证、欧盟 ROHS 认证。

四、广告策略

2007 年，海美迪与北京机场、中国北车集团分别签署移动广告播放开发方案协议。

2010 年 9 月，海美迪与中央电视台企业频道达成战略合作，成为央视网企业频道唯一高清网络媒体黄金展位的合作伙伴。

2011 年，中国内地演员、模特林柯彤拍摄海美迪高清播放机广告。

2014 年至今，海美迪陆续在各大 IT 类网站进行产品曝光和宣传，如 ZOL、天极网、网易数码等。

五、企业公关活动

2014 年 1 月，海美迪联合湖南卫视芒果 TV 发布芒果嗨 Q 后，多次与芒果 TV 联合举行大型活动，如赞助 2014 年度深圳文博会。

2014 年底，海美迪赞助 5000 台芒果嗨 Q 智能机顶盒，与湖南卫视芒果 TV 共同推出"统一方便面，芒果在里面"年度有奖狂欢活动。

2015 年 1 月，海美迪赞助《我是歌手》"天生歌姬 A-Lin 歌迷握手会"，现场赠送芒果嗨 Q-M3。

2016 年 12 月，海美迪赞助 2017 年湖南卫视跨年晚会。

六、延伸阅读

[1] 海美迪官网 [EB/OL].[2017-09-02]. http://www.himedia.cn.

[2] 柏伟平. 带地面高清及录制功能的硬盘高清播放机——海美迪 HD500B 系列介绍及实际使用 [J]. 卫星电视与宽带多媒体，2010(11):54-60.

[3] 海美迪 Q 系列播放机解析 [N]. 珠江商报，2012-11-16(C2).

[4] 王秀军. 海美迪 Android 高清网络机顶盒 Q5[J]. 实用影音技术，2012(11):62-68.

[5] 海美迪陈武：踏实产品变革营销拓新格局 [EB/OL].[2017-09-02].http://hd.zol.com.cn/500/5003248.

html.

[6] 柏伟平 . 高性价比的海美迪 HD300A 高清硬盘播放机 [J]. 实用影音技术 , 2009(12):15-21.

[7] 柏伟平 . 海美迪 HD300D 高清硬盘播放机评测 . 卫星电视与宽带多媒体 [J]. 2009(23):48-55.

[8] 丁凯 . "螃蟹" 来了 . 高清还会远吗? : 海美迪 HD300D 全面剖析及改进建议 [J]. 实用影音技术 , 2010 (2):20.

[9] 从容 .Q5 又来了 , 就是快 : 海美迪 Android 高清网络机顶盒 [J]. 卫星电视与宽带多媒体 , 2012 (22):52-61.

[10] 海美迪赞助我是歌手握手会 现场送芒果嗨 Q[EB/OL].[2017-09-02].http://tv.ea3w.com/147/ 1471641.html.

[11] 看演唱会抢电视盒 海美迪助湖南卫视跨年 [EB/OL].[2017-09-02].http://hd.zol.com.cn/621/ 6213109.html.

139

H

（ 刘雅梦　苏文　李慧 ）

海 信

Hisense

一、品牌简介

　　海信是海信集团有限公司的公司品牌。该公司 1969 年成立于山东省青岛市，前身是青岛无线电二厂，目前拥有员工 72 000 余人，持有海信 (Hisense)、科龙 (Kelon) 和容声 (Ronshen) 三个商标。该公司产品涵盖多媒体、家电、IT 智能信息系统和现代地产等领域。2001 年，海信电视、空调、计算机获得"中国名牌"称号。2017 年，入选"BrandZ 中国出海品牌 30 强"。

二、品牌发展历程

1969 年，青岛无线电二厂成立，生产半导体收音机。

1970 年，研制出 501 型晶体管台式收音机，命名为红灯牌。

　　　　研制出电子管式 14 英寸电视机，海信开始涉足电视制造领域。

1979 年，以青岛无线电二厂为主体，与电子元件八厂、市南纸箱厂、重工具厂四个单位组成青岛电视机总厂。

1984 年，第一代青岛牌彩色电视机问世。

1993 年，中美合资青岛 AT&T 通讯设备服务有限公司成立，海信开始涉足通信技术领域。

　　　　"青岛牌"更名为"海信"，并正式注册。

1995 年，海信房地产公司成立。

1996 年，引进变频技术，成立空调公司。

　　　　南非海信成立，跨出国际化的第一步。

1997 年，先后购并贵阳华日电视机厂、辽宁金凤电视机厂，分别成立贵阳海信电子有限公司和辽宁海信电子有限公司。

　　　　海信电器在上海证券交易所上市，股票代码：600060。

2001 年，推出 CDMA 彩屏手机 C2101。

　　　　海信电器股份公司获首届全国质量管理奖。

2002 年，海信购并北京雪花冰箱厂。

　　　　与日本日立公司合资成立海信日立空调系统有限公司。

2005 年，海信以 6.8 亿元收购科龙。至此，海信拥有海信电器、科龙电器两家在沪、深、港三地的上市公司，及海信、科龙、容声三个品牌。

2008 年，IBM 参股海信网络科技。与白色家电制造商惠而浦组建合资公司。海信首款 42 英寸超薄 LED 背光液晶电视 TML42T08GP 上市。

2011 年，获得亚洲质量卓越奖。

2015 年，海信宣布将斥资 2 370 万美元收购夏普美国。

ULED 电视在国际消费类电子产品展览会（CES）上获得年度显示技术金奖。

2016 年，获得澳大利亚评级机构蓝色星辰 (Canstar Blue)2016 年消费者最满意大奖。

2017 年，海信 4K 激光电视产品获得全球年度显示技术金奖；MU9600 系列 ULED 超画质电视获得 2017 年中国创造高峰论坛国际创新奖。

三、品牌识别

Logo 变化

（1）第一阶段（图1）：1993 年前，青岛牌。

图 1

（2）第二阶段（图2）：1993—2000 年 4 月，将"青岛牌"更名为"海信"，并正式注册。

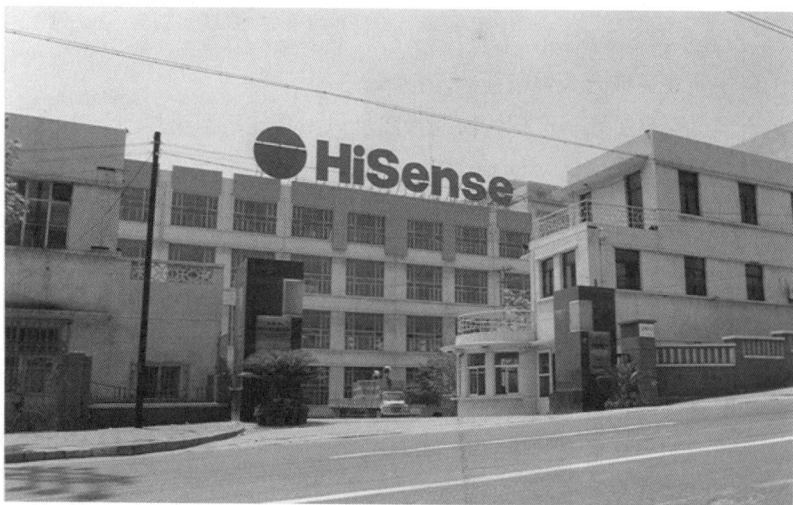

图 2

（3）第三阶段（图3）：2000 年 4 月—2012 年 5 月，新商标以橙色为首，绿色为主，以略微倾斜的英文字母"Hisense"组合替代了原来的红蓝标志。

Hisense

图3

（4）第四阶段（图4）：2012年5月至今，海信中国以外区域将全面"变脸"，标识系统彻底"国际化"。以通透时尚色彩、简约的字母取代旧标识，同时推出"重新想象"(Life Re-imagined) 的品牌承诺。

Hisense

图4

四、产品技术创新

研发投入方面，海信先后成立了海信集团博士后科研工作站、山东大学海信研究院、数字多媒体技术国家重点实验室。

1995年，海信研究所升级为国家级技术研究中心。

2001年，研发HiCon自适应交通信号控制系统。

2005年，海信高清晰高画质数字视频媒体处理芯片研发成功，推出可商用化的光纤到户局端模块。

2007年，海信电视液晶模组生产线投产。

2009年，推出360°全直流变频空调。

2010年，海信与山东大学合作，开展"快速热循环高光注塑成型技术开发及其产业化"项目，获得国家科技进步奖二等奖。

自主研发完成全天候节能冰箱技术。

2011年，研发具有自主知识产权的协同换热低风阻高效新型翅片。

2013年，发布智能电视海信VIDAA TV。

2014年，投资近15亿元的海信新研发中心项目投入使用。

五、广告策略

2005年，凤凰卫视主持人许戈辉成为海信品牌代言人。

2011年，演员高圆圆代言海信云智能电视。

2017年，演员阚清子代言海信手机新品H10。

六、企业危机事件

2016年，一套带有"HISENSE"标志的内部培训资料流出，资料名为《对阵乐视——全员话术》，指导销售系统如何打击乐视。海信认为"黑乐视"事件是有人导演栽赃。

七、企业公关活动

（一）赞助冠名

2013 年，海信成为澳网公开赛赞助商。

2015 年，赞助东方卫视《极限挑战》节目、浙江卫视《燃烧吧少年》节目。
赞助美国顶级赛事 NASCAR 旗下 Xfinity 系列赛。
成为 F1 红牛车队官方战略合作伙伴。
成为中国国家体操队官方合作伙伴。

2016 年，赞助 2016 年欧洲杯。

2017 年，赞助 2018 年 FIFA 世界杯。

（二）慈善公益

2008 年，向汶川地震灾区捐款 600 万元，并组织全球员工募款，累计捐赠达 838 万元。

2009 年，把青岛专项教育基金额度追加到 1 380 万元。出资 1 亿元设立"银屏惠老"基金。

此外，海信还捐助山东、贵州、新疆等地希望小学，南非红十字儿童医院，残奥会运动员等公益项目。

八、延伸阅读

[1] 海信官方网站 [EB/OL].[2017-08-04]. http://www.hisense.cn/.

[2] logo 越趋国际化——海信积极部署海外市场 [EB/OL].[2017-08-04].http://www.abi.com.cn/news/htmfiles/2012-4/116497.shtml.

[3] 海信商标遭抢注 中国家电品牌管理缺乏国际视野 [EB/OL].[2017-08-04].http://finance.sina.com.cn/g/20040923/09061043031.shtml.

[4] 郭丽丽. 从海信商标案看商标的抢注 [J]. 晋中学院学报，2006, 23(5):52-54.

[5] 回顾中国家电企业：海信走过的 43 年历史 [EB/OL].[2017-08-04].http://hea.163.com/12/0817/09/893MDVB7001618VK_all.html.

[6] 刘洪新：如何建立真正强势的家电品牌?[EB/OL].[2017-08-04].http://www.ea3w.com/tags/33/tags33088.shtml.

[7] 海信欧洲杯广告语引争议 简单粗暴最有效？ [EB/OL].[2017-08-04].http://tech.gmw.cn/2016-06/15/content_20554862.htm.

[8] 海信："黑乐视"事件是有人导演栽赃 [EB/OL].[2017-08-04]. http://www.tvhome.com/article/27997.html.

（李盼盼　朱健强　静思宇）

韩 电

一、品牌简介

韩电品牌，隶属于韩电集团有限公司（以下简称"韩电集团"）。该公司正式成立于2006年，前身为慈溪师桥凯峰五金工具厂，2010年正式更名为韩电集团有限公司，总部位于浙江省宁波市，是一家集冰箱、冷柜、洗衣机、烤箱、插座、线缆等产品制造与销售的企业。目前，韩电集团下辖宁波韩电电器有限公司、宁波凯峰电器有限公司、韩电集团宁波洗衣机有限公司、宁波韩电线缆有限公司、宁波博莱特光电科技股份有限公司等五家实体企业，拥有员工5 000余人。

二、品牌发展历程

1983年，集团创始人沈东平创办慈溪师桥凯峰五金工具厂。

1996年，慈溪师桥凯峰五金工具厂第一款KF牌电源连接器投入生产。

2005年，慈溪师桥凯峰五金工具厂以电源连接器为发展母体，试水制冷大家电。

2006年，成立宁波韩电电器有限公司。

2010年，韩电集团获宁波名优品牌奖、新产品及科技进步奖、技术改造奖等奖项。

2011年，韩电集团开发全自动洗衣机业务，产品入驻苏宁、加乐福、乐购、好又多、欧尚等国内大型超市100多家。

2012年，韩电集团尝试电商销售模式，与天猫、京东、亚马逊等平台开展合作。

2013年，韩电集团在国家商务部主办的"2012年度中国商务竞争新优势"新春报告会暨"2012年度中国商务杰出企业及风云人物评选"活动中，获"最具竞争力出企业50强"称号。

2016年，韩电集团旗下公司宁波博莱特光电科技股份有限公司新三板挂牌上市。

三、产品技术创新

2006年，韩电集团全面开发生产冰箱整机，并研发推出第一台韩电制冰箱。

2008年，韩电集团针对欧盟节能环保要求，加大研发高效节能冰箱力度，达到欧盟A++能效标准。为突破欧盟冰箱能效技术贸易壁垒，韩电集团不断在节能技术方面进行研发创新，完成100多项新产品开发。

2010 年，韩电集团首次推出全精铜制冷管路的冰箱。

2014 年，韩电集团推出以温度自动补偿、软冷冻为代表的冰箱新品，四开门、对开门的大冰箱系列新品，以热烘干技术为新亮点的洗衣机新品。

四、广告策略

2009 年，韩电集团签约韩国明星张娜拉作为代言人。5 月 4 日至 7 月 24 日期间，韩电冰箱 10 秒产品广告在中央电视台播放。

2011 年，韩电集团在中央电视台电影频道、军事农业频道投放产品广告，进行品牌推广。

2014 年初，韩电集团开始与杂志、电视、网络等媒体互动合作，以此提高品牌及产品知名度。

2014 年 8 月至 12 月，开展"以旧换新"联动促销活动。韩电集团营销人员身穿韩电专制围裙，采用走街串巷发单页的方法进行品牌和产品宣传，一年数量达几千场。

五、企业危机事件

2010 年 2 月，媒体报道称上海市工商局在该市市场抽检出 10 个不合格品牌冰箱，其中韩电冰箱同时出现 3 项指标不合格问题。针对该事件，韩电集团相关工作人员拒绝回答媒体相应问题，而该公司前台提供的相应负责人电话一直处于无人接听状态。

2012 年，在贵州省贵阳市工商局、质监局、消费者协会共同举办的"消费维权站走基层特别行动"现场，韩电洗衣机被消费者投诉销售人员"无中生有"，承诺的功能无法实现。针对该问题，韩电集团销售商答应尽快上门处理并向其道歉，表示推销产品时会注意措辞，避免类似情况发生。

2014 年，有关韩电集团"假洋名牌"的报道出现。韩电集团自称旗下拥有韩电 KEG 和七星 SEVEN STARS 两个品牌，并对外宣称前者由韩国京都重工电器株式会社监制，后者由日本七星电子株式会社监制，韩电电器"源自韩国"。但媒体从国家工商部门查询的信息显示，韩电集团是由沈东平和沈凯峰父子共同投资的私营企业。韩电电器和宁波凯峰电器均是由韩电集团投资的一人有限责任公司。韩电 KEG 和 SEVEN STARS 商标持有人均为韩电电器，并非韩国京都重工电器或日本七星电子。国家工商总局也无法查询到韩国京都重工电器株式会社、日本七星电子株式会社两家企业的注册信息。针对该事件，韩电电器市场部部长王亮回应称，韩电集团以往宣传时并没有说韩电为日本或韩国品牌，只是技术引进，因此引起消费者的误解。事后，韩电品牌已经将关于韩国京都重工电器、日本七星电子的相关信息全部去除。

六、企业公关活动

2003—2008 年，韩电集团陆续向宁波市慈溪消防大队、慈溪人民武装部、慈溪市慈善总会捐款共计 100 万余元。

2004 年 9 月，韩电集团向四川洪灾灾区捐款 20 000 元。

2006 年 8 月，韩电集团向宁波市慈溪市十家外地民工子女小学捐赠图书 1 000 册。

2006 年 12 月，韩电集团发动"送温暖、献爱心"活动，为四川贫困地区送去 3 200 件过冬衣物。

2007 年 4 月，韩电集团组织员工为贵州贫困地区的孩子收集旧衣服，共收集衣物 1 100 多件。

2007 年 9 月，韩电集团组织员工为湖南贫困地区孩子收集学习教材和学习用品，共收集 45 箱。

2008 年 5 月，韩电集团为汶川大地震中受灾的公司员工捐款 30 万元。

2010 年 4 月，青海玉树地震后，韩电集团组织公司员工无偿献血活动。

2015 年，集团董事长沈东平被聘任为宁波市慈溪市慈善总会名誉会长，担任慈溪市慈善总会韩电分会会长一职。韩电集团也凭借捐款额连续多年被慈溪市慈善总会授予"慈善之星"称号。

七、延伸阅读

[1] 韩电官网 [EB/OL].[2017-08-15]. http://cnkeg.com/about.asp.

[2] 韩电集团旗下公司博莱特光电在京举行上市挂牌仪式 [EB/OL].[2017-08-15].http://cnkeg.com/newsdetail.asp?id=441.

[3] 黄伟群 . 转型升级助韩电集团腾飞 [N]. 中国国门时报，2015-07-20.

[4] 张金科，叶丽娜．"韩电"节能增效开拓欧洲家电市场 [N]. 慈溪日报 .2014-12-02.

[5] 郑青莹 . 韩电以旧换新引爆家电消费浪潮 [EB/OL].[2017-08-12].http://gb.cri.cn/44571/2015/08/28/7872s5083750.htm.

[6] 徐洁云 . 海信质控部挨批 韩电继续"沉默"[N]. 每日经济新闻，2010-2-26(13).

[7] 促销员"无中生有"韩电洗衣机在骗人 ?[N]. 贵州商报，2012-06-11(A7).

[8] 文剑 . 山寨家电泛滥又起假洋品牌韩电集团现身慈溪 [N]. 中国企业报，2014-08-19(14).

[9] 千艾肯家电网 . 拥抱互联网韩电集团云服务平台上线 [EB/OL].[2017-08-12].http://www.abi.com.cn/news/htmfiles/2014-11/150484.shtml.

[10] 韩电集团获省突出贡献企业称号 [EB/OL].[2017-08-12].http://www.qianjia.com/html/2015-06/10_250675.html.

（刘雅梦　周雨　李慧）

汉诺威

一、品牌简介

汉诺威品牌,隶属于中山汉诺威电器有限公司(以下简称"汉诺威")。该公司成立于2004年,为德国汉诺威电器(国际)有限公司在亚太地区的唯一授权营运商,总部设在广东省中山市,主要产品为即开式开水器和净水器。目前,汉诺威已掌握并创新 RO 反渗透膜、UF 中空纤维超滤膜、DSC 单晶盾三项核心技术。

二、品牌发展历程

2002 年,汉诺威 DSC 单晶盾非金属电热技术获国家自主知识产权专利认证。

2009 年,汉诺威推出自主研发并获国家专利的 DSC 单晶盾技术为核心的新品君悦系列。

2011 年底,汉诺威即热式开水器研制成功并上市。汉诺威改进型即热式电热水器、开水器的加热装置获国家专利认证。

2012 年,汉诺威与慧聪家电网签署年度战略合作协议,后者主要为汉诺威提供网络资源支持。

2013 年,汉诺威获得广东省"高新技术企业"认定。

2014 年,汉诺威董事长陈苏入选"广东省培养高层次人才特殊支持计划",承担国家重大科技计划、战略性新兴产业重大专项等重点项目。

2017 年,汉诺威董事长陈苏入选为国家科技部"科技创新创业人才"计划,"科技创新创业人才"重点扶持运用自主知识产权或核心技术创新创业的优秀人才。

三、广告策略

2008 年,汉诺威与中央电视台综合频道《正大综艺》栏目达成合作,并在该栏目播出过程中播放汉诺威品牌广告。

2009 年,汉诺威在中央电视台多个频道投放 5 秒、15 秒和 30 秒版本的广告片,进行品牌推广。

四、企业危机事件

2011 年，河北省消费者投诉称，购买的汉诺威热水器使用不到一个月就出现进水管漏水问题，经过多次维修，问题也没有得到有效解决。

2016 年，上海市质量技术监督局发布的"对上海市生产、销售的电热水器产品质量专项监督抽查"结果显示，被抽检的 28 批次产品中有 2 个批次的产品不合格，其中包括汉诺威规格为 DSC‐MF1‐7.0 的快热式电热水器。

五、企业公关活动

2008 年汶川地震后，汉诺威总部倡议全国各地汉诺威分公司、办事处进行募捐活动，"全国每销售一台汉诺威电热水器，汉诺威将为灾区捐款 3 元"。

2009 年 8 月，汉诺威特约冠名慧聪家电网举办供应商推荐活动。

2011 年 10 月，中央电视台财经频道《消费主张》采访汉诺威总经理刘嗣其，节目于当月 28 日晚播出。

2012 年，汉诺威赞助泉州电视台主办的《唱歌拼输赢》栏目。

2013 年雅安地震后，汉诺威发布公告表示，无条件为受地震影响而损坏的汉诺威电器更换全新同型号产品，用于帮助灾民重建家园。

六、延伸阅读

[1] 汉诺威电器官网 [EB/OL].[2017‐09‐13].http://www.hannover‐china.com.

[2] 周巧娟 . 汉诺威电器举行经销商高端论坛 [J]. 现代家电，2011(25):68.

[3] 汉诺威电器官网：新闻资讯‐媒体报道 [EB/OL].[2017‐09‐13].http://www.hannover‐china.com/ k/shownews.asp?ID=126.

[4] 汉诺威刘嗣其：以技术带动营销 [EB/OL].[2017‐09‐13]. http://info.homea.hc360.com/2009/06/29 1048439520.shtml.

[5] 汉诺威携手慧聪家电网签署年度战略合作协议 [EB/OL].[2017‐09‐13].http://tech.qq.com/a/2012 0523/000236.htm.

[6] 汉诺威热水器：防电墙 装了又拆都有理？ [EB/OL].[2017‐09‐13].http://info.homea.hc360.com/ 2011/11/181514835477.shtml.

[7] 上海市质监局抽查：2 批次电热水器不合格 [EB/OL].[2017‐09‐13].http://www.cqn.com.cn/news/ xfpd/ccgg/dfcc/2015/1122312.html.

[8] 汉诺威荣获 2012‐2013 家电最具竞争力品牌 [EB/OL].[2017‐09‐13].http://info.homea.hc360.com /2013/07/261452957370.shtml.

[9] 汉诺威发布公告 雅安受损产品免费更换 [EB/OL].[2017‐09‐13].http://info.homea.hc360.com/2013/ 04/221716944478.shtml.

（张雨歌　陈瑞　李慧）

汉斯顿

一、品牌简介

汉斯顿品牌,隶属于深圳市汉斯顿净水设备有限公司(以下简称"汉斯顿")。2010年12月,深圳市汉斯顿净水设备有限公司注册成立,总部设于广东省广州市,是一家集净水器研发、生产和销售为一体的国家高新技术企业。该公司为中国净水器行业最大的核心技术材料研发和生产基地,自成立以来先后获"中国净水器十大品牌""家用净水器十大品牌""中国净水行业领导品牌""消费者信得过产品""315诚信品牌"等称号。

二、品牌发展历程

2003年,德国汉斯顿水务集团于深圳设立汉斯顿(中国)净水设备有限公司,全权负责汉斯顿品牌净水机在中国的运作、研发、生产和销售。

2005年,汉斯顿净水设备有限公司脱离德国汉斯顿水务集团,独立运营国内市场,成为中国本土化的净水器行业品牌。

2007年,汉斯顿进入中国净水器产品零售市场。

2008年,汉斯顿位列中国十大净水器畅销榜榜首。

2009年,汉斯顿成为中国净水协会成员,获"中国净水器十大名优品牌"认证。

2011年3月,汉斯顿二期工程正式投入使用,成为华南地区规模最大、业内占地面积最大的净水器工业园。

2013年,汉斯顿获"国际净水行业标准制定者""国际净水行业质量推动者""中国净水行业服务之星""净水行业标杆企业"认证。

2014年1月,汉斯顿获"中国国家重点推广品牌"认证。

三、产品技术创新

2003年8月,汉斯顿引进国际净水行业生产管理模式,引进国际自动化净水生产线,成为国内首条自动化工艺净水技术生产线。

2004年2月,汉斯顿通过中德技术合作,在深圳开始生产中国第一支超滤膜,供应中国净水器厂家超滤膜核心技术产品。

2007年，汉斯顿成功研发出PAN膜技术、GPAN强芯技术，成为净水器行业的最高标准，同时在行业内推广使用。

2010年，汉斯顿为解决北方地区水质差、水垢多、纯水机废水问题，研发出双水机，使得超滤水和纯水机并用。

2011年，汉斯顿首次研制出厨房反渗透直饮净水器，公司产品从单一产品发展成产品群。

2012年，汉斯顿设立创新与研发中心，在原有公司研发中心基础上增加研发和测试实验室。

2014年，汉斯顿从德国引进国内首条自动化生产设备、自动检测设备，首创"自由切换自来水、直饮水"双水切换龙头净水器。

2015年，汉斯顿自主创新研发立项多款集成水路模块反渗透厨房直饮净水机，成功发明节能微浓水反渗透装置及其控制方法、SAC专利技术、智能三色滤芯提醒及漏水保护专利技术。

四、广告策略

2013年，汉斯顿多次与中央电视台综合频道、军事农业频道合作，投放公司产品广告，进行品牌推广。

2014年12月，汉斯顿与央视媒体、山东电视台、湖南电视台、广东电视台等22个地方省份电视台合作进行电视广告投放，打造汉斯顿媒体宣传月。

2016年，影星蒋欣成为汉斯顿品牌形象代言人。

五、企业危机事件

2015年3月，济南用户安装了汉斯顿净水器后，家中老小均便秘，汉斯顿回应称净水器过滤掉所有细菌，包括益生菌。

六、企业公关活动

2012年12月起，汉斯顿开展"汉斯顿·每天都有干净水"全国爱心公益行活动。

2013年1月，汉斯顿为贵州兴义市安龙县万峰湖镇毛草坪小学捐赠了价值30万元的净水器及过冬的衣物、食品。

2013年2月，汉斯顿总经理詹辉肆一行应邀参加第一届"公益与品牌"峰会，全面启动"汉斯顿·每天都有干净水"在全国范围内寻找500所需捐助净水器的山区学校信息征集活动。

2013年3月，汉斯顿成立"汉斯顿基金"，旨在帮助需要帮助失学儿童和艰苦创业的大学生。

2014年4月，雅安地震后，汉斯顿帮助解决灾区面临的饮水安全卫生问题，为灾区群众提供饮水。

2014年8月，汉斯顿运送价值100万余元的救灾物资抵达云南，帮助开展云南鲁甸地震抗震救灾工作。

2015年6月10日，汉斯顿净水加盟由友成基金和慧聪网发起的中国"以爱净水"公益活动。这项公益活动将持续三年，由汉斯顿净水等100家知名净水器企业，为陕西省绥德县等500余个贫困县学校提供净水设备，保证100万学生拥有干净、健康、安全的饮用水。

七、延伸阅读

[1] 汉斯顿官网 [EB/OL].[2017-09-08].http://www.hnster.com/.

[2] 汉斯顿净水器是德国品牌，真正的民族品牌 [EB/OL].[2017-09-08].http://hea.chinabyte.com/244/12959244.shtml.

[3] 从央视广告窥见汉斯顿净水器十大排名品牌 [EB/OL].[2017-09-08]. http://sn.ifeng.com/a/20170718/5831275_0.shtml.

[4] 安了汉斯顿净水器家中老小均便秘 [EB/OL].[2017-09-08]. http://dsnb.e23.cn/shtml/dsnb/20150318/1414524.shtml.

[5] "汉斯顿·每天都有干净水"500所山区学校信息征集全面启动 [EB/OL].[2017-09-08].http://news.china.com/news100/11038989/20130128/17655854.html.

[6] 深圳第一品牌企业汉斯顿净水器企业千万捐助云南鲁甸同胞 [EB/OL].[2017-09-08].http://www.jia360.com/2014/0806/1407306166796.html.

[7] 汉斯顿加盟"以爱净水"为中国饮水事业而努力 [EB/OL].[2017-09-08].http://info.water.hc360.com/2015/06/261800505626.shtml?from=timeline&isappinstalled=0.

（蒋小燕　苏文　李慧）

航　天

一、品牌简介

航天电器，为贵州航天电器股份有限公司品牌（以下简称"航天电器"）。该公司成立于2001年12月，总部位于贵州省贵阳市，主要从事高端连接器、继电器、微特电机、光电、线缆组件、二次电源、控制组件和遥测系统等领域的研制生产和技术服务。航天电器现已在贵阳、上海、遵义、苏州、泰州、镇江等地成立控股子公司，形成了集团化、跨地域的产业化布局。2004年7月，航天电器公开发行航天电器A股，在深圳证券交易所挂牌上市。2007年与2009年，航天电器分别获"国家级企业技术中心""国家火炬计划重点高新技术企业"认定。

二、品牌发展历程

1968年，公司前身国营朝晖电器厂和国营朝阳电器厂在贵州省遵义市筹建，主要从事航天产品中继电器和电连接器等产品的研制、开发和生产，1970年投产。

2004年1月，航天电器控股的上海威克鲍尔通信科技有限公司成立。

2004年4月，航天电器完成我国首次载人航天飞行试验配套任务，获全国五一劳动奖状。

2005年10月，航天电器完成股权分置改革。

2005年，航天电器控股子公司达四个（上海恒阳公司、上海威克鲍尔公司、遵义精星公司、苏州华旃公司），并在上海设研发部，形成跨地域集团化发展格局。

2006年5月，航天电器在中国电子元件百强中排名第39位。

2006年底，航天电器公司从遵义搬迁到贵阳。

2007年5月，航天电器投资控股的贵州航天林泉电机有限公司成立。

2007年10月，嫦娥一号卫星顺利升空，航天电器完成嫦娥奔月工程配套任务。

2007年11月，航天电器贵州航天林泉电机有限公司出资设立北京航天林泉设备有限公司。

2008年2月，航天电器被国防科工委认定为第二批国防科技工业企业技术中心，被科技部、国务院国资委、中华全国总工会联合认定为全国第二批创新型企业试点单位。

2008年4月，苏州华旃航天电器有限公司新址投产。

2008年9月，航天电器"朝晖""朝阳"两件商标被贵州省工商行政管理局认定为"贵州省著名商标"。

2009年5月，航天电器组建企业技术中心，下设技术中心办公室及8个研究所。

2009年11月，航天电器投资建设的上海航天电器技术研究院大厦举行奠基仪式。航天电器与泰州航宇电器有限公司正式签订投资控股协议，泰州航天电器成立。

2010年4月，航天电器取得美国UL认证公司颁发的AS9100B航空航天质量管理体系认证证书。

2010年5月，航天电器顺利通过环境与职业健康安全管理体系第三方审核。

2010年11月，航天电器毫微型麻花针连接器项目荣获第三届全国职工优秀技术创新成果二等奖。

2011年2月，航天电器被国家安全监督管理局核定为"一级安全生产标准化机械制造企业"。

2011年9月，航天电器通过中国航天科工集团6S铜牌验收。

2012年11月，航天电器与中国运载火箭技术研究院（航天一院）物流中心签署战略合作协议。

2013年9月，航天电器获得"2013年中国电子行业电子元件最具贡献企业"称号。

2017年8月，航天电器获"国家技术创新示范企业"认定。

三、产品技术创新

2010年，航天电器公司平衡力式继电器项目组承担的继电器研究开发项目获得2010年贵州省科技进步二等奖。

2013年11月，航天电器公司上海事业部（上海航天科工电器研究院）研制的QL29项目被评为上海市普陀区科技创新项目，经上海科学技术情报研究所确定，该项目技术水平在国内外具有新颖性，达到同类产品国际先进水平。

2014年，贵州省质量兴省工作领导小组、省质量技术监督局联合发布的2013年贵州省名牌产品名录中，航天电器公司申报的朝阳牌绞线式弹性插针连接器和朝晖牌1/2晶体罩电磁继电器同时入选并获得相关证书。其中，朝阳牌绞线式弹性插针连接器位列该名录首位。

2014年7月，航天电器公司自主研制绞线式弹性插针微型矩形电连接器并实现批量生产，使国内高端电子装备用绞线式弹性插针微型矩形电连接器摆脱依赖进口的现状，填补了国内市场空白。

2015年4月，航天电器正式收到诺基亚射频产品批量订单，成为诺基亚网络公司国内唯一射频产品合格供应商，进入量产阶段。

四、企业公关活动

2002年至2008年，航天电器对口资助贵州省正安县第一中学，"航天电器助学资金"共为该校学子发放助学金近20万元，累计资助180名高中生、17名大学生完成学业。

五、延伸阅读

[1] 航天电器官网 [EB/OL].[2017-09-08].http://www.gzhtdq.com.cn/index.html.

[2] 航天电器继电器研究获奖励 [N]. 中国航天报, 2010-12-28(2).

[3] 航天电器在科技创新项目评选中斩获殊荣 [EB/QL].[2017-09-08].http://www.eepw.com.cn/article/192374.htm.

[4] 韦惠勇. 航天电器 2014 中国电子元件百强排名上升 [N]. 中国航天报, 2014-07-17(3).

[5] 航宣. 航天电器新型电连接器填国内市场空白 [N]. 中国航天报, 2014-07-03(3).

[6] 刘选. 航天电器获评贵州省唯一国家创新示范企业 [N]. 中国航天报, 2014-12-11(1).

[7] 贵州航天电器被评为国家技术创新示范企业 [EB/OL].[2017-08-17].http://media.china.com.cn/zhxw/2017-08-17/1116413.html.

[8] 冷梅林. 航天电器为诺基亚国内唯一射频产品供应商 [N]. 中国航天报, 2015-04-16(3).

[9] 章玉林. 航天电器产品亮相第 84 届中国电子展 [N]. 中国航天报, 2011-11-25(4).

[10] 宁海波. 航天电子元器件亮相第 85 届中国电子展 [N]. 中国航天报, 2015-05-05(3).

[11] 航天电器捐资助学结硕果 [N]. 中国航天报, 2008-08-07(3).

（王庆伟　黄含韵　李慧）

好太太

Haotaitai 好太太

一、品牌简介

好太太是好太太电器（中国）有限公司始的公司品牌。该公司 1996 年成立于广东省中山市，目前好太太电器拥有厂房面积 100 余亩，在职员工达 1 000 余人，年生产容量达 260 万套以上。该公司专注于厨卫电器领域的产品研发、生产和营销。近年来，好太太获得普拉格奖十佳厨电企业、磐石奖最具竞争力制造商等荣誉。

二、品牌发展历程

1998 年，好太太燃气热水器生产线正式投产。

1999 年，好太太吸油烟机生产线正式投产。

2000 年，好太太消毒柜生产线、电热水器生产线正式投产。

2003 年，好太太全国销售网点超过 1 000 家，产品销量超过 100 万台。

2004 年，好太太首次全国经销商峰会隆重召开。好太太厨卫电器产品进入东南亚市场。

2006 年，好太太全国销售网点超过 2 000 家。

2007 年，好太太厨卫电器产品进入欧美市场。

2007 年，好太太工业园投入使用。

2008 年，好太太董事长沈汉标参与赈灾，荣获"抗震救灾突出贡献奖"荣誉称号。

2009 年，好太太产品先后获得中国环保和节能产品称号，燃气热水器获得"家电下乡品牌"称号。

2010 年，好太太公司正式更名为"广东好太太电器（中国）有限公司"。

2013 年 3 月，好太太携手中国妇女发展基金会启动"关爱女性厨房健康战略工程"助力打造中国女性厨卫第一品牌。

2014 年 8 月，好太太获得中国家电行业普拉格奖"十佳厨卫企业"。

2014 年 11 月，好太太获得中国家电年会磐石奖的"最具成长力品牌"与"家电行业营销创新奖"。

2015 年 11 月，好太太获得中国家电年会磐石奖的"最具竞争力品牌"与"家电行业营销创新奖"。

2016 年 3 月，好太太"20 年再创业"全国营销峰会暨新工业园落成。

三、产品技术创新

1997 年，中山市好太太电器有限公司第一台燃气灶问世。

1999 年，好太太研制出"心连心结构"专利产品。

2001 年，好太太产品寿命实验室正式建立。

2002 年，好太太产品研发与科技创新中心正式成立。

2004 年，好太太发布第一台智能晾衣机。

2005 年，好太太公司与美国麻省理工大学签署技术合作框架协议。

2006 年，好太太荣获"中国晾衣架行业标志性品牌"称号。

2014 年，好太太研发出第一台声控晾衣机。

2015 年，好太太研发中心荣获"广东省智能晾晒系统工程技术研究中心"称号。

四、广告策略

2006 年，林心如成为好太太的品牌形象代言人。

2015 年 3 月，好太太 2015 年"我变·世界变"全国营销峰会盛大召开。

2015 年，好太太携手搜狐网、中国民俗学会举办首届中华晒衣节，提倡健康家居生活。

五、企业公关活动

（一）事件营销

2012 年底，中国妇女发展基金会与好太太电器（中国）有限公司携手，筹建"关爱女性厨房健康"战略工程，于 2013 年共同开启"百城无烟计划"。

2013 年，好太太电器携手中国妇女发展基金会，开启"关爱女性厨房健康工程"战略项目，计划在全国范围内开展妇女发展、健康、教育、培训、扶贫等多项公益爱心活动。

2015 年，好太太厨卫与国内调研机构中怡康合作完成并发布女性厨房健康指数。

（二）慈善公益

2005 年，好太太董事长沈汉标捐资兴建重庆酉阳好太太希望小学。

2008 年，好太太董事长沈汉标在四川汶川大地震"抗震救灾，共献爱心"粤剧赈灾义演中捐款 50 万元。

2008 年起，好太太公司每年向广州番禺区化龙镇山门村六十周岁以上老人捐赠敬老善款。

2011 年—2013 年，好太太向广东华南师大附中教育基金会共捐款 20 万元。

六、延伸阅读

[1] 好太太官网 [EB/OL].[2017-09-12].http://haotaitai.cn/.

[2] 搜狐.荣获"中国驰名商标" 好太太华丽转身 [EB/OL].[2017-09-12].http://roll.sohu.com/2012 0615/n345740157.shtml.

[3] 艾肯家电网.好太太电器 20 年后"再创业"：为用户而战 [EB/OL].[2017-09-12].http://www.abi.

com.cn/news/htmfiles/2016-3/169337.shtml.

[4] 百度文库."厨房雾霾"引关注,好太太电器为除"霾"而来 [EB/OL].[2017-09-12].http://wenku.baidu. com/view/28e5e2021eb91a37f0115c13.html.

[5] 百度文库.好太太电器：打响厨房健康保卫战 [EB/OL].[2017-09-12].http://wenku.baidu.com/view/247903352b160b4e767fcf9a.html

[6] 百度文库.因为爱,所以在厨房：好太太电器 [EB/OL].[2017-09-12].http://wenku.baidu.com/view/c1799567581b6bd97e19ea07.html

157

（王可欣　陈素白　翟悦）

H

红　日

一、品牌简介

红日品牌，隶属于广州市红日燃具有限公司（以下简称"红日"）。该公司 1981 年成立于广州，原名为广州市国营白云机电厂，1993 年改名为广州市红日燃具公司，总部位于广东省广州市。该公司主要从事节能环保型多孔材料与红外线多孔陶瓷节能灶具、吸油烟机、消毒柜、燃气热水器、电热水器、取暖器、暖浴器等厨卫电器产品的研发、生产和销售。1994 年，红日产品获"中国名牌产品"称号。2014 年，红日获"中国驰名商标"认证。

二、品牌发展历程

1988 年，红日调整产品结构，进行红外线燃气灶具开发，投入生产红外线节能灶具。

1993 年，红日开始在燃气灶具、燃气热水器等产品上使用红日商标。

1996 年，国家燃气用具质量监督检验中心授予红日"1996 家用燃气灶国家监督抽查好产品"。

1998 年，红日开始生产吸油烟机。

2001 年，红日从国有企业转制为有限责任公司。

2002 年，红日获国际质量体系管理认证中心颁发的"全国绿色消费，优选家居用品"证书、中国保护消费者基金会颁发的"消费者喜爱的知名品牌"证书。

2003 年，红日燃气具生产基地建成。同年，广东省产权交易所将其列为成功改制典范。

2004 年，红日召开股东会会议，通过成立瓷片公司的决议。同年，建成家用电器生产基地。

2006 年，红日承担国家重点新产品项目。

2008 年，红日承担国家火炬计划项目，国家科技部认定其为国家重点火炬高新技术企业。同年，红日 398C 玻璃燃气灶获中国创新设计红星奖。

2015 年，红日入选发改委中国节能"双十佳项目清单"，被评为十大最佳节能技术之一。

2016 年，红日节能环保型多孔材料与红外线多孔陶瓷节能灶具获中国创新设计红星奖。

2017 年，红日红外灶 1008C 产品获德国 iF 国际设计奖。

三、产品技术创新

2006 年，红日与华南理工大学合作，成立功能性多孔材料功能研究中心，承担节能、环保陶瓷材料及装置的研发和生产。

2006 年和 2007 年，红日分别与中科院上海硅酸盐研究所和天津大学合作，成立无机非金属材料产学研研发基地。

2008 年，红日获广州市科技局资助，组建广州市红日功能陶瓷材料工程技术研究开发中心。

2009 年，红日初步认定红外线多孔陶瓷节能灶具为广东省第一批自主创新产品。

2011 年，广州市红日燃具有限公司博士后科研工作站挂牌。

2011 年、2013 年及 2015 年，红日自主研发关键技术高红外发射率多孔陶瓷节能燃烧器技术，陆续入选国家发展和改革委员会制定的《战略性新兴产业重点产品和服务指导目录》"中国双十佳最佳节能技术"和《国家重点节能技术推广目录》。

四、广告策略

2012 年 10 月 27 日起，红日作为央视金牌栏目战略合作伙伴，在中央电视台军事农业频道《军事科技》栏目投放为期一年半的"节能灶、红日造"宣传片。

2012 年 11 月 17 日至 2012 年 12 月 31 日，红日在中央电视台军事农业频道《防务新观察》栏目投放"节能灶，红日造"宣传片。

五、企业危机事件

2009 年，福建省消费者购买红日公司燃气灶，发生产品玻璃钢面板爆裂。消费者投诉其产品质量，红日售后人员回应称"这个行业的产品都如此"。

六、企业公关活动

2012 年世界环境日，中央电视台新闻频道专题采访红日总经理张全胜，并在《新闻直播间》栏目中播出。

2014 年 6 月 21 日，红日响应 6·5 世界环境日中国主题："向污染宣战"，在西安绿地笔克国际会展中心主办红日厨卫工厂直供会（西安站）直销活动。

2017 年，红日官方发表严正声明，表示"红日 RedSun"为红日官方唯一指定品牌，其他一切带"红日"字样的商标均与红日无关，以此展开打击山寨仿冒产品行动。

七、延伸阅读

[1] 陈明海 . 红日燃具 , 缔造健康新生活——广州红日燃具持之以恒创新的品牌精神 [J]. 中国品牌 ,
2006(4): 81.

[2] 谭平 , 嵇善勇 . 依靠科技创新 , 红日从白云山上冉冉升起 : 广州市红日燃具有限公司重品质 创名牌

纪实 [J]. 家用燃气具，2002(2):12-15.

[3] 广州红日燃具有限公司官网 [EB/OL].[2017-07-29]. http://www.redsun.com/#B_vid=9698586221477556771.

[4] 燃气灶具进入节能健康新时代 [EB/OL].[2017-07-29].http://news.ifeng.com/a/20140430/40115814_0.shtml.

[5] 红日燃具重锤打击山寨仿冒产品 [EB/OL].[2017-07-29].http://economy.china.com/jykx/news/11179727/20170525/25062832_all.html.

[6] 红日燃具技术获国家推广 [EB/OL].[2017-07-29].http://news.ifeng.com/gundong/detail_2012_03/06/12984899_0.shtml.

[7] 红日灶具面板爆裂公司称行业产品都这样 [EB/OL].[2017-07-29].http://www.cheaa.com/product/2009/0304/169002.shtml.

[8] 红日红外线燃气灶再获中国设计红星奖 [EB/OL].[2017-07-29].http://elec.it168.com/a2016/1228/3077/000003077228.shtml.

（蒋小燕　苏文　李慧）

红　心

一、品牌简介

红心品牌，隶属于上海红心器具有限公司（以下简称"红心"）。该公司始建于 1956 年，总部设于上海，其前身为国营企业上海电熨斗总厂。目前，红心已形成以电熨斗、电饭煲为主导产品，工业熨烫设备及其他小家电器具和厨具等为延伸的多个产品系列。1995 年至 2010 年，红心电熨斗、红心电饭煲连续 15 年获"上海名牌产品"认证。2011 年 3 月，红心获商务部颁发的"中华老字号"称号。2013 年 12 月，红心品牌获"中国驰名商标"认证。

二、品牌发展历程

1956 年，公私合营时，大鑫电器厂并入南华厂，生产照明灯具和普通电熨斗。

1958 年 1 月，南华电器厂更名为上海照明器材厂。

1958 年，红心的技术人员樊吉生设计、试制成功国内第一只调温型电熨斗。

1962 年 7 月，上海照明器材厂关闭，其中一部分组建上海电熨斗厂，开始生产白鹭牌、红心牌电熨斗，即现上海红心器具有限公司前身上海电熨斗总厂的初期框架。

1968 年，红心技术人员研制成功我国第一只喷雾电熨斗。

1973 年，红心采用封闭式电热管发热元件生产新工艺。

1978 年，红心重新研制成喷雾蒸汽电熨斗，试制出 500W 调温电熨斗。

1979 年，作为全民所有制的上海电熨斗厂、集体所有制的星火电器厂、勤华针织厂等三家企业组建国集合营的上海电熨斗总厂。红心商标报国家商标局核准，成为上海电熨斗总厂注册商标。

1982 年，红心成功研制开发工业用喷雾电熨斗。

1986 年，红心引进瑞典康泰尔电热管加工设备。

1997 年，红心获"上海市高新技术企业"认定。

世纪交替时，由于体制机制、合资失败等方面原因，红心陷入困境。

2003 年，落实"国退民进"的产权改革，中国华裕电器集团有限公司全资入驻上海红心，企业整体转制为民营企业。

三、产品技术创新

1987 年起，红心进入发展辉煌期。于 1987 年、1988 年实施一期技术改造，引进蒸汽电熨斗生产技术和流水线。产品从低层次提高到接近或赶上国际水平，品种从单一的电熨斗扩展到多种电热器具。

1988 年至 1990 年，红心实施"发展高档蒸汽电熨斗，扩大出口，引进关键设备"的第二期技术改造。

1991 年，红心进行第三期技术改造，引进具有 1980 年代中后期先进水平的蒸汽电熨斗关键技术和设备，形成年产能力 30 万只蒸汽电熨斗，10 万只多用烤炉、双层烤箱等产品的现代化生产线。

1993 年，红心成功开发国内第一只微电脑控制的电子电熨斗，标志着我国电熨斗开发技术与世界先进水平全面接轨。

1995 年，红心进行第五期技术改造，引进日立公司微电脑电饭煲先进技术和关键设备，在国内电饭煲市场率先导入应用微电脑技术的消费理念，先后开发出高、中、低档 30 种规格产品。上海电熨斗总厂原浦西弄堂厂区与英国联合组建合资企业，引进开发新型蒸汽喷雾电熨斗。

2003 年，红心依托华裕集团与浙江大学合作组建科技创新中心，设立红心小家电研发中心和红心小家电综合测试中心，用于品牌产品开发。

2013 至 2017 年，四年间红心开发的新产品 153 个，中心研发成果 87 项，获外专利和实用专利 118 个。

四、广告策略

2004 年第四季度起，红心在中央电视台多个频道，以及上海、沈阳、西安、河南、湖南、广东、湖北、江苏、浙江、山东等地媒体上投放广告，进行品牌宣传。

2004 年至 2017 年，红心接待媒体的来访，《经济日报》《人民日报》《解放日报》《文汇报》《新民晚报》《劳动报》以及上海东方广播电台早新闻等近 20 多家媒体先后推出红心相关报道。

五、企业公关活动

2005 年 5 月，上海浦东新区开发开放十五周年之际，红心赞助冠名第二届红心杯定向运动。

六、延伸阅读

[1] 上海红心器具有限公司官网 [EB/OL].[2017-09-01].http://www.hongxin-sh.com/.

[2] 品牌上海：【品牌大事记】上海红心器具有限公司 [EB/OL].[2017-09-01].http://sh.people.com.cn/n/2014/0903/c356318-22203414.html.

[3] 石少菊 . 老品牌如何焕发新活力——上海红心立足强项产品重塑品牌优势访谈有感 [J]. 现代家电，

2010(02):51.

[4] 品牌上海:【品牌观察】老品牌创出新活力 [EB/OL].[2017-09-01].http://sh.people.com.cn/n/2014/0905/c356318-22220930.html.

[5] 潘如丹. 名牌又创新, 红心更称心 [J]. 质量与标准化, 2014(10).

（王美丹　苏文　李慧）

华　帝

幸福生活原来是真

一、品牌简介

华帝是华帝股份有限公司的公司品牌。该公司 2001 年成立于广东省中山市，其前身是成立于 1992 年的中山华帝燃具有限公司。该公司主要从事生产和销售燃气用具、厨房用具、家用电器及企业自有资产投资、进出口经营业务。主营灶具（燃气灶、沼气灶）、热水器（电热水器、燃气热水器和太阳能热水器）、抽油烟机、消毒柜、橱柜等 500 多个产品。公司近年获得华帝 2015 年—2016 年度中国高端家电红顶奖、中国家电艾普兰奖创新奖等。

二、品牌发展历程

1992 年 4 月，中山华帝燃具有限公司成立。

1997 年 11 月，华帝集团有限公司成立。

1999 年 10 月，华帝进行经营权与所有权分离变革，建立法人治理结构。

2000 年 5 月，华帝在中山建成灶具生产基地。

2001 年 4 月，华帝成功研制全运会火炬和火种盒，无偿捐赠给全国九运会组委会。

2001 年 11 月，中山华帝燃具股份有限公司成立。

2002 年，华帝进入太阳能热水器、户外型热水器、消毒柜、橱柜等领域。在内地、香港等地区开设了近 100 家华帝集成厨房专卖店。

2004 年，华帝再次为全运会研制火炬和火种盒。

2004 年 9 月，华帝股份在深交所上市交易，成为全国厨卫行业中首家上市的专业企业。

2004 年 12 月，华帝被评为"中国厨卫行业十大影响力品牌"。

2005 年 1 月，华帝事业部制启动，分别设立厨具、热水器、太阳能三大事业部。

2005 年 5 月，华帝启动绩效管理。

2005 年 10 月，ERP 管理系统在华帝上线。

2006 年 4 月，华帝成为北京 2008 年奥运会燃气具独家供应商。

2006 年 7 月，华帝入选"中国行业标志性品牌"。

2006 年 10 月，华帝全面启用占地 25 万平方米的新工业园区。

2007 年 1 月，华帝成立制造事业部、国内营销事业部和海外营销事业部。

2008 年，华帝成为北京奥运会祥云火炬制造商。

2008 年 5 月，董事长黄文枝、董事兼总裁黄启均和董事兼奥运品牌战略中心总经理何伟坚成为北京 2008 年奥运会火炬手，分别在广州和汕头进行火炬接力。

2008 年 8 月，获得"2006 年—2007 年度广东省百强民营企业称号"。

2011 年 4 月，华帝成为世界大学生运动会火炬传递技术支持合作伙伴，燃气具和火炬供应商。

2011 年，华帝燃气具股份有限公司获得"2010 年度全球消费者信赖的中国家用电器行业十佳优秀自主品牌"。

2011 年，华帝获得高新技术企业铜牌。

2012 年，华帝获得 2012 年度中山市政府质量奖。

2015 年，华帝获得 2015 年度最具核心技术及创新奖。

2016 年，华帝获得 2015 年—2016 年度中国高端家电红顶奖。

2016 年，华帝获得中国家电艾普兰奖创新奖。

2016 年 5 月，华帝厨卫获联合国颁发的国际行业影响力品牌奖。

三、产品技术创新

2002 年 9 月，华帝燃气热水器、吸油烟机分别被国家质量监督检验检疫总局评为"中国名牌"产品、"国家免检产品"。

2003 年 9 月，华帝燃气灶具首家通过国家审查并获得生产许可证。

2004 年 4 月，华帝被广东省商标局认定为"广东省著名商标"。

2004 年 9 月，华帝被评为"中国名牌"产品。

2005 年 6 月，华帝被国家工商总局商标局认定为"中国驰名商标"。

2005 年 9 月，华帝燃气热水器复审再获"中国名牌产品"称号。

2007 年 9 月，华帝家用燃气灶具复审再获"中国名牌产品"称号，同时华帝家用橱柜获得"中国名牌产品"称号。

2010 年，华帝获得第三届世界环保大会世界低碳环境中国推动力 100 强。

华帝燃气灶具和热水器、吸油烟机、电热水器等系列产品被评为 2010 年度"广东家电行业最具全国影响力品牌"。

华帝获中国第七届（2010 年度）精瑞科学技术奖建筑新技术新产品奖优秀奖。

2011 年，华帝家用燃气快速热水器获得广东专利奖证书优秀奖，产品可实现燃气空气比例调节。

华帝获得中山市产学研合作奖。

华帝自主创新产品聚能燃气灶。

华帝金属板红外线燃烧技术的研究及产业化应用获得广东省科学技术奖励证书三等。

2013 年，华帝获得中山市科学技术奖励证书科技进步奖二等。

华帝管壳式换热器获得中山市专利金奖。

2014 年，华帝管腔浸没式冷凝换热技术研究及产业化应用获得广东省科学技术奖励证书。

华帝智能化厨具与厨房智能化系统获得中山市科学技术奖励科技进步奖二等。

2015 年，华帝 J688AZE 魔镜烟机获得中国国际厨房卫浴博览会主题活动特别推荐奖。

2016 年 8 月，率先推出厨电领域首位机器人小 V，迈入人工智能领域。

2016 年，华帝的高性能节能环保油烟机产品被认定为 2015 年广东省高新技术产品。

华帝的蒸汽自动清洗直流变频吸油烟机产品被认定为 2015 年广东省高新技术产品。

华帝的程控聚能灶产品被认定为 2015 年广东省高新技术产品。

四、广告策略

2009 年，华帝燃具发起"信心中国，华帝暖春行动——80 后，我们结婚吧"网络营销活动。

2015 年 9 月 2 日，黄晓明、杨颖成为华帝代言人。

2015 年，华帝获得中国广告长城奖广告主奖。

2016 年 5 月，华帝营销"截胡"方太事件，获得品牌高关注度。

2016 年 10 月，华帝获得中国广告长城奖广告主奖。

五、企业公关活动

（一）赞助冠名

2000 年 9 月，华帝赞助中、美、俄、瑞典四国对世界第三大冰川进行首次科学考察。

2008 年，华帝赞助 2008 年北京奥运会。

2009 年 4 月，华帝成为全国第十一届运动会厨卫赞助商并独家提供十一运火炬。

2011 年，华帝赞助中国帆船帆板队出征 2012 年伦敦奥运会和 2016 年里约热内卢奥运会等重大国际赛事。

2012 年，华帝独家赞助第三届亚洲沙滩运动会。

2015 年，华帝赞助《星厨驾到第二季》。

（二）慈善公益

从 2005 年开始，华帝启动"华帝 1+2 红领巾助学活动"，与中国青少年发展基金会共同设立"华帝全国 1+2 红领巾助学基金"，帮助 2 000 多名来自各地的贫困学生。

2006 年 7 月，华帝在新县卡房乡捐赠华帝希望医院。

2007 年 5 月，华帝启动"创维—华帝新农村影院工程"，在全国 10 多个城市及 4 000 多个乡镇免费放映电影。

2008 年 2 月，华帝为南方雪灾地区捐款 100 万元。

2008 年 5 月，华帝为四川地震灾区捐款 100 万元以及 100 万元救灾物资。

2008 年 6 月，华帝将 99 万元善款捐助建设两所希望小学。

2009 年 11 月，华帝捐助四川省遂宁市大英县天保镇小学 60 万元用于学校建设。

六、延伸阅读

[1] 吴纲，尹杰著. 品牌影响中国 [M]. 北京：北京工业大学出版社，2013.

[2] 黄启均，尹传高. 华帝之道 [M]. 北京：中信出版社，2006.

[3] 邓超明，刘洋. 网络整合营销实战兵法 [M]. 汕头：汕头大学出版社，2011.

[4] 中国品牌年鉴编辑委员会. 中国品牌年鉴 2003–2004[M]. 北京：中国经济出版社，2004.

[5] 邰勇夫. 行销在中国 [M]. 广州：广东旅游出版社，2004.

[6] 华帝官网 [EB/OL].[2017-09-12].http://www.vatti.com.cn/index.php.

[7] 百度百科. 华帝股份有限公司 [EB/OL].[2017-09-12]. https://baike.baidu.com/item/ 华帝 /843956 9? fr=aladdin.

（梁铮　黄含韵　翟悦）

华　光

一、品牌简介

华光，为浙江华光电器集团有限公司(以下简称"华光电器")品牌。该公司始创于1985年，总部位于浙江省宁波市，其前身为浙江慈溪家用电器厂，是一家以生产家用电器为主集研发、生产、销售、售后服务于一体的集团公司，拥有员工1 200余人。目前，华光电器已拥有电熨斗、电热烤类挂烫机、清洗机等家用和商用电器四大类产品，销往欧美、东南亚、非洲等全球几十个国家。2008年，华光商标获"中国驰名商标"认证。

二、品牌发展历程

1994年，华光电器前身浙江慈溪家用电器厂更名为"宁波华光电器有限公司"。
1996年，公司董事长徐建群获"浙江省重点民营乡镇企业家"称号。
1997年，华光电熨斗、饮水机获"中国消费者信得过产品"称号。
1998年，浙江慈溪家用电器厂更名为"浙江华光电器集团有限公司"。
2002年，华光油烟机获"中国驰名品牌"认证。
2008年，华光获浙江省政府颁布的"2008年度浙江省诚信企业"称号。
2010年，华光商标获"浙江省著名商标"认证。

三、产品技术创新

华光电器自1985年成立以来，便将蒸汽挂烫机的研发作为公司重点项目推进。截至目前，华光挂烫机产品已获得中国质量认证中心CQC认证、欧盟产品安全CE认证、德国安全认证GS认证、欧盟环保PAHS认证、欧洲能效ERP认证、国际产品安全性能CB认证等国内外多项认证。华光新型高效能挂烫机已申报和取得300余项国家、国际涉及外观、实用新型、发明范围的专利。

四、广告策略

2008年，香港明星梁咏琪成为华光电器品牌代言人。台湾导演林锦和执导拍摄华光挂烫机 TVC 广告片，该广告片于同年在央视综合频道、经济频道、综艺频道和湖南卫视投放。

2010 年，华光与中央电视台达成品牌推广协议，在央视综合频道《朝闻天下》《今日说法》《新闻联播》等栏目，央视农业频道《和平年代》栏目播出华光蒸汽挂烫机广告。

五、企业危机事件

2013 年至 2016 年，浙江、上海、北京各地质量技术监督局先后抽检出华光蒸汽式挂烫机存在产品质量问题。

六、延伸阅读

[1] 华光官网 [EB/OL].[2017-08-09].http://www.cnhuaguang.com.

[2] 蔡梦. 3 分钟极速熨烫 华光汇聚有型人生——华光挂烫机新宠龙猫 QY6910-L 简评 [J]. 家用电器，2015(01):88-89.

[3] 梁咏琪演绎"华光"生活本色 [EB/OL].[2017-08-09]. http://www.cnhuaguang.com/newsdetail/86/.

[4] 华光挂烫机广告再度亮相央视 CCTV 热播中 [EB/OL].[2017-08-09].http://www.cnhuaguang.com/newsdetail/83/.

[5] 浙江质监通报 2013 年第三季度织物蒸汽机专项监督抽查结果 [EB/OL].[2017-08-09].http://www.cqn.com.cn/news/xfpd/ccgg/dfcc/2013/798626.html.

[6] 奥克斯挂烫机被抽查不合格 [EB/OL].[2017-08-09]. http://tech.gmw.cn/2014-12/05/content_14066167.htm.

[7] 上海抽查："容声""华光"等 3 批次蒸汽挂烫机不合格 [EB/OL].[2017-08-09].http://www.cqn.com.cn/ms/content/2016-07/25/content_3190859.htm.

（张雨歌　苏文　王美丹　陈瑞　李慧）

华　美

一、品牌简介

华美品牌，隶属浙江华美冰熊集团（以下简称"华美冰熊"）。该公司始创于 1981 年，是在整合原国有企业杭州市家用电器工业公司管理资源基础上，成立的一个集生产、研发、销售于一体的冷链集团，总部位于浙江省杭州市，员工 3 000 余人。目前，华美冰熊旗下共有浙江华美电器制造有限公司、浙江华美冰箱有限公司、浙江华美制冷设备有限公司和河南冰熊制冷设备有限公司等 4 个公司，以及华美、华星、冰熊三大品牌。

二、品牌发展历程

1982 年，华美冰熊第一台华美冷柜问世。

1986 年，华美冰熊旗下冰箱品牌诞生。

1992 年，华美商标注册成功。

1997 年 8 月，华美和金鱼、东宝、乘风等三家杭州家电企业联合组建杭州家电集团有限公司。两个月后，更名为"杭州金松集团"。

2000 年，杭州金松集团解体。华美商标所有者杭州市家用电器工业公司，由于经营困难，基本停止冷柜的生存和销售，华美商标被闲置。

2001 年，杭州市家用电器工业公司与新洲制冷设备有限公司签订商标许可协议，后者获得在冷柜上使用华美注册商标的许可。

2003 年 7 月，因债务纠纷，杭州市家用电器工业公司决定公开拍卖华美商标。新洲制冷设备有限公司拍得该商标所有权。

2007 年，华美冰熊旗下浙江华美制冷设备有限公司成立。

2009 年，华美冰熊旗下浙江华美冰箱有限公司成立并投产使用，公司正式进入冰箱领域。

2010 年，华美冰熊旗下浙江华美电器制造有限公司进行股份制改造。

三、产品技术创新

2007 年，华美制冷试水制造冰箱，推出高端商用冰箱。

2008 年初，配合"家电下乡"，冰熊集团针对农村电压不稳问题，对公司产品进行宽电压设计改良。

2011 年，华美冰熊投资建设日产量 1 500 台的新冰箱生产线，冰熊冷柜新生产基地在河南省商丘市奠基。

2013 年 1 月，华美冰熊与浙江大学合作研发出可解冻冰箱。该冰箱内设一个冷冻室、一个解冻室，冷冻室用来保存和冷冻食品，解冻室既可用来解冻食品，又可用来冷藏食品。

2014 年，华美电器进入医药冷藏市场，华美医药阴凉柜问世。

2016 年，华美冰熊与浙江大学达成校企合作，主要就制冷领域达成技术合作。

四、企业危机事件

（一）品牌商标纠纷事件

2005 年，冰熊集团把"冰熊"商标有偿授权给慈溪市利烹电器有限公司，使用期限为 3 年。2006 年，冰熊集团授权同意飞龙家电集团生产冰熊牌冰箱、冰柜和洗衣机等其他家电，并授权后者使用"河南冰熊（集团）有限公司"这个名称。此后，浙江省杭州市政府把冰熊冷藏车商标卖给商丘海泰实业有限公司，冰熊立式冷柜商标卖给台湾显丰国际有限公司。最终，冰熊原本完整的冷链体系被分解，产品种类相同或相似的商标各自归属于不同的企业，企业陷入商标拥有权纷争。2012 年 4 月，浙江华美冰熊集团收回冰熊商标。

（二）质量危机事件

2013 年 8 月，国家质检总局公布家用电冰箱产品质量国家监督抽查结果显示，有 9 批次产品不符合标准规定，华美冰箱位列其中，主要不合格项目为总有效容积、耗电量、能源效率等级。

五、企业公关活动

2011 年 10 月，华美冰熊设立"华美道德基金"，并先期注入 5 万资金定向奖励和资助浙江省湖州市雷甸镇生活困难的道德模范、身边好人。

2012 年，华美冰熊在浙江大学设立"华美奖学金"，资助勤学兼优的浙大学子。

2014 年至 2017 年，华美冰熊陆续举办多种形式"公益环保毅行"活动，为公益环保事业发声。

六、延伸阅读

[1] 浙江华美冰熊集团官方网站 [EB/OL]. [2017-08-19].http://www.zjhuamei.cn/8333-2487/15573.html.

[2] 余广珠. 杭州：老牌家电企业发展现状分析 [J].TWICE 消费电子商讯，2008(14):51-53.

[3] 徐振江. 冰熊的"商标战争"[J]. 商业 2.0·豫商，2011(1).

[4] 殷泽. 华美电器：在传统行业里精耕细作 [J]. 企业观察家，2011(10):50-51.

[5] 姜华山. 冰熊的"华美"转变 [J]. 企业观察家，2013(12):60-62.

[6] 于璇. 华美十年, 打造专业制冷集团 [J]. 电器, 2010(12):58.

[7] 于璇. 华美借"冰熊"发力 [J]. 电器, 2012(11):54.

[8] 一丁. 着力完善售后服务体系华美电器发力 2012 年 [J]. 电器, 2011(12):64.

[9] 沈晓华, 郑峰. 华美电器: 投巨资改造表面处理生产线 [J]. 表面工程资讯, 2009(3):19.

[10] 刘钊. 华美电器: 打造专业制冷企业集团 [J]. 电器, 2009(10):52-53.

[11] 祝丽萍. 华美电器: 成功开拓国内新市场 [N]. 今日德清, 2008-08-19(1).

[12] 华美电器: 在冬天悄然扩张"制冷版图" [N]. 每日商报, 2008-09-09.

[13] 祝丽萍. 华美电器苦练内功提高市场竞争力 [N]. 今日德清, 2008-10-22(1).

[14] 华美电器与浙大合作发明可解冻的冰箱, 省电近两成 [EB/OL].[2017-08-19].http://gxxw.zjol.com.cn/gxxw/system/2013/01/16/015967326.shtml.

[15] 何晖. 华美电器以创新赢订单 [N]. 金华晚报, 2012-11-13(12).

[16] 徐赛华, 张骥鸿. 德清华美电器手握"科技"利器抢市场 [N]. 杭州日报, 2013-10-31(B04).

[17] 这 9 批次家用电冰箱不合格 格林、华美、VOK、金帅等在列 [EB/OL]. [2017-08-19].http://www.cqn.com.cn/news/xfpd/xfjs/smjd/762638.html.

[19] 姚海翔. 华美电器设奖奖"好人"[N]. 德清新闻, 2013-10-28(1).

[20] 李代广. 环保公益迎国庆, 千岛之湖走毅行 [N]. 企业家日报, 2014-10-10(4).

[21] 用意志铸造企业灵魂——华美电器敦煌戈壁徒步之旅 [EB/OL]. [2017-08-19].http://www.abi.com.cn/news/htmfiles/2014-9/146051.shtml.

[22] 千人共聚千岛湖 "华美冰熊杯"毅行齐出发 [EB/OL]. [2017-08-19].http://info.homea.hc360.com/2015/05/0816191056243.shtml.

（路凯丽　赵洁　李慧）

华 日

一、品牌简介

华日品牌，隶属于浙江华日实业投资有限公司（以下简称"华日"）。该公司始创于1984年，总部位于浙江省杭州市，其前身为杭州华日电冰箱厂，是一家生产经营电冰箱和商用冷冻冷藏系列产品的企业。1992年至2007年，华日商标连续获"浙江省著名商标"认证。2007年9月，华日电冰箱获"中国名牌产品"认证。2008年，华日电器获"中国驰名商标"认证。

二、品牌发展历程

1984年7月，杭州华日电冰箱厂成立。

1984年12月，第一代华日牌双门电冰箱问世。

1987年，杭州华日电冰箱厂兼并杭州三星公司。

1992年，杭州华日电冰箱厂先后兼并杭州冷冻机总厂、杭州毛线总厂。

1993年，杭州华日电冰箱厂和澳大利亚格雷福有限公司合资，成立杭州格雷福电脑控制器有限公司和杭州格雷福冷机有限公司。

1994年10月，浙江华日集团公司成立。

1996年，杭州九堡华日工业园电冰箱生产线正式运行。

1997年，华日模糊控制电脑冰箱被国家科委、国家技术监督局等五大权威部门评为"国家重点新产品"。

1999年9月，华日作为中国家用电器行业的代表，被列入庆祝中华人民共和国成立50周年大型文献纪念册《见证辉煌》。

2000年，华日无氟冰箱生产线达标并投入正常运行，成为联合国蒙特利尔多边基金援助的中国企业之一，无氟替代技术与国际接轨。

2001年，浙江华日集团公司改制为浙江华日实业投资有限公司。

2003年，华日与韩国LG集团达成战略合作，成为国际化电冰箱生产制造基地。

2008年，杭州华日电冰箱有限公司改制为杭州华日电冰箱股份有限公司。

2010年，华日重大扩建项目在浙江富阳东洲工业园区落户。

2015 年，华日电器的厂区从杭州的九堡搬迁到富阳，启用新的生产基地。

1984 年至今，华日董事长陈励君陆续获得"全国劳动模范""全国三八红旗手""全国十大风云人物""全国优秀企业家"称号。

三、产品技术创新

1992 年，华日开发出中国第一台电脑冰箱。

1994 年，华日开发出中国第一台模糊控制电脑冰箱。

1997 年，华日进行技术升级，推出华日模糊智能型冰箱，采用模糊智能控制，冰箱能自动识别环境温度、自动识别冰箱内存放食品的数量，以使温度控制在最佳使用状态，自动节能。

2000 年 5 月，华日集团国际 CFC（氟氯烃）替代改造项目达标并正式运行。

2008 年，华日无氟改造项目获联合国环境署示范项目杰出贡献奖。

2016 年，华日技术能力和工艺水平升级，中高端产品融合智能控制、风冷无霜、零度保鲜以及变频等前沿技术，大范围采用无边框门体、U 壳箱体等工艺设计。

四、企业危机事件

2007 年 8 月，消费者质疑华日冰箱存在虚假广告宣传，其宣称的"采用铜管材料制造"其实为铁管材料。事后，华日冰箱销售部负责人向消费者致歉，并给出相应解释——华日冰箱冷芷室后的内置蒸发器采用铜管制造，冷凝器和外置蒸发器确实是用铁管制造。

五、企业公关活动

1993 年，华日发起援助"孤儿爱心事业"，并在 1993 年至 2007 年间向孤儿基金会捐赠资金 300 多万元。

1999 年，华日冠名浙江拳击队。截至 2007 年，累积捐助体育事业 200 多万元。

2007 年，华日捐助浙江省丽水敬老院。

2010 年 7 月初，华日启动"华日品质服务年专项服务月活动"，在杭州十多个社区开展以旧换新，免费检测、维修，咨询投诉等服务。

2012 年 7 月，华日开展"二十九周年庆暨节能惠民工程推广"系列活动，走访杭州各社区，提供技术咨询和维护保养知识服务。

2013 年 9 月，华日向浙江省新昌县 10 家福利院、养老院捐赠 10 台电冰箱，总价值为 2 万多元。

六、延伸阅读

[1] 浙江华日实业投资有限公司 [EB/OL].[2017-09-01].http://www.huari.com/index.html.

[2] 刘媛，巴娟. 中国百名女杰 [M]. 北京：中国国际广播出版社，1997.

[3] 章永旺. 浙江华日集团诞生记 [J]. 消费指南，1995(1):18-19.

[4] 张梦月. 华日电器今年搬迁至富阳新生产基地 进一步提增产能与自动化水平 [N]. 每日商报，

2015-01-19(04).

[5] 浙江华日集团公司.科技领先 质量为本 [J]. 中国质量, 1998(10):36-37.

[6] 国家首批节能产品认证颁证仪式在京举行 [J]. 节能与环保, 1999(5):46.

[7] 以己所长立足社会 扬己特色占领市场——记浙江华日实业投资有限公司董事长陈励君 [J]. 企业世界, 2007(10):6.

[8] 叶梅魁.华日冰箱：历史最长 个性最强 [J]. 企业家, 2011(3):46-47.

[9] 陈莉.削减 ODS 排放贡献突出 中国两家电企业获联合国颁奖 [J]. 电器, 2008(2):12-18.

[10] 浙江华日实业投资有限公司.陈励君：中国家电业改革开放的巾帼标兵 [J]. 企业家, 2008(10):14.

[11] 董树荣.陈励君：不以速度论英雄 [J]. 浙商杂志, 2005(2):70-71.

[12] 浙江华日悄然牵手韩国 LG 集团 [EB/OL]. [2017-09-01]. http://news.cheaa.com/2003/0910/18061.shtml.

[13] 董捷.浙江华日被视为海外侨眷创业范本 海外智力资源启动浙企发展后劲 [N]. 都市快报, 2007-06-22.

[14] 章卉.华日冰箱被列入中国节能产品企业领袖榜 [N]. 今日早报, 2012-09-29(a0013).

[15] 许海东, 黄凯飞.海宁一消费者与"华日"冰箱较劲 [N]. 南湖晚报, 2007-08-26(13).

[16] 陈昌旭.华日冰箱走三大社区为民服务 [N]. 每日商报, 2011-06-26(01).

[17] 石磊.华日冰箱捐给敬老院 [N]. 今日新昌, 2013-09-09(01).

（路凯丽　王晶　李慧）

华 生

一、品牌简介

华生电器是上海华生电器有限公司的公司品牌。该公司始创于 1916 年。该公司主要生产电风扇、吸油烟机、燃气灶具、消毒柜、燃气热水器、电热水器、水槽、电暖器、饮水机、洗衣机、电冰箱、电炊具等多种系列家用电器产品。华生电器在 1980 年获得国家银质奖。

二、品牌发展历程

1916 年，杨济川、叶友才、袁宗耀等合资在上海四川路衡浜路创办华生电器厂。

1924 年，大批量生产华生电扇，华生牌成为驰名品牌。

1926 年，华生牌在国内注册，成为国内最早注册的商标之一。

1929 年，获得菲律宾中华国货展览会奖状。

1930 年，获得泰国中华商会国货陈列场奖。

1931 年，华生电扇崛起，使美国的奇异电扇在中国市场失势。

1935 年，改组为华生股份有限公司，拥有 50 万元资金，华生厂进入全盛时期。

1939 年，抗战时期设备内迁，设重庆分厂。

1945 年，抗战胜利后，重庆分厂的全部物资迁回上海，华生厂的元气已经大受损伤。

1946 年，年底，华生厂正式复工。

1950 年，在人民政府对民族工业鼎立扶助的政策下，企业逐渐扭亏为盈。

1953 年，国家进入第一个五年计划时期，华生厂被列为重工业行业的重点扶植企业。

1954 年，公私合营。

1962 年，划分为华生电扇厂（澳门路）、革新电机厂（长寿路）。

1979 年，联合 13 个厂组成华生电扇总厂，厂址位于陕西北路。

1980 年，华生牌获得国家银质奖。

1986 年，成为国家机电产品出口基地。

1987 年，更名为"华生电器总厂"。

1989 年，国家实行市场经济，华生厂的问题不断暴露，出现亏损。

1990 年，华生厂推行品牌战略，经济逐步恢复。

1997 年，获得第四届上海科学技术博览会金奖。

2001 年，成立上海华生电器有限公司。

2005 年，华生牌被评为最具影响力的上海老商标。

2006 年，华生牌被认定为上海市著名商标。

　　　　成立上海华生电器有限公司厨卫电器事业部。

2008 年，华生牌电风扇产品荣获"用户满意产品"称号。

2009 年，华生牌电风扇第三次被认定为"上海市著名商标"。

三、产品技术创新

1915 年，杨济川仿照国外样机成功试制中国第一台台式电风扇。

1988 年，拥有电扇品种 15 个大类 40 余种规格。生产脱排油烟机、电饭锅、吸尘器、多功能食品加工器、真空装机、电熨斗等系列家电产品。

四、广告策略

2015 年 2 月，在《新文化报》上投放新春特惠主题广告。

2015 年 4 月，在网易上投放正方形大尺寸产品宣传广告。

五、企业危机事件

1998 年 1 月，安徽省蚌埠市社会福利院购置的冠有"华生电器"商标的电热油汀在使用时爆裂，造成火灾，导致福利院收养的 3 名婴儿死亡，6 名婴儿伤残。蚌埠市社会福利院及 6 名伤残婴儿起诉油汀制造厂家上海华生电器总厂及销售商家，要求赔偿。最终，上海华生电器总厂与原告达成调解协议，由华生电器总厂赔偿原告 130 万元。

2010 年 1 月，北京市工商局公布流通领域饮水机内胆质量监测结果，结果显示华生牌立式温热饮水机被通报内胆铅超标。该产品由宁波博强电器有限公司制造，由上海华生电器有限公司监制。

2014 年年初，安徽省工商局对市场上销售的室内加热器产品进行省级质量监测，10 批次样品被判为不合格，其中包括标称"华生"商标的样品存在消费者的人身安全隐患。

六、企业公关活动

2008 年 1 月 9 日，华生 2008 年夏季风扇新品推介暨全国经销商会议在上海隆重召开。

2014 年 4 月，华生电器行销中国 99 周年暨 2014 新产品发布会在华生电器（中山营销中心）产品展示大厅隆重举行，来自全国各省市、地区的经销商齐聚一堂，共同庆祝华生电器行销中国九十九周年庆典。

七、延伸阅读

[1] 亦安. 围绕名牌产品发展经济联合——上海华生电扇总厂调查报告 [J]. 经济管理, 1981:36-40.

[2] 习慧泽. 凤凰涅盘——七十八年"华生"脱胎换骨记 [J]. 沪港经济, 1994(3):43-45.

[3] 马伟民. 完善质量保证和监督体系 塑造全新的"华生"品牌 [J]. 中国品牌与防伪, 2006(2):53-55.

[4] 上海华生电器有限公司官网 [EB/OL].[2017-08-31].http://www.sh-wahson.com/.

[5] 华生电器的创始人——杨济川 [EB/OL].[2017-08-31]. http://www.jsw.com.cn/frl/2015-05/22/content_3362817.htm.

[6] 沈方. 被误解的"电扇大王"——记电气发展史上的"华生"[EB/OL].[2017-08-31].http://news.hexun.com/2013-08-12/157001954.html.

（张庆芳　陈瑞　翟悦）

皇 威

一、品牌简介

皇威，为皇威健康科技有限公司（以下简称"皇威"）品牌。该公司正式成立于 2000 年，总部位于浙江省宁波市，其前身为慈溪市发达家电实业有限公司，是一家致力于足浴器及按摩保健器材等系列产品的研发、生产、销售的企业。目前，皇威拥有 7 条专业生产流水线，500 余名员工。

二、品牌发展历程

1994 年，皇威前身慈溪市发达家电实业有限公司成立。

1996 年，慈溪市发达家电实业有限公司申请注册"皇威"品牌。

1997 年，"皇威"品牌正式通过国家工商局批准，注册成功。

2000 年，宁波皇威电子科技有限公司成立，后于 2010 年更名为"皇威健康科技有限公司"。

2003 年，皇威通过 ISO 9001 国际质量管理体系认证。

2004 年，皇威在浙江省慈溪市范市镇工业区新建标准厂房。

2005 年，皇威品牌网站平台开通，产品销售进入网络化时代。

2010 年，皇威商标获"市级知名商标"认证。

三、产品技术创新与产品拓展

2000 年，皇威生产出中国最早的水流循环加热足浴器。

2014 年 5 月，皇威推出空气净化器，拓展产品品类。

截至目前，皇威已研制并推出 40 多款 50 多个型号的足浴器和 60 多款智能养生保健器材。

四、广告策略

2011 年 11 月，皇威与中央电视台达成战略合作协议，进行皇威品牌及产品推广。

2012 年 7 月，香港影视明星马景涛成为皇威品牌代言人。2014 年 7 月，双方续约成功。

五、企业公关活动

2010 年，皇威计划用六年时间建成足浴健康基金会，从零散地向孤寡老人捐赠足浴器转为成体系地帮助贫困孤寡老人，为老人提供资金和帮助。

六、延伸阅读

[1] 皇威官网 [EB/OL].[2017-09-01].http://www.nbhuangwei.com/index.php/home/about/index/id/1.html.

[2] 宁波皇威集团：三年争做行业领头羊 [EB/OL].[2017-09-01]. http://video.eastmoney.com/news/1603,20101205108883342.html.

[3] 皇威携手央视网打造足浴器及保健器材行业领军品牌 [EB/OL].[2017-09-01].http://www.chinadai-ly.com.cn/hqcj/zxqxb/2011-11-15/content_4373190.html.

[4] 戴利杰.关爱健康是皇威的企业愿景 [EB/OL].[2017-09-01]. http://finance.eastmoney.com/news/1586,20101210109813594.html.

[5] 马景涛正式签约成为皇威形象大使 [EB/OL].[2017-09-01].http://www.maigoo.com/news/291941.html.

（路凯丽　林升栋　李慧）

惠 康

Hicon 惠康

一、品牌简介

惠康，为宁波惠康国际工业有限公司（以下简称"惠康"）品牌。该公司于2001年正式成立，总部设于浙江省宁波市，是一家集家电制造、房地产开发、金融投资、科技传媒、进出口贸易、新能源研制为一体的中外合资国家高新技术企业，现有员工近3 000人。目前，惠康旗下共有宁波惠鹏置业有限公司、浙商创投有限公司、宁波艾迪特设备科技有限公司、惠康欧洲公司、宁波惠康实业有限公司、宁波惠康新能源科技有限公司、宁波惠康国际工业有限公司在内的7家子公司。2007年，惠康商标荣获"中国驰名商标"认证。

二、品牌发展历程

1972年，宁波惠康国际工业有限公司前身惠康集团成立。

2001年，惠康集团与ALHASIAWL集团美国海外贸易总公司合资成立宁波惠康国际工业有限公司。

2002年，惠康系列空调获"国家免检产品""中国制冷空调行业协会推荐产品"认证。

2004年，惠康在加拿大注册成立境外公司。浙江余姚惠康工业园项目正式启动。

2005年，浙江杭州湾新区惠康工业园项目正式启动，浙江余姚惠康工业园建成并投入使用。惠康牌ACU型空调净化消毒机被评为宁波市高新技术产品，入选2005年国家级火炬计划项目。

2006年，获国家农业部办法的"全国实施走出去战略先进企业"称号。

2008年，惠康研发中心被认定为浙江省省级高新技术企业研究开发中心。

2010年，惠康与海尔日日顺签订战略合作协议，通过海尔日日顺渠道，整合海尔集团物流和售后资源，在传统家电和3C产品领域搭建"营销网、物流网、服务网"三网平台。

2009年至2011年，惠康连续三年成为"家电下乡中标"企业。

2012年，惠康入选首批国家"节能惠民工程"项目企业。

2013年，惠康总裁陈越鹏获"2012年度慈溪市工业经济杰出人物"称号。

2016年，惠康获"中国出口质量安全示范企业"认证。

三、产品技术创新

2004 年 10 月，惠康设计开发的空调净化消毒机（医用空调）通过宁波市科技局的鉴定，成为宁波市高新技术产品，列入 2005 年国家级火炬计划项目。制冰机产品经过了宁波市外经委机电处的确认，申报获得 2005 年国家商务部机电司机电产品出口研发资金的奖励项目。

截至 2012 年年底，惠康累计获得专利 93 项，其中发明专利 2 项，实用新型专利 37 项，外观设计专利 54 项。

截至目前，惠康已累计研发并推出中央空调、家用空调、饮水机、小家电等 50 多个系列 160 多个品种的产品。在自主知识产权的基础上，惠康国际曾参与国家标准《家用和类似用途电器的安全》的制定。

四、企业公关活动

2001 年 12 月，惠康董事长陈启惠捐赠 100 万元设立"惠康慈善基金"，用于援助浙江省内的弱势群体。

截至目前，惠康已向社会慈善公益事业捐赠 1 000 多万元，并出资创建"惠康慈善基金""惠康乐园基金"。惠康国际董事长陈启惠已陆续向社会慈善公益事业捐赠 300 多万元。

五、延伸阅读

[1] 惠康国际官网网站 [EB/OL].[2017-09-01].http://www.hicongj.cc/index.php.

[2] 惠康国际官方微博 [EB/OL].[2017-09-01].http://weibo.com/hiconguoji.

[3] 好搜百科 . 惠康 [EB/OL]. [2017-09-01].http://baike.haosou.com/doc/6737125-6951537.html.

[4] 宁波 19 家企业荣获"中国出口质量安全示范企业" [EB/OL].[2017-09-01].http://nb.zjol.com.cn/system/2016/03/26/021083171.shtml.

[5] 潘登 . 陈越鹏："家电之业"的一棵常青树 [EB/OL].[2017-09-01].http://www.chinavalue.net/General/Article/2006-5-1/29286.html.

（王可欣　陈瑞　李慧）

惠 科

HKC

一、品牌简介

惠科，为惠科股份有限公司（以下简称"惠科"）品牌。该公司创建于 1997 年，2001 年 12 月在深圳正式注册成立，是一家集消费类电子产品研发、生产、销售于一体的高新技术企业。目前，惠科旗下拥有深圳惠科塑胶有限公司、九州阳光电源（深圳）有限公司、唯晶电脑设备（深圳）有限公司、深圳惠科投资有限公司、北海惠科高分子材料有限公司、北海捷科再生资源有限公司、重庆惠科有限公司以及香港的惠科海外有限公司等 8 个子公司，并在重庆、北海、深圳等地建有工业园和生产研发基地。2010 年，公司获"国家级高新技术企业"认定。2014 年，惠科商标获"中国驰名商标"认证。

二、品牌发展历程

1997 年，惠科在广东番禺创立自有品牌 CRT 显示器工厂。

2000 年，惠科在广东深圳创建自有品牌电源工厂。

2001 年，惠科组建惠科电子深圳有限公司。

2003 年，惠科创建深圳惠科塑胶有限公司。

2004 年，惠科创建唯晶电脑设备深圳有限公司和桑巴达电声深圳有限公司。

2005 年，惠科成立欧洲分公司 HKC Europe B.V.。

2006 年，惠科创建北海惠科电子有限公司和北海惠科高分子材料有限公司，并在荷兰、印度、巴西、俄罗斯等国设立办事处。

2007 年，惠科创立惠科重庆璧山工业园和重庆惠科科技有限公司。

2008 年，惠科跻身深圳百强企业，排名第 97 位。

2009 年，惠科液晶模组观澜分厂成立，惠科海外有限公司成立。

2010 年，深圳石岩工业园一期竣工并投入使用，惠科在深圳百强企业排名中升至第 31 位。

2011 年，惠科获"广东省著名商标"认证。

2012—2016 年，惠科连续四年中标家电下乡项目。

2013 年，惠科创建云南临沧惠科农业发展有限公司。

2014 年，惠科创建合肥惠科金扬科技有限公司，合肥惠科液晶电视及配套生产项目启动。

创建宜昌惠科科技有限公司，宜昌惠科液晶电视及 LED 背光源项目启动。

2017 年，惠科移动智能终端产业集群项目落户北海。

三、产品技术创新

2009 年，惠科显示器系列产品获第六届中国企业创新设计（CIDF）的创新设计奖、获中国创新设计大赛红棉奖。

截至目前，惠科已与国内外多家高等院校、研究机构达成战略合作协议，并持有 1 项发明专利、15 项软件著作权、20 项外观专利、25 项实用新型专利。

四、企业危机事件

2015 年，市场上传言 WESCOM、昂达等品牌显示器酷似惠科品牌 P320 产品，售后服务与惠科品牌 P320 一样由惠科负责，对惠科品牌显示器正常的市场运营造成干扰。针对该问题，惠科发布声明称，惠科与 WESCOM、昂达等品牌显示器的代工已于 2015 年 3 月全部终止，WESCOM、昂达等品牌显示器在研发生产、技术支持与售后服务等方面与惠科无任何关联。

五、企业公关活动

2012 年 6 月，惠科"惠聚视界 智赢未来"HKC2012 年视讯战略暨新品发布会在深圳召开。

2013 年 3 月，2012 年惠科供应商大会在深圳举行。

2014 年 3 月，惠科"智惠中国·全球共享" 2014 年智能电视战略暨春季产品发布会在深圳落幕。

2014 年 4 月，惠科参加 2014 年香港电子展。

六、延伸阅读

[1] 惠科官网 [EB/OL].[2017-08-27].http://www.szhk.com.cn.

[2] 刘静 . 惠科逆袭 [J]. 中国经济和信息化，2014(17):65-68.

[3] 借力 ERP 惠科摸清家底再整合 [J]. 信息系统工程，2006(06):52-53.

[4] 惠科电子拓展 CRT 产品领域 三大品牌自主研发 [EB/OL].[2017-08-27].http://news.ccidnet.com/art/955/20041101/171829_1.html.

[5] 跨越的方式：破解惠科机箱的成功之道 [EB/OL].[2017-08-27].http://www.cmmo.cn/b/53117/42065.html.

[6] 本土品牌强势逆袭,HKC 惠科集团高层专访 [EB/OL].[2017-08-27].http://diy.pconline.com.cn/441/4417237.html.

[7] 惠科液晶面板第 8.5 代生产线在巴南开工,总投资 120 亿 [EB/OL].[2017-08-27].http://cq.people.com.cn/n/2015/0619/c365402-25294274.html.

[8] 惠科助重庆打造液晶面板千亿产业集群 [EB/OL].[2017-08-27].http://news.sina.com.cn/o/2015-06-20/063931971670.shtml?cre=newspagepc&mod=f&loc=2&r=a&rfunc=0.

[9] 罗明松 . Oracle 助惠科集团实现飞跃 [J]. 中国经济和信息化 , 2006(23).

[10] 惠科移动智能终端产业集群项目落户北海 [EB/OL].[2017-08-27].http://www.51touch.com/touch-screen/news/dynamic/201705/26-47321.html.

[11] 关于某某品牌涉嫌侵权行为的声明 [EB/OL].[2017-08-27].http://www.szhk.com.cn/index.php?m=News&a=show&id=404.

[12] "智惠中国•全球共享" 惠科 2014 智能电视战略发布会圆满落幕 [EB/OL].[2017-08-27].http://www.szhk.com.cn/index.php?m=News&a=show&id=321.

185

（张庆芳　黄含韵　李慧）

H

惠 威

一、品牌简介

惠威品牌，隶属于广州惠威电声科技股份有限公司（以下简称"惠威"）。该公司成立于 1991 年，总部设于广东省珠海市，是中国第一家专业制造高级扬声器的音响厂家。目前，惠威拥有从扬声器单元、音箱到各类电声产品的完整产业链，产品线覆盖 HiFi、家庭影院、数字家庭控制系统、多媒体音响、汽车音响、专业音响、智能广播系统及箱体制造等多个领域。2017 年 7 月，惠威在深圳证券交易所上市。

二、品牌发展历程

1994 年，惠威投资成立惠威加拿大电声中心。

1995 年，惠威通过严格审核，成为美国扬声器制造协会（ALMA）会员企业。

1997 年，惠威全面收购美国著名高级音响制造商 Swans 公司，Swans 公司总裁 Frank Hale 成为惠威首席设计师。

2000 年，惠威 Diva 音箱获美国 CES 最高价值奖（Exceptional Value Award）。

2007 年，惠威 X3 家庭影院系统正式通过美国 Lucas 公司 THX 家庭影院认证，成为中国第一家通过 THX 认证的音响企业。

2008 年，惠威 Swans 2.3B、惠威多媒体产品 M200MKIII 获美国 CES 创新与工程设计奖（Design and Engineering Award）。

2009 年，惠威 Swans 2.6HT 获美国 CES 创新与工程设计奖（Design and Engineering Award）。

2011 年，惠威多媒体专业监听箱获美国 CES 创新工程设计大奖（Innovations Design and Engineering）。惠威珠海工业园正式投入使用。

2013 年，惠威旗舰音箱与惠威多媒体专业监听箱获美国 CES 创新工程设计大奖。

2014 年，惠威旗舰音箱荣获美国 CES 创新工程设计大奖。

2016 年，惠威 X8 获美国 CES 创新工程设计大奖。

2017 年，惠威 MS-10 与 MC-100 获美国 CES 创新大奖（Innovation Awards）。

三、产品技术创新

1993 年，惠威推出 75mm 大音圈 D6 扬声器，D6 被誉为创造了电声设计新概念。

1997 年，惠威磁场带式扬声器面市。

1998 年，惠威推出惠威专业监听级 Swans M1 音箱。

2006 年，惠威发布世界首款三路同轴等磁场环形带式全频带扬声器。

2012 年，惠威首款蓝牙音箱 M100MKII 面市。

2014 年，惠威与康佳集团合作，推出易 TV slim LED 电视。惠威珠海新工业园内建成亚洲最大的专业电声消声室，专业电声消声室是研发电声产品及技术最重要的设施。

四、企业危机事件

2013 年 11 月，惠威接到消费者投诉称，在淘宝部分店铺中惠威 M200MKIII 以低于正常价位 400 元的价格进行销售。针对该现象，惠威经过鉴定核实发现这些淘宝店铺中所销惠威 M200MKIII 为假冒产品，惠威联合公安部对这些假冒产品和商家进行了清查。与此同时，惠威提醒消费者远离标价过低及进货渠道异常的商铺，谨防假冒。

2016 年 5 月，惠威发现市面上部分厂商仿冒惠威的环形带式扬声器设计，并用于音箱产品上。惠威发布声明，要求这些厂商立刻停止侵权行为，惠威将保留追究侵权公司法律责任、赔偿对惠威造成的名誉及经济损失的权利。

五、企业公关活动

2000 年 8 月，惠威冠名赞助由《电子报》主办的"惠威杯成才大家谈"有奖征文。

2007 年 6 月，惠威集团与济南新中兴汽车用品有限公司联合举办"惠威—新中兴杯"济南 EMMA 汽车音响超级职业巡回赛。

2014 年 11 月，惠威公司总裁姚洪波参与"Music Radio 我要上学"大型主题公益系列活动，资助留守儿童。该活动由中央人民广播电台"Music Radio 音乐之声"与中国儿童少年基金会共同主办，是以帮助贫困地区孩子上学为目的的公益项目。

六、延伸阅读

[1] 惠威官网 [EB/OL]. [2017-09-07].http://www.hivi.com/index.aspx.

[2] 2001 年电子报合订本（上）[M]. 成都：四川科学技术出版社，2002:169.

[3] 梦圆珠海 2008——珠海惠威工业园开建 [J]. 实用影音技术，2008(4):104-105.

[4] 梦圆珠海 2008——记珠海惠威工业园奠基典礼 [J]. 音响世界，2008(2):76-77.

[5] 张易. 梦圆珠海 2008 珠海惠威工业园奠基典礼 [J]. 现代音响技术，2008(4):100-101.

[6] 惠威,Ella. 下个冠军就是你 [J]. 音响改装技术，2007(8):113.

[7] 布尔. 走向世界的惠威 [J]. 视听技术，1995(12):57-58.

[8] 惠威——启用亚洲最大的专业电声消声室 [J]. 音响技术，2005(4):56-57.

[9] 惠威"音箱森林"撼动德国音响界 [J]. 实用影音技术，2008(6):6-8.

[10] 孔学劭. 康佳惠威联手推新电视 [N]. 南方农村报，2014-10-09(16).

[11] 李栋.7 月底前家庭影院、专业音响、扬声器喇叭的生产线搬进园内，惠威工业园正式投入使用 [N]. 珠海特区报，2012-05-30(T03).

[12] 李小龙. 惠威音响扬威美国 [N]. 兰州晨报，2003-03-13(A12).

[13] 马名伟. 惠威音响跻身"主流" [N]. 中国电子报，2003-08-28.

[14] 邹键. 惠威昂然进入美国高级音响市场 [N]. 中国电子报，2000-08-17.

[15] 仇稻. 带式电声魅力，专业时尚至尊 [N]. 电子报，2005-02-27.

[16] 惠威——新中兴杯济南 EMMA 巡回赛精彩回顾 [EB/OL]. [2017-09-07].http://www.pcauto.com.cn/qcyp/qcyx/hw/0709/585199.html.

[17] 大企业有大爱心，惠威参与"守望亿颗心"活动 [EB/OL]. [2017-09-07].http://audio.carcav.com/yxxw/2014/1126/52436.html.

[18] 乙戈. 不息为本，日新为道——访惠威总裁姚洪波 [J]. 视听技术，1996(8):61-62.

（路凯丽　朱健强　李慧）

嘉　美

一、品牌简介

嘉美，为佛山市南海嘉美时代照明有限公司（以下简称"嘉美照明"）品牌。该公司始创于 1985 年，其前身为南海县曹边五金电器厂，总部设在广东省佛山市，是一家专业从事商业照明、家居照明、办公照明、LED 照明、电工产品、节能光源等系列产品研发、制造、销售及服务的企业，拥有员工上千人。

二、品牌发展历程

1990 年，嘉美照明生产出第一代石英射灯。

1996 年，嘉美照明生产出第一个"80"规格的豆胆灯杯。

2001 年，嘉美照明进军工程照明领域。

2003 年，佛山市南海嘉美时代照明有限公司正式注册成立。

2007 年，嘉美照明进军家居照明领域。

2010 年，嘉美照明开始组建 LED 事业部及 LED 技术研发中心，进军 LED 照明领域。

2014 年，嘉美照明实施"股权激励"计划，并与首批管理高层及部分骨干签订了"股权激励协议"。

2015 年，嘉美照明将上市提上议程，吸纳经销商成为股东，筹备上市事宜。

2017 年，嘉美照明获"广东省高新技术企业"称号。

三、品牌识别

2001 年，嘉美 Logo 由原本的企业名首字母缩写"jm"（如图 1）变为了"JOM"（如图 2）。

图 1　初始 Logo：1985 年—2011 年

图 2　全新 Logo：2001 年至今

四、产品技术创新

1995 年，嘉美照明率先在国内运用"赶机"技术制作灯杯。

2000 年，嘉美照明率先生产出具有专利技术的国内首款铝合金横插灯。

目前，嘉美照明的防眩光灯罩、灯具电源箱、豪华型横插灯等产品已获得国家专利技术认证。

五、广告策略

2013 年，嘉美照明拍摄并播出企业形象宣传片《勿忘恩情》。

2015 年 2 月起，嘉美照明分别在中央电视台综合频道《新闻联播》栏目、中央电视台财经频道《一槌定音》栏目、中央电视台军事农业频道《军旅人生》栏目投放产品广告，进行品牌推广。

六、企业公关活动

2012 年 5 月，嘉美照明为华丰灯饰界杯"我秀我家"比赛提供奖品。

2012 年 7 月，嘉美照明在四川德阳召开"怒放嘉美之印象·四川经销商会议暨嘉美新品推广会"，会上向四川德阳贫困高中生募集善款 18 800 元。

七、延伸阅读

[1] 嘉美照明官网 [EB/OL].[2017-08-27]. http://www.jom.com.cn/.

[2] 程永顺. 知识产权疑难问题专家论证 2010—2011[M]. 北京：知识产权出版社，2012:209.

[3] 广东先创广告有限公司. 品牌突围三部曲——"嘉美"专业工程灯具成功案 [J]. 广告人，2004(12):92-94.

[4] LED 照明企业"疯狂"上市背后：木林森/嘉美照明汹涌上市 [EB/OL]. [2017-08-27].http://lights.ofweek.com/2015-05/ART-220001-8420-28957639.html.

[5] 周健华. 嘉美照明三十而立 启动上市共享平台 [EB/OL]. [2017-08-27].http://www.gg-led.com/hcpart2-65b095fb-58014-.html.2015-03-25.

[6] 熊宇衡. 嘉美照明 30 周年 LED 品牌梦 [EB/OL]. [2017-08-27]. http://www.gg-led.com/asdisp2-65b095fb-57961-.html.

[7] 怒放嘉美活动震撼四川 [EB/OL]. [2017-08-27]. http://newspaper.lighting163.com/Qnews.asp?id=11996&QID=5296.

（路凯丽　苏文　李慧）

江航医疗

中国航空工业集团公司
江苏江航医疗设备有限公司

一、品牌简介

江航医疗，为江苏江航医疗设备有限公司品牌（以下简称"江航医疗"）。该公司成立于2008年1月，总部位于江苏省泰州市，是一家研发、生产和销售家用制氧机、医用制氧机、壁式血压计、腕式血压仪等产品的企业。江航医疗隶属于中国航空工业集团，现有员工2 000余人。中航工业江航是国内唯一、亚洲最大的航空供氧装备研发制造基地，位列世界500强企业。

二、品牌发展历程

2008年，江航医疗研制出以"分子筛制氧技术"为核心的医用制氧机领域首台产品。

2011年10月，江航医疗改进后的医用制氧机研制成功。

2011年11月，江航医疗制氧机简易生产线投入使用。

2013年，江航医疗试水医疗器械市场。

2014年，江航医疗洛可可科技公司达成合作，后者主要为江航医疗家用医疗机进行外观设计。

三、广告策略

2014年5月，江航医疗签约香港演员吕良伟担任江航医疗品牌形象代言人。

四、企业公关活动

2012年8月，江航医疗筹建"中航工业江航吴大观志愿服务队"，并相继组织开展关爱空巢老人、帮助困难家庭子女就学、济困助学、百家团委百户、文明交通劝导、志愿者献血、便民义诊、参加体育大会开幕式服务工作等多项志愿活动。

五、延伸阅读

[1] 江苏江航医疗设备有限公司官网 [EB/OL]. [2017-09-10].http://www.jhyl.org/page/html/company.php.

[2] 中国航空工业集团公司官网 [EB/OL]. [2017-09-10]. http://www.avic.com.cn.

[3] 携手吕良伟江航力创品牌新形象 [EB/OL].[2017-09-10].http://news.163.com/air/14/0609/12/9U A26GAC00014PHJ.html.

[4] 江航公司志愿者集体志愿服务事迹 [EB/OL].[2017-09-10].http://news.hf365.com/system/2014/0 3/19/013841432.shtml.

（时梦琦　苏文　李慧）

杰 科

GIEC®杰科

一、品牌简介

杰科，为深圳市杰科电子有限公司（以下简称"杰科"）品牌。该公司成立于 1999 年，总部位于广东省深圳市，是一家集数码视听产品和信息化家电的研发、生产和销售于一体的国家级高新技术企业，拥有员工 2 000 余名。目前，杰科产品销往全球 30 多个国家和地区，杰科 GIEC 品牌已跻身国际数码视听知名品牌行列。2016 年，杰科获"2015 年中国电子音响行业二十强""2015 年中国音响行业优秀品牌奖"称号。

二、品牌发展历程

2000 年，杰科首款产品千禧星诞生。

2001 年，杰科获得欧盟、东盟质量认证。

2002 年，杰科工厂正式投产运营。

2007 年，杰科获"广东省著名商标"认证。

2008 年，杰科获"中国 21315 质量信用 AAA 等级企业"称号。

2011 年，杰科通过"国家级高新技术企业"认定，进入第五届中华电子企业品牌前 200 强。

2014 年，杰科产业园投入建设。

2015 年，杰科获"全国质量信得过产品""全国产品和服务质量诚信标杆企业"称号。杰科新品 HiFi 智能音响 S1 面市。

2016 年，杰科新品 BDP-G4390 4K 蓝光播放机面市。

三、广告策略

2003 年 4 月，刘德华成为杰科品牌代言人。

2003 年至 2007 年，杰科连续四年中标中央电视台黄金广告位，并在中央电视台黄金时段投放广告，辅以强势平面媒体、户外广告、专卖店形象宣传。

四、企业公关活动

2003 年 12 月，杰科全程赞助全国帆板锦标赛。

2005 年 8 月，杰科"启动 TOP 战略，决胜产业未来"——杰科携手刘德华启动新战略新闻发布会在北京人民大会堂召开。

2006 年 12 月，杰科赞助深圳车辆模型公开赛。

2015 年 7 月，杰科与小 y 游戏携手，在北京联合召开《我叫 MT2》TV 版上线发布会，共同探索智能电视游戏应用的新领域。

2015 年 9 月，杰科携手中国电信走入沈阳万科城，开展一系列社区服务活动。

五、延伸阅读

[1] 杰科官网 [EB/OL].[2017-08-26].http://www.giec.cn/html/cn/.

[2] 杰科携手小 y 游戏 引领盒子游戏新玩法 [EB/OL]. [2017-08-26].http://12365.ce.cn/zlpd/jsxx/201508/01/t20150801_2681733.shtml.

[3] 服务在身边——杰科携手电信开展社区活动 [EB/OL].[2017-08-26].http://12365.ce.cn/zlpd/jsxx/201508/03/t20150803_2684908.shtml.

[4] 波比 . 绝对真本色 深圳杰科电子有限公司的发展之路 [J]. 电器评介 , 2005(8): 92-93.

（时梦琦　陈素白　李慧）

杰 诺

一、品牌简介

杰诺，为永康市杰诺工贸有限公司品牌。该公司成立于 1994 年，总部位于浙江省永康市，是一家从事吸尘器、电链锯等产品研发、生产与销售的家用电器企业。目前，杰诺已申请获得"杰诺""洁云"两大品牌商标，产品销往中国、日本、韩国、美国、德国、加拿大等 20 多个国家和地区。

二、品牌发展历程

1994 年，杰诺简式吸尘器新品面市。

2003 年，杰诺电锯抛光机等新品面市。

2011 年，杰诺受邀参加第 119 届中国进出口商品交易会（广交会）、2011 年德国科隆博览会。

2012 年，杰诺卧室机新品面市。

三、企业危机事件

2012 年 4 月，中国进出口商品交易会（广交会）上，德企阿尔弗雷德·凯驰公司发现永康市杰诺工贸有限公司吸尘器产品涉嫌侵犯型号为 NT35/1 的凯驰吸尘器外观设计专利（专利号为 ZL200630314401.0）。经广交会工作人员判定，杰诺涉嫌侵犯凯驰的知识产权，按照有关规定将相关产品撤架，并从商品目录中删除该产品。

四、延伸阅读

[1] 杰诺官方网站：公司简介 [EB/OL].[2017-08-26].http://www.chinajienuo.com/about.asp?id=1.

[2] 杰诺官方网站：发展历程 [EB/OL].[2017-08-26]. http://chinajienuo.com//about/show.php?lang=cn&id=105.

[3] 杰诺官方网站：荣誉中心 [EB/OL].[2017-08-26]. http://chinajienuo.com//about/show.php?lang= cn&id=104.

[4] 坚决维权 凯驰广交会上成功打击造假者 [EB/OL].[2017-08-26].http://info.auto-m.hc360.com/2012/05/181801375060.shtml.

[5] 知易网——知识产权中心 [EB/OL].[2017-08-26].http://www.zhiyiwang.com/news/show_7631.html.

（时梦琦　苏文　李慧）

金 羚

一、品牌简介

金羚是金羚电器有限公司的公司品牌。该公司成立于 1979 年，主要从事专业家用洗衣机的生产。2006 年 9 月，金羚获得意大利 CANDY 集团的投资，成为"中意合资"企业。全国设有 30 多家办事机构、500 多家特约维修部及 1 000 多名专业维修人员。2001 年，金羚获得"中国名牌产品"称号。2012 年，金羚洗衣机获得技术创新金奖。

二、品牌发展历程

1979 年，研制出自动型洗衣机。

1991 年，研制出超静洗衣机。

1994 年，研制出有自主知识产权的模糊控制洗衣机。

1996 年，通过 ISO 9001 国际质量体系认证。

1997 年，通过国际 UL 认证，获得进军美加等发达国家市场的通行证。

1997 年，通过"7300 次无故障运行试验"（Q35-17），远高于国家标准。

1998 年，主持制订的"模糊控制洗衣机技术标准"作为国家标准在全国实施。

2000 年，荣获"全国用户满意企业"称号。

2002 年，研制出臭氧杀菌消毒洗衣机。

2003 年，金羚洗衣机系列产品全部通过 3C 认证。
　　　　荣获由保护消费者基金会颁发的"保护消费者杯"。

2004 年，被推选为"中国市场产品质量用户满意 消费者首选第一品牌"。

2005 年，荣获"中国消费者（用户）十大满意品牌""中国家电十大影响力品牌"。

2006 年，荣获最佳节能奖和工业设计潜质奖。

2010 年，荣获"保护消费者权益，3·15 信用品牌。

2011 年，金羚洗衣机产品荣获低碳先锋奖。

2012 年，入选 2011 年度中国高效节能产品企业领袖榜。

三、产品技术创新

1980 年代，研制成功自动型洗衣机。此后，推出国内先进的洗衣机新技术，如低噪音超静、自动投放洗衣粉、单按键控制、模糊控制。承担完成国家"八五"重点技术开发项目"模糊控制技术在洗衣机上的应用"，获 1999 年国家科技进步三等奖；研制出变频洗衣机、网络智能洗衣机，产品先后通过 CB、CE、SASO、CSA、SAA 等国外认证，技术水平处于国内行业内领先地位。

四、广告策略

广告语

1980 年代，广告语为"全自动洗衣机，金羚第一家"。

后广告语更改为"爱家庭，用金羚"。

五、企业公关活动

2010 年 2 月 28 日，金羚电器有限公司组织员工参加"江门市第六届慈善公益万人行"活动。

六、延伸阅读

[1] 金羚官网 [EB/OL].[2017-09-01].http://www.jinling.com/.

[2] 金羚京东旗舰店 [EB/OL].[2017-09-01].http://mall.jd.com/index-1000004599.html.

[3] 百度百科 . 金羚 [EB/OL]. [2017-09-01].https://baike.baidu.com/item/%E9%87%91%E7%BE%9A.

[4] 中国质量网 . 金羚电器有限公司 [EB/OL]. [2017-09-01].http://www.chinatt315.org.cn/members/inc373.aspx.

（时梦琦　陈瑞　李敬嫄）

金　正

一、品牌简介

金正是中山市金正生活电器有限公司的公司品牌。金正集团是集科研、生产、贸易、投资为一体的企业，于 1997 年 4 月 2 日创立。中山市金正生活电器有限公司由金正集团授权，于 2010 年在中山南头正式成立。金正生活电器主要从事养生壶、破壁机、料理机、电火锅等产品的设计和制造。

二、品牌发展历程

1997 年 4 月 2 日，杨明贵与万平等 11 人创立金正数码科技公司。

1999 年 8 月，金正"金苹果"计划全面启动，伴随着"苹果熟了"等一系列成功的广告营销，金正 DVD 全面上市，迅速成为业界前三甲。

2001 年，杨明贵离开金正，田家俊接任董事长，万平任总经理。

2002 年 3 月 12 日，金正入主 ST 天龙，田家俊被选举为天龙集团董事长，万平接任东莞金正董事长。

12 月，金正家庭影院产品获得领先的"A"字标志。

12 月 6 日，金正集团与日本的角田无线电机株式会社签下定单，金正 DVD 首次进入日本市场。

2003 年，金正宣布全线进军空调、手机和液晶电视领域，在珠海筹建金正空调基地。

4 月，设立珠海金正电子工业有限公司，ST 天龙持股 90%。

7 月，金正集团董事长万平因被指控挪用公款而被逮捕，随后引发股权纷争，管理失序，资金链断裂，金正渐入绝境。

2004 年 7 月 9 日，珠海金正停产。

8 月，广东佳彩数码科技有限公司获得金正授权全面生产的资格。

三、品牌识别

提出"真金不怕火炼"的口号。

四、广告策略

配合"真金不怕火炼"广告语，推出一系列电视广告、印刷广告以及广告牌、海报、礼品袋等形式的广告。

五、企业危机事件

1998年5月28日，金正状告摩托罗拉盗用其广告创意及"真金不怕火炼"的广告语，要求中止侵权并索赔300万元。广州市中级人民法院受理此案并于同年10月29日宣判，驳回金正公司的诉讼请求。金正不服此判决，提起上诉，再次被驳回。

六、企业公关活动

2004年6月11日，DTS、金正电子、德塞视听在广州飞扬影城联合举办大型活动DTS—零距离体验—"特洛伊"DTS版电影周新闻发布会，邀请相关政府部门、众多媒体及业内人士参与。金正电子公司在发布会上进行新品和技术展示。

2006年，金正时任董事长田家俊向外界宣布：金正事业部、内部员工以及金正经销商共同向宋庆龄基金会注入500万元巨资，设立"民族英才金正培养专项基金"，联合举办"为社会培养英才，为民族开创未来"等各类大型公益活动，用于奖励来自56个民族的优秀学子。

七、延伸阅读

[1] 中山市金正生活电器有限公司 [EB/OL].[2017-08-30].http://www.jzshdq.com/.

[2] 钱学锋.别在黑暗中送秋波金正DVD（电视）广告"苹果篇"评析 [J].中国广告,2000(3):65-67.

[3] 叶子.碟机市场好戏连台,金正苦练内功谋划长远 [J].电器制造商,2001(9):52-53.

[4] 惊险的一跳,精彩的一跳 [J].国际广告,2000(1).

[5] 万莉.解析金正危机 [J].企业管理,2006(7):40-43.

[6] 严志国,王忠阳.金正品牌冒进的代价 [J].成功营销,2004(10):68-69.

[7] 吴刚.金正的陨落危机 [J].经营企划,2005(2/3):58-61.

[8] 刘娅子,刘承波.金正危机调查 [J].经营管理者,2004(11):25-29.

[9] 品牌中国网.DVD整合营销：金正DVD整合营销分析、金正DVD整合营销传播策划 [EB/OL].[2017-09-01].http://pr.brandcn.com/gongguananli/060316_9223.html.

[10] 中国广告网.金正卖品牌换来救命稻草? [EB/OL].[2015-08-18].http://www.cnad.com/html/Article/2004/0816/200 40816162953291754.shtml.

[11] 金正DVD首次进入日本市场 [J].大市场·广告导报,2003(1):8.

[12] 黄咏梅,杨洪逸.金正科技电子有限公司诉摩托罗拉（中国）电子有限公司抄袭其广告作品侵犯著作权案 [J].中国法律,2000(03):25-27.

[13] 宇敏.DTS携金正、德赛主办《特洛伊》DTS电影周发布会 [J].家庭影院技术,2004(07):66.

[14] 搜狐新闻.金正500万奖励各民族优秀学子 民族英才金正培养基金成立 [EB/OL].[2015-08-18].http://news.sohu.com/20060903/n245134806.shtml.

（张庆芳　苏文　李敬嫄）

菊 花

一、品牌简介

菊花品牌隶属于菊花电器公司，商标注册于 1984 年，厂址位于江苏省无锡市，主要生产电风扇。2000 年后，无锡菊花电器公司倒闭，商标被拍卖，被美菊电器公司获得，更名为菊花电器公司，现拥有独资企业四家，控股和投资企业四家，建办中外合资企业两家和境外合资企业一家。公司主要生产家用电器电扇、取暖器、电动工具、微波炉等厨房电器及汽车摩托车零件加工。

二、品牌发展历程

1984 年 12 月 5 日正式建立菊花电扇公司，同时注册菊花商标。

1987 年 4 月，菊花电扇公司更名为"菊花电器集团公司"；同年，其产品获得轻工出口产品金奖和美国 UL 安全标准的认可。

1988 年，无锡市电扇厂厂长祝海初获全国首届经济改革人才奖银杯奖；菊花牌台扇、落地扇双双荣获国内电扇产品的最高质量奖——国家银质奖。

1990 年 8 月 20 日，无锡市电扇厂与世界各地 155 个客户建立贸易关系，更成为无锡市首批国际经营型企业。

1994 年，菊花电风扇被国内贸易部推荐为电扇名优商品。

2000 年前后，无锡菊花电器公司倒闭。

2003 年，菊花商标在无锡金桥拍卖公司公开拍卖，原厂技术工人沈伟成立的美菊电器公司以 352 万元获得此商标。此后，美菊电器公司更名为"菊花电器公司"。

三、产品技术创新

引进微电脑控制的风叶动平衡机，改变生产风叶靠手工检验精度低效率低的状况，产品合格率高，返修率低。

进入 20 世纪 80 年代，公司设计出 40 公分的台扇，打破华生电扇 44 公分的行业标准。

四、广告营销策略

菊花电扇在 20 世纪 80 年代举办广告语征集活动，中选广告语"实不相瞒，菊花的名气是吹出来的"。同时，为开拓国际市场而制作的广告语为"菊花电扇，风凉世界"。

五、企业公关活动

1986 年 12 月 12 日，无锡菊花电扇公司在北京饭店召开 1987 年菊花电扇新产品开发新闻发布会。

六、延伸阅读

[1] 李富阁 . 发展中的江苏企业集团 [M]. 南京：江苏人民出版社，1988.

[2] 菊花风扇，老牌的前世今生 [EB/OL].[2012-06-03].http://www.douban.com/note/217937546/.

[3] 朱品昌 . "菊花"电扇商标拍卖易主 [J]. 中华商标，2003(09): 32.

[4] 吴祥均 . 江苏乡镇企业管理经验千例选 [M]. 北京：中共中央党校出版社，1990.

（蒋家河　周雨　李敬嫄）

卡帝亚

一、品牌简介

宁波卡帝亚电器有限公司成立于 2001 年，位于宁波慈溪。公司主要生产卡帝亚牌电风扇、冷暖风扇、取暖器、空气净化器等四大系列产品，是慈溪两季小家电产品最大专业生产基地之一。公司于 2001 年通过 ISO 9001：2000 质量体系认证，主导产品全部通过 CCC、UL、GS、CE 认证，产品出口销往美国、俄罗斯、欧盟等 20 多个国家和地区。卡帝亚品牌陆续获得"宁波知名商标""宁波名牌产品""浙江省著名商标""浙江省名牌产品"等称号。

二、品牌发展历程

2014 年，被评为"国家高新技术企业"称号。

三、产品技术创新

卡帝亚电器每年投放市场的新产品达到 20 多款，企业获得 200 多项国家专利，其手提式空调扇获得国家发明专利。

四、广告策略

（一）代言人

2012 年，韩国明星张瑞希代言该公司"韩代"品牌电风扇和取暖器。

（二）广告策略

在电商领域，卡帝亚一方面推广自主品牌，另一方面获得奥克斯公司授权的品牌使用权，采用两个品牌共同发展的策略。

五、企业公关活动

2012 年 8 月 26 日，参与由慧聪家电网组织的慈溪市第一届小家电及配件采购会，展会中出现许多小厂家生产产品与卡帝亚品牌产品高度雷同，卡帝亚采取法律措施维护自身权利。

2014年5月13日，卡帝亚电器公司组织员工参与义务献血活动。

六、延伸阅读

[1] 宁波卡帝亚电器有限公司官网 [EB/OL]. [2017-07-10]. http://www.kadeer.cn/index.asp.

[2] 张金科，孙儒波，施小煊.卡帝亚：品牌先行开创市场竞争新格局 [EB/OL]. [2017-07-10]. 中国慈溪家电网 .http://www.cnhea.com/china/newsinfo.asp?id=2921.

[3] 卡帝亚电器天猫旗舰店 [EB/OL].[2017-09-01].https://kadeer.tmall.com/.

[4] 凌寒 . 卡帝亚电器：全新代取暖器，科技点亮生活 [EB/OL].[2017-09-01].http://info.homea.hc360. com/2013/08/171416961708.shtml.

（蒋家河　周雨　李敬嫄）

卡萨帝

Casarte

一、品牌简介

卡萨帝，海尔旗下高端家电品牌，成立于 2006 年。该品牌以艺术家电和嵌入一体化橱电为核心产品。目前，卡萨帝拥有冰箱、酒柜、空调、洗衣机、热水器、厨房电器、生活小家电、电视机以及整体橱柜等 9 大类、39 大系列、380 余个型号的产品。卡萨帝这一名字源于意大利语，"La casa"意为"家"，"arte"意为"艺术"，两者合二为一就是"Casarte"，意为"家的艺术"。卡萨帝在全球拥有 14 个设计中心、28 个合作研发机构，有 300 多位设计师的设计师团队。2008 年 6 月，卡萨帝系列冰箱荣获 Plus X Award 大奖。这是卡萨帝冰箱第三次获得欧洲权威机构的认可。2015 年，卡萨帝博芬酒柜获得 2015 年德国 iF 设计大奖。

二、品牌发展历程

2006 年，卡萨帝首批产品获得中国创新设计红星奖和至尊金奖。

2007 年，卡萨帝洗衣机获得德国汉诺威工业论坛设计中心颁发的 iF 设计大奖。该奖号称设计界奥斯卡。

2008 年 3 月，卡萨帝意式三门冰箱获得 2008 年红点至尊奖。

5 月，卡萨帝法式对开门冰箱成为我国家电行业唯一获得第 24 届美国金锤奖（Golden Hammer Award）的品牌。

9 月，卡萨帝意式三门冰箱获得美国 *Business Week* 与美国工业设计师协会共同评选的 2008 年工业设计优秀奖。这是本年度唯一获奖的冰箱产品。

2009 年 5 月，世界权威创意经济研究机构——世界创意经济研究中心公布 2008 年度影响世界的十大创意产品名单,卡萨帝法式对开门冰箱凭借"超级空间"成为唯一入选的冰箱品牌。

9 月，在德国 IFA 展会上，卡萨帝法式对开门冰箱获得 2009 年度最佳技术创新奖。

2010 年 5 月，卡萨帝燃气灶获得德国 2010 年红点奖。

12 月，卡萨帝冰箱在"智造·十年——寻找影响中国的商业新势力"2010 年度大型论坛上获得十年新锐产品奖。

2011 年 1 月，卡萨帝法式六门冰箱获得 2010 年—2011 年度冰箱类唯一红顶奖。

2 月，卡萨帝铂晶系列家电获得 2011 年 iF 设计大奖。

3月，卡萨帝物联网三门冰箱及太阳能热水器获得德国 2011 年红点奖。

4月，卡萨帝云 PAD 获得 2011 年 iF 国际设计大赛金奖。

9月，德国柏林国际消费类电子展上，卡萨帝云 PAD 获得用户体验金奖；卡萨帝电热水器获得 IFA 展"2011 年度中国家用电器创新奖评选活动"中的产品创新奖。

10月，卡萨帝社交电视荣获"第六届色彩中国"色彩应用奖。

11月，Carste-II 成套家电及卡萨帝复式高级滚筒洗衣机获得 2011 年 iF 设计大奖。

2012 年 6 月，卡萨帝意式二代冰箱获得 PIN UP 亚洲创意产业设计大奖（PIN UP Design Awards）。

7月，卡萨帝对开门 BCD-628WACW 冰箱和意式二代 BCD-336WFL 冰箱获得 2012 年 IDEA 国际设计优秀奖（finalists awards）。

2013 年 1 月，卡萨帝博芬系列物联网双温区酒柜获得红顶奖，成为酒柜类产品唯一获此殊荣的品牌。

3月，卡萨帝有五款冰箱获得 2013 年红点奖。

11月，卡萨帝冰吧获得 2013 年凤凰时尚之选——年度时尚品牌大奖。

12月，卡萨帝朗度冰箱获得 2013 年中国年度新锐榜——优化生活特别贡献奖。

2014 年 7 月，卡萨帝意式冰箱获得全球首个冰箱行业的 VDE 质量认证证书。

7月，卡萨帝云裳欧式滚筒洗衣机获得年度中国国际消费电子 Leader 产品创新奖；同月，卡萨帝朗度法式对开门冰箱获得 2014 年德国红点奖，至此，卡萨帝全线冰箱品类均获得红点大奖。

9月，卡萨帝朗度冰箱获 IFA 展产品创新奖。

11月，"'一起跑 慢慢爱'卡萨帝 3km 家庭马拉松"项目获得金旗奖 2014 年最具公众影响力品牌传播大奖。

2015 年 2 月，卡萨帝博芬酒柜获得 2015 年德国 iF 设计大奖；双子云裳洗衣机再度获得 iF 中的 UI 重要奖项，成为史上首例获得两项 iF 奖的产品。

3月，卡萨帝灵珑传奇热水器以及卡萨帝云裳欧式洗衣机获得 2015 年德国红点奖。

5月 25 日，世界影响力组织授予卡萨帝"全球高端家电领袖品牌"的称号，卡萨帝成为全球范围内首次获此奖项的家电品牌；卡萨帝双子云裳洗衣机被授予领袖式创新大奖；同月，卡萨帝顶级云珍冰箱获得 2014 年—2015 年度高端冰箱领导品牌及行业技术创新引领奖两个奖项。

7月，卡萨帝顶级云珍冰箱获得设计趋势与技术创新两项 Leader 创新大奖。

9月 4 日，卡萨帝双子云裳在德国柏林 IFA 展会上获得智能洗护技术创新金奖。

10月，卡萨帝获得中国家电科技进步奖一等奖。

12月，卡萨帝顶级云珍冰箱获得 2015 年中国冰箱产业节能引领奖及 2015 年度最佳产品两个奖项。

2016 年 1 月，卡萨帝顶级云珍冰箱和云珍三门冰箱获得德国 iF 大奖。

2月，卡萨帝双子云裳获得 iF 设计榜单设计大奖。

6月，卡萨帝双子云裳获得 VDE 认证。

7月 10 日，卡萨帝双子云裳洗衣机获得 2015 年电博会 Leader 创新奖、工业设计奖和高端首选品牌奖；卡萨帝全景抽屉对开门冰箱获得德国 TUV 认证；卡萨帝云珍冰箱获得美国 SIEMIC 认证及 Leader 技术创新大奖称号。

9 月 20 日，卡萨帝获得"2016 年度洗衣机行业高端洗护引领品牌"称号；同月，卡萨帝红外恒温六门冰箱获得年度设计创新大奖；红外恒温冰箱获得德国 TUV 认证。

三、产品技术创新

材质选择以不锈钢和玻璃为主的"永恒材质"，先后获 iF 设计大奖、红点奖、Plus X 大奖等全球工业设计顶级奖项。截至 2015 年 3 月，卡萨帝共获国际级设计大奖 14 项，取得产品专利 1 512 项。

朗度对开门冰箱所应用的最新发泡技术是世界前沿科技之一；

云珍冰箱及鼎级云珍冰箱，行业首创气悬浮无油压缩动力科技；

双子云裳洗衣机首创一机双筒实现不同衣物分区洗涤，更设有上筒 12 种下筒 18 种专属洗护程序，满足不同高端衣物的洗护需求；

云典厨电首次提供了中西厨不同烹饪方式的解决方案；

博芬酒柜则可实现双温区智能物联功能；

复式大滚筒洗衣机首创"Se 复式平衡环"，保证了机器的安静运行；

传奇系列热水器搭载的 NOCO 技术是目前燃气行业中最安全的技术；

物联网冰箱可实现与网络、超市等连接，并配备有网络可视电话功能，可浏览资讯、播放视频。

四、广告策略

卡萨帝品牌以新浪和腾讯微博为平台，针对不同的节日和事件展开话题互动。

2013 年年初，卡萨帝联手凤凰网开展了一场《创艺启示录》的营销活动。

2014 年，卡萨帝联手网易，在元旦、春节期间推出"家期"专题活动。

2014 年，与优酷视频《亲艾的衣橱》合作打造一档时尚节目。

2014 年 4 月，卡萨帝启动"精致生活中国行"移动之家全国体验活动。

2014 年 7 月，巴西世界杯落幕后，卡萨帝传奇热水器邀请球迷和用户一起玩真人密室逃脱。

2015 年 8 月，卡萨帝与《十二道锋味 2》跨界合作，植入多款产品。

五、企业危机事件

卡萨帝冰箱名列 2011 年—2012 年度十大被反对冰箱品牌第九位，被媒体曝光。

六、企业公关活动

2010 年 6 月 28 日，卡萨帝在上海世博园意大利馆举行了《格调生活白皮书》发布仪式，卡萨帝广邀艺术、设计、美食美酒界精英参与仪式。

2010 年 9 月 16 日，卡萨帝携手马艳丽、李东田等来自服装、造型、音乐、室内设计、生活心理不同领域的知名"生活艺术家"共同举办"意·格调"生活艺术家沙龙暨卡萨帝创艺设计概念展。

2011年，卡萨帝"真实触·动，格调家宴"年度系列主题公关活动通过"味""嗅""触""视""听"五种不同感官体验心灵的触动。

2011年4月18日，卡萨帝在北京竞园艺术中心签约中国杯世界花样滑冰大奖赛暨卡萨帝冰童选拔赛。

2012年6月30日，卡萨帝、财经中国高尔夫群英会以及和讯网在北京天安假日高尔夫俱乐部共同举办"真实触动——卡萨帝财经中国会高尔夫球赛"活动

2011年—2015年，第四届卡萨帝创艺大赛成功举办。卡萨帝为每一个参加创艺比赛的大学生提供资金和资源支持以及展示平台。

2013年9月，卡萨帝开展室内空气净化公益活动，免费为市民提供上门空气质量检测和治理服务。

2014年—2015年，卡萨帝连续两年在14座城市发起"家庭马拉松"公益活动，在积极传递正能量的同时，也在品牌和用户之间建立感情纽带。同时助力厦门国际马拉松、兰州马拉松等赛事。2015年卡萨帝还邀请了英菲尼迪、万科、美津浓等很多致力于生活方式提升的品牌和机构加入。

2014年—2015年，卡萨帝均为中国网球公开赛独家合作伙伴。2015年，卡萨帝联合中国网球公开赛发起2015年中网·卡萨帝商学院网球挑战赛，先后在北京、成都、杭州、广州等城市开赛。

2015年4月25日，由亦庄BHG Mall联合亦庄经济开发区总工会、卡萨帝北京共同筹办的"亦起行动 庄严未来"大型公益活动在亦庄博大公园启动。

2015年6月2日，卡萨帝2015年思享荟"思·厨'味'爱而生"美食主题活动暨《十二道锋味》战略合作发布会在北京举行。

2015年6月19日，卡萨帝举办以"云典盛宴，为爱而生"为主题的大客户高峰论坛。

七、延伸阅读

[1] 卡萨帝官网 [EB/OL].[2017-09-01]http://www.casarte.com/.

[2] 曾健.高端冰箱未来五大趋势卡萨帝冰箱2010新品全接触 [J].家用电器，2010(5):76.

[3] 覃卓燕.海尔双品牌"摸石头过河" [J].市场观察，2007(11):50-51.

[4] 卡萨帝：再创体育营销新篇章 [J].广告人，2012(7):160.

[5] 吴晓燕.卡萨帝："真实触动"数字体验 [J].成功营销，2011(9):50-51.

[6] 陈晓燕.卡萨帝冰箱：用影片探寻原味 借故事诠释新鲜 [J].广告大观综合版，2014(4):50-52.

[7] 李欣.卡萨帝的"创艺"范儿 [J].成功营销，2013(1):28-29.

[8] 李敏.卡萨帝，在这个家期唤醒你的爱——网易新春双节"家期"主题营销案例解析 [J].声屏世界·广告人，2014：94-96.

[9] 《锋味2》开播卡萨帝独家定制"锋味厨房" [EB/OL]. [2017-09-01]. http://www.casarte.com/about/xwlb/201508/ t20150810_248228.shtml.

[10] 卡萨帝携手《锋味2》跨界营销如何做到三方共赢？ [EB/OL]. [2017-09-01]. http://www.casarte.

com/about/xwlb/ 201508/t20150817_248259.shtml.

[11] 创客不仅是潮流 还是基因和核心竞争力 [EB/OL]. [2017-09-01]. http://www.casarte.com/about/xwlb/201508/t20150803_248158.shtml.

[12] 卡萨帝与《亲爱的衣橱》是怎样合作的？ [EB/OL].[2017-09-01].http://www.adquan.com/post-5-30811.html.

[13] 卡萨帝的生活创艺：20,30,40[EB/OL].[2017-09-01].http://www.adquan.com/post-1-17701.html.

[14] 卡萨帝《礼物》，增加产品戏份的互动微电影 [EB/OL].[2017-09-01].http://www.adquan.com/post-3-14168.html.

[15] 探秘卡萨帝互动微电影《独家》[EB/OL].[2017-09-01].http://www.adquan.com/post-1-11956.html.

[16] 卡萨帝创艺大赛落幕 让每一个创客都有一个舞台 [EB/OL].[2017-09-01].http://hangye.brandcn.com/shangxun/150727_389983.html.

[17] 卡萨帝星云厨电开启厨房社交新时代 [EB/OL].[2017-09-01].http://hangye.brandcn.com/shangxun/141105_380852.html.

[18] 卡萨帝：从打造品牌到创造品类 [EB/OL].[2017-09-01].http://hangye.brandcn.com/dianqi/140922_379485.html.

（张庆芳　王霏　李敬嬠）

开博尔

一、品牌简介

开博尔是深圳市开博尔科技有限公司的公司品牌。该公司成立于 2005 年。该公司总部位于深圳市宝安区。公司现有员工中，研发人员比例占 30% 以上。该公司主要从事自主生产、研发、销售智能高清播放设备。2012 年，开博尔荣获"国家高新技术企业"认定。

二、品牌发展历程

2005 年，毛勇刚创立开博尔。

2007 年，深圳市开博尔科技有限公司正式成立。

2008 年，获取产品 CCC 认证。

2009 年，外贸部成立，顺利打开东南亚市场。同年，品牌部成立，开博尔品牌推广正式启动，在深圳华强电子开设开博尔品牌专卖店。

2011 年，成立深圳市美威视科技有限公司；成为 2011 年影音电器渠道销量第一品牌。

2012 年，获得"国家高新技术企业"认定。

2013 年，成为"飞利浦连接线"中华区总经销。

2015 年 9 月 18 日，开博尔登陆 2015 年东盟展览会。

三、产品技术创新

开博尔拥有多项专利，如"硬盘抽取架及硬盘安装装置"技术专利证书、"全高清播放机（K550I）"外观专利证书、"全高清播放机（K580I）"外观专利证书等并研发出 Real 3D 蓝光播放器。

四、广告营销

开博尔与四川长虹信息技术有限责任公司、华硕电脑、飞利浦等多家公司合作。

2015 年开博尔投资百万赞助《我是歌手》节目活动，赞助湖南电视台娱乐节目《我是歌手双年巅峰会》。

五、企业公关活动

2015 年 4 月 18 日，举办 2015 年新品发布会暨产业链共赢大会。

2015 年 9 月，开博尔在天猫商城展开"十万台盒子 180 天免费大试用"活动。

六、延伸阅读

[1] 开博尔官网 [EB/OL]. [2017-09-01]. http://cable.kaiboer.com/.

[2] 开博尔官方论坛 [EB/OL]. [2017-09-01]. http://bbs.kaiboer.com/thread-103003-1-1.html.

[3] 钟洁珍. 开博尔浪漫七夕大促销 为爱加把劲 [EB/OL]. [2017-09-01]. http://www.pcpop.com/doc/0/935/935756.shtml.

[4] 开博尔 2015 新品树立八核盒子新标杆 [EB/OL]. [2017-09-01]. http://gd.qq.com/a/20150422/017500.htm.

（蒋家河　周雨　李敬嫄）

KAILY | **凯力**
——家庭服务机器人领导品牌——

一、品牌简介

凯力品牌隶属于嘉兴凯力塑业有限公司。嘉兴凯力塑业有限公司成立于 1999 年，位于浙江嘉兴南湖区。该公司是一家集智能家用电器产品开发、生产、销售为一体的综合性高科技企业，主要产品有智能吸尘器、保洁机器人、智能扫地机。目前，嘉兴凯力所有产品都取得 ROHS 环保，欧洲 CE，美国 UL 认证及其他现行国际标准。产品远销欧洲、北美、南美、澳洲、东南亚、中东等地。

二、品牌发展历程

1999 年，公司成立，落户嘉兴。
2007 年，在杭州建立研发中心。
2008 年，智能吸尘器上市。

三、产品技术创新

公司在智能吸尘器、保洁机器人、智能扫地机等产品上推出高效清洁、智能防跌落、防撞、自动虚拟墙和回充等设备领先功能，同时对设备加入低噪音设计。

四、广告策略

2013 年，凯力扫地机面向家庭主妇推出广告口号"凯力，你就如冬日的一缕阳光，让我看到温暖，女人还是多为自己想想"。
2015 年，聘请娱乐明星吴京代言凯力智能清洁产品，提出"这个夏天，让凯力和你一起回家"广告口号。

五、企业危机事件

2014 年 1 月 4 日，深圳市银星公司控诉凯力公司自 2010 年起生产制造的智能吸尘器侵犯其公司"全自动清洁机"的外观设计专利。凯力公司在其官网、巴巴网站、中国制造网、中国供应商网、土豆网、优酷网等多个网站宣传、展示、演示银星公司生产的智能吸尘器，其中K-210型智能吸尘器的外观与银星公司的"全自动清洁机"外观设计基本一致，侵犯了银星公司的外观设计专利权。最终凯力公司败诉，该事件对凯力公司带来负面影响。

六、延伸阅读

[1] 凯力公司官网 [EB/OL]. [2017-09-01]. https://jxkaily.cn.china.cn/

[2] 中国裁判文书网 [EB/OL]. [2017-09-01]. http://www.court.gov.cn/zgcpwsw/gd/ms/201411/t20141110_4005469.htm.

（蒋家河　周雨　李敬嫄）

康　宝

Canbo康宝

一、品牌简介

康宝是广东康宝电器股份有限公司的公司品牌。该公司 1988 年 1 月成立于广东省佛山市。该公司主要从事消毒柜、吸油烟机、燃气灶、净水器、空气净化器等健康家电的设计研发、生产和销售。2015 年，获得"中国家电十佳畅销品牌"称号。

二、品牌发展历程

1988 年 1 月，康宝发明了家用远红外线消毒碗柜，获得国家实用新型专利。

1995 年，康宝获得"中国乡镇企业名牌产品"称号。

2002 年，康宝获得"产品质量公证十佳品牌"称号。

2008 年 6 月，康宝获得"中国消毒碗柜行业标志性品牌"称号。

2013 年 9 月，康宝获评"储水式电热水器行业十强"。

2014 年 1 月，广东康宝电器股份有限公司成立。

2015 年 6 月，康宝获得"全国售后服务行业十佳单位"称号。

2016 年，获得"2015 年中国家电十佳畅销品牌""中国价值品牌 500 强""消毒柜行业五强品牌"等称号。

2017 年 3 月，获得"维护消费者权益 3·15 满意单位"称号。

三、产品技术创新

1992 年，康宝首台商用餐具消毒柜诞生。

1994 年，康宝首台毛巾柜诞生。

康宝推出电脑型消毒碗柜。

2001 年年初，推出"数码龙变频系列"消毒柜，采用最新一代模糊控制技术。

2002 年，康宝首台嵌柜诞生。

全面进军电磁炉、吸油烟机、燃气灶、热水器市场。

2009 年，康宝开始研发无线物联家居系统。

2012 年，康宝首台眼镜消毒柜诞生。

2013 年，康宝首台内衣晾晒清新机诞生。

2014 年，多维喷淋 O3 高温变频基数消毒柜诞生。

2015 年，康宝推出拉篮消毒柜、"消毒魔方"、桌面消毒柜三款新品。

四、广告策略

2011 年，广东康宝电器有限公司签约陈道明为康宝品牌形象代言人。

五、企业公关活动

2006 年，康宝独家赞助制作第十六届中国厨师节吉祥物。

2007 年，康宝成为国家奥林匹克中心专用产品。

2008 年 5 月，康宝向四川灾区捐赠 100 万元。

2008 年，安徽阜阳手足口病期间，康宝向阜阳捐献价值 20 万元的消毒柜产品。

印度洋海啸发生后，康宝捐赠了总价值 51.6 万元的首批 456 台消毒柜及 5 万元现金，此后又对受水灾影响的地区捐赠价值 70 万元的消毒柜。

2010 年，康宝罗小甲董事长向杏坛慈善会捐赠 100 万元。

六、延伸阅读

[1] 广东康宝电器股份有限公司官网 [EB/OL]. [2017-09-01]. http://www.canbo.cn/zh-CN/index.html.

[2] 黛星，伍青云. 称雄世界的民族品牌——"世界消毒碗柜王国"广东康宝电器有限公司纪实 [J]. 中国质量与品牌，2005(7):120-122.

[3] 肖惠霞. 如书如画如虹的"康宝"——广东康宝电器有限公司品牌建设之路 [J]. 中国品牌，2007 (6):136-138.

[4] 南方都市报. 康宝电器发布新战略，推 5U 发新品深化合作 [EB/OL]. [2017-09-01]. http://epaper.oeeee. com/epaper/D/html/ 2015-01/28/content_3381558.htm?div=-1.2015-1-28.

[5] 百度百科. 广东康宝电器有限公司 [EB/OL]. [2017-09-01]. http://baike.baidu.com/link?url=IN8qeCf kbEldfgnzJN55a4 CR4lh6ebYSMqgjK0P1AUpdum09PuSip66WPMWh_6KERK9UsvUOi4C6dYsSRBvMUq.

（纪晓君　陈瑞　李敬嫄）

康　佳

KONKA 康佳

一、品牌简介

　　康佳是康佳集团股份有限公司的公司品牌。该公司1980年成立于广东省深圳市，前身是"广东光明华侨电子工业公司"，是中国改革开放后诞生的第一家中外合资电子企业。该公司主要从事彩色电视机、手机、白色家电、厨卫电器、净水系列、日用生活电器、LED、机顶盒及相关产品的研发、制造和销售，兼及精密模具、注塑件、高频头、印制板、变压器及手机电池等配套业务。1997年，KONKA康佳获得"中国驰名商标"称号。

二、品牌发展历程

1980年，光明华侨电子工业有限公司正式投产经营。
　　　　　确定公司产品商标为"KONKA康佳"，注册商标图案为"KK"。
1983年，电视中央信号源建成，公司产品由收录机向电视机转变。
1984年，公司第一条电视机整机生产线（206）建成投产。
1987年，取得电子工业部颁发的"内销彩电生产许可证"。
1989年，公司更名为"深圳康佳电子有限公司"。
　　　　　董事常务副总陈宏明当选"全国劳动模范"。
1991年，公司更名为"深圳康佳电子（集团）股份有限公司"。
1992年，深康佳A股（000016）、深康佳B股（200016）在深圳证券交易所挂牌上市。
1993年，康佳与牡丹江电视机厂合资兴办的牡丹江康佳实业有限公司（牡康）正式开业，康佳控股60%。
1995年，公司更名为"康佳集团股份有限公司"。
1999年，深圳康佳通信科技有限公司和康佳通讯开发中心成立，进军移动通信产品领域。
2006年，康佳D163、D363两款手机获得德国iF设计（中国）奖（iF Design Award China 2006）"。
2007年，康佳D316手机获得德国iF设计奖。
2008年，成立全球呼叫中心，成为服务和沟通咨询的重要平台。
2013年，正式推出康佳彩电线上品牌——KKTV。
2014年，康佳股份有限公司联合韩国现代集团研发韩国现代HYUDAI电视。

2015 年，康佳与 GITV、腾讯联合推出 T60 超级电视。

2017 年 7 月，康佳设计项目"纸乐构"获得红点奖设计概念奖（Red Dot Design Concept 2017）。

三、产品技术创新

研发投入方面，康佳 1990 年成立技术开发中心，2004 年成立康佳研究院。

1999 年，独立研制出高清晰数字电视（HDTV）；启动高清晰数字电视生产线。

2000 年，研制出彩电微控制器芯片。

2004 年，康佳 130 万象素手机 T100 发布；推出 55 寸液晶电视和 76 寸的等离子电视。

2008 年，康佳第一台 240Hz 运动高清液晶电视诞生。

2009 年，自主研发制造的 55 寸液晶模组正式下线；研发 12Bit 色轮护眼技术液晶电视。

四、广告策略

（一）代言人

1999 年，影星周润发代言康佳"情义通"手机。

2003 年，影星张曼玉成为康佳代言人。

2014 年，影星范冰冰代言康佳电视。

（二）广告奖项

2003 年，康佳"高清战略"获得艾菲奖。

2004 年 3 月，康佳携手《指环王 3：王者无敌》开展为期三个月的整合营销运动，获得艾菲奖银奖。

五、企业危机事件

2015 年 5 月，康佳内部爆发大小股东董事会之争，这是康佳成立 36 年面临最大的危机。同年 6 月起，先后有 6 位集团管理层、1 位董事局主席和 1 位监事宣布辞职。2015 年康佳遭遇了历史最大亏损，归属上市公司股东的净亏损高达 12.57 亿元，比上年同期下滑 2488.32%。深康佳承认，公司管理层频繁变动，对公司凝聚力、员工士气、产品规划战略以及经营效率带来了较大冲击。

六、企业公关活动

（一）赞助冠名

2015 年，赞助导演陈凯歌电影《无极》，发起"康佳铂晶、无极高清"铂晶平板营销攻势。

2016 年，康佳成为第二十届"全球华语榜中榜"独家冠名赞助商。

2017 年，成为江苏苏宁足球俱乐部顶级赞助商；成为西班牙足球甲级联赛中国区官方合作伙伴。

（二）慈善公益

1995 年，康佳捐建的首座"康佳希望小学"在延安榆林桥奠基。

2008 年 5 月，康佳集团向汶川地震灾区捐赠 500 万元。

2013 年，向雅安地震捐款 200 万元。

此外，康佳还参与"康佳集团公益万里行"、"心之旅"亲情关爱计划、"金秋助学"等慈善公益活动。

七、延伸阅读

[1] 康佳官方网站 [EB/OL]. [2017-08-05]. http://www.konka.com/.

[2] 回顾中国企业：康佳成长的三十二年岁月 [EB/OL]. [2017-08-05]. http://digi.163.com/12/0906/09/8AN6KPBE001618VK_all.html.

[3] 百度百科 . 康佳 [EB/OL].[2017-08-05]. https://baike.baidu.com/item/ 康佳 /270373?fr=aladdin.

[4] 康佳手机二度折桂德国"iF"大奖 [EB/OL]. [2017-08-05]. http://it.sohu.com/20070814/n251583592.shtml.

[5] 康佳召开多媒体秋季新品发布会暨体育营销年启动盛典 [EB/OL]. [2017-08-05]. http://company.konka.com/index.php?ac=article&at=read&did=668.

[6] 张曼玉代言康佳新产品 身价超过周润发 [EB/OL]. [2017-08-05]. http://ent.sina.com.cn/m/2003-03-19/0110138516.html.

[7] 康佳启动品牌重塑战略 注入年轻化时尚化 [EB/OL]. [2017-08-05]. http://www.chinadaily.com.cn/hqcj/xfly/2014-09-04/content_12324115.html.

[8] 娱乐营销："傍大片"实施营销 [EB/OL]. [2017-08-05]. http://bschool.hexun.com/2014-04-03/163633863.html.

（刘洁　赵洁　静思宇）

康视宝

KANSIBO® 康视宝
— 看得见的感动 · VISIBLE TOUCH —

一、品牌简介

康视宝是广州市康视电器有限公司旗下液晶电视品牌，商标于 2008 年注册。该公司产品主要包括 LED 平板电视、LCD 平板电视、3D 平板电视和智能平板电视四大类别。康视电器公司产品均通过国家强制性认证产品 CCC 认证，获得"AAA 级中国质量信用企业"等称号。

二、品牌发展历程

2008 年，康视宝完成商标注册，品牌口号为"看得见的感动（Visible Touch）"。

2008 年—2010 年，康视宝主要生产 CRT 背投及 LCD 液晶电视，销往非洲、东南亚、南美等地。

2012 年，康视宝全面投入国内市场。同年 7 月，成立了电子商务工作室，专职负责康视宝品牌业务。

2013 年 3 月，康视宝开始招商加盟，推进并建设包括阿里巴巴旗舰店、康视宝品牌官网、淘宝 / 天猫分销渠道等一系列分销业务。

2015 年 3 月，康视宝的产品规模从小尺寸扩张至 32 寸到 60 寸的大尺寸液晶电视。

三、广告策略

康视宝主要依靠互联网广告的形式进行网络化营销。

四、企业公关活动

康视宝注重采取业务员走访的方式维系经销商关系，通过社交媒体的平台进行消费者公关活动。

五、延伸阅读

[1] 康视宝阿里巴巴官方商城 [EB/OL]. [2017-09-01]. http://gzksdq.1688.com/.

[2] 康视宝品牌微信公众号：kansibo2013.

[2] 百度百科. 广州市康视电器有限公司 [EB/OL]. [2017-09-01]. http://baike.baidu.com/view/9478422.htm.

[4] 百度百科. 康视宝品牌 [EB/OL]. [2017-09-01]. http://baike.baidu.com/view/6352151.htm.

（蒋家河　周雨　李敬嫄）

科立迅

专业无线通信系统解决方案供应商
Professional wireless communication system solution supplier

一、品牌简介

科立迅是深圳科立讯通信股份有限公司的公司品牌。该公司成立于 2001 年 8 月，注册资本 7 500 万元。该公司主要从事专业移动通讯对讲终端和应用系统集成解决方案的研发、生产、销售及服务。2009 年被评为"国家级高新技术企业"，先后获得"中国城市开发与物业管理最佳通讯产品""中国 2010 年上海世博会对讲机专项赞助商"等称号。

二、品牌发展历程

2001 年，科立讯电子（深圳）有限公司注册成立。

2002 年，第一款自主研发的产品——PT2208、PT3208 投放市场。

2004 年，首次以科立讯品牌形象亮相德国 CEBIT；获得中国出口企业成就奖；参与《国家专业调频机国标》的修订起草工作。

2005 年，成立香港公司；与清华大学深圳研究院共同参与《中国数字对讲机标准》起草；启用全新的品牌标识及视觉识别系统。

2006 年，首次以科立讯品牌参加 IWCE 展会；中标国家林业局"森林防火物资储备对讲机采购项目"。

2007 年，获得"中外酒店二姐白金奖之十大优秀供应商"称号。

2008 年，科立讯福建泉州生产基地正式投入使用。

2009 年，获得"国家级高新技术企业"称号；推出数字信号处理对讲机；通过德国 TUV 认证机构 ISO 9001：2000 国际质量管理体系认证。

2011 年，成立福建科立讯电子有限公司；获得"中国安防发展指数经济数据采集单位荣誉证书"。

2012 年，改制为科立讯通信股份有限公司，获"守合同重信用企业"称号。

2013 年，获中国通信行业发展论坛"最具成长性通信企业"，入选德勒"高科技高成长亚洲五百强"。

三、产品技术创新

2003 年，自主研发产品 PT2208、PT3208 获得欧洲 CE 认证及美国 FCC 认证。

2004 年，通过德国 TUV 认证机构 ISO 9001:2000 国际质量管理体系的认证；获得国家知识产权局颁发的外观专利证书。

2005 年，集群对讲机 PT6800 上市。

2007 年，PT6500、PT7200、PT8200 上市。

2009 年，推出数字信号处理对讲机；通过德国 TUV 认证机构 ISO 9001:2008 国际质量管理体系的认证。

2010 年，成为专业数字集群（PDT）产业技术创新联盟常务理事会员。

2011 年，开发数字对讲机 V688/E66；开发 TD-TDMA 超短波数字通信系统并应用于林业防火应急通信。

四、广告策略

科立迅的广告策略多采用不定期促销、用户交流会（经销商峰会）及公关赞助活动。

五、企业公关活动

2003 年，赞助全国警察汽车拉力赛。

2004 年，赞助全国铁路汽车拉力赛。

2004 年，赞助保卫钓鱼岛活动。

2005 年，赞助大学生三人篮球赛。

2006 年，为中国派往中东地区的第一支维和部队——驻黎巴嫩维和部队提供通讯设备。

2007 年，赞助新疆幕什塔登山队活动、中外酒店论坛第四届峰会以及中国物业管理论坛大会，获得"中国城市开发与物业管理最佳通讯产品"。

2008 年，支持奥运火炬传递活动。科立讯为汶川灾区提供无线通讯设备，组织员工为灾区捐款。

2009 年，科立讯与壹基金救援联盟签订合作协议，成为壹基金救援联盟战略合作伙伴，举行"爱在汶川"义卖活动，将全部款项捐于汶川中学重建工程。

2010 年，成为中国 2010 年上海世博会对讲机专项赞助商。

2011 年，赞助"2011 年中国方程式大奖赛"，成为 CFGP 通讯唯一指定品牌；支持清远山区贫困小学教育，开展"捐一本书 献一份爱"活动。

六、延伸阅读

[1] 科立讯官网 [EB/OL]. [2015-8-30]. http://www.kirisun.com/.

[2] 百度百科 . 深圳科立讯电子有限公司 [EB/OL]. [2017-09-01]. http://baike.baidu.com/link?url=1u-JN9YFiSl8kT2OKZyW4gm0KxDcABjECgbx_xyVEyXEd8wtK8lhQHjGYXsy_HbakjKVioV2oifs9bgeewM522q.

（汪妍　黄含韵　李敬媛）

科 龙

KELON 科龙

一、品牌简介

科龙是海信科龙电气股份有限公司的公司品牌。该公司创立于1984年,总部位于广东顺德,主要从事空调、冰箱、冷柜等白色家电领域产品的研发、制造、营销和售后服务。1996年和1999年,公司股票分别在香港和深圳两地发行上市。2006年年底,海信成功收购科龙电器,成立海信科龙电器股份有限公司。

二、品牌发展历程

1984年,科龙借用顺德市容声电饭锅厂的"容声"商标,生产容声牌电冰箱,主营家用电冰箱。

1994年,科龙空调被评为"全国用户满意产品"。

1996年4月,科龙公司成为科龙(容声)集团控股的子公司。

5月,科龙公司吸收合并广东容声冰箱有限公司,合并后的公司沿用科龙名称。

7月,科龙公司公开发行H股并在香港上市。

1997年,科龙通过ISO 14001环保体系国际认证。

1999年,科龙在深圳发行A股上市;同年,科龙被推举为1999年全球新兴市场100家最佳企业之一并获得"中国驰名商标"称号。

2001年,科龙空调获得"中国名牌产品"称号;同年,科龙被评选为中国上市公司百强企业。

2003年,科龙双高效空调被列入2003年度科技产业化项目计划;在全球环境基金(GEF)组织举办的"节能明星冰箱"大赛中,科龙获得"节能明星"大奖。

2004年6月,科龙双高效系列空调被评为中国节能空调市场用户满意第一品牌。同年8月,科龙获得2004年度节能贡献奖。

2005年,科龙电器濒临破产,最终被并购。

2006年,科龙"锋尚"系列空调柜机获得iF中国设计大奖。同年年底,海信集团收购科龙公司。

2007年6月18日,海信电器资产重组科龙,"广东科龙电器股份有限公司"更名为"海信科龙电器股份有限公司"。

9月，在国家信息中心发起的评选活动中，科龙空调获得 2007 年冷冻年度国内市场先锋品牌、2007 年冷冻年度国际市场先锋品牌、2007 年冷冻年度最佳营销创新奖等五个奖项。

11月，科龙空调 KFR-35GW/VC、KFR-71LW/VC 获得中国创新设计红星奖。

12月，科龙空调获得"节能标杆产品"称号，海信科龙获"2007 年中国制冷行业节能标杆企业"称号。

2008 年 4 月，科龙空调锋尚系列获得节能奖、环保奖，科龙空调锋尚系列柜挂机成为"2008 年品质空调节能明星空调产品"。

2012 年 9 月 1 日，科龙空调获得德国 IFA 展空调器十强品牌。

2015 年 9 月，科龙空调获得"中国空调行业十强"。

三、品牌识别

（一）Logo 的变化

1997 年，科龙选择香港朗涛设计顾问公司负责新 CI 设计。新的"科龙"将推广名称由"科龙电器"简化为"科龙"。字母和字母的空间分布经特别调整。颜色上，总体采用蓝色，最能点题的是字母"K"的划过顶高的一撇，沿用"科龙红"。

2006 年，海信入主科龙，海信特征植入科龙标志，新标识用象征海信科技和创新精神的字首橙色方块，移入科龙的标志，替代科龙字首"K"上红色的一笔，形成具有海信橙色特征的新标识。

2012 年 3 月，在中国家电博览会上，科龙再一次变更 Logo，将 2006 年 Logo 首字母"K"上的橙色方块换成跟整体一致的蓝色。（见图 1）

图 1 科龙 Logo 演变

（二）企业口号变化

2014 年 1 月 9 日，科龙发布"科龙 30 年，您的信任，我的责任"全新口号。

四、产品技术创新

1996 年，科龙因无氟电冰箱技术获得国家科技进步奖。

2000 年，科龙因碳氢物质替代 CFC 制造系统再获行业内同类别唯一的国家科技进步奖。

2002 年 3 月，科龙独立研发出冰箱分立多循环制冷技术，将此项技术应用于自由多温区冰箱上，在世界上首次成功实现冷藏室及冷冻室的独立循环和系统分时控制。在同年 12 月举办的国际工业设计比赛中，科龙天王座 237AK 冰箱、科龙双效王第二代空调同获金奖。此外，容声"爱宝贝"儿童成长冰箱获得产品创新设计奖优秀奖。

2004 年 7 月，科龙利用空调集成技术，推出第四代"双高效空调"，成为新的世界节能冠军。同年 10 月，科龙推出第五代"双高效空调"，再次刷新由自己保持的世界节能空调能效纪录。

2007 年，科龙空调在业内首次推出"室内机智能清洁技术""独立清洁技术"和"室外机双向循环自动清洁技术"。

五、广告策略

（一）代言人

科龙先后聘请过男演员贾乃亮、歌唱组合"明骏女孩"为科龙空调代言人。

（二）广告策略

2000 年 9 月，科龙集团启动"世纪品牌工程"，宣布与日本电通、美国奥美以及朗涛 CI 设计公司进行合作。

2005 年 10 月，作为国内家电业中唯一的中国航天事业合作伙伴，科龙的广告在中央电视台第一、第二、第四、新闻频道的"神六"专题节目中高频次播出，在凤凰卫视上的播出频次也成倍增加。科龙在全国各地家电商场全面铺开"中国航天专用产品"广告促销活动。

六、企业危机事件

2001 年 10 月 31 日，格林柯尔董事长顾雏军收购广东科龙电器股份有限公司四分之一的股份，成为第一大股东。媒体对顾雏军用于公司收购的巨额资金的来源产生广泛质疑。

2004 年 8 月 9 日，著名经济学家郎咸平指责顾雏军利用权力侵吞国有资产。顾雏军向香港高等法院递交起诉状，以涉嫌诽谤罪起诉郎咸平，引发"郎顾之争"。

2005 年 1 月 11 日，香港联交所谴责格林柯尔违反创业板上市规则。

5 月 10 日，科龙在几次停牌后，公布公司已被中国证监会立案调查的消息。2005 年 8 月 2 日，科龙正式发布公告，证实传闻，顾雏军等 5 名公司高管已被公安部门立案侦查并采取刑事强制措施。

2005 年 9 月 15 日，科龙公告证实海信 9 亿收购科龙。2006 年 4 月 24 日，科龙电器发布公告，正式宣布海信用于收购科龙 26.43% 股权的交易价格由原定的 9 亿元，调整为 6.8 亿元。

七、企业公关活动

1996 年，科龙先后出资 100 万元赞助江西、广西、广东三省（区）5 所"科龙希望小学"。

1996 年起，科龙斥资 1 000 万元，分期资助国家级贫困地区进行"造血式"扶贫，首期在江西赣县建立"科龙村"。

2000 年 3 月，科龙向筹建中的顺德大学捐款 2 000 多万元。

2003 年 5 月，科龙向第一军医大学珠江医院捐赠 200 台具有负离子杀菌功能的风扇，陆续捐赠数千台负离子风扇给北京、内蒙古等 17 个非典疫区的几十所非典定点医院。

2003 年 7 月，科龙率先向由团中央、教育部发起的"大学生志愿服务西部计划"捐资 100 万元；同时，承诺向志愿服务西部的大学生提供 2 000 个就业岗位。

2005 年 3 月，科龙与中国航天基金会签约成为最高级别的冠名商，即"中国航天事业合作伙伴"，冠名神舟六号。按协议，科龙冰箱、空调、冷柜和洗衣机等产品成为"中国航天专用产品"，各类小家电则成为"中国航天选用产品"。

2008 年 5 月，四川汶川大地震发生后，海信科龙协同海信集团旗下各子公司向灾区捐款 600 万元。同年 8 月，海信科龙在革命老区湖北麻城冠名捐赠"海信科龙红军小学"，向该校捐赠价值近 10 万元的款物。

2010 年 8 月，海信科龙为地震灾区玉树州全部学校送去冰柜和洗衣机，共计 144 台，捐赠物资价值 30 万元。

2011 年 5 月，海信科龙向顺德区容桂小学捐赠 12 万元。

2011 年 7 月，海信科龙向顺德区教育基金会捐款 100 万元。

2012 年 7 月，海信科龙向顺德容桂慈善会捐款 20 万元。

八、延伸阅读

[1] 海信科龙官网 [EB/OL]. [2017-09-01]. http://www.kelon.com/.

[2] 戴晓军. 有为佛山 改革开放时代的弄潮儿 [M]. 广州：广东人民出版社, 2008:36.

[3] 李国华. 科龙变局 [M]. 北京：当代中国出版社, 2006.

[4] 刘建民. 上市公司非公平关联交易研究 [M]. 北京：经济管理出版社, 2012.

[5] 国家质量监督检验检疫总局质量管理司, 中国名牌战略推进委员会秘书处. 中国名牌产品年鉴 2001[M]. 深圳：海天出版社, 2002.

[6] 科龙启动"世纪品牌工程"[J]. 现代广告, 2000(11):89.

[7] 2012 年科龙空调再换标. [EB/OL]. [2015-07-25]. http://bao.hvacr.cn/201203_2023548.html.

[8] 搜狐财经. 顾雏军案终审维持原判 108 页判决书揭其三宗罪. [EB/OL]. [2017-09-01]. http://business.sohu.com/20090410/n263305278.shtml.

[9] 百度文库. 海信集团收购科龙电器的案例 [EB/OL]. [2015-07-25]. http://wenku.baidu.com/link?url=rzZPSUlfx1IBUe4 ictxPL9hcH2W3CG_GwXQn4nqqQ0LtkH-_JeQZCvpcNZlAO08OVPS-ruPlgRzbS_mN-mqGbZrQZASKMgT114iapCDexKIu.

[10] 网易财经频道. 科龙成为"神舟六号"计划赞助者 [EB/OL]. [2015-07-25]. http://money.163.com/economy2003/editor_2003/050324/050324_313533.html.

[11] 新华网. 科龙欲一洗多事印象 大打"神六"广告牌 [EB/OL]. [2015-07-25]. http://news.xinhuanet.com/fortune/ 2005-10/13/content_3612593.htm.

[12] 百度文库. 科龙风暴 [EB/OL]. [2015-07-25]. http://wenku.baidu.com/link?url=rM5ff5GAWAUz_PuHJERD-cjDCb U3qPOEjt4Ft2qwLDpX87x7gjmIR QYDnI904FvFNOCUUnrgMBJ8IMRjXiPk8-4wUdBTP6zMF-PiIEFdc_6ee.

[13] 腾讯网. 证监会：顾雏军等涉嫌违反多项证券法律法规 [EB/OL]. [2015-07-25]. http://finance.qq.com/a/200508 03/000029.htm.

[14] 中国 CI. 亚太品牌策划案例：科龙集团——"多品牌策略型"CI[EB/OL]. [2015-07-25]. http://www.cn-cis.com/ tactic/index_detail.php?articleID=200187.

227

（刘洁　王晶　李敬嫄）

K

科　美

KEMEI科美

一、品牌简介

科美是中山市科美厨卫电器有限公司的公司品牌。该公司位于广东中山，主要从事厨卫家电开发、设计、制造和贸易活动。主要产品有家用燃气灶具、家用吸油烟机、消毒碗柜、家用电热水器、家用燃气快速热水器等。科美品牌获得"全国消费者放心满意品牌""绿色环保首选产品""中国厨卫行业十大品牌""中国驰名商标"等荣誉。

二、品牌发展历程

科美曾获得"中国驰名商标""中国厨卫行业十大品牌"等称号。

三、广告策略

（一）代言人

2014年，科美聘请陈好为品牌形象代言人。

（二）广告策略

科美厨卫以中国城镇厨房电器领导者品牌为目标定位，积极展开营销。2013年，与央视财经频道、综艺频道、军事农业频道、电视剧频道合作，通过媒体资源整合提高关注度。

2014年，除央视外，科美电器在各大知名媒体、电视广告、杂志上刊登广告。网络广告方面，科美的广告在优酷网、土豆网、腾讯等门户网站上同步播出。

三、延伸阅读

[1] 科美官网 [EB/OL]. [2015-08-31]. http://www.zskemei.com/.

[2] 科美电器. 乡镇厨卫电器抓住城镇化机遇 [EB/OL]. [2017-09-01]. http://info.homea.hc360.com/2013/08/230056962586.shtml.

[3] 科美电器. 借政策利好之风迅速崛起 [EB/OL]. [2015-08-31]. http://info.jdpj.hc360.com/2012/10/26140369221.shtml.

（纪晓君　王霏　李敬嫄）

酷　开

coocaa 酷开

一、品牌简介

酷开是深圳市酷开网络科技有限公司的公司品牌。该公司成立于 2006 年 10 月，由创维全资控股。酷开主要从事智能电视研发以及客厅娱乐内容运营。2015 年 4 月，酷开实现独立运营。该公司曾获评国家高新技术产业。

二、品牌发展历程

2006 年 10 月 19 日，酷开网络科技有限公司在中国深圳注册成立。

2012 年，创维酷开被评为国家高新技术产业。

2013 年，正式推出酷开 TV 品牌，打造酷开 TV、酷开系统、电视派、酷开影棒等多个产品。

2013 年，推出第一款智能电视产品 K1Y，于当年双十一成为首个单日销售过亿的彩电品牌，创造吉尼斯世界销售纪录。

2015 年 3 月，创维酷开液晶电视位列 2015 年液晶电视机质量排名前三甲。

2015 年 4 月，酷开实现独立运营。

2015 年 6 月，酷开现 TV 端 APK 开发项目正式启动。

2015 年 7 月 15 日，推出果粉电视酷开 A55 旗舰版，当日在酷开商城、国美、京东和苏宁同步上线。

三、品牌识别

2010 年，品牌推广主题为"酷于外，乐于心"。

四、产品技术创新

2006 年，第一代酷开通过 U 盘直读、解码 RMVB 视频文件，以非实时"下载—播放"方式将海量网络影视内容引入电视屏幕。

2007—2008 年，第二代酷开面世，实现电视与互联网的实时连接。全新升级的创维酷开 08 系列主推"酷开直通车""无线 WiFi"和"高清可录"等创新专利技术。

人机交互界面、强计算软硬件架构和图像上变换处理技术为酷开电视三大创新。

五、广告策略

（一）代言人

2010 年 4 月 8 日，创维签约周杰伦作为旗下酷开 LED 产品的形象代言人。推广主题为"酷于外，乐于心"。

（二）广告语及其变更

2008 年，广告语为"更多欢乐 K 出来"。

2009 年，广告语变更为"语言不足以表达，行动不足以证明，爱就 K 出来"。

（三）广告策略

2015 年 4 月 10 日，采取软文推广的广告形式。

通过酷开社区维系、服务消费者。

六、企业危机事件

2013 年，酷开 TV 被曝天猫旗舰店与官网宣传不一，页面一改再改，被 160 多名消费者投诉，涉嫌欺诈。对此，酷开在其官方论坛回复称网站疏忽致内容有误。针对消费者指出的宣传页面一改再改的问题，创维集团服务部回复："为了保证供应链的稳定，会选取多家供应商，一些供应商信息不宜公开。"

七、企业公关活动

2008 年，《挑战麦克风》第一季中，创维酷开 TV 作为奖品出现。

2009 年，创维酷开 TV 全程冠名《挑战麦克风》第二季和第三季。

除了配合《挑战麦克风》节目播出电视广告，创维还开展线下活动以整合传播。

八、延伸阅读

[1] 酷开官网 [EB/OL].[2017-09-01].http://www.coocaa.com/.

[2] 张若夫 . 创维蝶变 [J]. 商界评论 , 2013(12):36-41.

[3] 雷玄 . 创维酷开"双 11"销售创记录，宣传不一涉嫌欺诈 [J]. 中国质量万里行 , 2013(12):28-29.

[4] 尚亦珣 . 创维酷开 TV:K 歌是块敲门砖 [J]. 广告主市场观察 , 2010(01):47.

[5] 任文鹤 . 创维携手"挑麦"，迎战品牌传播季 [J]. 市场观察 , 2009:42.

[6] 尚海龙 . 创维与华为子品牌强强联合：酷开联合荣耀发布"智慧屏幕"[J]. 电器 , 2014(11):49.

[7] 王志国 . 大数据及用户运营是 OTT 市场核心 [J]. 声屏世界·广告人 , 2015(07):169.

[8] 李薇 . 酷开的"独立宣言"[J]. IT 经理世界 , 2015(410):22-24.

[9] 创维签约周杰伦，强化多媒体娱乐形象 [EB/OL]. [2015-07-25]. http://www.madisonboom.com/2010/05/10/skyworth_signs_with_jay_chou_for_new_branding_campaign/.

[10] 苏一壹 . 酷开以智慧屏幕问未来 [EB/OL]. [2017-09-01]. http://news.brandcn.com/pinpaipinglun/

141028_380422.html.

[11] 酷开神文案玩转互联网营销 [EB/OL]. [2015-07-25]. http://www.meipo360.com/html/Article/2015/0414/2015 0414105752134.shtml.

（张庆芳　王晶　李敬嫄）

231

K

朗 泰

一、品牌简介

朗泰品牌隶属于北京朗润时代环保科技有限公司（BLT）。北京朗润时代环保科技有限公司成立于2003年，专业从事家用、商用反渗透纯水机，弱碱性、矿化直饮水机，净水器，软水机，自动售水机，饮水台，管线机等整机及零部件产品生产和销售。其seed水盾牌水质处理器为"中国著名品牌"。

二、品牌发展历程

2003年，北京朗润时代环保科技有限公司成立。

2010年，seed水盾牌水质处理器获得CQGC"质量、服务、信誉AAA品牌"及"中国著名品牌"的称号。

2011年，启动"朗润医疗互助基金"；朗润新厂（净水产品基地）投入运营。

2012年，通过ISO 9001质量管理体系认证。

三、广告策略

朗泰净水器主要通过行业展会和家电网站进行宣传和投放广告。

四、公关活动

2014年，北京朗润时代环保科技有限公司、心领愉（北京）健康科技有限公司、中盛康华投资有限公司联合向河北省滦平县捐赠总价值80万元的教学设备。

五、延伸阅读

[1] 北京朗润净水机公司官网 [EB/OL]. [2017-09-01]. http://www.bjlevi.com/.

（汪妍　赵洁　李敬嫄）

老 板

ROBAM 老板

一、品牌简介

老板是杭州老板电器股份有限公司的公司品牌。该公司 1979 年成立于浙江省杭州市，前身是余杭县博陆红星五金厂。该公司主要从事生产吸油烟机、家用灶具、消毒柜、烤箱、蒸汽炉、微波炉、电压力煲等厨房电器。2005 年，获得"中国名牌产品"称号。2015 年，连续 11 年入选"亚洲品牌 500 强"。

二、品牌发展历程

1979 年，任建华创办余杭县博陆红星五金厂。

1987 年，与航空航天部八〇四研究所合作，研制吸油烟机 PY-1 型、PY-2 型。

1988 年，余杭县博陆红星五金厂更名为"老板"并进行改制。

"老板"商标正式获得国家工商总局申请许可。

1991 年，获得"国家质量奖"。

1995 年，旗下 42 大类商品注册"老板"商标，并附带英文名称"ROBAM"。

1998 年，研发油烟机免拆洗技术。

提出"努力，让您满意"的宣传语。

2010 年，老板电器在深圳证券交易所正式挂牌上市，股票代码：002508。

入选国家科学技术部"国家火炬计划"。

2011 年，连续七年（2005—2011 年）入选 World Brand Lab《中国 500 最具价值品牌排行榜》。

2012 年，有机形态厨房文化科技体验馆——"厨源"揭幕。

2017 年，油烟机 8229S 吸起 23.6 千克的物品，成为全球最大吸力的油烟机，获得世界纪录协会颁发的《世界纪录证书》。

吸油烟机 5610 获得高端家电及消费电子红顶奖。

三、产品技术创新

2007 年，发布顶级奢华型 9508 吸油烟机、吸油烟机免拆洗 A++ 技术、燃气灶主火中置技术等。

2009 年，发布"双劲芯"系列吸油烟机。

2013 年，研发"极速洁净"技术平台。

2014 年，发布搭载 ROKI 系统的智能吸力油烟机。

2017 年，截至 8 月 4 日，杭州老板电器股份有限公司拥有专利 412 项。

四、广告策略

（一）代言人

1992 年，影星傅艺伟成为老板形象代言人。

2016 年，影星刘涛代言老板旗下品牌安泊橱柜。

（二）广告获奖

2016 年，老板电器获得金榜奖年度最佳内容营销广告主金奖。

五、企业危机事件

2016 年，国家家用电器质量监督检验中心认定杭州老板电器股份有限公司生产的"ROBAM"商标的部分嵌入式电磁灶"端子骚扰电压"不合格，存在安全隐患。在抽查的 78 家企业生产的 78 批次产品中，端子骚扰电压和电磁辐射骚扰两个项目均有 70 批次产品不合格。主要原因是生产企业为追求产品利润而忽视了国家标准，在产品设计时未加入电磁兼容防护电路。

六、企业公关活动

（一）赞助冠名

2016 年，赞助浙江卫视《中国新歌声》；赞助爱奇艺美食脱口秀节目《姐姐好饿》；赞助"法国最佳手工业者奖（MOF）"首届家庭烘焙大赛。

（二）事件营销

2016 年，老板电器在天猫、京东、苏宁易购三大平台推出"第一站 吸力全开"奥运话题讨论。随后推出"金牌狂欢季，谁是预言家"大型优惠活动。此外，老板电器与网易联合开发的节目《冠军之家》，邀请在 2016 年里约热内卢奥运会上获得金牌的体育健儿，品尝中国传统美食，与国内的观众进行互动。

同年，老板电器成为电影《魔兽》官方联合推广合作伙伴，启动以"两个世界 一个家"为主题的系列营销活动。

（三）慈善公益

2015 年，老板电器斥资 2 000 万元成立老板电器公益慈善基金会。

此外，还开展扶贫帮困、慰问活动；支持职业技校的办学；资助建造运河镇中学。组织开展学雷锋公益活动、为儿童福利院捐款捐物、关心关爱民工子弟学校等多项公益活动。

七、延伸阅读

[1] 老板电器官网 [EB/OL]. [2017-08-03]. http://www.robam.com/.

[2] 老板油烟机 8229S 创世界纪录，为孙杨夺冠世锦赛助威 [EB/OL]. [2017-08-03]. http://hebei.ifeng.com/a/20170802/5874518_0.shtml.

[3] 烟机竞争激烈 老板电器深圳创新中心揭牌 [EB/OL]. [2017-08-03]. http://news.cheaa.com/2017/0630/511863.shtml.

[4] 国家知识产权局专利检索及分析——杭州老板电器股份有限公司 [EB/OL]. [2017-08-03]. http://www.pss－system.gov.cn/sipopublicsearch/patentsearch/searchHomeIndex-searchHomeIndex.shtml.

[5] 刘涛正式出任老板集团／安泊厨柜形象代言人 [EB/OL]. [2017-08-03]. http://www.eyh.cn/class/class_24/Articles/366997.html.

[6] 连续五年增长！老板电器半年净利上涨 37.92% [EB/OL]. [2017-08-03]. http://www.iyiou.com/p/29438.

[7] 老板电器：逆势飞扬的奥秘 [EB/OL]. [2017-08-03]. http://news.hexun.com/2015-12-13/181158071.html.

[8] "老板"的老板任建华 [EB/OL]. [2017-08-03]. http://www.jiemian.com/article/445710.html.

[9] 精湛科技 轻松烹饪 中国高端厨电技术趋势发布会 [EB/OL]. [2017-08-03]. http://www.cs.com.cn/xwzx/05/201108/t20110819_3018659.html.

[10] 老板电器等电磁灶存安全隐患：为利润忽视标准 [EB/OL]. [2017-08-03]. http://zx.cjn.cn/cj315/201602/t2783707.htm.

[11] 德意、老板电器等品牌电磁灶存安全隐患 [EB/OL]. [2017-08-03]. http://www.chinanews.com/business/2016/02-16/7758644.shtml.

[12] 里约奥运营销 老板电器电商全程互动成行业典范 [EB/OL]. [2017-08-03]. http://home.163.com/16/0817/17/BUMH0KQT00104JV9.html.

[13] 不光有大吸力烟机，老板电器玩借势营销也越发有吸引力 [EB/OL]. [2017-08-03]. http://www.abi.com.cn/news/htmfiles/2016-8/174925.shtml.

[14] 老板电器独家赞助"我和 MOF 有个约会"，顶级赛事启动 [EB/OL]. [2017-08-03]. http://www.youngchina.cn/kuaixun/20160908/124837.html.

（王可欣　陈瑞　静思宇）

乐 邦

一、品牌简介

乐邦是广东乐邦电器股份有限公司的公司品牌。该公司成立于1996年,主要从事吸油烟机、燃气灶具、消毒柜、电热水器、环保集成灶等厨卫电器和电压力锅、电饭煲等生活电器。2009年,被认定为"中国驰名商标",成为财政部、商务部"家电下乡中标产品"。

二、品牌发展历程

2007年,乐邦生活电器营销中心成立。

2009年,乐邦厨卫电器事业部正式成立。

2010年,召开"关注蓝海、关注电购"的电视购物研讨会。

2012年,建成"精益生产"管控体系。

2014年,乐邦整合生活电器和厨卫电器;新工业园投入使用。在2014年中国家电"普拉格高端盛会"中获"十佳厨电企业"称号。

三、产品技术创新

2008年,自主研发的"降脂锅"面市。

2009年,新型"PAFET"系列电压力锅上市。

2013年,TiO_2纳米光触媒吸油烟机获得专利。

四、广告策略

（一）代言人

2009年,聘请徐帆作为代言人。

（二）广告策略

2012年,乐邦启动中央电视台第三、第八频道栏目广告。

2013年,乐邦启动中央电视台第十三频道新闻栏目广告。

五、企业公关活动

2008年,参加黄国镇慈善公益募捐活动。

六、延伸阅读

[1] 广东乐邦电器股份有限公司 [EB/OL].[2017-09-03].http://www.chinaleeper.com/.

[2] 李泳. 用服务和产品抓住三四级市场 [J]. 现代家电，2014(21):123.

（汪妍　王晶　李敬嫄）

237

L

乐 华

一、品牌简介

乐华品牌创立于 1982 年，主要从事彩电、空调、洗衣机、手机、音响、电教、热水器、厨卫、电工等的生产。2003 年被 TCL 并购，现以彩电业务为主。

二、品牌发展历程

1971 年，广州广播设备厂（乐华前身）使用国产单枪三色显像管，生产出 48 厘米彩电。

1977 年，广州广播设备厂两款黑白电视机分别获得全国首届黑白电视机质量评比最高分数奖、技术革新奖。

1982 年，乐华品牌正式创立。

1984 年，引入松下生产线，进一步提高产能规模和质量水平。

1998 年，成功研制 42 寸壁挂式等离子彩电和纯平面彩电。

2003 年，TCL 集团联手广州市政府，共同组建广州数码乐华科技有限公司。

2004 年，数码乐华获得 TCL 集团管理创新奖，同年数码乐华共享 TTE 全球最大彩电生产企业的研、产、采平台资源及成果，按照全球家电行业标准组织生产，进入国际化品质行列。

2004 年，乐华被评为"2004 中国彩电市场最具成长性品牌"。

2005 年，成立 24 家分公司，销售网络遍布 30 多个省和地区；被评为"中国消费者十大满意品牌"称号。

2006 年，乐华涉足液晶电视的研、产、销并推出产品上市。

乐华被评为"中国 CRT 彩电市场用户满意首选品牌"。

2012 年 3 月，乐华电视在广州发布"快乐产品战略"。

三、广告策略

（一）代言人

1998 年，张学友为形象代言人。

2008 年，许晓力作为品牌形象代言人。

2011 年，"乐华电视 2010 绿色天使旅游小姐全国选拔大赛"冠军王莹为形象代言人。

（二）广告语

1998 年，广告语为"国际品牌，回到中国"。

四、企业危机事件

2002 年 5 月，乐华开始实施"渠道瘦身计划"，砍掉分公司，实行代理制。最终渠道变革失败，再加上内部管理混乱、售后服务没能跟上，2002 年 11 月，乐华经历了资金链断裂资不抵债和兼并重组等多重变故，于 2003 年 8 月被 TCL 并购。

2002 年 8 月，因欠款不付，新浪网将乐华电子销售公司诉诸法庭。

2002 年 10 月，广州市消委会不断接到消费者有关乐华彩电得不到维修的投诉。

2013 年 6 月，国家审计署发布公告，曝光乐华电视骗取节能补贴的情况。

五、企业公关活动

2009 年，乐华成为 2009 年 WTA 广州国际女子网球公开赛官方唯一指定的液晶电视赞助商。

2010 年，乐华独家冠名由农业部和国家旅游局举办的"乐华电视 2010 绿色天使旅游小姐全国选拔大赛"。

2012 年 7 月，乐华电视响应国家节能产品惠民工程政策。

9 月，乐华成为 2011 年 WTA 广州国际女子网球公开赛官方唯一的液晶电视赞助商。

2014 年，乐华与《中国好声音》第三季合作，成为《中国好声音》官方唯一授权的电视品牌。

六、延伸阅读

[1] 乐华官网 [EB/OL]. [2017-09-02]. http://www.rowa.com/.

[2] 任真 .TCL 与乐华的营销策略比较 [J]. 企业改革与管理 , 2008(2):42-43.

[3] 程建英 , 李建立 . 借势运势造势乐华彩电营销企划纪实 [J]. 经济论坛 , 1998(8):29-30.

[4] 乐华代理制遇挫 [J]. 中国商贸 , 2002(12):6.

[5] 郑作时 . 乐华海外启程 [J]. 南风窗 , 2001.(9):60-61.

[6] 张浩 . 乐华落幕 [J]. 知识经济 , 2003(8):42-47.

[7] 相红 . 乐华深陷变革泥潭 [J]. 当代经理人 , 2003(01):42-46.

[8] 吴军磊 . 品牌并购大有学问 TCL 并购乐华品牌分析 [J]. 企业文化 , 2004(1):58-62.

[9] 褚秀菊 . 乐华"世界杯之旅"回望 [J]. 销售与市场 : 管理版 , 1999(5).

[10] 刘步尘 . "数码乐华"的新闻运作 [J]. 销售与市场 : 管理版 , 2004:80-82.

[11] 乐华与《中国好声音》携手合作，共同发布第三代 OKTV 电视 [EB/OL]. [2017-09-01]. http://www.rowa.com/reg/985.html.

[12] 乐华彩电营销策划案例 [EB/OL]. [2017-09-01]. http://pr.brandcn.com/gongguanyejie/060313_8050.html.

（张庆芳　赵洁　李敬嫄）

乐 视

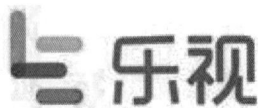

一、品牌简介

乐视是乐视网信息技术股份有限公司所属品牌，该公司成立于 2004 年，总部位于北京，旗下公司包括乐视网、乐视致新、乐视移动、乐视影业、乐视体育、网酒网、乐视控股等，业务涵盖互联网视频、影视制作与发行、智能终端、大屏应用市场、电子商务等领域。2016 年，乐视超级电视产品获德国 IFA"互联网电视解决方案金奖"。

二、品牌发展历程

2004 年，乐视网成立。

2009 年，乐视网涉足互联网电视领域，成立 TV 事业部。

乐视盒子 Letv-818 上市，采用 linux 系统。

2010 年，乐视网在中国创业板上市。

2011 年，推出乐视 TV 第一代互联网机顶盒——乐视 TV 云视频超清机 S10/S11，试行商用。

2012 年，乐视网与央视国际（CNTV）达成战略合作，推出乐视第一款符合国家可管可控政策的互联网机顶盒。

乐视 TV 事业部独立，成立乐视致新电子科技（天津）有限公司。

李开复创新工场投资乐视致新，成为乐视致新股东。

2013 年，乐视网宣布与富士康科技集团达成战略合作，乐视 TV·超级电视以及互联网机顶盒产品将由富士康提供全套解决方案。

乐视致新（乐视 TV）的投资方——深圳市冠鼎建筑工程有限公司以 1.3 亿元的货币资金对乐视致新进行增资，占乐视致新 20% 股份。

乐视 TV·超级电视烟台富士康生产基地投产。

2015 年，发布乐视首个全终端智能操作系统——LeUI，包括 Auto 版、Mobile 版和 TV 版。

乐视在北京发布三款智能手机产品，正式踏入手机市场。

乐视发布七款电视游戏和两款游戏配件，进一步完善"精品游戏 + 超级配件"的产品布局。

2016 年，乐视网正式更名为乐视视频。

三、品牌识别

（一）Logo 变化

图1　2004年，乐视成立时的 Logo

图2　2012年，乐视网发布乐视旗下乐视网、乐视 TV 新 Logo

图3　2013年，乐视网发布新 Logo

图4　2016年，乐视发布新 Logo

（二）品牌定位变化

2004年，乐视的品牌定位是"我的快乐，你的视界"。

2012年，乐视的品牌定位变为"要有你的看法"。

2013年，乐视的品牌定位变为"颠覆·全屏实力"。

2016年，乐视的品牌定位为"生态世界"。

四、产品技术创新

超级电视拥有智能4核处理器和2G大内存、极窄边框、全金属机身，拥有智能生态系统——EUI TV 版，具有智能语音、体感控制、多屏互动、多类桌面等功能。

2012年，乐视 TV 推出 3D 产品乐视 TV·3D 云视频超清机 S30/S32，采用 linux 系统。

推出智能型产品乐视 TV·3D 云视频智能机 T1，采用安卓2.3系统。

2013年，乐视发布新版智能电视操作系统 LetvUI 2.3—Schnauzer。

乐视 TV 在北京正式发布50英寸超级电视 S50。

2014年，发布乐视首款全体感智能电视 UI 系统——LetvUI3.0。

在北京发布乐视首个垂直整合的4K生态系统——Le4K，同时基于 Le4K 生态，推出乐视首款4核、4K、H.265硬解码的智能电视。

乐视 TV 推出升级版 60 寸超级电视 X60S。

五、广告策略

（一）广告奖项

2014 年，乐视"奔驰 CLA+ 乐视 4K，狼性 4 虐跨界生态营销"获中国广告长城奖营销传播金奖及大中华区艾菲奖银奖。

乐视"我是歌手·全屏实力"话题营销和"乐视 606 世界杯嘉年华 O2O 跨界营销"案例获艾菲奖。

乐视"七夕·全屏真爱"O2O 活动获得中国广告长城奖媒介营销奖银奖。

乐视网"他们不止坚持 32 夜，Jeep 不止坚持 73 年""康师傅世界杯体育自制综艺节目"两项体育营销案例获得中国广告长城奖广告主奖金奖。

（二）广告策略

2014 年，乐视 TV 成为"NBA 中国官方互联网电视播出合作伙伴"，签订 NBA 未来三年的互联网电视版权，在超级电视和乐视盒子独家播出 NBA 赛事。

乐视 TV 与 MINI 中国、英菲尼迪等结成战略合作伙伴，通过超级电视提供大屏营销支持，并建立智能电视大屏运营体系。

六、企业危机事件

2014 年，互联网电视行业的监管单位国家新闻出版广电总局连发禁令，对互联网电视牌照方进行行业行为规范，对乐视围绕电视盒子构建的"平台 + 内容 + 终端 + 应用"的基础商业模式形成冲击。乐视网股票在 7 月 16 日、17 日下跌，市值蒸发 63 亿元，被迫于 7 月 18 日开市起停牌。

有媒体曝出乐视早期投资方汇立方与山西落马官员家属有关，乐视陷入政商勾结的灰色操作谣言风波。创始人贾跃亭在海外考察多月迟迟未归，这一时期乐视的股价发生巨大波动。[①]

七、企业公关活动

2010 年，乐视网和中国扶贫基金会发起"2010 年全国贫困地区及灾区学生六一关爱行动"，通过视频支持、媒体合作等多种方式向灾区小朋友捐赠 300 万元的"爱心包裹"。

2013 年，四川雅安地震，乐视通过壹基金向地震灾区捐款 100 万元。

2014 年，乐视 TV 举行主题名为"开腔验肺"的全民公测活动，在消费者见证下乐视 TV 工程师对超级电视相关机型进行现场拆机，并对所有问题进行解答。

八、延伸阅读资料

[1] 苏亮. 打开智能的盒子乐视 TV 开创智能终端蓝海时代——刘弘和乐视 TV 总经理梁军访谈 [J]. 家

---

① 乐视网发布新 Logo，完成品牌升级 [EB/OL]. [2017-09-14]. http://www.adquan.com/post-5-12500.html.

用电器，2012(3):32-33.

[2] 乐视商城官网．走进乐视 [EB/OL]. [2017-09-14]. http://www.lemall.com/gywm-zjid-zj01.html#06.

[3] 乐视 LEPAR 官网 [EB/OL]. [2017-09-14]. http://lepar.letv.com/.

[4] 张帆．我国互联网电视 SWOT 分析：以乐视超级电视为例 [J]. 青年记者，2014(9):67-68.

[5] 陆绮雯．争议乐视的背影 [N]. 解放日报，2015-04-23(15).

[6] 广告门．乐视获得 6 大奖节 18 奖项 [EB/OL]. [2017-09-14]. http://www.adquan.com/post-1-28878. html.

[7] 人民网．乐视震荡：危机、根源与结 [EB/OL]. [2017-09-14]. http://history.people.com.cn/peoplevision/ n/2014/1224/c371464-26266404.html.

[8] 为什么只有乐视超级电视获得 IFA 金奖？ [EB/OL]. [2017-09-14]. http://www.techweb.com.cn/news/ 2016-09-05/2386369.shtml.

[9] 乐视视频官网．关于乐视 [EB/OL]. [2017-09-14]. http://aboutus.le.com/index.html.

[10] 乐视正式启用新城名新 LOGO 品牌定位"生态世界" [EB/OL]. [2017-09-14]. http://www.log-onews.cn/letv-new-logo-2016.html.

[11] 乐视体育营销案例获广告主奖两大金奖 [EB/OL]. [2017-09-14]. http://sports.ifeng.com/a/2014 1029/42319822_0.shtml.

（严明君　朱健强　蔡淑萍）

Litree立升

一、品牌简介

立升是上海立升净水的公司品牌。该公司成立于 1992 年，主要从事水处理科学技术研究，分离膜技术及产品、家庭净水设备研发、生产、销售和服务。立升净水在海口建有全球最大的超滤膜生产基地之一。公司产品应用于全球超过 600 家企业和工程之中，包括可口可乐、麦当劳、丰田汽车、荏原、英特尔、LG 等世界 500 强企业。上海立升曾承担国家火炬计划、国家"十五"科技攻关计划项目并获得科研成果。

二、品牌发展历程

1992 年，立升公司成立。

1992 年，超滤机诞生。

1997 年，LH3 系列家用净水超滤机上市。

1998 年，深圳立升净水科技有限公司成立，成为营销总部。

2003 年，海南立升科技事业有限公司获"高新技术企业认定证书"。

2004 年，上海交通大学与立升共建膜分离技术研究所，陈良刚被聘为客座教授。

2007 年 7 月，立升美国研发中心正式成立。

2008 年，立升超滤机为核心的奥运应急供水车服役于北京奥运会。

2008 年 10 月，立升获"抗震救灾先进单位"称号。

2009 年 2 月 19 日，立升企业与日本 OSG 公司签订战略合作协议。

2009 年，立升获中国水行业"十大国际品牌"称号。

2009 年 5 月，立升总裁陈良刚获得全国五一劳动奖章。

2010 年，立升通过 NSF 认证，并独家为上海世博会提供饮水设施。

2011 年 1 月，海南立升净水科技实业有限公司获科技部"世博科技先进集体"称号；公司总裁陈良刚被授予"世博科技先进个人"称号。

2012 年，立升启动海口基地扩建工程，该项目是世界最大的膜生产研发基地工程项目。

2013 年 1 月 9 号，福布斯杂志发布 2013 年福布斯中国潜力非上市公司 100 强榜单，立升位列第 37 位。

2013 年 3 月，立升超滤 (UF) 膜组件通过加州法规汇编第 22 号条例并获得由美国加州公共卫生部 (California Department of Public Health) 颁发的认证证书。

2014 年 2 月 25 日，习近平主席视察采用立升超滤膜的北京市第九水厂。

2014 年 4 月 30 日，立升获得"五一劳动奖状"。

2015 年，立升净水获得 2014 年—2015 年度中国最具价值环保设备品牌。

三、产品技术创新

2002 年，立升"PVC 合金毛细管式超滤膜的开发及应用"被列为"十五"国家科技攻关计划引导项目。

2006 年 12 月，"PVC 合金毛细管式超滤膜的研发和应用"项目获"中国膜工业协会科学技术奖"一等奖及国家"重点新产品证书"。

2007 年 10 月，立升浸没式 PVC 合金超滤膜装置发布。

2008 年 10 月，立升承担 863 计划课题，负责"高性能液体分离膜技术开发"项目中"高性能聚烯烃中空纤维 / 微滤膜制备关键技术"课题研究。

2010 年 3 月，立升企业再次承担 863 计划课题，负责"复合膜材料及膜组器的制备和应用关键技术与工程示范"课题研究。

2012 年，立升承担了"十二五"国家高技术研究发展计划（863 计划）"复合膜材料及膜组器的制备和技术与工程示范"和"高通量纳滤膜材料的规模化制备技术"两项攻关任务。

2012 年，立升主持开展"十二五"水专项课题——"饮用水用膜组件及装备的产业化""污水处理膜材料和膜分离成套设备开发及产业化"两项课题。

2014 年 6 月 20 日，立升公司作为"十二五"水专项课题"饮用水处理用 PVC 膜组件及装备产业化"课题的负责单位，历时 3 年，获得十多项专利，并完成多家自来水厂的工艺改造，惠及数百万人。

四、广告策略

2010 年 7 月，立升企业陈良刚董事长做客央视财经节目《商道》，畅谈立升超滤膜产品战略。

2011 年 2 月 24 日，中央电视台创意无限栏目制作了《直饮水之战》专题节目，节目详细介绍了立升超滤膜过滤技术以及陈良刚董事长的经营哲学。

五、企业危机事件

2004 年，上海市卫生局卫生监督所执法人员对上海市的 20 多家大型超市、卖场和商场销售的涉水产品进行抽查，立升的 LH3-6Ad 型号净水超滤机因没有卫生许可批准而在不合格产品之列。

六、企业公关活动

1998 年特大洪灾期间，立升捐赠价值 140 万元超滤设备，设立 60 座供水站。

2008 年 5 月，立升在四川汶川地震灾区捐建 11 座净水站，并捐赠 2 000 套便携式净水器，40 多位员工在危难时刻深入灾区长达 3 个月。5 月 27 日，由立升员工捐建的什邡市渝氏立升爱心中学落成。

2009 年 8 月，立升向受台风"天鹅"袭击的海南儋州灾区捐赠 30 多万元净水设备。

2009 年 8 月 8 日，立升总裁陈良刚个人捐助 30 万元，帮助海口办事处员工李璇进行骨髓移植手术。

2010 年，立升承担了上海世博会世博园区全部直饮水设施的建造和维护工作。

2012 年，上海立升向重庆市巴南区二圣向秀英希望小学捐助了价值 1 万多元的净水设备和文体用品。

2012 年 10 月，立升公司在重阳节前夕向深圳市社会福利中心赠送价值近 2 万元的净水设备。

2012 年，立升超滤技术在海南国际旅游岛得到推广应用，这是目前世界上规划最完整、规模最大、整体覆盖区域最广的公共直饮水工程。

2012 年，立升净水技术服务海南"膜法"农村饮水安康工程。

2015 年 6 月，立升净水参展第八届上海国际水展。

七、延伸阅读

[1] 上海立升净水官网 [EB/OL]. [2017-09-01]. http://www.shlitree.com/.

[2] 立升超滤膜扛鼎上海世博会净水技术 [J]. 水工业市场，2010(3):47.

[3] 陈蕾. 立升净水先锋 [J]. 中国投资，2007(1):64-65.

[4] 易阳. 海南立升净水超滤机上海抽查不合格 [J]. 商品与质量，2004.

[5] 立升超滤膜在第五届世界水大会广受国外专家关注 [J]. 现代制造，2009 (27):6-7.

[6] 刘夏伊. 立升在沉默中开疆扩土 [J]. 水工业市场，2009(6):29-30.

[7] 陈剑. 立升企业 [J]. 膜科学与技术，2009(2):105.

[8] 立升专注净水二十二年；用心只为健康"饮水"[EB/OL]. [2017-09-02]. http://www.shlitree.com/NewsShow_154.html.

[9] 立升水财富足迹：拥有世界领先创新技术，76 项专利 [EB/OL]. [2017-09-02]. http://www.shlitree.com/NewsShow_136.html.

（张庆芳　陈素白　李敬媛）

利 仁

LIVEN 利仁

一、品牌简介

利仁是北京利仁科技股份有限公司的公司品牌。北京利仁科技有限责任公司成立于 1998 年，利仁前身始创于 1995 年，主要从事民用小家电产品的研发、生产与销售。利仁现有七大系列产品，包括饼铛系列产品、压力锅系列产品、地面清洁系列产品、小型厨房设备产品、水瓶系列产品、水壶系列产品、电烤箱系列产品。2016 年，北京利仁科技有限责任公司正式改组为北京利仁科技股份有限公司。利仁曾获"全国质量检验稳定合格产品"等荣誉称号。

二、品牌发展历程

1995 年，推出家用电饼铛。

1998 年，推出第二代多功能电饼铛。

2000 年，推出第三代酚醛树脂电饼铛；研制出蒸汽拖把。

2002 年，推出第四代可定时电饼铛。

2003 年，利仁在电饼铛系列产品上采用悬浮式结构设计，实现了烙饼不用翻。

2004 年，研制开发的第一款电压力锅上市。

2005 年，研发出第六代可展平电饼铛，实现电饼铛的一百八十度全展开。

2007 年，利仁第七代电饼铛上市，实现智能化按键操作。

2009 年底，利仁电饼铛系列产品全面升级为带圈的电饼铛。

2010 年，推出饼铛 2018 全系列新方案；推出第九代可调温电饼铛。

2011 年，推出第十代可拆洗电饼铛。

2012 年，获得"全国质量检验稳定合格产品"称号。

2013 年，利仁微压圈电饼铛全面上市。

2016 年，北京利仁科技有限责任公司正式改组为北京利仁科技股份有限公司。

三、广告及营销策略

2010 年，利仁聘请演员方青卓为电饼铛代言。

四、企业公关活动

利仁以"利以助残、仁以扶弱、至诚至爱、奉献社会"为企业宗旨,聘用残疾人员工。2006年,获"全国优秀福利企业"称号。

五、延伸阅读

[1] 北京利仁股份有限公司官网 [EB/OL]. [2017-09-01]. http://www.l-ren.com.cn/.

[2] 北京DRC工业设计创意产业基地.工业设计让企业在危机中重生——智加设计和利仁电器案例分析 [J].2011(08): 36-41.

[3] 中国新闻网.利仁与杜邦20年再次深度合作,打造精致健康小家电 [EB/OL]. [2017-09-01]. http://www.chinanews.com/it/2015/04-20/7220505.shtml.

[4] 樊无敌,李红卫.利仁电饼铛品牌引领行业市场 [N].郑州晚报,2010-04-16(B08).

（吴婷　黄含韵　李敬嫄）

联 创

一、品牌简介

联创是联创科技集团的公司品牌。联创成立于 1993 年，注册资本 20 390 万元，该品牌以小家电为主，涉及商务礼品、移动通讯、物流、医疗和房地产等领域，是全球最大的空调扇及厨房电动类产品研发生产基地。该公司曾获得"中国最具市场竞争力品牌"、国际工业创意设计大奖红点奖等荣誉。

二、品牌发展历程

1993 年，深圳市联创实业有限公司成立。

1995 年，东莞联创电子厂成立，生产出 DF-9000 榨汁机。

1996 年，GTM-9488 打蛋机诞生。

1998 年，生产出滚筒式水帘空调扇 DF168A；护眼灯产品通过国际健康光学协会认定，成为最早生产护眼灯的专业厂家。

1999 年，获称"质量信得过产品"。

2000 年，获称"质量满意、服务可信产品"和"纳税百佳企业"。

2001 年，获称"质量过硬放心品牌"。

2002 年，联顺物业管理有限公司成立。联创三金首款电子调速手持搅拌机 LW-32E 面市，手持搅拌棒成为公司支柱产品。

2003 年，联创科技园顺利竣工并投入使用。

2005 年，获称"中国名牌产品"，设立深圳市真节能设备有限公司。

2006 年，国内销售公司实施事业部管理模式，成立礼品、电器、模具、纺织等事业部。联创三阳软件有限公司成立。成立热水器事业部，进军厨卫电器行业。

获称"中国绿色环保产品""中国最具市场竞争力品牌"。

2007 年，启动"时尚健康不锈钢厨具"项目，成立国内销售公司厨具事业部。成立国内销售公司电视直销部，正式进军电视购物渠道。

2008 年，联创家电城第一期工程竣工，全球最大的空调扇生产基地投入使用。电热水器进驻"鸟巢"奥运排球馆。

2009年，设立深圳市联创科技集团有限公司。同年，获称"中国快速热水器十大竞争力品牌"。

2010年，联创获称2010年度"中国礼品行业十大最具影响力企业"。

2011年，收购经营近八年的台资企业——深圳协和春实业有限公司，更名为联创万和电器有限公司。收购深圳市超卓新科技发展有限公司。同年，获"全国顾客满意（行业）十大品牌""全国模范职工之家"荣誉。

2012年，国内市场重组设立深圳市联创三明电器有限公司，独立运作。设立深圳市联创玉瓷文化有限公司，涉足中西各式顶级器皿的研发、设计、生产、销售。正式成立深圳市千宝通通科技有限公司，专业从事智能计量仪表制造，为城市水、电、气提供智能抄表系统和解决方案。

2013年，设立联创文化产业公司，涉足公共服务平台。

2014年，被评为国家高新技术企业，获得全国企业党建工作先进单位称号。

2015年，获得国际工业创意设计大奖红点奖，获得中国设计红星奖。

三、产品技术创新

2000年，喷淋式水循环系统空调扇被评为高新技术，获得发明专利。

2005年，"一触即停"三保险电风扇产品获得发明专利。

2006年，节能技术产品被认定为"国家863计划"重点项目。

四、广告策略

自新媒体出现在人们的生活中之后，联创紧跟潮流，推出新浪微博、腾讯微博、微信等平台的社会化营销。

五、企业公关活动

2014年，举办"中国梦·深圳绿"活动，联创科技集团党员义工在龙岗大运公园参加2014年"中国梦·深圳绿"环保植树活动。

六、延伸阅读

[1] 联创科技集团官网 [EB/OL]. [2017-09-04]. http://www.szlianchuang.com/new/index.htm.

[2] 好搜百科·联创 [EB/OL]. [2017-09-04]. http://baike.haosou.com/doc/5433070-5671367.html.

[3] 中国质量网. 深圳市联创科技集团有限公司首页 [EB/OL]. [2017-09-04]. http://www.chinatt315.org.cn/2010315hd/qy_detail.asp?id=425.

（王可欣　赵洁　李敬嫄）

联 想

一、品牌简介

联想是联想集团的公司品牌。该公司 1984 年成立于北京市，前身是一家名为"联想"（legend，英文含义为传奇）的公司，目前拥有员工约 6 万名。该公司主要生产个人电脑（经典的 Think 品牌和多模式 YOGA 品牌）、工作站、服务器、存储、智能电视以及智能手机（包括摩托罗拉品牌）、平板电脑和应用软件等。2008 年，入选英国《金融时报》"第二届 FT 中国十大世界级品牌"。2016 年，入选 Interbrand "2016 年全球最佳 100 品牌"。

二、品牌发展历程

1984 年，柳传志在北京创立"联想公司"。

1989 年，北京联想集团公司成立。

1993 年，联想进入"奔腾"时代，推出中国第一台"586"个人电脑。

1994 年，联想在香港联合交易所上市，股票代码：0992。

1996 年，联想笔记本问世。

1997 年，联想 MFC 激光一体机问世。

1998 年，第一间联想专卖店在北京落成。

1999 年，发布具有"一键上网"功能的互联网电脑。

2002 年，"深腾 1800"（DeepComp 1800）高性能计算机问世。
宣布进军手机业务领域。

2003 年，研发出"深腾 6800"高性能计算机，在全球超级计算机 500 强中位居第 14 位。

2004 年，收购 IBM 全球个人电脑（台式电脑和笔记本电脑）业务。

2005 年，联想创始人柳传志获美中关系全国委员会（NCUSCR）"推动美中关系杰出贡献个人"。

2006 年，联想 CEO 杨元庆获得"全国五一劳动奖章"先进个人称号。

2007 年，"联想 Windows Vista PC"全线产品发布。
参与设计的奥运会火炬"祥云"方案中标。

2008 年，推出 IdeaPad 笔记本和 IdeaCentre 台式电脑。

入选美国《财富》杂志"2008 年全球 500 强"榜单。

2010 年，联想发布移动互联网战略，并推出其第一代移动互联网终端产品。

入选彭博社《商业周刊》（*Bloomberg Business Week*）"2010 年全球五十强创新公司"。

2011 年，成立移动互联和数字家庭业务集团（简称 MIDH），负责研发移动互联网终端。

与 NEC 成立合资公司，共同组建日本市场上最大的个人电脑集团。

联想首款平板电脑——乐 Pad 正式上市。

入选《财富》杂志"世界 500 强"。

宣布收购德国电子厂商 Medion 36.66% 股份。

2012 年，联想智能电视 K91、一体台式机 A720 及混合架构笔记本电脑 YOGA 等 20 余款产品亮相国际消费电子展（CES），获得 23 项奖项。

2014 年，联想集团宣布已经完成对摩托罗拉移动的收购。

联想 CEO 杨元庆获得 2014 年"爱迪生奖"。

2015 年，YOGA 电脑获得第 62 届德国 iF 国际设计奖（iF Design Award 2015）金奖。

2016 年，YOGA 平板 3 Pro 获 CES 2016 年创新奖（Innovation Awards）。

截至 2016 年，联想在国内外共获得 1.3 万余件专利。

2017 年，IdeaCentre 610S 个人电脑等 6 款产品获得 2017 年德国 iF 国际设计奖。

三、品牌识别

（一）Logo 变化

2003 年 4 月，联想集团在北京正式对外宣布启用集团新标识"Lenovo"（如图 2），替换沿用 19 年的标识"Legend"（如图 1），并在全球范围内注册。其中，"LE"代表"LEGEND"，"NOVO"为拉丁文"创新"的意思，"LENOVO"即"创新的联想"。在国内，联想将保持使用"英文 + 中文"的标识；在海外则单独使用英文标识。

图 1　1984—2003 年

图 2　2003—2011 年

2015 年，联想全球首席市场官（CMO）David Roman 表示，新 Logo（如图 4）抛弃了已沿用 12 年的斜体设计，是公司向互联网转型的表现。

图 3　2011—2015 年

图 4　2015 年至今

（二）品牌口号

2013 年，联想发布口号"Lenovo：For those who do"。

2015 年，联想发布新口号"Never stand still"（永不止步）。

2017 年，联想发布全球统一的品牌概念"Different is Better"（不同，只为更好）。

四、产品技术创新

1988 年，联想式汉卡获得国家科学技术进步奖一等奖。

2006 年，"深腾 6800"超级计算机获得国家科学技术进步奖二等奖。

2007 年，推出实时多媒体协同技术，实现 PC 的人机交互与计算分离。

2015 年，举办首届年度联想全球创新科技大会（Lenovo Tech World），推出"智能投影手机""魔幻屏智能手表"。

2016 年，推出可折叠的手机、智能跑鞋、VR（Think Mirror）/AR（AR Glass）、PHAB2 Pro 手机、全新 Moto-Z 系列智能手机、"设备 + 云"一体化模式成果。

2017 年 8 月，联想首次对外公布其在人工智能领域的战略布局和前沿技术。

五、广告策略

（一）代言人

2000 年，影星章子怡成为联想消费类产品的形象代言人。

2002 年，台湾 F4 组合成为"联想 1+1 数码大使"。

2004 年，雅典奥运会冠军杜丽代言联想打印机；雅典奥运冠军李婷、孙甜甜代言联想笔记本电脑 Y200。

2006 年，女星大 S 徐熙媛与小 S 徐熙娣代言联想手机 S 系列。

2013 年，NBA 球星科比·布莱恩特代言联想智能手机。

2014 年，歌手 Hebe 田馥甄代言联想手机 S850。

2015 年，演员范冰冰代言旗下个人电脑、平板电脑及智能手机业务。

2016 年，演员鹿晗代言联想小新笔记本电脑；韩国明星金秀贤代言 ZUK 金秀贤明星手机；世界足坛明星罗纳尔迪奥成为电脑全球品牌形象代言人。

（二）广告语

1990 年，陈惠湘创作联想广告语"人类失去联想，世界将会怎样？"

（三）广告奖项

2014 年，联想中国区 CMO 魏江雷、移动业务集团战略运营高级总监王彦荣获得 2014 年中国广告长城奖·广告主奖。

同年，"ThinkPad 8——随时趣创造"获得艾菲奖电子产品类银奖；"ThinkPad Fresh Thinking Day"，获得金网奖整合营销金奖；"ThinkPad 8 网易有道原生双语例句传播合作"获得中国广告长城奖·广告主营销传播金奖。

六、企业危机事件

2014 年、2015 年联想（北京）有限公司在中国大陆地区分两次召回存在安全隐患的 ThinkPad 笔记本电脑锂离子电池，共涉及 207 268 台不同型号的产品，并为召回范围内的产品免费更换电池，以消除安全隐患。

2014 年 12 月，因部分笔记本电源线存在起火风险，联想集团宣布将在全球范围内召回。此次召回的产品涉及部分联想 Ideapad 和 Lenovo 系列笔记本电脑所使用的 AC 电源线。联想笔记本用户可到其提供的网站进行查询，经验证后可免费获得一根新的电源线。

七、企业公关活动

（一）冠名赞助

2004 年，联想成为国际奥委会全球合作伙伴。为 2006 年都灵冬季奥运会和 2008 年北京奥运会提供计算技术设备、资金和技术上的支持。

2006 年，与 NBA 长期结成全球性市场合作伙伴关系，并启动联想扬天"明日巨星计划"。

2007 年，签约成为 AT&T 威廉姆斯车队顶级赞助商。

2009 年，成为 2010 年上海世博会计算机设备及系统运营服务赞助商。

（二）事件营销

2017 年，联想邀请"史上最帅高考状元"向远方与 2017 年陕西高考文科第二名郭婧，在西安举办了一场主题为"升级装备，开挂人生"的公益营销实战活动。借助状元考生的影响力向社会传递公益正能量，为贫困小学捐赠课桌椅。

（三）慈善公益

2008 年，联想向我国雨雪冰冻灾区捐款 300 万元；向汶川地震灾区捐款人民币 1 000 万元，员工自发捐款 500 万元。

此外，2015 年联想集团董事长兼 CEO 杨元庆捐赠 1 000 万设立"杨元庆教育基金"；2016 年向武汉市红十字会捐赠 200 万元物资，支持当地灾后建设。

八、延伸阅读

[1] 联想集团官方网站 [EB/OL]. [2017-08-01]. http://appserver.lenovo.com.cn/About/.

[2] 联想 logo 的变迁史 [EB/OL]. [2017-08-01]. http://club.lenovo.com.cn/thread−1819273−1−1.html.

[3] Best Global Brands 2016 Rankings [EB/OL]. [2017-08-01]. http://interbrand.com/best−brands/best−global−brands/2016/ranking/.

[4] 秦陆峰. 联想宣布召回近 9 万台 ThinkPad 电池存安全隐患 [N/OL]. [2017-07-28]. http://intl.ce.cn/specials/zxxx/201504/22/t20150422_5182214.shtml.

[5] 联想在华召回 11 万台笔记本电脑电池 存安全隐患 [EB/OL]. [2017-08-01]. http://tech.sina.com.cn/it/2014-03-27/15299277408.shtml.

[6] 联想集团全球召回笔记本电源线 [EB/OL]. [2017-08-01]. http://tech.163.com/14/1210/12/AD-3Q3478000915BD.html.

[7] 外形功能完美结合 联想获 6 项 iF 设计奖 [EB/OL]. [2017-08-01]. http://nb.zol.com.cn/630/6308294.html?tml=read.

[8] 联想转战 AI 为企业智慧变革赋能 [EB/OL]. [2017-08-01]. http://www.vsharing.com/k/vertical/2017-8/721480.html.

[9] 扒一扒联想的那些明星代言们 [EB/OL]. [2017-08-01]. http://club.lenovo.com.cn/thread-1816160-1-1.html.

[10] 联想携手最帅高考状元 公益捐赠将开挂进行到底 [EB/OL]. [2017-08-01]. http://notebook.pconline.com.cn/958/9588127.html.

（李盼盼　赵洁　静思宇）

龙　的

longde龙的
enjoy our life

一、品牌简介

龙的是广东龙的集团公司品牌。龙的集团于 1999 年创立，总部位于广东省中山市，集团前身是创立于 1985 年的广东新东方经贸公司。龙的是以精品家电为核心，业务横跨电子科技、照明、贸易、进出口、医疗器材等行业的企业集团公司。龙的集团下属有 16 家子公司。龙的家电曾先后获得"中国名牌产品""中国小家电十大影响力品牌"等荣誉。

二、品牌发展历程

1985 年，新东方经贸公司（龙的集团前身）成立。

1994 年，中山新东方集团成立。

1999 年，龙的集团在中山成立。

2002 年 5 月，龙的集团被评为"高新技术企业"。

2004 年 10 月，龙的获得"中国优秀民营科技企业"称号。

2005 年，龙的泰丰工业园建成投产；1 月，龙的获得"中国小家电十大影响力品牌"称号。

2006 年 9 月，龙的电水壶获得"中国名牌产品"称号。

2007 年，龙的集团获得"2007 年中国最佳商业模式"称号。

2009 年 7 月，龙的获得"中国礼品行业创新奖"。

三、产品技术创新

2006 年 2 月，龙的将陶瓷工艺运用在电熨斗底板，生产出"黄金陶瓷底板"电熨斗。

2006 年 3 月，龙的生产出杀菌吸尘器。

2006 年 7 月，龙的推出通过自主创新研发出的水洗式电须刀 NKX-7018。

四、广告策略

（一）代言人

2011 年 8 月，龙的正式签约影视明星孙红雷作为代言人。

（二）广告语

2006 年，广告语定为"轻松生活，轻松享受"。

（三）广告策略

龙的的营销模式为"优秀的终端形象 + 持续的终端演示 + 抓住关键销售时段"，这二十二字的营销模式于 2006 年获得"中国企业营销创新奖"。

五、企业公关活动

2007 年，龙的成为央视《超市大赢家》节目 2007 年春节特别栏目（从正月初一至初九）的特别赞助商。

六、延伸阅读

[1] 广东龙的集团官网 [EB/OL]. [2017-09-01]. http://www.longde.com/Home/Index.aspx.

[2] 蔡荣光 . 首台"黄金陶瓷底板"电熨斗诞生 [EB/OL]. [2017-09-01]. http://www.cheaa.com/product/2006/0221/62295.shtml.

[3] 蔡荣光 . 全球首台"杀菌"吸尘器龙的问世 [EB/OL]. [2015-12-23]. http://www.cheaa.com/product/2006/0309/ 62813.shtml.

[4] 艾娜 . 龙的欲动飞利浦的"奶酪"[N]. 江南时报，2006-07-26(26).

[5] 龙的荣获"2006 年中国企业营销创新奖"[N]. 信息时报，2006-12-15(C15).

[6] 买购网 . 龙的集团正式签约影视巨星孙红雷为形象代言人 [EB/OL]. [2017-09-01]. http://www.maigoo.com/news/ 216578.html.

[7] 艾肯家电网 . 龙的成为央视黄金栏目《超市大赢家》特别赞助商 [EB/OL]. [2017-09-01]. http://www.abi.com.cn/news/htmfiles/2007-2/49446.shtml.

（吴婷　陈经超　李敬嫄）

漫步者

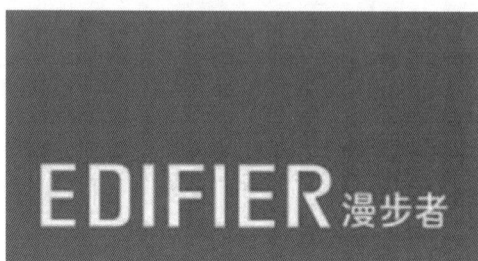

一、品牌简介

漫步者品牌，隶属于漫步者股份有限公司（以下简称"漫步者"）。该公司 1996 年创立于北京市，总部位于广东省东莞市，现有五家全资子公司（北京爱德发科技有限公司、北京漫步者科技有限公司、东莞市漫步者科技有限公司、海外的爱德发国际有限公司和 STAX 有限会社）及一家控股公司（加拿大爱德发企业），员工近 3 000 人。公司主要从事家用音响、专业音响、汽车音响、耳机及麦克风的研发、生产和销售，是一家集产品创意、工业设计、技术研发、规模化生产、自主营销于一体的专业化音频设备企业。截至 2017 年，"漫步者"及"EDIFIER"商标已在德国、英国、法国、意大利、美国、加拿大、日本、澳大利亚、俄罗斯、墨西哥等 80 多个国家和地区注册。

二、品牌发展历程

1996 年，漫步者推出第一代全木质、全防磁音箱。

1998 年 4 月，漫步者北京生产基地建成。

2000 年，漫步者推出无线红外遥控、精密数字控制的 5.1 音箱产品，获 ISO 9002 国际质量体系认证。

2001 年 1 月，漫步者在深圳建立生产基地。

2004 年，漫步者推出多媒体音箱子品牌"声迈 XEMAL"。

2008 年，漫步者红外无线功放系统产品 Ramble 和 e3350 获美国 CES 设计和工程创新奖，Ramble 和 S2.1MKII 产品获德国 iF 产品设计奖。

2009 年，漫步者 e20、M3 Plus 获德国红点设计奖，"EDIFIER 漫步者"商标获得"中国驰名商标"认定。

2010 年，漫步者登陆 A 股上市，漫步者 M500 产品获美国 CES 设计和工程创新奖。

2011 年，漫步者 M16 产品获美国 CES 设计和工程创新奖、德国红点设计奖和 iF 产品设计奖。同年，推出面向专业 HiFi 领域的高端子品牌"AIR-PULSE"。

2012 年，漫步者全资收购日本静电耳机品牌 STAX。魔号系列 e30 获美国 CES 设计与工程创新奖。

2013 年，漫步者推出定位于高端无线便携音响子品牌"魔砖"。

2014 年，漫步者魔号系列产品 e225 获德国 iF 产品设计奖。

2015 年，漫步者魔号系列产品 e235 获美国 CES 设计与工程创新奖。同年，与浙江天猫技术有限公司签订《智能云框架合作协议》，双方将在智能终端领域进行合作，共同建设智能终端生态系统。

2016 年，漫步者入股美国平板耳机品牌 Audeze LLC，共同实施全球市场战略。

三、品牌识别

图 1　初始 Logo：1996 年—2011 年

2011 年，漫步者于公司十五周年庆典发布全新 Logo（如图 2），新标识以高科技、创新、国际化为设计基点，以此明确品牌口号：A Passion For Sound，一种音响精神。该品牌口号从公司成立之初沿用至今。

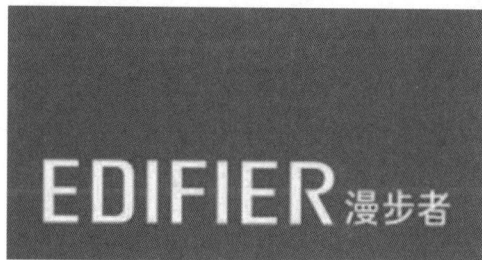

图 2　全新 Logo：2011 年至今

四、产品技术创新

1996 年，漫步者推出双路立体声输入、动态高音提升技术。

1997 年，漫步者研制 APX3D 技术推出 3D 音箱，实现用两只音箱模拟全方位三维空间音场。

1998 年，漫步者将专业音响领域 BBE 音质增强处理技术应用于多媒体音箱。

1999 年，漫步者将国际 X.1 结构技术音箱引入国内，推出全木质 2.1 及 4.1 音箱产品。

截至 2016 年，该公司陆续研发出四大类，上百种型号的产品体系，申报并获得授权专利 119 项。

五、广告策略

2006 年 9 月，分别在中央电视台财经频道、科教频道投放主题为"音乐的心，年轻的心"的 15 秒和 30 秒电视广告。

2014 年 8 月，漫步者在浙江卫视投放 5 秒电视广告。

2015 年 1 月，漫步者在《电脑报》为其 H293P 手机耳塞产品投放半版报刊广告。

六、企业危机事件

2010 年，漫步者在国内 A 股上市后，将大量资金投向银行理财产品。漫步者与浦东发展银行、兴业银行的密切关系被怀疑与独立董事有利益输送关系。其募投项目进展缓慢，收购表现乏善可陈，业绩持续下降。

2014 年 12 月 16 日，漫步者发布公告称，公司拟筹划重大资产重组事项。经公司申请，公司股票自 2014 年 12 月 17 日开市时起继续停牌。公司承诺争取在 2015 年 1 月 16 日前披露符合要求的重大资产重组预案（或报告书）。公司董事会审议通过并公告重大资产重组预案（或报告书）后，公司股票将申请复牌。

2014 年 12 月 25 日，微博网友爆料称，小米或将收购（或大幅入股）漫步者。随后，漫步者官方微博回应："小漫只卖声不卖身。"

七、企业公关活动

2004 年，漫步者设立北京理工大学漫步者奖学金。

2007 年，漫步者成立"天使回声·漫步者公益基金"，用于救助贫困失聪儿童，至今已捐款逾 700 万元，帮助数十个失聪的孩子完成人工耳蜗植入手术。

2008 年，漫步者向汶川地震灾区捐款 100 万元，会同川渝地区销售机构运送赈灾物资驰援灾区。

2011 年，漫步者建立"漫步者音乐家基金"，支持中国音乐文化发展。

八、延伸阅读

[1] 漫步者官网 [EB/OL]. [2017-07-29]. http://www.edifier.com/cn/zh.

[2] 张彬 . 20 年风雨历程 揭秘你不知道的漫步者 [EB/OL]. [2017-07-29]. http://sound.zol.com.cn/581/5811580.html?qq-pf-to=pcqq.c2c.

[3] 漫步者与天猫合作 建设智能终端生态系统 [EB/OL]. [2017-07-29]. http://intl.ce.cn/sjjj/qy/201509/08/t20150908_6427742.shtml.

[4] 漫步者 :2016 中报净利润 0.47 亿 [EB/OL]. [2017-07-29]. http://stock.10jqka.com.cn/20160823/c592752603.shtml.

[5] 漫步者 3 年 45 亿懒人理财 涉嫌向独董利益输送 [EB/OL]. [2017-07-29]. http://news.brandcn.com/pinpaijiaodian/140331_369167.html.

[6] 漫步者回应小米收购传闻：只卖声不卖身 [EB/OL]. [2017-07-29]. http://tech.ifeng.com/a/201412 25/40919491_0.shtml#_zbs_baidu_bk.

（谢璐　朱健强　李慧）

M

美 的

一、品牌简介

美的是美的集团的公司品牌。该公司于 1968 年成立于广东，主要提供消费电器、冷暖空调、机器人与自动化系统、智能供应链（物流）的产品与服务。美的在世界范围内拥有约 200 家子公司、60 多个海外分支机构及 12 各战略业务单位，为德国库卡集团主要股东。2012 年 5 月，获得 2011 年—2012 年度中国最受尊敬企业称号。2015 年，获得"最具投资价值上市公司"称号。

二、品牌发展历程

1968 年，何享健带领 23 人集资 5 000 元在顺德创业，成立北滘街办塑料生产组。

1975 年 12 月，"北滘街办塑料生产组"更名为"顺德县北滘公社塑料金属制品厂"。

1976 年，"顺德县北滘公社塑料金属制品厂"更名为"顺德县北滘公社汽车配件厂"。

1980 年，生产电风扇，进入家电行业。

1981 年，正式注册使用"美的"商标。

1984 年，成立顺德县美的家用电器公司。

1985 年，开始制造空调，成立美的空调设备厂。

1992 年 8 月，广东美的集团股份有限公司成立。

1997 年，进行事业部制改造。

1998 年，收购安徽芜湖丽光空调厂；收购东芝万家乐，进入空调压缩机领域；获得"全国守合同重信用企业"称号。

1999 年，美的商标被评为"中国驰名商标"，成立信息技术公司、物流公司、电工材料公司。

2001 年，事业部制公司化改造，管理层融资购法人股（MBO）和中高层骨干持流通股。新项目 MDV、微波炉、饮水机、洗碗机、燃气具等相继投产。完成产权改革。磁控管公司、变压器公司成立，形成微波炉产业链。

2002 年，冰箱公司成立，全面推行战略性结构调整。

2003 年，相继收购云南、湖南客车企业，正式进军汽车业，进入多元化发展。

2004 年，与东芝、开利签署合作协议，先后收购合肥荣事达、广州华凌集团。

2005 年，收购春花吸尘器。

2007 年，建立越南生产基地。

2008 年，收购无锡小天鹅；建立白俄罗斯生产基地；2 月，与日本东芝开利株式会社合资成立安徽美芝制冷设备有限公司；7 月，与开利合资成立美的开利制冷设备有限公司。

2010 年，美的收购埃及 Miraco 公司月 30% 股权，建立埃及生产基地；2 月，入选"全球最有价值 500 品牌排行榜"。

2011 年，美的收购开立巴西南部 Canoas、北部 Manaus 工厂，建立巴西生产基地；收购开利火地岛共产，建立阿根廷生产基地；"美的—工银国际—鼎晖投资"开展战略投资合作；推动战略转型；7 月，获得最具爱心内资企业奖。

2012 年，1 月，建立印度生产基地；7 月，获得"最具爱心捐赠企业"称号；8 月，美的集团创始人何享健卸任美的集团董事长，方洪波接任。

2013 年 9 月，美的集团整体上市。

2014 年，美的集团立项在顺德投建创新中心。

2015 年，1 月，获得最佳科技创新奖；10 月，获得中国最佳品牌建设案例金象奖；11 月，获得年度整合营销奖；12 月，获得商业品牌案例创新奖。

2016 年 7 月，入围《财富》世界 500 强。

2017 年 3 月，BrandZTM 中国品牌，家电类第一名；收购 KUKA、Servotronix，与伊莱克斯成立合资公司；入围《财富》世界 500 强。

三、品牌识别

Logo 的变化

四、产品技术创新

2012 年，小天鹅采用 iADD 技术。ITIME、模糊称重控制、智能水位控制、ITOUGH 触控获得国家科技进步奖。

2013 年，推出 30GQ 活水系列产品；美的首创的"涡轮动力技术"在内的 11 项发明专利，获得 2013 年中国家电艾普兰科技创新奖。

2015 年，首推蒸汽系列，350℃高温蒸汽，模拟石窑内烧烤。

截至 2017 年 8 月，美的集团累积拥有国内专利申请量超过 5.4 万件，授权维持量超过 2.7 万件。

五、广告策略

（一）代言人

1992 年、1995 年，巩俐代言美的空调。

2003 年，全智贤代言美的空调。

2007 年，巩俐代言美的水洗产品。美的与中国泳协缔结合作伙伴关系。

2009 年，美的续约国家跳水队、游泳队、花样游泳队。

2010 年，窦骁、周冬雨代言美的冰箱、美的洗衣机。

（二）广告语

美的电器，美的生活，美的享受。

原来生活可以更美的。

美的变频空调：一晚仅需一度电。

六、企业危机事件

2010 年 5 月 23 日，央视《每周质量报告》报道称，美的紫砂煲使用的内胆，是由普通陶土添加铁红粉、二氧化锰等化工原料染色而成。

2013 年 7 月 3 日下午 4 时 30 分，美的电冰箱发生失火事件，引起消费者恐慌，后经查实这次冰箱爆炸与公司产品无关，美的赔偿 14 388 元，但不召回相关型号的冰箱。

七、企业公关活动

美的集团连续五年捐赠 1 000 万元支持北滘镇的慈善事业。集团确定每年 12 月 22 日为"扶助基金日"。

2006 年开始设立"美的集团扶助基金"。

2013 年 4 月，美的集团紧急决定向四川雅安地震灾区现金捐款 1 000 万元。

2011 年以来，美的集团股份有限公司在广东省内慈善事业上累计捐赠善款 9 715 万元，辐射佛山、顺德、北滘、英德、连南等地区。

2013 年美的集团获广东省扶贫济困红棉杯金奖、佛山公益联盟颁发"传媒推崇爱心企业奖"。

截至 2015 年上半年，美的集团为社会公益事业累计捐赠近 7 亿元。

八、延伸阅读

[1] 美的集团官网 [EB/OL]. [2017-09-01]. http://www.midea.com/cn/.

[2] 谭开强 . 美的传奇——从 5000 元到 1000 亿的家电帝国 [M]. 北京 : 新世界出版社 , 2009.

[3] 胡晓阳 , 张洪 . 美的制造 [M]. 深圳 : 海天出版社 , 2009.

[4] 朱月容 . 何享健谈美的战略 [M]. 杭州 : 浙江人民出版社 , 2008.

（崔笑宁　陈素白　李敬嫄）

美　菱

MELING 美菱

一、品牌简介

美菱是合肥美菱股份有限公司的公司品牌。美菱成立于 1992 年，前身为始建于 1951 年的合肥市第二轻工机械厂。该公司主要从事家用电冰箱的生产、销售。2014 年，美菱获得中国家电艾普兰产品奖。2016 年，美菱云图像识别技术产品——CHiQ 冰箱获得中国创新产品奖金奖等诸多奖项。

二、品牌发展历程

1983 年，合肥市第二轻工机械厂（美菱前身）转产家用冰箱。

1984 年，第一台美菱 BY158 家用电冰箱下线。

1989 年，美菱研发出大冷冻室冰箱。

1996 年，美菱 B 股股票在深圳证券交易所挂牌上市。

1998 年，美菱技术中心被认定为国家级企业技术中心。

2002 年，美菱联合中科院成立中科美菱低温科技公司。

2003 年 5 月 29 日，格林柯尔受让美菱股份约 20% 的国有股权，成为第一大股东，美菱成为第二大股东。

2005 年 11 月，四川长虹与合肥美菱进行战略重组。

2006 年，美菱研制出对开多门雅典娜系列冰箱。

2007 年，美菱电冰箱获得"中国名牌产品"称号。

2009 年，收购长虹空调和中山长虹。

2010 年，美菱股份有限公司收购美菱集团，品牌实现统一。

2012 年，美菱获得艾普兰产品奖。

2013 年，美菱智能二代 BCD-537WIPB 冰箱获德国红点设计大奖。

2014 年，美菱正式推出 CHiQ 系列智能产品。

2015 年，美菱推出全系列变频冰箱产品。

2017 年，美菱与意大利 CANDY 集团签订战略合作协议，美菱卡迪洗衣机有限公司成立。美菱获得"国家知识产权示范企业"称号。

三、产品技术创新

2014 年，美菱"云图像识别的智能冰箱管理系统"获得技术创新奖。

2016 年，美菱 CHiQ 冰箱 BCD-520WUP9B 获得中国创新产品金奖。

2017 年，美菱 BCD-658WUP9B 冰箱获得艾普兰智能创新奖。

四、广告策略

新鲜的开始，新鲜的生活，新鲜的旋律，新鲜的礼物，新鲜的灵感，新鲜的领域，美菱新世纪、新形象，新鲜的，美菱的。

2007 年（央视）：美菱率先承诺，家电下乡冰箱，十年免费保修，美菱冰箱，深入千万家庭，惠及万千用户，十年免费保修，美菱让您无忧。

2010 年：冰箱开机不制冷，美菱免费送给您。

2010 年：公平，让每个消费者更满意，冰箱品质服务，美菱追求公平，美菱冰箱。

2012 年：美菱雅典娜冰箱，压缩机十年免费包换。

2014 年：朋友的提醒是温暖，冰箱的提醒是节约，美菱 CHiQ 冰箱，基于云图像识别技术，保质随时提醒，一年省一台。

五、企业危机事件

2015 年 3·15 晚会，美菱小家电公司中山分公司生产的"美菱"牌吸油烟机产品被抽检出不合格。随即，美菱电器发布澄清公告称，型号为 CXW190-518 的美菱牌抽油烟机为合肥美菱小家电有限公司中山分公司生产，其与美菱电器没有任何资产、股权关系及经营管理关系。

六、企业公关活动

2007 年 8 月，长虹、美菱共同资助贫困大学生。

2008 年，长虹、美菱捐赠大量物资支持汶川地震灾区受灾群众。

七、延伸阅读

[1] 美菱官网 [EB/OL]. [2017-09-04]. http://www.meiling.com.

[2] 张巨声. 达则兼济天下——"美菱"的成功之路 [J]. 企业管理，1992(6):30-31.

[3] 张春蔚. 美菱这 20 年 [J]. 招商周刊，2005(50).

[4] 赵凝凝，汪安定. 带领美菱将改革进行到底——记美菱集团董事长张巨声 [J]. 瞭望新闻周刊，2002(29).

[5] 刘禺. 张巨声及其森林战略 [J]. 科技与经济画报，1994(5).

[6] 易秀芸. 并购对企业价值的影响——长虹并购美菱个案分析 [J]. 商业文化（学术版），2007(8).

[7] 刘绮. 美菱凭"雅典娜"挺进"高端俱乐部" [J]. 电器，2007(10).

[8] 吕瞬.美菱"家电下乡"精耕细作农村市场 [J]. 电器, 2009(3).

[9] 史凯.美菱:从营销产品到营销服务 [J]. 销售与市场(管理版), 2011(11).

[10] 于昊.美菱电器:2011 年营销大变脸 [J]. 电器(产经方略版), 2011(1).

[11] 万家热线..央视 315 晚会曝光, 合肥美菱等 5 家企业吸油烟机不合格 [EB/OL]. [2017-09-04]. http://365jia.cn/news/2015-03-16/AA4DF6825D1AD850.html.

[12] 于璇.整合渠道, 建立高效营销体系——访合肥美菱电器股份有限公司北方大区总监唐义亮 [J]. 电器, 2011(2).

[13] 中广网.长虹、美菱出资百万资助贫困大学生 [EB/OL]. [2015-12-21]. http://www.cnr.cn/2004news/wenjiao/2007 08/t20070829_504554055.html.

(王美丹　陈素白　李敬嫄)

美时美克

一、品牌简介

美时美克，为厦门美时美克空气净化有限公司品牌（以下简称"美时美克"）。该公司于2004年5月成立，总部设在福建省厦门市，其前身为厦门爱美克科技有限公司，是一家集研发、生产、销售空气净化器为一体的高新技术企业，是国内空气净化器行业第一家通过国际汽车行业TS16949质量体系认证的企业。2008年，美时美克获"国家A级诚信企业"认证。截至2015年，公司累计获得40余项专利，其中2项发明专利、20余项实用新型专利以及20余项外观专利。

二、品牌发展历程

2005年，美时美克旗下沃讯首款车载空气净化器V8上市。

美时美克成功研制国内第一款大巴车专用空气净化器。

2006年，美时美克成功研制汽车后沉置型空气净化总成，后装式车载空气净化器V6上市。

2007年，美时美克与吉利汽车达成"后沉置型空气净化总成技术开发"协议。

2008年，美时美克与同济大学达成校企合作，建立交通环境空气净化联合实验，服务于粉尘颗粒物（含PM2.5）、TOCV挥发性有害气体、微生物等方面的空气净化检测及技术研究。

2009年，美时美克正式更名为厦门美时美克空气净化有限公司。

2010年—2011年，美时美克陆续与飞利浦公司、霍尼韦尔国际达成战略合作伙伴关系。

2014年—2015年，美时美克获得长城汽车供应商认可，为哈弗开发SUV系列车型空气净化器应用。

三、公关活动

2012年9月，美时美克参加上海市质量技术监督局自贸区分局举办的"建立质量强国，实现三个转变"质量月活动，为市民提供车内空气质量免费检测服务。

2014年5月，美时美克以"心平气和"为主题，举办十周年盛典。

2014年7月，沃讯车载空气净化器在微信上进行广告语征集。

2015 年 2 月，沃讯汽车空气净化器在全国所有城市开展寻老友活动，6 年以上老客户上传凭证可以免费获得新产品。

2016 年 4 月，美时美克中央扶手型空气净化器、吸顶式空气净化器、空调集成型净化器、通用型空气净化器、家用空气净化器亮相 2016 年北京国际车展。

四、延伸阅读

[1] 美时美克官网：关于美时美克 [EB/OL]. [2017-08-15]. http://www.maxmac.com.cn/index.php?m=content&c=index&a=lists&catid=34.

[2] 每时每刻为您提升空气质量 [EB/OL]. [2017-08-15]. http://economy.gmw.cn/newspaper/2014- 08/29/content_100234173.htm.

[3] 美时美克官网：美时美克十周年庆典盛大落幕 [EB/OL]. [2017-08-15]. http://www.maxmac.com.cn/index.php?m=content&c=index&a=show&catid=11&id=60.

[4] 中国客车网 . 美时美克空气净化器开启校车健康之旅 [EB/OL]. [2017-08-15]. http://www.chinabuses.com/supply/2012/0216/article_8908.html.

[5] 爱卡汽车网 . 十年筑梦，沃讯树立行业榜样力量 [EB/OL]. [2017-08-15]. http://info.xcar.com.cn/201312/news_1402036_1.html.

[6] 中国名企排行网 .2012 空气净化器品牌调查评价活动情况通报 [EB/OL]. [2017-08-15]. http://news.958shop.com/detail/48586.html.

[7] 沃讯车载空气净化器和上海一起向 PM 2.5 说 "No" [EB/OL]. [2017-08-15]. http://auto.enorth.com.cn/system/2014/10/14/012200954.shtml.

[8] 美时美克携空净新品登陆北京车展 [EB/OL]. [2017-08-15]. http://sh.xcar.com.cn/201604/news_1926371_1.html.

（陈振华　王霏　李慧）

摩 尔

一、品牌简介

摩尔是浙江摩尔电器有限公司的公司品牌。该公司成立于 2001 年，前身是慈溪方正电器有限公司，总部位于浙江省慈溪市。公司主要从事洗衣机的研发、制造，拥有双桶、全自动等 5 个系列 30 多个型号。摩尔产品通过 CCC、CE、CB 认证，采用钢化技术及纳米抗菌材质。摩尔洗衣机曾获"中国著名品牌产品"称号。

二、品牌发展历程

2001 年，浙江摩尔电器有限公司成立。
2004 年，摩尔与浙江大学合作，自主开发出 7.2 kg、8.5 kg 两款洗衣机。
2006 年，摩尔开发的节能调速型 8.0 kg 洗衣机投入市场。
2012 年，摩尔洗衣机成为节能惠民工程项目中标产品。

三、企业公关活动

摩尔电器建立了 GB/T28001 职工健康安全管理体系。
摩尔每年参与助医、助老、助学、抗震救灾等各类公益性活动。
2009 年，摩尔电器提出在家电下乡中标企业中推广建立 12315 申诉举报联络站。

四、延伸阅读

[1] 浙江摩尔电器有限公司官网 [EB/OL]. [2017-09-03]. http://www.zjmore.com/.

[2] 宁波市对外贸易经济合作局. 宁波市对外经济贸易白皮书 2009 [M]. 宁波：宁波市统计局，2010.

[3] 张金科，董玮华. "摩尔"波轮式双桶洗衣机获国家免检产品称号 [N]. 慈溪日报，2008-03-25(C4).

[4] 张鹏. 节能补贴第二批：更多国产品牌被眷顾 [EB/OL]. [2017-09-03]. http://washer.ea3w.com/134/1341350.html.

[5] 中国家电网. 在中标企业建立 12315 举报联络站 [EB/OL]. [2017-09-03]. http://rural.cheaa.com/2009/0702/186343.shtml.

（吴婷　黄合水　李敬嫄）

魔光球

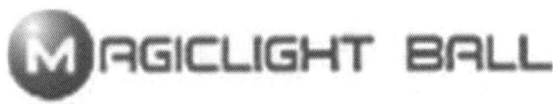

一、品牌简介

魔光球是北京荣盛水合科技有限公司的品牌。该公司成立于2009年，主要从事智能小家电、健康生活用品的生产研发。"魔光球"是该公司的创意智能小家电产品。

二、品牌发展历程

2009年10月，北京荣盛水合科技有限公司成立。

2012年，公司确定发展方向为"创意智能小家电"，主营魔光球V600单一自主产品。

2013年4月，成立研发团队。厦门工厂建设完成并投入生产。

2014年5月，研发团队逐渐成熟，研发成果19款，投入生产13款。

三、产品技术创新

获得"国家外观设计专利""国家实用新型专利""空气清新行业标准A级认证"和"CE欧盟认证"荣誉。

于2009年引进"光解技术"，聘请美国多位顶级产品设计师参与研发设计，产品魔光球实现二十四小时不间断工作。

四、广告策略

2012年，公司在报纸上投放硬广告较多，主要推广魔光球V600空气净化机。

五、延伸阅读

[1] 魔光球官方网站 [EB/OL]. [2017-09-05]. http://www.i-mgq.com/.

[2] 天猫商城魔光球官方旗舰店. 品牌文化 [EB/OL]. [2017-09-05]. https://moguangqiu.tmall.com/p/rd265173.htm?spm=a1z10.3-b.w5001-7615872016.9.vQxQgz&scene=taobao_shop.

（李盼盼　黄含韵　李敬嫄）

欧　博

Opera
audio

一、品牌简介

欧博是北京市欧博音响技术公司的公司品牌。该公司成立于 1994 年，主要从事高保真音响系统的研发、制造和推广。

二、品牌发展历程

1994 年，北京市欧博音响技术公司成立。

1999 年，首次参加了美国 CES 大展。

2001 年 6 月，欧博参加德国法兰克福 Hi-End 2001 高级音响器材展。

2004 年，欧博参加慕尼黑音响展。

2006 年，欧博参加英国 High Fidelity 展。旗下产品 Droplet LP 5.0 荣获中国创新设计红星奖最具创意奖。

2007 年，旗下产品 Forbidden City Series 荣获中国创新设计红星奖金奖。旗下产品 M100 Plus 荣获法国杂志 *Le Monde de la Musique* Choc Hi-Fi 奖。

2008 年，参加德国慕尼黑音响展。

2009 年 5 月，参加德国慕尼黑 Hi-End 国际音响展。

2010 年，旗下产品 Cyber880 荣获英国杂志 *Hi-Fi+* 高品质推荐。

2013 年 10 月，参加北京国际 HiFi 音响展。

2015 年，旗下产品 M10 荣获德国杂志 *Audio* 评选的金耳朵奖。

三、广告策略

国内的广告策略紧跟新媒体发展浪潮，开设新浪微博官方账号、淘宝欧博音响技术官网等，以"朴素·人生"为广告定位，展开一系列线上宣传。

四、延伸阅读

[1] 欧博音响技术公司官网 [EB/OL]. [2017-09-06]. http://www.operaudio.com.cn/.
[2] 欧博音响论坛 [EB/OL]. [2017-09-06]. http://bbs.operaudio.com.cn/.

（王可欣　王霏　李敬嫄）

欧普照明

OPPLE
欧普照明

一、品牌简介

欧普照明是欧普照明股份有限公司的公司品牌。该公司 1996 年成立于广东省中山市，总部位于上海市，目前拥有员工 6 000 多人。该公司主要从事生产 LED 及传统光源、灯具、电工电器、吊顶等。2004 年，入选"中国 500 最具价值品牌"。2015 年，获得亚洲名优品牌奖。

二、品牌发展历程

1996 年，王耀海创办中山市绿明电器有限公司。

1997 年，开始投产吸顶灯。

2000 年，注册"欧普"商标，成立中山市欧普照明有限公司。

2003 年，获得"节能灯国家免检产品""国家免检产品（欧普牌室内灯具）"称号。

2004 年，在上海成立欧普小泉合资公司。

2006 年，欧普照明产品获得"中国名牌产品"称号。

2008 年，获得国家民政部中华慈善奖。

2012 年，欧普 LED-MR-16 灯杯获得德国 iF 设计奖。

2013 年，欧派第一条 LED 自动化生产线投入生产。

2014 年，LED 圆形透明灯获得阿拉丁神灯十大产品奖。

苏州欧普照明有限公司获"国家高新技术企业"认定。

2016 年，成为华为智能家居照明合作伙伴。

8 月，欧普照明在上海证券交易所挂牌上市，股票代码 603515。

三、企业危机事件

2010 年至 2012 年中，欧普照明产品被曝五次抽检不合格，深陷质量漩涡。三年内四次登上质量"黑榜"。

四、企业公关活动

（一）赞助冠名

2006 年，与央视合作，举办《同一首歌 走进欧普"魅力之光"》大型演唱会。

2010 年，成为上海世博会参展商及照明产品、照明系统供应商。

（二）慈善公益

2007 年，向中国残疾人基金会捐赠 158 万元，用于"爱心永恒，启明行动"，让贫困的白内障病人重见光明；捐资建设 30 所脑瘫康复中心。

2008 年，"CCTV 春暖——欧普光明行"晚会现场捐赠 200 多万元，用于为贫困地区白内障患者带来光明。

向汶川地震灾区共捐款 1 300 多万元。

2009 年，向中华健康快车基金会捐款 120 万，用于治疗白内障患者。

向中国红十字基金会捐赠 210 万元，在贫困地区小学。

2013 年，启动"点亮未来"公益活动，为山区儿童打造 100 间光明课室。

五、延伸阅读

[1] 欧普照明官方网站 [EB/OL]. [2017-08-07]. http://www.opple.com.cn/.

[2] 王耀海——欧普照明股份有限公司董事长介绍 [EB/OL]. [2017-08-07]. http://www.china-10.com/mingren/5708.html.

[3] LED 照明企业的"明星代言"与"自我代言"优劣势分析 [EB/OL]. [2017-08-06]. http://lights.ofweek.com/2014-10/ART-220001-8470-28891718_2.html.

[4] 欧普照明上市进程遭"质量漩涡" 三年四登黑榜 [EB/OL]. [2017-08-06]. http://jingji.cntv.cn/2013/06/14/ARTI1371167587427557.shtml.

[5] 吴海明. 品牌，就这样亮起来！——欧普照明策划实录 [J]. 广告大观，2001(4):16-19.

[6] 央视曝光引发公众对家居品牌的信任危机 [J]. 辽宁建材，2007(3):36.

[7] 欧普新品发布引领照明新风潮——专访欧普照明董事长王耀海先生 [J]. 中国建筑装饰装修，2010(10):285.

[8] 高慧英. 谋持续发展，创世界品牌——记广东欧普照明有限公司的自主创新之路 [J]. 广东科技，2008(7):65-66.

[9] 张薇. 欧普照明在中小城市的市场推广策略研究——以江苏省太仓市为例 [J]. 商务营销，2014(9):48-49.

[10] 侯隽. 欧普照明：走"节能"路线 做行业第一 [J]. 中国经济周刊，2008(24):42-43.

（陈瑞　张潜　静思宇）

攀 高

pangaO 攀高

一、品牌简介

攀高是深圳市攀高电子有限公司的公司品牌。该公司创建于 2000 年，主要从事医疗器械、保健按摩产品的生产、开发、经营。主要产品有电子血压计、颈椎治疗仪、按摩眼镜、按摩文胸、智能塑腰带、按摩垫、低频治疗仪。公司产品获得欧盟 CE0413、美国 FDA 等认证证书及国家医疗器械生产许可证、医疗器械产品注册证。

二、品牌发展历程

1992 年，深圳市攀高电子有限公司的前身成立，当时为国有企业。

1999 年，攀高的前身的国营企业成功转型。

2000 年，深圳市攀高电子有限公司正式成立。

2001 年—2010 年，攀高公司相继取得各类相关资质认证。

三、广告策略

（一）代言人

2011 年 7 月 16 日，聘请赵忠祥为攀高电子的形象代言人。

（二）广告策略

主要在报纸上投放，侧重于报纸软文的形式，投放的报纸几乎覆盖全国的主要城市。

四、企业危机事件

2012 年 3 月，攀高电子有限公司生产的"低频治疗仪（商品名：颈椎治疗仪）"的产品广告被国家食品药品监督管理局判定为广告宣传超出食品药品监督管理部门批准的内容，含有不科学地表示功效的断言和保证等内容，严重欺骗和误导消费者。国家食品药品监督管理部门根据《药品广告审查办法》和《医疗器械广告审查办法》有关规定，对攀高公司进行处理，将违法广告依法移送工商行政管理部门查处。

五、企业公关活动

2009 年，在报纸上以刊登通知的形式向全国主要城市持有老年证或离休证的市民免费发放数量不等的眼部保健按摩仪或眼部保健按摩椅。

六、延伸阅读

[1] 深圳市攀高电子有限公司 [EB/OL]. [2017-09-02]. http://www.pan-go.com/.

[2] 天猫商城攀高医疗器械旗舰店. 品牌故事 [EB/OL]. [2017-09-02]. https://pangao.tmall.com/p/rd267538.htm?spm=a1z10.1-b.w10320429-11612845951.12.HbOZIo.

[3] 李晖军. 捶背器 [J]. 现代营销 (创富信息版), 2004(2):20.

[4] 宗欣. 国家药监局曝光四则医药违法广告 [N]. 深圳特区报, 2012-03-06(A12).

（李盼盼　陈瑞　李敬嫄）

奇　朗

ZILLA®

一、品牌简介

奇朗是昆山奇朗数码科技有限公司的公司品牌。该公司主要从事数码产品、音响器材、平板显示屏和平板电视支架的生产和销售。其外资母公司为新加坡澳非欧视听科技有限公司，自进入中国以后，先后引入澳非欧和 ZILLA 等多种品牌产品，多次参加国内和国际展会。

二、品牌发展历程

2007 年，奇朗数码科技有限公司成立。
2014 年 3 月 18 日，奇朗获得美国商标注册证。

三、产品技术创新

2010 年 6 月 23 日，触摸式平板显示器可变仰角支架获实用新型专利证书。
2010 年 9 月 22 日，便于快速安装和拆卸的悬吊式投影仪支架获得实用新型专利证书。
2011 年 10 月 19 日，可折叠壁挂式显示器支架获得外观设计专利证书。壁挂式双悬臂可调平板电视支架获得外观设计专利证书。
2012 年 2 月 8 日，平板显示器可倾式支架获得发明专利证书。
2012 年 7 月 25 日，可移动可倾式平板显示器壁挂支架获发明专利证书。

四、广告策略

根据产品的特性，奇朗的广告主要投放在天极网等电子产品论坛上，并不涉足传统媒体广告。

五、延伸阅读

[1] 奇朗官网 [EB/OL]. [2017-09-05]. http://www.zilla-tech.com.

[2] 天极网 . 可移动平板奇朗 ZMS-180GL 显示器支架促销中 [EB/OL]. [2017-09-05]. http://lcd.yesky.com/61/11434061.shtml.

[3] 奇朗数码科技 . 公司简介 [EB/OL]. [2017-09-05]. http://www.elzilla.com/index.php?m=content&c=index&a=lists&catid=1.

（谢璐　陈经超　李敬嫄）

奇 声

QiSheng 奇声

一、品牌简介

奇声是东莞市奇声电子实业有限公司的公司品牌。该公司 1992 年成立于广东省东莞市，现有员工 1100 余人，占地 300 亩。该公司早期制造录放机，后拓展至 DVD 影碟机、功放、音响、液晶电视等影音电子产品领域以及冰箱、洗衣机、电压力锅、电磁炉、电饭煲、豆浆机、吸油烟机、燃气灶、消毒柜、热水器等家电产品领域。该公司是广东省省级企业技术中心，广东省高新技术企业，也是中国电子音像工业协会第一批授权使用"A"标志的企业。

二、品牌发展历程

1992 年，奇声电子实业有限公司成立，推出第一台录放机。

1993 年，奇声率先推出领先国内水平的卡座、功放、CD 机等组合音箱。

1996 年，中国保护消费者基金会授予奇声公司"消费者信得过产品"荣誉称号。

1999 年，奇声获得"1998—1999 年度市场首选品牌"荣誉称号。

中国电子音响工业协会授予奇声家庭影院系列产品"A"字标志使用权书，奇声成为首批荣获此殊荣的企业。

2001 年，奇声获得"国家级权威检验合格——国家监督抽查好产品"荣誉称号。

2005 年，广东省科学技术厅评定奇声公司为"高新技术企业"。

2008 年，奇声入选中国品牌研究院公布的"第三届中国最有价值商标 500 强"。

2009 年，奇声成为全国推广冰箱、洗衣机家电下乡中标企业。

2012 年，奇声在首届中国家用电器行业峰会上获得"2011 年—2012 年度家电影响力品牌"称号。

三、广告策略

（一）代言人

1996 年，喜剧演员陈佩斯成为奇声形象代言人。

（二）广告语

1996 年，"好戏随时演，奇声家庭影院"。

"我们有实力，让您更满意"。

四、企业危机事件

2011年，根据国家质量监督检验检疫总局的抽样调查结果，东莞市奇声电子实业有限公司生产的冰箱因为能效等级不合格，取消其家电下乡中标资格。

五、企业公关活动

（一）赞助冠名

2003年，奇声成为中国男子篮球甲A联赛战略合作伙伴。

2004年，奇声成为中国女子篮球甲级联赛冠名赞助商。

同年，奇声赞助"2004—2005年奇声电子杯象棋超级排位赛"。

2008年10月，奇声成为CBA中国男子篮球职业联赛官方赞助商。

2011年，奇声赞助"奇声电子杯"业余围棋比赛。

（二）慈善公益

2004年，印度洋发生里氏9.0级强烈地震并引发海啸。奇声公司开展了一系列救灾援助活动。电子二分厂捐款一万余元。

六、延伸阅读

[1] 奇声官方网站 [EB/OL]. [2017-08-15]. http://www.qisheng.com.cn.

[2] 刘志庚，陈世强，黄怡，等 .2009 东莞民企风采 [M]. 广东：东莞市经济贸易局 ,2010: 40-41.

[3] 奇声荣获 2011-2012 年度家电影响力品牌 [EB/OL]. [2017-08-15]. http://info.xjd.hc360.com/2012/07/131510117228.shtml.

[4] 奇声电子进攻小液晶电视产业 [EB/OL]. [2017-08-15]. http://www.china-10.com/news/242096.html.

[5] 15 家企业被取消家电下乡资格 奇声夏普等在列 [EB/OL]. [2017-08-15]. http://www.chinanews.com/it/2011/10-27/3419610.shtml.

[6] 东莞业余围棋联赛唐人唐失利 奇声电子队首登顶 [EB/OL]. [2017-08-15]. http://sports.sohu.com/20110823/n317082264.shtml.

[7] 奇声电子发动公司全体员工对灾区人民进行无私援助 [EB/OL]. [2017-08-15]. http://info.homea.hc360.com/2005/11/131405294061.

（梁铮　陈瑞　王金喜）

奇 帅

一、品牌简介

奇帅是宁波奇帅电器有限公司的公司品牌。该公司 2003 年成立于浙江省宁波市，目前该公司拥有 4 大生产基地，占地面积 500 余亩，建筑面积 50 万平方米，是一家专注洗衣机的研发、生产与销售的家电制造企业。该公司现拥有五条生产流水线设备和完善的质量检测中心，年产能达 550 万台以上。

二、品牌发展历程

2003 年 6 月，宁波奇帅电器有限公司成立。

2006 年 4 月，奇帅与国家家电技术研究院形成长期合作关系。

奇帅与国内著名品牌创维、美菱、长虹等建立合作联盟。

2009 年 3 月，奇帅成为国家财政部、商务部家电下乡中标品牌。

2010 年 9 月，奇帅主体生产车间乔迁入驻奇帅新工业园，年产能达 200 万台，全国较先进的全自动洗衣机生产线投入运行。

2012 年 6 月，奇帅电器中标国家节能惠民工程，中标全自动机型达 38 款。

2013 年 7 月，奇帅启动"精细化管理"项目，涵盖了从组织到生产到销售等各个环节。

2015 年，奇帅与意大利卡迪（金羚）集团达成战略合作，奇帅滚筒生产线全面投产，完成了滚筒洗衣机产品的全面布局。

三、产品技术创新

2007 年，推出具有烘干功能的全自动洗衣机。

2008 年，推出 3D 炫彩艺术洗衣机。

2009 年，推出穿透洗功能洗衣机、语音洗衣机和紫外线杀菌洗衣机。

2010 年，推出加热洗功能洗衣机。

2011 年，推出"全驱变频"系列洗衣机。

2012 年，推出 3D 幻彩洗衣机和模塑盖板洗衣机，拓展了波轮洗衣机工业设计的空间。

2013 年，推出第四代 4D 炫彩洗衣机，采用全新的发泡工艺，提升洗衣机的稳定性。

2014 年，推出全系列彩钢箱体、触摸屏显示、DD 变频产品。

2015 年，推出 i 云智能洗、免清洁、15 kg 超大容量和小容量 3 kg ～ 5 kg 炫彩迷你洗衣机四类产品，实现了洗衣机从"简单洗涤"到"智能洗涤"的升级。

2016 年，奇帅发布了 360° 穿透洗洗衣机、子母亲情洗衣机和 5℃ 高温水煮洗衣机等产品。

四、广告策略

（一）代言人

2012 年，演员陈好成为奇帅的品牌形象代言人。

2014 年，歌星杨钰莹代言奇帅炫彩洗衣机。

（二）广告语

2008 年，品牌广告语"炫彩洗衣机的开创与领导者"。

2009 年，广告语"色彩绚丽，艺术家电"。

2012 年，广告语"奇帅洗衣机，让幸福变简单"。

2014 年，广告语"让衣服更年轻"。

2016 年，品牌广告语"开创洗护新时代"。

五、企业危机事件

2014 年，《南方农村报》报道称，宁波奇帅电器有限公司是生产山寨洗衣机的大户。《南方农村报》记者调查后发现，以奇帅电器为申请人的商标申请多达 93 个，很多都有傍名牌之嫌。业内人士分析称，奇帅电器聘请歌星杨钰莹作为品牌代言人，是想借明星效应摆脱"山寨品牌"危机的不利影响。

六、企业公关活动

赞助冠名

2010 年，奇帅成为 CBA 联赛官方赞助商。

七、延伸阅读

[1] 奇帅官方网站 [EB/OL]. [2017-08-16]. http://www.qishuai.com.

[2] 创新与回归：奇帅洗衣机的"新时代" [EB/OL]. [2017-08-16]. http://www.abi.com.cn/news/htm-files/ 2016-5/172379.shtml.

[3] 山寨家电泛滥 西门子洗衣机奇帅电器制造 [EB/OL]. [2017-08-16]. http://news.cnfol.com/chanye jingji/20140313/17262095.shtml.

[4] 奇帅电器被指欲借明星摆脱山寨形象 [EB/OL]. [2017-08-16]. http://www.ce.cn/cysc/zgjd/kx/2014 04/17/t20140417_2675668.shtml.

[5] 周丹红. 万人迷陈好代言奇帅电器 [N]. 都市快报，2012-08-01(D09).

[6] 李雪东. 奇帅打造第三核心竞争力 [J]. 现代家电，2014(13):50-51.

[7] 魏伟 . 宁波奇帅涉嫌傍名牌 [N]. 南方农村报，2014-01-16(10).

[8] 钟亦瑄 . 奇帅电器：宁波家电业的洗衣机"一哥" [N]. 中国企业报，2014-07-22(12 版).

[9] 张晓冬 . 顺势而为 携手奇帅转战全自动市场 [J]. 现代家电，2016(15):43-44.

[10] 无帆 . 携手杨钰莹 , 奇帅打的什么牌 [J]. 广告主，2014(8): 44.

（李盼盼　黄合水　王金喜）

企　泰

City-pure企泰环保

为了您的生活健康　我们不懈努力

一、品牌简介

企泰是企泰环保科技有限公司的公司品牌。该公司成立于 2010 年，前身是上海企泰净水科技有限公司，是一家经营商用、家用环境电器为主的高科技企业。该公司的生产基地位于杭州余杭区凤都工业园，目前拥有厂房面积 15 000 多平米，员工 200 多名，全国有 8 家整体运作分公司。主要从事自动售水机、商用直饮水机、家用净水机、空气净化器的研发、生产、销售和终端运营。该公司近年获得 "中国重质量守诚信 AAA 级优秀企业" 荣誉称号、中国净水行业公共饮水设备优质供应商等荣誉。

二、品牌发展历程

2009 年，上海企泰净水科技有限公司成立。

2010 年，企泰集团成立。

2011 年，企泰获得 "重质量守诚信 AAA 级优秀企业" "315 消费者放心产品" "全国消费者满意品牌企业" "中国净水行业十大畅销品牌企业" 和 "中国绿色环保产品" 等荣誉称号。

2012 年，企泰获得中国知识产权局颁发的多项实用新型专利证书。

2013 年，企泰获得 "中国净水行业公共饮水设备优质供应商" 称号。

2014 年，"杭州企泰净水科技有限公司" 更名为 "杭州企泰环保科技有限公司"。

三、产品技术创新

企泰净水设备是基于美国宇航局逆渗透薄膜技术和 ERS 能量活净技术的净水机所产生的活净水，去除自来水中的重金属、亚硝酸盐、余氯、农药残留、寄生虫卵、有害病菌等成分。

逆渗透薄膜技术 (RO 膜) 是利用压力表差为动力的膜分离过滤技术，源于美国 20 世纪 60 年代的宇航科技，后转为民用，目前广泛运用于科研、医药、食品、饮料、海水淡化等高科技领域。

四、广告策略

（一）代言人

2016 年，主持人华少成为企泰净水净化器品牌形象代言人。

（二）广告语

2014 年 4 月，企泰在中央电视台第七频道投放广告，广告语为"企泰净水机，多一层保护，新鲜好水，全家畅饮"，主打产品卖点和企业形象。

五、延伸阅读

[1] 企泰官方网站 [EB/OL]. [2017-08-16]. http://www.city-pure.com/.

[2] 企泰品牌携手华少 "中国好舌头" 开启纯净之旅 [EB/OL]. [2017-08-16]. http://www.sohu.com/a/75618770_180578.

（李盼盼　白海青　王金喜）

千禧厨宝

一、品牌简介

千禧厨宝是中山市千禧厨宝电器有限公司的公司品牌。该公司 1998 年成立于广东省中山市东凤镇，是一家集研发、生产、销售为一体的现代化厨卫电器企业。目前该公司经营有吸油烟机、燃气灶具、消毒柜、燃气热水器、电热水器、净水机等家用厨卫电器，2017 年又新增集成灶、蒸箱、烤箱和水槽四大品类产品。

二、品牌发展历程

1998 年，中山市千禧厨宝电器有限公司成立。

1999 年，千禧厨宝获"中国质量信得过产品"荣誉称号。

2003 年，千禧厨宝新工业园第一期工程竣工。

2005 年，千禧厨宝获得"全国质量诚信标杆典型企业"荣誉称号。

2006 年，千禧厨宝成为中国节能环保产品推荐品牌。

2007 年，千禧厨宝新工业园第二期完工并进驻。

2014 年，千禧厨宝获得国家三项燃气专利。

2016 年，千禧厨宝全面升级产品研发实验室。

2017 年，千禧厨宝成功打造国家标准级产品研发实验室。

千禧厨宝获得国家"高新企业"荣誉称号。

千禧厨宝发布《健康白皮书》。

三、广告策略

（一）代言人

2010 年，台湾女演员陈德容担任千禧厨宝电器形象大使。

2012 年，演员、模特于娜担任千禧厨宝电器形象大使。

（二）广告语

2014 年 12 月，千禧厨宝在中央电视台第七频道投放广告，广告语为"相信时间的力量，千禧厨宝，只做好家电"。

四、企业危机事件

2009 年，广东省质量技术监督局抽查了 96 家企业生产的吸油烟机产品，经检验，合格 46 批次，产品批次合格率为 47.92%。此次公布的不合格产品及生产企业名单中包括千禧厨宝电器及其生产的吸油烟机。

五、延伸阅读

[1] 千禧厨宝官方网站 [EB/OL]. [2017-08-16]. http://www.qxcbao.com/

[2] 千禧厨宝央视 5 秒广告 央视七套广告投放播出 [EB/OL]. [2017-08-16]. https://v.qq.com/x/page/l0144lerjb4.html

[3] 广东省质量技术监督局 . 广东省吸油烟机产品质量存在行业性质量问题 [J]. 现代家电，2009(11).

（李盼盼　王晶　王金喜）

巧太太

一、品牌简介

巧太太是中山市巧太太卫厨电器有限公司的公司品牌。该公司 2001 年成立于广东省中山市黄圃镇大雁工业区，是一家从事吸油烟机、燃气灶具、消毒柜、燃气热水器、即热式电热水器、贮水式电热水器、电压锅、电磁炉和壁挂炉等家电产品的生产和销售的现代化企业。该公司年生产规模超过 200 万台，基本上形成了门类齐全的厨卫家电产品生产基地。

二、品牌发展历程

2001 年，中山市巧太太卫厨有限公司成立。
2008 年，巧太太获得"消费者可信产品""中国信用企业""质量信得过产品"荣誉称号。
2009 年，巧太太成为广东省家电商会会员。
2013 年，巧太太获得"中国名优产品""中国著名品牌"荣誉称号。
2015 年，巧太太在上海股权交易中心成功挂牌。

三、产品技术创新

2017 年 3 月，巧太太推出了一款拥有国家发明专利的"4D 均氧灶"，并举行了现场发布会。

四、广告策略

（一）代言人
2011 年，电影演员李连杰成为巧太太品牌代言人。
（二）广告语
"生活巧太太，家家都喜爱"。

五、企业危机事件

2009 年 6 月，北京市怀柔区刘小姐在家中洗澡时中毒晕倒，抢救无效后死亡。刘小姐的家人发现家中使用的巧太太热水器有漏气现象，同时销售和安装热水器的吴某将排气口安装在浴室内，导致刘小姐洗澡时中毒晕倒。为此，刘小姐的父母将热水器生产厂家巧太太起诉到法院，并索赔 85 万余元。

2014 年 12 月，西安省工商局通报家用燃气灶具商品质量抽查结果显示，63 种规格型号的家用燃气灶具被认定为严重不合格，危及人身财产安全。要求全省范围内经营与上述 63 种商品同一商标、同一规格型号商品的经营者应立即停止销售相关产品。巧太太出现在这份不合格品牌名单中。

六、延伸阅读

[1] 巧太太官方网站 [EB/OL].[2017-08-17]. http://www.qiaotaitai.net.cn.

[2] 李连杰代言品牌巧太太借势央视，趁火燎原 [EB/OL]. [2017-08-17]. http://www.cctvad.org/%E 5%A4%AE%E8%A7%86%E5%B9%BF%E5%91%8A/%E5%A4%AE%E8%A7%86%E5%B9%BF%E5%91%8A%E8%A1%8C%E4%B8%9A%E6%96%B0%E9%97%BB/%E5%A4%AE%E8%A7%86%E5%B9%BF%E5%91%8A%E8%A1%8C%E4%B8%9A%E6%96%B0%E9%97%BB-773.html.

[3] 明星代言厨电成"风" 李连杰代言巧太太 "出风头" [EB/OL]. [2017-08-17]. http://roll.sohu.com/20110816/n316462790.shtml.

[4] 巧太太热水器被指漏气毒死人 家属索赔 85 万 [EB/OL]. [2017-08-17]. http://tech.qq.com/a/2009 0626/000303.htm.

[5] 63 款家用燃气灶抽检不合格 [EB/OL]. [2017-08-17]. http://news.163.com/14/1226/12/AED137JT 00014Q4P.html.

（李盼盼　王霏　王金喜）

沁 园

沁园 QINYUAN

一、品牌简介

沁园是沁园集团股份有限公司的公司品牌。该公司 1998 年成立于浙江省宁波市，前身为慈溪市沁源净水设备有限公司。该公司现拥有杭州湾新区西区、杭州湾新区东区、桥头工业区、杭州下沙工业区四个生产基地，是一家专业从事净水设备、饮水设备及商用水设备等系列环保产品的高新技术企业。沁园集团是国家创新型试点企业和全国企事业知识产权试点单位，同时也是全国家用电器标准化技术委员会净水器及其系统标准化工作组组长单位。近年来该公司先后获得数百项国内外专利，并获得"国家科学技术进步二等奖""国家高技术研究发展计划（863计划）"等科技奖项。

二、品牌发展历程

1998 年，沁园集团股份有限公司（时名慈溪市沁源净水设备有限公司）成立。

2001 年，沁园乔迁至浙江省宁波市花开桥头工业园区。

2003 年，沁园正式进驻杭州湾工业园区。

2005 年，沁园投资成立浙江沁园水处理科技有限公司，致力于研发生产民用水处理设备。

2006 年，饮水机行业首批中国名牌名单公布，沁园位列榜单之中。

2007 年，沁园获得中国标准创新贡献奖，成为全国家用电器标准化技术委员会净水器及其系统标准化工作组组长单位。

沁园杭州司迈特水处理工程有限公司成立，补充了沁园的产品线，使得沁园完成民用、商用和工业用水处理设备的发展布局。

2010 年，国家人力资源和社会保障部批准沁园成立博士后科研工作站。

2014 年 3 月，联合利华宣布正式持股沁园集团。

2016 年 11 月，联合利华任命的新管理层团队宣布了全新的沁园公司愿景：为 20% 的中国家庭改善健康饮水条件。

三、产品技术创新

2000 年，沁园 QY98-1 型远红外线矿化净水器成为 2000 年度国家级新产品，同时成为国家财政部科技三项资金补助项目。

2008年，沁园节能型饮用水深度处理系列设备的研发与产业化获得国家科学技术进步二等奖。

2009年，沁园快速电加热饮水机发明专利获得国家知识产权局颁发的中国专利优秀奖。

2010年，沁园"防二次污染汽水热作用速热型饮水装置"成为国家重点新产品。

2011年，沁园杭州湾东厂区民用水处理技术改造项目成为"国家重点产品振兴和技术改造项目"。

2012年，沁园"膜法水深度处理集成技术"成为国家高技术研究发展计划（863计划）。

四、广告策略

广告语

2013年，"沁园，好水让生命更美好"。

五、企业公关活动

（一）慈善公益

2008年，沁园向汶川灾区捐赠价值30万元的RO185净水机及价值20多万元的大型水设备。

2010年，西南大旱期间，沁园集团成立西南灾区饮用水优化特别行动小组，划拨50万元专项援助资金，由特别行动小组根据当地灾情支配使用，无偿帮助灾民缓解用水困难。同时，沁园集团在宁波、广西、贵州、云南四地同时启动大型义卖活动，各地义卖所得款项全部捐赠给西南干旱重灾区。

2014年8月，云南鲁甸地震，沁园集团捐赠了一批出水量大、过滤精度高的RO净水机和前置净水机，安装在灾区各个红十字会安置点，并设立了沁园净水机爱心饮水点，帮助灾区解决近万人的安全饮水问题。

2014年9月，沁园净水机携手蒲公英公益平台，开展"与爱同行，安全饮水"活动。向天使之家、光爱学校、关爱中心等10家特教福利机构和幼儿园捐赠价值10万元的净水机。

2014年12月，沁园在四川成都以"关爱残疾人安全饮水"为主题，举办了一场公益捐赠活动，向成都市中区残联、捐赠方负责人以及来自市中区的260名残疾人，捐赠了价值26万元的饮水机，以改善残疾人的生活水平与生活质量。

2016年，沁园与演员胡军合作发起"领军双十一 沁园公益行"爱心行动，旨在通过双方合作唤起社会各界关注儿童健康饮水健康。

2016年6月，沁园净水机携手中华环保基金会共同举办"善之水·纯净儿童节"主题活动，向上海约10所学校捐赠了总价值达60多万元的健康饮水设备。同时，沁园启动万众接力"水"态度公益众筹社交运动，即每10 000个网友说出"水"态度并向沁园净水机官方微博投稿，沁园便为一所水质安全得不到保障的校园捐赠净水设备，让更多校园及学生得到更安全的净水保护。

六、延伸阅读

[1] 沁园官方网站 [EB/OL]. [2017-08-17]. http://www.qinyuan.cn.

[2] 刘助求. 拥有客户就拥有财富——浅谈沁园在乡镇级市场的发展思路 [J]. 家电科技, 2011(6):32-33.

[3] 沁园集团：从中国第一到世界第一 [EB/OL]. [2017-08-17]. http://www.jdxfw.com/html/2016/hqzx_0110/46028.html.

[4] 专为中国水质设计, 沁园净水机赢在起跑线上 [J]. 家电科技, 2014(12).

[5] 爱心水真情润旱区 [EB/OL]. [2017-08-17]. http://finance.sina.com.cn/roll/20100331/00023265793.shtml.

[6] 关注点滴健康, 沁园领"军"公益 [EB/OL]. [2017-08-17]. http://www.sohu.com/a/116376127_508064.

[7] 沁园牵手胡军做公益 关爱留守儿童饮水健康 [EB/OL]. [2017-08-17]. http://www.gyzx.org/gy/csr/2016-10-17/9234.html.

[8] 沁园向公益机构捐赠10万元净水机 帮助3000名困难儿童 [EB/OL]. [2017-08-17]. http://homea.people.com.cn/n/2014/0919/c41390-25694838.html.

[9] 沁园公益捐赠打造校园净水"保护伞". [2017-08-17]. http://jiaju.sina.com.cn/news/20160607/6145854084907074237.shtml.

（蔡晨　曾秀芹　王金喜）

清华同方

一、品牌简介

清华同方，为同方股份有限公司品牌（以下简称"清华同方"）。1997 年 6 月，清华同方股份有限公司成立，并在上海证券交易所上市。2006 年 5 月，清华同方股份有限公司更名为"同方股份有限公司"，总部设于北京，为清华大学出资成立的高科技上市公司。目前，清华同方旗下拥有电子信息产品、互联网服务、公共安全、工业装备、照明、节能环保等与国计民生相关的主干产业集群，以及与产业配套具全球化生产和研发能力的科技园区，在全球 20 余个国家和地区设立了分支机构和研发生产基地。公司先后入选"中国电子信息百强""中国制造业企业 500 强""中国企业信用 100 强"，具有"国家高新技术企业"称号，上榜世界品牌 500 强。

二、品牌发展历程

1997 年，清华同方以募集资金注入形式控股江西清华泰豪电器有限公司。

1998 年，清华同方以承债方式兼并江西无线电厂，建立电子产品生产基地。

1999 年，清华同方以定向增发股票方式吸收合并山东鲁颖电子股份有限公司，开启我国上市公司间吸收合并的先例。

2001 年，清华同方与清华大学合资组建北京清华同方微电子有限公司。

2002 年，泰豪科技在上海证券交易所上市，清华同方持股 24.48%。

2005 年，无锡清华同方科技园和清华同方鞍山科技园相继落成运营，完成北京、无锡、鞍山、九江四大基地的产业布局。

2008 年，清华同方收购从事大功率 LED 芯片制造技术开发的新加坡公司 Tinggi，布局 LED 产业。与上海文广新闻传媒集团（SMG）IPTV 签署战略合作协议，入资百视通 IPTV 公司，从内容、技术、资本等方面推动中国 IPTV 产业发展。

2009 年，清华同方在沈阳基地兴建 4 条 LED 液晶屏背光模组生产线，介入平板电视上游产业链的关键环节。

2010 年，清华同方发行股份购买唐山晶源裕丰电子股份有限公司 25% 的股权。

2011 年，清华同方旗下科诺威德国际有限公司在香港联交所主板上市（现更名为同方泰德国际科技有限公司）。

2013 年，清华同方收购 E 人 E 本（北京壹人壹本信息科技有限公司），同方以移动互联网＋的概念推动产业升级。

2014 年，清华同方与荷兰全球人寿共同出资成立同方全球人寿保险公司。

三、产品技术创新

1998 年，清华同方楼宇自动化系统、热泵机组产业化、大型集装箱检测系统产业化等项目入选 1998 年国家火炬计划项目。

1999 年，清华同方"中国学术期刊过刊全文光盘及数据库""中国标准金融卡操作系统 COS 和相应卡终端""光盘库和光盘塔"及"内融式冰盘管设备和组合式冰槽"四个项目入选 1999 年国家级火炬计划。

2002 年，清华同方自主开发的"循环流化床常温半干法烟气脱硫"技术被列入科技部重点基础研究计划和教育部 211 计划重点支持项目。

2003 年，清华同方开发出第二代公民身份证数据迁移和核查软件产品，承接全国公民身份信息核查查询系统项目，研制完成读写机具芯片和读卡机具。

2004 年，清华同方研制并开通全球最大的中文知识门户网站——中国知网。

2005 年，清华同方推出具有自主知识产权的液体安全检查系统。

2006 年，清华同方在新加坡设立亚太研发中心，在波兰华沙设立首个集装箱检测系统海外生产基地。利用自主研发的液柱喷射烟气脱硫技术承建的"我国首例烟气脱硫项目——华能海口电厂 1x330MW 烟气脱硫项目"竣工，该技术入选科技部推广技术之一。

2007 年，清华同方推出世界首创双视角技术，以及世界领先水平的交替双能加速器，可解决集装货物重叠问题，实现深度信息检查。发布安全 PC 战略，推出基于自主研发的"TST 安全平台"，提供软硬件全方位的信息安全解决方案。

2010 年，清华同方推出自主研发的以 TCM 芯片为核心的可信技术产品解决方案及"国密算法双界面智能卡芯片"。

2011 年，清华同方自行研制出当前国内最大体量的单体吸收式热泵机组——30 兆瓦大型吸收式热泵合体（应用于赤峰热电厂节能减排项目），以及我国首个具有自主知识产权的"口腔 X 射线三维影像系统（口腔 CBCT）"。

四、广告策略

2008 年，清华同方电脑植入该年年底贺岁电影《非诚勿扰》，借电影之势推出笔记本电脑同方 imini。

2009 年，清华同方电脑赞助青春偶像剧《一起来看流星雨》，于该年签约剧中演员郑爽、俞灏明担任同方电脑 S30i 的广告代言人。

2012 年夏，清华同方电脑借《中国好声音》收视热潮，邀请学员吴莫愁、李代沫共同代言同方电脑耀系列 U49F 超极本。其中，配合耀系列 U49F 超极本推出的地铁广告引发"同方广告地铁门"事件。2013 年 1 月，网友"尹卓男"在微博中称吴莫愁惊现地铁门，吓乘客一大跳。其实是地铁运行中屏蔽门恰好停在产品海报处。事件在网络上迅速引起热议，引发地铁广告"PS潮"。"同方广告地铁门"事件增加了受众对同方电脑的关注度，也为同方电脑进行了免费宣传。

五、企业危机事件

2008年8至11月，《商品与质量》杂志相继接到江苏、山西及山东消费者对同方电脑的投诉，该杂志对这些投诉进行曝光，称以书面形式向同方股份有限公司核实情况，但该公司对此置之不理，无任何回复。

2017年4月，同方股份有限公司发现市场上出现未经允许，擅自将"清华同方"和"同方"商标标识向第三方进行转授权，或通过"委托生产+委托销售"的方式变相实现商标转授权的情况。针对此问题，同方股份有限公司发布声明称："清华同方"和"同方"商标标识及商号名称是同方股份有限公司的无形资产，未经同方股份有限公司书面授权，任何单位及个人均无权使用；同方股份有限公司对下属或关联公司的商标授权，均签署书面合同，对授权使用的产品范围和使用期限进行明确的约定；同方股份有限公司对下属或关联公司的商标授权仅供被授权人使用，被授权人无权向第三方进行转授权或以其他方式变相实现转授权。

六、企业公关活动

（一）赞助

2007年，清华同方冠名赞助全国中等职业教育计算机大赛。

2008年，清华同方冠名赞助全国中学生数理化学科能力竞赛。

（二）公益

2003年11月，清华同方向国内最权威的法律援助公益活动——"法律援助在中国"捐赠总价值20多万元的新型同方笔记本电脑，为该大型公益活动的开展与实施提供支持。

2008年5月，清华同方向汶川地震灾区捐赠款物总额1 000余万元。同时，发起"爱心书包"项目，向灾区孩童捐赠10万套书包、资助建立抗震教室。12月，携手北川中学共建电子教室，为震区义映《集结号》3 000场，累计捐赠款项2 000余万元。

2008年北京奥运期间，清华同方向奥组委捐赠价值5 500万元的RFID电子门票系统。

2010年，清华同方内部发起以"读书改变命运，爱心点燃希望"为主题的大型图书募集及帮扶活动，号召公司员工为四川省乐山市马边县乡村小学的贫困学子奉献精神食粮。截至2013年，同方员工已与该校学生结成近30个帮扶对子，员工自发捐助学生每年的住校生活费。

2012年，清华同方旗下公司同方全球人寿参与"1份早餐"项目，截至2016年共惠及山区师生2 500人次，累计募集金额近90万元。

2017年6月，清华同方旗下公司同方全球人寿"宋庆龄爱心书库"项目落地江苏南京和凤中心小学。这是继北京、上海、山东、广东、湖北之后，同方全球人寿与上海宋庆龄基金会合作捐赠的第六个爱心书库。

七、延伸阅读

[1] 清华同方官网 [EB/OL]. [2017-08-20]. http://www.thtf.com.cn/.

[2] 清华同方股份有限公司 1997 年年度报告摘要 [EB/OL]. [2017-08-20]. http://stock.jrj.com.cn/share,−disc,1998-03-20,600100,00000000000000nz01.shtml.

[3] 清华同方股份有限公司董事会关于兼并江西无线电厂的公告 [EB/OL]. [2017-08-20]. http://app.finance.ifeng.com/data/stock/ggzw.php?id=242459&symbol=600100.

[4] 张鑫华 . 创业第一步：超越北大、清华 [M]. 北京：中国社会科学出版社 , 2003:367-368.

[3] 邓舒馨 . 清华同方：创新科技 梦想同行 [N]. 中国消费者报 , 2014-12-26.

[4] 千娇百变它制造 清华同方 imini 与《非诚勿扰》携手 [EB/OL]. [2017-08-20]. http://price.zol.com.cn/118/1181435.html.

[5] 同方电脑和你《一起来看流星雨》[EB/OL]. [2017-08-20]. http://tech.sina.com.cn/n/2009-08-19/17021035072.shtml.

[6] 中国好声音吴莫愁、李代沫代言清华同方电脑 [N]. 周末报 , 2013-01-10(34).

[7] 孔永强 , 石露尤 . 清华同方电脑遭众多投诉 , 引发信誉危机 [J]. 商品与质量 , 2009(7).

[8] 清华同方冠名赞助全国中等职业教育计算机大赛 [J]. 计算机与网络 , 2007(12).

[9] 中学生数理化大赛启动 , 清华同方学堂提供赞助 [EB/OL]. [2017-08-20]. http://www.pconline.com.cn/3g/2011/147/1471897.html.

[10] 清华同方联手真爱梦想基金助力公益教育事业 [N]. 天津日报 , 2013-06-26(25).

[11] 清华同方电脑援助"法律援助在中国"公益活动 [EB/OL]. [2017-08-20]. http://tech.sina.com.cn/it2/2003-11-18/2337257752.shtml.

（路凯丽　王霏　李慧）

荣 康

一、品牌简介

荣康是山东康泰实业有限公司的公司品牌。该公司 1984 年成立于山东省招远市，前身为招远家电总厂。该公司现有职工 1 100 人，拥有康泰工业园和滨海高科园两个厂区，旗下分公司有上海泉康健身器材股份有限公司和北京康泰威尔科技有限公司。该公司是一家主要从事按摩保健器材行业的现代企业。荣康按摩椅曾入驻第 41 届上海世博会国家主题馆。

二、品牌发展历程

1984 年，中国第一台按摩椅在山东康泰（原招远家电总厂）诞生，注册商标为"招松牌"。

1997 年，康泰工业集团成立，从事按摩椅的研发、生产和销售，注册"荣康"商标。

1998 年，康泰与日本发美利株式会社合作。

2001 年，康泰成为日本松下健康产品事业部在中国的合作伙伴，成为松下按摩椅在中国的生产加工基地。

2003 年，康泰改制为山东康泰实业有限公司，成为股份制企业。

2005 年，上海泉康健身器材有限公司成立。

2007 年，康泰获得"国家级重点高新技术企业"称号。

2009 年，"荣康"按摩椅成为第 11 届全运会运动员指定专用按摩椅。

2010 年，荣康按摩椅成为上海世博会国家主题馆的入驻按摩椅品牌。

2012 年，荣康成为国家体育总局训练局战略合作伙伴，荣康系列按摩椅产品成为国家体育总局训练局运动员指定产品和奥运会保障产品。

2014 年，山东康泰实业有限公司承办首届中国按摩器具大会暨行业领袖峰会。

2015 年，荣康按摩椅为三军仪仗队组建荣康身心平衡理疗室，荣康按摩椅成为三军仪仗队专用理疗按摩产品。

2016 年，荣康按摩椅当选国礼赠送给老挝领导人通伦西苏里总理。

三、产品技术创新

2002 年，荣康开发的 RK02 型按摩机芯获得国家发明专利，成为国内第一代自主研发的全功能按摩机芯。

2008 年，荣康自主研发出 3D 按摩机芯。

2009 年，山东康泰实业有限公司承接国家 863 计划重点科研项目——中医按摩机器人的研发。

2009 年，荣康开发出国内领先并具有自主知识产权的 RK-6101 按摩椅，其拥有的三大世界首创核心技术全部获得国家发明专利。

2010 年，荣康推出柔性 3D 按摩椅并具有先进的零重力功能。

2011 年，山东康泰实业有限公司牵头起草的《家用和类似用途保健按摩椅》国家标准发布。

2013 年，康泰成立航天康泰联合研发中心。

2014 年，荣康推出第八代按摩椅——东方手感血脉追踪按摩椅。

2015 年，荣康研发出针对臀部按摩的 4D 按摩技术。

四、广告策略

代言人

2014 年 12 月，内地演员刘涛担任荣康品牌形象代言人。

五、企业公关活动

（一）赞助冠名

2012 年，荣康成为国家体育总局训练局战略合作伙伴，荣康系列按摩椅产品成为国家体育总局训练局运动员指定产品和奥运会保障产品。

2015 年，荣康按摩椅为三军仪仗队组建荣康身心平衡理疗室，荣康按摩椅成为三军仪仗队专用理疗按摩产品。

（二）慈善公益

2006 年，康泰为印尼海啸受灾地区捐款 22 万元。

2008 年汶川大地震、2010 年玉树大地震，康泰为灾区捐款捐物共计 20 多万元。

六、延伸阅读

[1] 荣康官方网站 [EB/OL]. [2017-08-18]. http://www.rokol.cn.

[2] 荣康按摩椅品牌董事长康炳元访谈 [EB/OL]. [2017-08-18]. http://www.maigoo.com/fang-tan/270250.html.

[3] 孙福良，张迺英. 创意上海 [M]. 上海：上海远东出版社，2010: 271-275.

[4] 张迺英. 创意企业的文化与绩效 [M]. 上海：学林出版社，2011: 198-200.

[5] 张迺英. 创意产业理论与实践 [M]. 上海：同济大学出版社，2015: 129-134.

（谢璐　王霏　王金喜）

荣事达

Royalstar 荣事达

一、品牌简介

荣事达是合肥荣事达三洋电器股份有限公司的公司品牌，是由原荣事达集团公司和日本三洋电机株式会社等共同投资成立的中日合资企业，坐落在合肥高新技术产业开发区，1994年11月正式投产，主要生产洗衣机、冰箱、微波炉及核心部件等产品。2006年居中国最具价值驰名商标排行榜第54位，获"中国名牌"和"中国驰名商标"等荣誉。

二、品牌发展历程

1992年，合肥洗衣机总厂与香港丰书达投资有限公司、安徽省技术进出口公司合资成立合肥荣事达电气有限公司。

1993年，"荣事达"正式创牌。

荣事达自行研制开发的3.8K全自动洗衣机面世。

1994年，合肥荣事达集团公司成立，企业由单体型变为多体集团型。

与日本三洋电机株式会社、三洋贸易株式会社等5家企业组建合资公司，以总投资2 300万美元成立合肥三洋洗衣机有限公司。

与香港詹培忠总公司合资成立合肥荣事达（集团）有限公司。

荣事达新工业区正式投产，主产人工智能模糊控制全自动洗衣机。

1995年，被国家经贸委、国家税务总局、国家海关总署联合评定为全国企业"技术中心"。

1996年，新产品"银龙""智龙"全自动洗衣机推向市场。

与美国家电第三大企业美泰克公司合资签约，成立了6个冠以"合肥荣事达"之名的合资企业，资产规模达到14.7亿元。

2001年，海信集团和荣事达集团宣布正式结盟，实施战略合作。

2004年，美国美泰克公司在境外将其所持有的荣事达中美合资公司50.5%的股份转让给美的集团，美的集团成为荣事达集团新的合作方。

荣事达集团旗下合肥荣事达三洋公司A股在上海证券交易所挂牌上市。

2005年，荣事达中美合资公司股权重组完成。

2006年，中国品牌研究院权威发布"中国100最具价值驰名商标"排行榜，荣事达列第54位。

2008年，美的集团收购荣事达中美合资公司中方全部股份，使之成为美的的全资子公司。荣事达集团和美的签订为期五年的商标许可合同，授权美的在冰箱、洗衣机产品上使用"荣事达"商标。

2012年，合肥荣事达三洋公司获得"荣事达"品牌管理权。

2013年，荣事达三洋获得"荣事达"洗衣机、冰箱和微波炉主导产品的品牌使用权。

三、广告策略

1992年，荣事达集团投放新的广告口号"荣事达，时代潮"。

2000年，荣事达将广告语诠释为"好生活，更轻松"，启用亲和力极强的海豚做形象大使。

2004年，荣事达集团推出新的企业形象宣传语"时尚生活荣事达ROYALSTAR"。

2014年，荣事达推出新的品牌宣传语"好品质，就选荣事达"。

四、企业公关活动

1997年，荣事达推出企业竞争自律宣言——《荣事达企业竞争自律宣言》，在全国企业界率先吹响营造公平竞争环境，倡导企业自律的号角。

1998年，荣事达集团又推出《荣事达竞争道德谱》。

2000年，荣事达集团出资与中央电视台联合举办"荣事达杯"电视节目主持人大赛，与《中国电视报》举办"荣事达杯——我最喜爱的电视节目主持人评选活动"。

五、延伸阅读

[1] 荣事达集团官网 [EB/OL]. [2017-07-29]. http：//www. rsdznjj. com/.

[2] 合肥荣事达三洋电器股份有限公司官网 [EB/OL]. [2017-07-29]. http：//www. royalstar. com. cn/about/.

[3] 张翼. 商都战国策：中国商帮新势力之崛起：1978-2008[M]. 北京：清华大学出版社，2008.

[4] 陆炯. 财富人生 II 榜样的力量 [M]. 上海：上海教育出版社，2003.

[5] 刘彤. 大变局：中国企业新闻启示录 [M]. 长春：吉林人民出版社，2002.

[6] 童辰. 亲历企业成败 [M]. 桂林：广西师范大学出版社，2001.

（纪晓君　陈经超　蔡淑萍）

荣 泰

ROTAI
荣泰

一、品牌简介

荣泰是上海荣泰健康科技股份有限公司的公司品牌。该公司 2002 年成立于浙江温州，前身是温州荣泰电子有限公司。该公司是一家主要从事按摩器具（主营按摩椅）的生产与销售，致力于提供科技养生解决方案的现代企业。

二、品牌发展历程

1997 年 6 月，温州荣泰电子有限公司成立，荣泰品牌诞生。

2002 年，上海荣泰健康科技股份有限公司创立

2005 年 8 月，荣泰与日本松下公司展开合作。

　　　　10 月，荣泰产品进入家乐福。

2007 年 3 月，荣泰成立上海青浦高新技术研发中心。

2008 年 3 月，荣泰获得"2007 年度按摩器具出口五强企业"称号。

2008 年 7 月，荣泰按摩椅入驻北京奥运村。

2009 年 3 月，上海荣泰健身科技发展有限公司获得"中国航天事业合作伙伴"荣誉称号。

　　　　荣泰产品获得"中国航天事业专用产品"称号。

2010 年 6 月，荣泰成为中国 2010 年上海世博会接待用椅专项赞助商。

2011 年 11 月，荣泰厂旗搭载神舟八号升空。

2012 年 6 月，荣泰新厂房奠基开工。

2015 年 3 月，荣泰投资的浙江艾荣达健康科技有限公司建设项目开工。

2017 年 1 月，荣泰正式登陆 A 股市场公开发行股票。

　　　　7 月，荣泰健康产业新制造基地——浙江艾荣达智能产业园正式启用。

三、广告策略

（一）代言人

2007 年 12 月，香港演员吕良伟担任荣泰品牌形象代言人。

2014 年 5 月，内地演员黄晓明成为荣泰品牌形象代言人。

2016 年 9 月，模特林志玲担任品牌代言人，荣泰进入双代言人模式。

（二）广告语

2008 年，品牌广告语"荣耀人生，泰然自得"。

2017 年，提出广告语"打开身心，坐回自己"。

四、企业公关活动

（一）赞助冠名

2009 年 3 月，荣泰成为中国航天事业合作伙伴。

2011 年 11 月，荣泰成为第十二届全国冬季运动会赞助商。

（二）慈善公益

2008 年 5 月，荣泰全体员工向四川地震灾区捐赠 214 281.4 元善款。

7 月，荣泰向北京奥运村捐赠一批按摩椅。

2011 年 11 月，神州八号飞船成功发射期间，荣泰开展名为"见证神舟八号发射盛况，关注航天功臣身心健康"的公益活动，在中国航天基金会的庆功宴会上，荣泰通过中国航天基金会向酒泉卫星发射中心捐赠价值 10 万元的按摩产品。

2017 年 5 月，上海朱家角镇慈善工作站在上海荣泰健康科技股份有限公司开展了"蓝天下的至爱"慈善募捐活动。此次荣泰健康共捐出了 6 台 RT6162 智能风尚椅。荣泰已经连续七年参加"蓝天下的至爱"慈善募捐活动，为朱家角镇弘扬慈善精神，培育慈善风尚做出了积极的贡献。

上海荣泰健康科技股份有限公司董事长林光荣先生、总经理林琪先生出资 4.85 万元，帮助甘肃省通渭县华家岭乡老站小学进行校园路面硬化工程，解决孩子们雨天无法外出上课的困难。

五、延伸阅读

[1] 荣泰官方网站 [EB/OL]. [2017-08-18]. http://www.rotai.com.

[2] 荣泰双重金字招牌加冕 品牌之路志存高远 [EB/OL]. [2017-08-18]. http://www.js.chinanews.com/news/2015/0126/109200.html

[3] "中国请你来坐坐" 看荣泰怎么玩营销？[EB/OL]. [2017-08-18]. http://www.morningpost.com.cn/2015/1204/1187186.shtml.

[4] 新民传媒 . 品牌超越一切 [M]. 上海：文汇出版社，2010: 207-213.

（谢璐　林升栋　王金喜）

容　声

Ronshen 容声

一、品牌简介

容声是海信科龙电器股份有限公司的公司品牌。该公司 1984 年成立于广东省顺德市。主要从事生产冰箱、空调、冷柜等白色家电。1999 年，获得"中国驰名商标"称号。

二、品牌发展历程

1983 年，开始制造双门双温电冰箱 BCD–103。

1984 年，广东省顺德珠江冰箱厂成立。

1988 年，更名为"广东珠江冰箱厂"。

1992 年，更名为"广东科龙电器股份有限公司"。

1993 年，容声第一台全无氟环保节能冰箱问世。

1996 年，全无氟节能冰箱荣获国家科技进步二等奖。

　　　　科龙电器在香港交易所主板上市，股票代码：00921。

1999 年，科龙电器在深圳证券交易所上市，股票代码：000921。

2001 年，容声冰箱"碳氢物质替代 CFCs 制造系统工程"获得国家科技进步二等奖。

2003 年，容声 BCD–209S 冰箱获得联合国全球环境基金（GEF）节能冰箱金奖。

2005 年，海信以 6.8 亿元收购科龙。

2007 年 6 月，公司名称由"广东科龙电器股份有限公司"更名为"海信科龙电器股份有限公司"。

2009 年，第五代节能明星冰箱上市。

2010 年，在德国柏林国际消费电子展（IFA）上，容声艾弗尔冰箱获得中国家用电器工业设计奖；容声艾弗尔原生态冰箱获得中国创新设计红星奖。

2011 年，在德国柏林国际消费电子展（IFA）上，容声冰箱凭借"全天候保鲜节能技术"获得中国家用电器技术创新奖。

2012 年—2013 年，容声冰箱两次获得国际节能环保协会（IEEPA）"节能冰箱唯一推荐产品"。

2013 年，在年度中国冰箱行业高峰论坛上，容声冰箱获得节能标杆奖；容声 BCD–398WY 获得年度冰箱行业经典多门之星奖。

2014 年，容声十字对开门冰箱获得中国国际消费电子 Leader 创新奖之工业设计奖。

三、品牌识别

（1）第一代 Logo（如图 1）：1992 年注册"容声"商标。

图 1

（2）第二代 Logo（如图 2）：2001 年发布。英文名称改为"Ronshen"。Logo 简洁清新，左上角配上一颗闪烁的星形设计，突出容声回应及关注顾客需要的企业态度，亦代表可靠、创新科技及质量。

图 2

（3）第三代 Logo（如图 3）：将嫩绿色改为常见的绿。

图 3

（4）第四代 Logo（如图 4）：2012 年 3 月发布。新 Logo 去掉了左上角的星星图案，字体更加圆润浑厚，颜色继续采用绿色风格。

图 4

四、产品技术创新

2000 年，容声异丁烷无霜电冰箱被列入国家级重点火炬计划；容声成功研制耗电低至 0.48 度的超级节能冰箱。

2005 年，停电保鲜冰箱在容声问世，实现停电照常制冷——12 小时供冷不间断。

2006 年，容声 SPA 原生态冰箱上市，改变了传统冰箱只能"被动保鲜"不能"主动养鲜"。

2015 年，与北京航空航天大学签约，共同组建家电技术联合研究中心。

五、广告策略

1988 年，香港女艺人汪明荃成为容声形象代言人。推出"容声容声，质量取胜"口号。
2017 年，汪明荃成为容声品牌终身荣誉大使；"90 后"女星高丽雯成为容声代言人。

六、企业公关活动

2005 年 3 月，成为"中国航天事业合作伙伴"，旗下容声冰箱等产品被指定为"中国航天专用产品"。

2014 年、2015 年，连续冠名赞助中央电视台综艺频道（CCTV-3）大型百姓挑战栏目《越战越勇》。

2016，赞助 2016 年欧洲杯。"容声容声，质量保证"标语再次得以传播。

七、延伸阅读

[1] 容声官方网站 [EB/OL]. [2017-08-06]. http://www.ronshen.com.cn/.

[2] 容声标志演变历史 [EB/OL]. [2017-08-06]. http://www.sj33.cn/sjjs/sjjx/201209/32080.html.

[3] 容声冰箱凭什么向 70 亿人亮出"质量牌"？ [EB/OL]. [2017-08-06]. http://hea.163.com/16/0628/19/BQM299O9001628C1.html.

[4] 33 年锻造品质金牌：容声冰箱演绎中国制造新魅力！ [EB/OL]. [2017-08-06]. http://money.163.com/16/0930/14/C27HF318002580S6.html.

[5] 容声烟机借力北航起飞 [EB/OL]. [2017-08-06]. http://www.tidejd.com/html/news-9890.html.

[6] 刘世英 . 十大风云人物：解读 10 位风云人物的激情回望 [M]. 北京：中国铁道出版社，2013.

[7] 北京理工大学管理与经济学院案例编委会 . 中国本土化管理案例研究（第 2 辑)[M]. 北京：机械工业出版社，2013.

[8] 寇非 . 广告·中国 [M]. 北京：中国工商出版社，2003.

[9] 艾奇逊 . 亚太地区最成功的广告策略 [M]. 北京：机械工业出版社，2005.

（梁铮　白海青　静思宇）

瑞迈特

一、品牌简介

瑞迈特是北京怡和嘉业医疗科技有限公司旗下品牌。该公司成立于2001年，总部位于北京市中关村科技园石景山古城基地，属于国家高新技术企业和中关村高新技术企业。瑞迈特主要提供涵盖睡眠呼吸障碍及相关疾病的诊疗设备和呼吸慢病管理的解决方案，当前主要产品包括睡眠监测仪、无创呼吸机、面罩等附件和BMC+呼吸健康管理云。

二、品牌发展历程

2001年，北京怡和嘉业医疗科技有限公司创立。

2006年，瑞迈特通过了国家创新技术企业和重点软件企业的认定。

2008年，瑞迈特加入中关村高新技术企业协会和中关村医疗器械产业技术创新联盟。

2012年，获得国家高新技术企业认定。

2013年，获得北京市药品安全百千万工程建设领导小组颁发的"医疗器械质量管理示范企业"的荣誉称号。

三、产品技术创新

2001年，研发出医用睡眠呼吸诊断产品。

2007年，制造和销售智能持续正压呼吸机。

2010年，瑞迈特双水平持续正压呼吸机上市。

2013年，推出两款自主知识产权的面罩。

2014年，瑞迈特二代呼吸机产品正式发布。

2015年，推出BMC+呼吸健康管理云——为无创呼吸机用户量身定制的专业互联网远程医疗服务平台。

四、企业危机事件

2013 年 7 月 19 日，澳大利亚瑞思迈公司（ResMed）向美国 ITC 和南加州地方法院分别提交了一份诉状（含 337 调查），指控瑞迈特侵犯了其专利权。

同年 11 月，澳大利亚瑞思迈公司向德国当地法院提交申请，以侵犯其专利权为由，对北京怡和嘉业医疗科技有限公司的呼吸机产品和 willow 面罩产品申请了"临时禁令"。针对此禁令，北京怡和嘉业医疗科技有限公司发表相关声明应对。

2014 年 7 月，怡和嘉业在中国针对瑞思迈的 5 项专利提起了无效程序，并同时还在德国针对瑞思迈的 2 项专利正式发起了无效诉讼。

2014 年 8 月，美国国际贸易委员会对怡和嘉业与瑞思迈纠纷案做出初裁，认定怡和嘉业成功无效了瑞思迈有关面罩产品的一个专利，和涉及 CPAP 加湿器专利的四个涉案权利要求中的三个权利要求。9 月，北京怡和嘉业医疗科技有限公司再次成功无效了瑞思迈的 1 项发明专利，随后成功全部无效了瑞思迈 3 件发明专利。

2015 年 1 月，德国慕尼黑第一法庭在判决书中明确指出瑞思迈的"涉案专利极可能是无效的"，同时中止涉及该专利的侵权诉讼审议，怡和嘉业获得首轮胜利。随后，美国国际贸易委员会就瑞思迈对北京怡和嘉业医疗科技有限公司发起的 337 调查案做出终裁：怡和嘉业胜诉，瑞思迈的涉案加湿器专利无效。

2015 年 3 月澳大利亚瑞思迈公司主动申请撤回对中国最大的家用呼吸机制造商——北京怡和嘉业医疗科技有限公司的专利诉讼。

五、企业公关活动

（一）赞助冠名

2013 年 5 月，瑞迈特赞助 2013 年北京亚洲睡眠医学论坛会议及晚宴。

9 月，赞助 2013 年全国呼吸年会。

2015 年 1 月，瑞迈特赞助清华大学医学院首届年会。

（二）慈善公益

2013 年 3 月，瑞迈特参与主题为"关爱睡眠，关爱心脏"的世界睡眠日活动，邀请内蒙古医院呼吸科主任等共同参与义诊活动。

4 月，瑞迈特组织"雅安救灾总动员"的公益募捐活动。

2014 年 3 月，瑞迈特参与主题为"健康睡眠平安出行"的世界睡眠日活动，携手广安门中医院举办大型义诊咨询活动。

2015 年 3 月，瑞迈特联合中国中医科学院广安门医院和煤炭总医院面向广大患者开展义诊活动。

六、延伸阅读

[1] 瑞迈特官方网站 [EB/OL]. [2017-08-18]. http://www.bmc-medical.com.

（蔡晨　陈素白　王金喜）

三达膜

一、品牌简介

三达膜是三达膜环境技术股份有限公司的公司品牌。该公司 1996 年成立于厦门，前身是三达（厦门）环境工程有限公司。该公司是一家以膜技术应用为核心的工业分离纯化和膜法水处理的综合解决方案提供商和水务投资运营商，主要为生物、化工、制药、食品饮料等行业提供过滤及纯化服务，以及为工业、市政、民用环保等行业提供水处理服务。目前该公司在全国范围内多个地区已投资和运营了 24 座市政污水处理厂，在建 5 座市政污水处理厂。

二、品牌发展历程

1996 年，三达膜的前身三达（厦门）环境工程有限公司于厦门创立。

2006 年，三达膜签署第一份《城市污水处理特许经营权协议》，投资成立第一家水务公司，引进德国 SAP 公司的 ERP 系统。

2009 年，三达膜承担的"基于多孔复合陶瓷滤芯的净水机研发与工业化生产"项目成为厦门市科技计划项目。

2010 年，福建省膜分离工程技术研究中心落户三达膜。

2012 年，三达（厦门）环境工程有限公司进行股份制改造，更名为"三达膜环境技术股份有限公司"。

2013 年，三达膜承担的"农村饮水安全关键技术攻关及装置开发示范推广"项目列入国家级星火计划项目。

2014 年，三达膜获得"2014 年国家火炬计划重点高新技术企业"称号。

三、产品技术创新

2005 年，三达膜承担的"基于先进技术的分离纯化装置"项目进入科技部颁布的国家科技兴贸计划。

2009 年，三达膜承担的"高性能环保型管式多通道陶瓷膜研制及产业化"项目成为国家重点新产品计划项目。

2012年，三达膜推出的"高性能环保型管式多通道陶瓷膜"成为国家重点新产品。

三达膜的双膜法技术在石化行业PTA中水深度处理回用领域的应用成为2012年中国石油和化学工业行业水处理优秀项目。

2014年，三达膜申报的"高性能环保型管式多通道陶瓷膜"项目获得中国产学研合作促进会授予的2014年中国产学研合作创新成果奖。

四、企业公关活动

（一）赞助冠名。

2012年，三达膜在厦门大学材料学院、化学化工学院设立"三达奖学金"。

2014年9月，三达膜承办"三达净水"杯知识产权山海协作摄影赛，该活动由厦门市知识产权协会主办。

（二）慈善公益

2013年6月，三达膜在福建福州宝龙城市广场三达纳滤水屋开启折纸课堂，呼吁社会各界人士关注儿童健康。

五、延伸阅读

[1] 三达膜官方网站 [EB/OL]. [2017-08-18]. http://www.suntar.com.

[2] 林秀丽. 三达膜科技（厦门）有限公司膜项目获厦门市2013年新产品二等奖 [J]. 膜科学与技术，2014(1): 78.

[3] 王庆武. 三达膜的力量 [J]. 新经济导刊，2006(20): 44.

[4] 袁扬. 致力蓝天碧水事业造福人民——访三达膜科技（厦门）有限公司 [J]. 上海染料，2009, 37(2): 43.

[5] 虞立琪，黄少毅. 三达膜（厦门）有限公司董事长蓝伟光：多元化是道"窄门" [J]. 中国企业家，2010(11):152-153.

（陈振华　王晶　王金喜）

桑　普

Sampux 桑普电器

一、品牌简介

桑普是北京桑普电器有限公司的公司品牌。该公司成立于 1992 年，前身为北京市太阳能研究所桑普电热电器公司。目前该公司总部坐落于北京市顺义区金马工业园区，占地面积 7 万余平米，是一家集研发、生产、销售、服务为一体的专业化小家电生产企业。该公司目前的产品主要包括电暖器系列、风扇系列、浴室暖风机系列、集成吊顶系列、暖霸系列、浴霸系列、热水器系列、厨卫产品系列、生活电器系列、太阳能专用水箱和分体承压水箱等。

二、品牌发展历程

1992 年，桑普电器公司于北京成立。

1994 年，桑普电器改制为有限责任公司。

1998 年，桑普电器与欧洲丹麦 METRO 公司合作，引进我国国内第一条具有 30 万台生产能力的搪瓷承压水箱生产线。

2005 年，桑普公司进行战略调整，专注于太阳能、热泵搪瓷承压水箱的生产和研发，先后与力诺瑞特、清华阳光、天普、北京桑达等多家太阳能知名企业合作。

桑普公司引进用友 ERP-U8 系统，实现现代产业的信息化管理。

2012 年，北京桑普电器有限公司中山分公司成立，开始进入厨房电器行业。

三、企业危机事件

2004 年，国家质检总局对室内加热器产品质量进行国家监督抽查并公布抽查结果。该次共抽查北京、浙江、上海、广东、山东、湖北等 6 个省、直辖市 41 家企业生产的 41 种产品。北京桑普电器有限公司生产的卤素取暖器被查出标志和说明不合格，被列入不合格产品黑榜。

四、企业公关活动

事件营销

1995 年，意大利等足球强国的多支甲级劲旅访华比赛，在全国引起了不小的轰动。桑普电器抓住这一机遇，在多场比赛期间，向国脚们赠送足浴器，设立"桑普电器纪念杯"并组织啦啦队，还在国家队与佩纳罗队比赛中特别设计了桑普电器卡通人，由它引队入场并进行了场间表演。这一系列活动吸引了广大新闻界的关注，使桑普电器树立了民族企业支持民族体育事业的新形象，极大提升了桑普电器的企业形象。

五、延伸阅读

[1] 桑普官方网站 [EB/OL]. [2017-08-26]. http://sampuxchina.cn.

[2] 室内加热器质量参差不齐 [EB/OL]. [2017-08-26]. http://www.cqn.com.cn/news/zgzljsjd/1754.html.

[3] 任冉齐. 创业者之歌：北京试验区优秀高科技企业家风采录 [M]. 北京：北京科学技术出版社,1998: 240-243.

[4] 郑理，乔玲. 民营科技企业的春天 [M]. 北京：新华出版社，1998: 184-191.

[5] 甘波，曲保智，陈东. 企业公关的技巧 [M]. 广州：广东旅游出版社，1999: 26-27.

（谢璐　苏文　王金喜）

森 歌

SENG森歌

一、品牌简介

森歌是浙江森歌电器有限公司的公司品牌。该公司 2004 年成立于浙江省嵊州经济开发区，主要从事吸油烟机、燃气灶具、消毒碗柜、集成灶、手工水槽、集成水槽、水龙头等产品的研发、生产和销售，是国内较早从事集成灶产品生产和销售的企业。

二、品牌发展历程

2004 年，浙江森歌电器有限公司成立。

2006 年，森歌自主研发出集成灶产品。

2007 年，森歌推出风道智能闭合系统产品。

2009 年，森歌获得"2009 年中国集成灶质量信誉双优知名品牌"称号。

2010 年，森歌推出隐形吸油烟机产品——"幻影"。

绍兴市科学技术局与森歌联合成立了绍兴市工程技术研究开发中心。

2011 年 9 月，森歌与上海交通大学合作成立了森歌上海交大集成灶项目联合科研所。

2012 年，森歌成为集成厨电行业标准《集成灶标准 CJ/T386-2012》的起草单位之一。

森歌集成水槽和高端手工水槽问世。

2014 年 10 月，森歌智酷 A5-I 集成灶获得中国设计红棉奖。

2015 年 4 月，森歌集成灶浦口工业园区（现有工业园区为城东工业园区）举行奠基仪式。

11 月，森歌启智 A9 集成灶产品获得中国设计红星奖。

12 月，森歌集成灶获得 2015 年度中国设计红棉奖。

三、广告策略

代言人

2009 年 9 月，演员黄圣依成为森歌品牌代言人。

2014 年 11 月，内地演员邓超成为森歌集成灶品牌代言人。

四、企业公关活动

（一）赞助冠名

2013年，森歌建厂十周年之际，新浪、搜狐、搜房等国内大型门户网站共同策划了为期三个月的大型媒体采访活动"谁选择了森歌"。

2016年12月，森歌集成灶总冠名2017《中国新歌声》全国城市海选嵊州赛区。

（二）慈善公益

2011年3月，森歌在得胜家居·世博店举行"抗震救灾，我们在一起"爱心义拍公益活动，将现场拍卖2台集成环保灶所得的10 900元捐给盈江灾区。随后，森歌电器在昆明、曲靖、玉溪等九座城市同步进行义卖活动，义卖所得悉数捐给云南红十字会，用作盈江赈灾款项。

五、延伸阅读

[1] 森歌官方网站 [EB/OL]. [2017-08-20]. http://www.senge-dq.com.

[2] 森歌集成灶邓超代言广告强势登陆江苏卫视 [EB/OL]. [2017-08-20]. http://www.china-10.com/news/400117.html.

[3] 森歌集成灶荣获2015中国红星设计奖 [EB/OL]. [2017-08-20]. http://www.chinachugui.com/news/2015/1123/15112387688.shtml.

[4] 吴绵. 以顾客为中心森歌巡检集成灶 [N]. 中国质量报, 2009-03-11(08).

[5] 刘宇, 陈刚. 扎根南昌十余年 成就森歌新品牌 [N]. 浙江日报, 2014-12-18(27).

[6] 程翠. 森歌集成灶爱心献盈江 [N]. 春城晚报, 2014(27).

（蔡晨　王霏　王金喜）

上 菱

一、品牌简介

上菱是上海上菱电器制造有限公司的公司品牌。该公司成立于 1985 年，前身是上海电冰箱二厂，由上海电冰箱二厂和日本三菱合资建立，一直通过品牌租赁、授权方式发展。2011年 10 月，上海双鹿电器有限公司宣布正式并购上菱电器制造有限公司，该公司现为上海双鹿上菱企业集团有限公司下辖子公司。上海双鹿上菱企业集团有限公司坐落在上海市松江区泖港工业园区，以上海为总部，下辖上海上菱电器制造有限公司、上海上菱实业有限公司、浙江中享电器有限公司、江苏双鹿电器有限公司、江苏上菱电器有限公司，上海双鹿电器有限公司。该公司现有员工 3 000 余人，拥有上海松江、浙江慈溪、江苏宿迁和海外孟加拉国四大生产基地。该公司以冰箱为主业，同时发展冷柜、洗衣机、厨电等家电产品。

二、品牌发展历程

1985 年，上海上菱电器制造有限公司的前身上海电冰箱二厂成立。

上菱引进日本三菱电机株式会社间冷式无霜电冰箱生产技术。

1986 年，上菱推出风冷无霜电冰箱，成为冰箱行业较早大规模生产风冷冰箱的企业。

1988 年，上菱获得国家优质产品金奖。

1990 年，上菱电冰箱总厂通过国家一级企业正式考核。

上菱获得"七五"期间国家级企业进步技术奖。

1993 年，上菱电气股份有限公司成功在上海证券交易所上市。

上菱获得全国"五一"劳动奖章和"全国用户满意企业"称号。

1995 年，上菱电器到达其创立以来的最高峰，在中国工业企业综合评价最优 500 家排名中位列第 40 位。

1996 年，上菱电器市场份额开始下跌。

1997 年，上菱电器引入资产进行重组——上海电气入主上菱电器。

1998 年，上菱电器首度成为亏损公司。

2002 年，上菱电器宣布放弃家电主业，并以 1 000 万元的价格将原用于冰箱生产的闲置固定资产转让给广东科龙电器股份有限公司。

2003 年，"上菱电器"在上海证券交易所正式更名为"上海电气"，标志着上菱品牌的陨落。

2011 年 10 月，上海双鹿电器有限公司宣布正式并购上菱电器制造有限公司。

三、广告策略

广告语

"买上菱空调就是买放心"系列广告：

之一，我们时刻关心着您的'心脏'（压缩机），包用 5 年优质服务；

之二，我们如您一样懂得时间就是金钱，预约后不当天来服务，我们将付您 50 元违约费；

之三，我们是您真诚的朋友，如在售后服务中有不实行为的，证实后 500 元奖励您。

四、企业公关活动

（一）事件营销

1987 年 9 月，浙江省象山石浦医药公司用船运载 20 台上菱冰箱，中途不幸触角沉落海底，24 小时后打捞上岸，经过清洗处理后仍能良好运转。1990 年 8 月，杭州梅家坞一台"上菱"冰箱被洪水冲出 10 里后，打捞上来仍可正常使用。上菱电器公司对这两起冰箱泡水后仍能正常使用的事件进行了广泛宣传，使得上菱冰箱"高质量"的形象更深入人心。

（二）慈善公益

1991 年南方水灾，上菱通过义卖向灾区捐款 40 余万元，在消费者心目中树立了良好的企业形象。

五、延伸阅读

[1] 上菱官方网站 [EB/OL]. [2017-08-24]. http://www.sonlu.com.cn.

[2] 毛溪, 孙立, 等. 品牌百年 沪上百年轻工老品牌 [M]. 上海：上海锦绣文章出版社, 2014.

[3] 双鹿并购上菱 目标差异化市场格局 [EB/OL]. [2017-08-24]. http://www.yicai.com/news/1156614.html.

[4] 许彩国. 市场营销案例分析：失败篇 [M]. 江苏：东南大学出版社, 2008.

[5] 创新复活"双鹿"科技重振"上菱" [J]. 上海企业, 2016(9): 30.

[6] 唐小可, 吴锦才, 杜跃进. "上菱"的秘诀 [J]. 瞭望周刊, 1991(47):20-21.

[7] 陈德庆. 金奖"上菱"誉满全国——"上菱"十年发展历程 [J]. 上海企业, 1997(4):33-35.

[8] 赵炳. 世界绝妙广告点子 1000 例 [M]. 北京：中国广播电视出版社, 1995.

[9] 贝兴亚, 陈益南. 企业发展 10 大战略：当代中国企业高速成功发展的启示与策划 [M]. 海南：海南国际新闻出版中心, 1996：255-259.

（王可欣　曾秀芹　王金喜）

尚朋堂

一、品牌简介

尚朋堂品牌 1985 年始创于中国台湾,是一家以电磁加热为产品核心,业务包括电磁炉、电压力锅、电饭煲和净水器等多元化生活家电产品的现代企业。尚朋堂现为台湾上市公司元山科技集团旗下的品牌。该公司 1987 年成立于中国台湾,是一家专业生产工业风扇、AC 风扇和饮水机的现代企业。2007 年元山集团开始关注尚朋堂的市场运作并积极进行合作洽谈,并于 2010 年 5 月完成对尚朋堂的品牌并购。

二、品牌发展历程

1985 年,尚朋堂品牌创立于中国台湾。

2001 年,尚朋堂成立中国销售总部,全面启动内销市场。

2003 年,尚朋堂投资设立尚朋堂无锡生产基地。

2005 年,尚朋堂获得 "中国小家电行业十大影响力品牌" 荣誉称号。

2010 年 5 月,元山科技集团完成对尚朋堂的品牌并购。

三、产品技术创新

1997 年,成功研发出适合中国人大火翻炒的嵌入式大凹弧炒菜专用电磁灶。

1998 年,推出第二代电脑触摸感应式厨房电磁灶。

2003 年,成功研发出首台可用台式电磁炉的铝锅。

2004 年,研发出 "电磁炉的降噪静音控制装置" "电磁炉的防磁屏蔽装置" "编制带加热线圈盘" 及 "内外环型加热线圈盘" 等一系列专利技术。

2006 年,尚朋堂在专利技术 DHR 基础上成功研发出 "WHR" 双圈电磁炉和 "子母锅" 加热技术。

四、企业危机事件

2009 年 12 月,财政部、商务部联合下发了《关于取消 24 个家电下乡中标项目中标资格的通知》，这是自家电下乡全面开始以后，财政部、商务部公开的首批下乡"黑名单"。其中，尚朋堂（无锡）电器有限公司被取消产品中标资格。

2016年10月，深圳市市场监督管理局对市场中销售的电磁炉产品进行了抽查检测，共抽查检测15家受检单位的28批次产品，发现不合格产品5批次，台湾品牌尚朋堂位列其中。产品型号为IC2178的尚朋堂电磁炉产品被检测为不合格产品，不合格原因是非正常工作。

五、延伸阅读

[1] 尚朋堂官方网站 [EB/OL]. [2017-08-21]. http://ys-spt.com.

[2] 新尚朋堂重启市场会议在顺德召开 [EB/OL]. [2017-08-21]. http://www.maigoo.com/news/238615.html.

[3] 央视广告热播 尚朋堂开启科技净水新征程 [EB/OL].[2017-08-21]. http://home.163.com/16 /0517/10/BN8SIO6R00104JV9.html.

[4] 深圳两企业被列入"黑名单"[EB/OL]. [2017-08-21]. http://finance.qq.com/a/20091218/001228.htm.

[5] 尚朋堂电磁炉被检不合格 老品牌更应重视质量 [EB/OL]. [2017-08-21]. http://news.to8to.com/article/128032.html.

[6] 陈黄顺 . 借鉴国外经验让行业良性发展 [J]. 现代家电，2005(19):11.

[7] 陈黄顺 . 理性将是行业发展的趋势 [J]. 现代家电，2006(23):37.

[8] 砺寒 . "顾客尝试型"促销给我们的启示——尚朋堂厨房电器现场促销活动案例展示与剖析 [J]. 现代家电，2004(19):40-41.

[9] 朱冬梅 . 尊荣有我尊贵因你，尚朋堂电磁炉国庆中秋双节促销活动回顾 [J]. 现代家电，2006(11):58-59.

（王美丹　陈经超　王金喜）

申 花

一、品牌简介

　　申花电器是上海申花电器企业发展有限公司的公司品牌。该公司 1984 年成立于上海，前身为上海三灵电器总厂。该公司下设十八家独立子公司,并设有申花足球学校、申花足球俱乐部、申花太阳能研究所、申花电器研究所等教科研体机构，是一家以家用电器制造研发销售为主体，集教育、体育、科研、制造、投资、贸易于一体的多元化的现代公司。申花集团拥有十二大产业基地，除上海浦江综合基地外，还有浦东六里基地（燃气具、工业配套、塑业）、金山基地（冰箱、空调、洗衣机）、青浦基地（燃气具、厨卫）、康桥（外环内）基地（仓贮配送、维修、培训）、康桥（外环外）基地（足球、体育产业）、广东顺德基地（厨卫、燃具）、广东中山基地（照明、电热）、浙江嘉兴基地（光能、热泵）、浙江慈溪基地（小家电、电工器材）、江苏苏州基地（净水设备、燃热）、安徽滁州基地（冰柜、空调）。该公司的主导产品包括：燃气热水器、燃气壁挂炉、燃气灶具、吸油烟机、消毒柜、太阳能热水器、燃气、电（含热泵）太阳能中央热水设备、冰箱、洗衣机、空调、冰柜、净水设备、空气净化器、小家电（浴霸、电暖器、电风扇、换气扇）、电工器材、照明设备、电梯风扇、塑料制品等等。

二、品牌发展历程

　　1984 年，申花前身——上海三灵电器总厂成立。

　　1992 年，申花公司采用多角化经营的方针，抓住支柱产品，发展主导产品，逐步过渡到产、销、科、贸、商等形式的集团化企业发展模式。

　　　　　　　第一代申花燃气热水器诞生，并通过了轻工业部燃气热水器安全质量认可管理办公室"安全质量认可"的评审。

　　1993 年，经上海市经委、黄浦区政府研究，同意组建上海申花（集团）公司。

　　　　　　　上海申花足球俱乐部成立。

　　1997 年，复旦申花水处理设备有限公司成立。

　　1999 年，上海申花（集团）公司分成二大板块，即体育板块的上海申花足球股份有限公司和工业板块的上海申花电器企业发展有限公司。

　　2000 年，上海申花电器企业发展有限公司正式成立。

2004 年，上海申花电工器材有限公司成立，进入电工和照明领域。

上海申花光能科技有限公司成立，进军太阳能产业。

2005 年，上海申花（集团）公司完成由国企向股份制企业的改制。

2006 年，申花公司进入中国冰洗领域，并在上海金山建立冰箱、洗衣机生产基地。

2008 年，申花青浦基地建成投产，全面取代浦东六里生产基地。

2009 年，申花浦江基地在上海浦江工业园开工建设，申花厨卫电器系列产品开始进入市场。

申花青浦基地获得燃气热水器（含燃气采暖热水炉）、燃气灶具生产许可证。

2013 年，上海浦江工业园建成并投入使用，申花开始进军空气净化器产业。

2015 年，申花获得"2015 年度中国供暖行业燃气壁挂炉十大领军品牌"称号。

三、广告策略

（一）代言人

2008 年，演员孙俪代言申花冰箱。

（二）广告语

1990 年，申花提出至今仍然被使用的广告语"领先一步，申花电器"。

四、企业危机事件

上海申花牌吸油烟机在短短五年内已三次登上了质检黑榜：

2011 年 11 月，由上海申花旗下燃气器具制造公司生产的一款吸油烟机（型号规格 CXW-160-B3 生产日期 / 批号 2011.7.2)，被检测出产品压力、全压效率与国家标准不符，严重影响吸油烟机的效果。

2014 年，一款规格型号为 CXW-200-E508，生产日期为 2013 年 1 月 10 日的申花牌吸油烟机也被检测出结构、电源连接和外部软线不合格。

2015 年 1 月，上海市质监局对上海市生产的吸油烟机产品质量进行了专项监督抽查。结果显示，在 20 批次受检产品中，上海申花电器企业发展有限公司生产的一批次申花牌吸油烟机（规格型号 CXW-218-Z308-1 生产日期 / 批号 2013.12)质量问题严重。

五、企业公关活动

（一）赞助冠名

1991 年，申花品牌正式成立，并以"申城之花"的寓意脱颖而出，成功冠名上海足球队。申花队分别在 1995 年和 2003 年两次夺取顶级联赛冠军，帮助中国队杀入 2002 年韩日世界杯决赛圈，极大地提升了申花电器的品牌知名度。

（二）慈善公益

2012 年 7 月 1 日，上海杜氏集团在保定举办"敬老惠民捐赠启动仪式"，此次捐赠活动共投入 100 余万元，向保定市新市区各敬老院无偿捐赠 7 台价值 3 000 元的冰箱和 37 台价值 1 000 元的洗衣机；向新市区每一自然村捐赠每张价值 500 元的申花冰箱"敬老惠民公益金卡"，计 2 000 余张。其后，申花冰箱在邯郸、衡水、石家庄、邢台、唐山等地陆续开展系列爱心惠农活动。

2017 年 1 月，上海申花电器总经理朱友波一行人来到江西丰城荣塘镇，在当地镇委负责人的带领下，赠送给当地村民一批生活小家电和生活用品。

六、延伸阅读

[1] 申花官方网站 [EB/OL]. [2017-08-21]. http://www.shenhua-group.com.

[2] 中共上海市委党史研究室 . 上海改革开放风云录 [M]. 上海：上海人民出版社，1994.

[3] 林章豪，王从 . 企业形象导论 [M]. 北京：中国建筑工业出版社，1997.

[4] 檀明山 . 金点子 365[M]. 广州：广东高等教育出版社，1994.

[5] 林乐腾，王平，等 . 广告语言 [M]. 济南：山东教育出版社，1992.

[6] 于根元，等 . 广告、标语、招贴……用语评析 400 例 [M]. 北京：中国社会科学出版社，1992.

[7] 申花电器：老品牌新翅膀 [EB/OL]. [2017-08-21]. http://www.abi.com.cn/news/htmfiles/2008-2/ 66449. shtml.

[8] 上海申花吸油烟机 5 年三上质检黑榜 质量问题严重 [EB/OL]. [2017-08-21]. http://expose.southcn. com/e/201501/29/content_117340029.htm.

[9] 杜氏集团保定市"敬老惠民捐赠活动" [EB/OL]. [2017-08-21]. http://news.cheaa.com/2012/07 10/ 329978.shtml.

（梁铮　王晶　王金喜）

神 州

一、品牌简介

神州是广东神州燃气用具有限公司的公司品牌。该公司 1984 年成立于广东顺德，是一家产品涵盖全系列燃气热水器、全系列燃气灶具、全系列吸油烟机、全系列消毒柜、全系列燃气挂壁炉，集研发、生产、销售于一体的企业。公司生产基地神州城占地 10 万平方米，拥有员工 1 000 多名。曾先后为第 11 届亚运会、远东南太平洋运动会、第 7 及第 8 届全运会提供火炬及圣火盒。

二、品牌发展历程

1984 年，神州厨电诞生于中国广东顺德。

1987 年，神州热水器被广东省经委指定为"以产顶进，替代进口"产品。

1990 年，神州为第 11 届亚运会设计、制造了"亚运之光"火炬和圣火盒。

1991 年，神州导入 CIS 体系和产品系统工业设计。

1992 年，神州成为第 25 届巴塞罗那奥运会中国代表团指定产品，出口西班牙。

广东省室内成套用品研究中心在神州研究所挂牌。

1993 年，神州集团组建成立，进军摩托车业、电暖器制造业。

1995 年，神州和德国博世集团合资。

1999 年，神州推出按中国、欧洲安全技术设计的神州"安全大师"热水器。

2006 年，神州公司和英国沃克曼普工业机构共同成立神州·沃克曼普燃气具实验研究所。

2008 年，神州公司成为"中国家电下乡指定品牌"。

2009 年，神州公司获称"亚洲最具价值品牌"。

2012 年，神州新工业园落成。

神州进入国家节能产品惠民工程高效节能家用热水器推广企业和目录（第一批）。

广东神州燃气用具有限公司实验室列入国家能效标识能源效率检测实验室备案。

2014 年，神州燃气具成为欧洲能源经济论坛组织指定产品。

三、产品技术创新

1984 年，生产出第一台安全型燃气热水器。

1989 年，神州生产的平衡式热水器，获得国家优质产品银奖。

1991 年，神州热水器获 UL、AGA、ANSI 等多项国际机构认证。

2006 年，神州和英国沃克曼普工业机构联合开发出"神州圣火号"全球最薄的强排式燃气热水器和"三环火高效营养燃气灶"，分别荣获"中国燃气具十大创新产品"。

四、广告策略

（一）代言人

1991 年—2008 年，神州公司邀请香港影视演员"肥肥"沈殿霞作为品牌代言人。

（二）广告语

1991 年，"讲究安全，追求完美，我说还是神州好，神州热水器，一个赛仨"。

1995 年，"款款'神州'，万家追求；神州热水器，安全又省气"。

五、企业公关活动

（一）赞助冠名

1993 年—1995 年，神州公司先后为东亚运动会、世界远东南太平洋运动会、第 7 届和第 8 届全国运动会制造火炬、圣火盒。

（二）慈善公益

2006 年，神州加入由极品策略传播机构发起的"影响中国·品牌家电爱心联盟"，向兰州儿童福利院捐助物资款项。

六、延伸阅读

[1] 神州官方网站 [EB/OL]. [2017-08-21]. http://www.gd-shenzhou.com.

[2] 品牌形象变脸 "神州"越来越年轻 [EB/OL]. [2017-08-21]. http://blog.sina.com.cn/s/blog_59da50e70100o72n.html.

[3] 中国家电经营模式之变："价格"向"慈善"转轨 [EB/OL]. [2017-08-21]. http://www.ce.cn/cys c/jiadian/main/hylw/200610/30/t20061030_9187334.shtml.

[4] 付君萍. 博世神州分手：留待更深的反思与借鉴 [J]. 电器，2003(5):32-33.

[5] 广山. "神州"新生——与神州集团董事长兼总经理张鸿强的对话 [J]. 中国质量万里行，1999(8):53-55.

[6] 胡太，钟太，博爷. 神州第 1 菜，舌尖中国美食营养菜谱 [M]. 北京：人民邮电出版社，2015.

[7] 沈舟剑. 神州燃气具进入新精益产品时代 [J]. 中国五金与厨卫，2006(8):26.

[8] 杨智品. 五亿！神州再次腾飞 [J]. 家用燃气具，2012(8):30-32.

（陈振华　赵洁　王金喜）

舒 乐

一、品牌简介

　　舒乐是上海航天有线电厂有限公司的公司品牌。该公司隶属于中国航天科技集团公司第八研究院（上海航天技术研究院、上海航天局），是国有独资科研生产型企业，前身是创立于1917年中美合资的中国电气股份有限公司，是中国较早从事通讯器材和通信设备制造的企业，迄今已有近百年的历史。舒乐是该公司旗下主打电扇生产与销售的家电品牌。该公司建立和完善了军民结合、寓军于民的武器装备科研生产体系，努力打造成集军用电机、电源、数据通信、地面复杂武器装备生产制造，以及舒乐牌家电、OEM代加工等研发与制造于一体的军民融合型企业。

二、品牌发展历程

　　1978年，舒乐隶属的上海航天有线电厂实施"军转民"战略调整，开始研制生产"军转民"产品。

　　1979年，上海航天有线电厂引进工业吊式风扇生产流水线，开始生产民用电风扇。

　　1982年1月，"舒乐牌"商标成为我国自《商标法》出台后的第一批获准注册的自主品牌。

　　1984年12月—1991年12月，由上海航天有线电厂、深圳、香港三方合资组织吊扇生产，经香港外销国外，同时逐渐生产风扇、取暖器、厨卫电器等系列产品，舒乐品牌开始获得较高的市场占有率和品牌影响力，先后获得"中国航天标志产品"和"中国航天'十佳'民品"等称号。

　　1992年，上海航天有线电厂建造出一条年产30万台吊扇的生产流水线。

　　1995年，上海航天有线电厂实行"两厂分立"的改革，组建上海舒乐电器总厂。

　　2007年，上海舒乐电器总厂更名为"上海航天有线电厂"。

　　2014年，上海航天有线电厂更名为"上海航天有线电厂有限公司"。

三、延伸阅读

[1] 舒乐官方网站 [EB/OL]. [2017-09-09]. http://www.sa-ce.com/shule/index.php.

（李婷兰　曾秀芹　王金喜）

帅 康

sacon 帅康

一、品牌简介

帅康是帅康集团有限公司的公司品牌。该公司 1984 年创办于浙江省余姚市，前身是余姚市调谐器配件厂，目前拥有员工 3 500 多人。该公司主要从事生产高档吸油烟机、燃气灶具、消毒柜、电热水器、燃气热水器、现代橱柜、微波炉、蒸汽炉、烤箱及水槽等厨电和卫浴产品。2013 年，入选世界品牌实验室《中国 500 最具价值品牌》排行榜。

二、品牌发展历程

1984 年，邹国营创办浙江省余姚市调谐器配件厂。

1993 年，帅康推出新一代深型吸油烟机。

1999 年，帅康第一台嵌入式燃气灶具问世。

2000 年，帅康第一台内腔无缝、无钉、无死角的"免拆洗"吸油烟机问世。

2007 年，"中国芯"欧式吸油烟机诞生。

推出带有影音播放功能的吸油烟机——视爵 T688"厨房影音"。

2009 年，创办子品牌"康纳"。

2010 年，帅康董事长兼总裁邹国营获评"2010 年感动中国十大创业人物"。

2011 年，邹国营获得中国营销金鼎奖。

帅康在中国品牌与传播大会上获得 2010 年—2011 年度杰出品牌奖。

2015 年，帅康 TJ20 吸油烟机获得中国创新设计红星奖。

2017 年，弧影吸油烟机获得中国家电艾普兰产品奖。

日出东方太阳能股份有限公司收购浙江帅康电气股份有限公司 75% 股权。

帅康连续十年(2008 年—2017 年)入选世界品牌实验室《中国 500 最具价值品牌排行榜》。

三、广告策略

2003 年，中国舞蹈艺术家杨丽萍成为帅康品牌形象代言人。

2009 年，中央电视台《星光大道》比赛年度总冠军张羽成为帅康品牌形象代言人。

四、企业危机事件

2011 年 11 月，中国消费者协会公布，帅康微波炉的个别样本在加热均匀性项目上未能达到基本要求。不达标的微波炉型号为帅康 WKQD25-SW1。

2013 年 7 月，市场曝出帅康消毒柜质量问题。上海市质监局 7 月 17 日公布的监督抽查结果显示，型号为 ZTD100K-S2 的帅康食具消毒柜不合格，存在辐射等类似隐患。

五、企业公关活动

赞助冠名

2008 年，赞助北京奥运会，帅康电热水器入驻奥运会主会场"鸟巢"。

2010 年，帅康热水器成为上海世博会特许产品。

2011 年，赞助东方卫视《百里挑一》节目。

2016 年，赞助央视财经频道答题类节目《惊喜连连第三季》。

六、慈善公益

帅康先后在长江洪灾、印度洋海啸、汶川地震等大型灾难性事件中捐资捐物，捐助多所希望小学、医院。截至 2010 年，帅康捐赠公益事业共 4 000 多万元。

七、延伸阅读

[1] 帅康官方网站 [EB/OL]. [2017-08-06]. http://www.sacon.cn/.

[2] 跨界体育圈！看帅康如何玩转跨界营销 [EB/OL]. [2017-08-06]. http://www.sohu.com/a/140961561_228637.

[3] 帅康：一个烟机巨头和它的四次创新 [EB/OL]. [2017-08-06]. http://finance.sina.com.cn/roll/20070807/08071587799.shtml.

[4] 日出东方收购帅康：无奈的多元化 [EB/OL]. [2017-08-06]. http://finance.sina.com.cn/manage/mroll/2017-03-21/doc-ifycnpiu9304864.shtml.

[5] "帅康"品牌价值突破百亿 连续 6 年蝉联厨电行业桂冠 [EB/OL]. [2017-08-06]. http://money.163.com/13/0714/06/93NNR6EB00253B0H.html#from=keyscan.

[6] 项茂奇. 中国新一代深型吸油烟机的创始人：记帅康集团董事长兼总经理邹国营 [J]. 宁波经济，1998(12)：40-42.

[7] 高峰. 五度蝉联行业最具价值品牌的背后：帅康集团创新纪实 [J]. 宁波经济，2012(12)：53-54.

（路凯丽　周雨　静思宇）

双　鹿

一、品牌简介

双鹿是上海双鹿电器有限公司的公司品牌。该公司成立于2002年，前身是上海电冰箱厂，现为上海双鹿上菱企业集团有限公司下属子公司。上海电冰箱厂成立于1979年，主营业务为家用电冰箱，双鹿牌冰箱是我国较早的电冰箱品牌。上海双鹿上菱企业集团有限公司坐落在上海市松江区泗港工业园区，以上海为总部，下辖上海上菱电器制造有限公司、上海上菱实业有限公司、浙江中享电器有限公司、江苏双鹿电器有限公司、江苏上菱电器有限公司和上海双鹿电器有限公司。该公司现有员工3 000余人，同时拥有上海松江、浙江慈溪、江苏宿迁和海外孟加拉国四大生产基地。

二、品牌发展历程

1979年11月，上海电冰箱厂成立。

1984年，上海电冰箱厂与国外合作生产电冰箱。

1985年1月，上海电冰箱厂引进和安装进口流水线，并组装SKD电冰箱。上海电冰箱厂注册"双鹿"商标。

1988年，双鹿获得国家质量奖。

1992年，双鹿成功上市。

2001年，双鹿电气股份有限公司被白猫集团收购借壳上市，双鹿冰箱从此被雪藏。

2002年，现上海双鹿上菱企业集团有限公司董事长陈泉苗租赁"双鹿"品牌经营，新双鹿开始通过租赁双鹿商标的形式进入冰箱市场。

2004年，现上海双鹿上菱企业集团有限公司董事长陈泉苗以470万元的价格买断双鹿品牌，成立上海双鹿电器有限公司。

2005年，双鹿新厂房落户上海松江。

2008年，双鹿冰箱独创"两级"冰箱农村渠道模式和"千城万镇"工程，开拓农村市场。

2009年，双鹿成为财政部、商务部家电下乡中标品牌。

双鹿获得"国家高新技术企业"称号。

2011年，上海双鹿电器有限公司宣布正式收购上菱电器制造有限公司，成立上海双鹿上菱集团有限公司，同时运作旗下"双鹿"和"上菱"两个品牌。

2012 年，双鹿成为第一批入围国家节能产品惠民工程的冰箱品牌。

2013 年，双鹿冰箱成功进驻上海世贸商城，在该平台上向国内外贵宾常年展示。

三鹿在行业内率先推出三年内漏换新机的品质承诺。

2015 年，三鹿获得"上海民营企业 100 强""上海民营制造企业 50 强"称号。

2016 年 7 月，孟加拉国际电器有限责任公司投资组建的冰箱工厂 IAL 正式竣工投产，至此，双鹿上菱集团拥有上海松江、江苏双鹿上菱、浙江慈溪和海外孟加拉国四大生产基地。

三、企业公关活动

慈善公益

2010 年，双鹿联合中国扶贫基金会在全国范围内开展"惠农扶贫工程"。消费者但凡持有双鹿集团发行的价值 300 ~ 500 元的惠农扶贫卡，购买双鹿旗下的"双鹿"和"上菱"两大品牌的冰箱、洗衣机和冰柜等产品，在享受国家家电下乡福利的基础上，再享受 300 ~ 500 元的优惠，消费者每购买一台双鹿产品，双鹿集团会向中国扶贫基金会捐赠 1 元钱，支持贫困落后地区改善人民生活和教育设施。

2011 年，双鹿获中国扶贫基金会颁发的 2011 年度公益明星奖。

2015 年 9 月，上海双鹿电器公司向江西上饶市广丰区铜钹山镇 21 家贫困户户主捐赠双鹿牌 26 英寸液晶电视 18 台、冰箱 3 台，价值近 4 万元。

四、延伸阅读

[1] TCL 官方网站 [EB/OL]. [2017-08-21]. http://www.tcl.com/group/companyInfo/index.

[2] 李文祥, 周承早. 企业策划 [M]. 北京：中国农业出版社, 2000.

[3] 经济观察报. 杰出营销 2009—2010[M]. 青岛：青岛出版社, 2011.

[4] 何晓晴. "白猫"救得了"双鹿"吗 ?[J]. 区域经济评论, 1999(4):14-15.

[5] "双鹿"是怎么掉队的 [J]. 中国集体工业, 1998(7):50.

[6] 双鹿：企业下乡复活老品牌 [EB/OL]. [2017-08-21]. http://blog.sina.com.cn/s/blog_71302bfd010 1aef0.html

[7] 陈泉苗：双鹿上菱品牌的复活者 [EB/OL]. [2017-08-21]. http://sh.people.com.cn/n/2014/0319/ c357186-20808912.html

[8] 石章强. 双鹿：老字号品牌复活之道 [J]. 沪港经济, 2009(03):64-65.

[9] 双鹿电器公司精准献爱心惠及 21 家贫困户 [EB/OL]. [2017-08-21]. http://www.gfx.gov.cn/xwdt/ rdgz/2015/09/25/13247.html.

[10] 毛溪, 孙立. 品牌百年 沪上百年轻工老品牌 [M]. 上海：上海锦绣文章出版社, 2014(02)：127.

[11] 白光. 华夏当代广告评析 150 例 [M]. 北京：中国广播电视出版社, 2003：167-170.

[12] 苑辉. 双鹿：归零到复兴寻觅"蓝海"之路——访上海双鹿上菱企业集团有限公司 [J]. 上海企业, 2016(6):18-21.

（梁铮　赵洁　王金喜）

水　仙

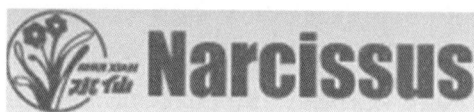

一、品牌简介

水仙是上海水仙电器制造有限公司的公司品牌。该公司创立于 1980 年，前身为上海洗衣机总厂，是中国较早专业生产家用洗衣机的企业。目前该公司主导产品包括家用洗衣机、家用燃气热水器、燃气灶具等各类电器产品。

二、品牌发展历程

1980 年，上海市家用电器公司把求精机械厂、江南电器厂和吴淞五金厂联合组建成上海洗衣机总厂，开始自行设计制造具有洗涤、排水和溢水等功能的单缸洗衣机，商标定为"水仙"牌。

1982 年，上海洗衣机总厂成功试制双桶洗衣机，自行设计制造了洗衣机装配生产线，家用洗衣机进入批量生产的新阶段。

1983 年，先锋电器厂、东方灯具厂、新建带钢厂和手工业建材综合厂等先后并入上海洗衣机总厂。

水仙单桶洗衣机产品获得轻工业部优质产品证书。

1987 年，上海洗衣机总厂生产的水仙牌 XPB20-2S 双桶洗衣机荣获国家优质产品银质奖。

1988 年，上海洗衣机总厂调整机构体制。

1991 年，水仙开始生产 8 升家用燃气热水器。

1992 年 5 月，经上海市经济委员会批准，上海洗衣机总厂改制成上海水仙电器实业股份有限公司。

1993 年 1 月，经上海证券交易所批准，公司向社会发行的普通股在上海证券交易所上市交易。

1993 年，水仙与日本能率株式会社共同出资创立上海能率有限公司，大规模生产国内较为先进的家用燃气热水器系列。

1994 年，上海水仙电器实业股份有限公司改名为"上海水仙电器股份有限公司"。

1996 年 2 月，水仙与美国惠而浦公司合资组建上海惠而浦水仙有限公司，生产和销售全自动、滚筒式洗衣机。

1999 年 5 月，因 1997 年、1998 年两年连续亏损，水仙电器被上海证交所实行特别处理，简称"ST 水仙"。

2000 年 5 月，ST 水仙暂停上市，实行特别转让，简称"PT 水仙"。

2001 年 4 月，PT 水仙由于连续 4 年亏损，被上海证交所停牌，成为中国沪深股市第一家被退市的上市公司。

2003 年，上海水仙电器制造有限公司成立，主要经营水仙牌家用洗衣机等白色大家电及小家电产品。

2005 年，上海水仙厨卫电器有限公司成立，作为上海水仙电器制造有限公司的全资子公司，主要经营水仙牌家用燃气热水器、吸油烟机、燃气灶具消毒柜等厨卫产品。

2009—2012 年，水仙电器连续 4 年成为家电下乡中标企业。

三、企业公关活动

慈善公益

2013 年，为响应上海市燃气管理处组织的主题为"安全教育进社区，消除隐患保平安"的第五届安全用气百日活动，上海水仙厨卫电器有限公司在芷江西路街道开展送安全为民服务活动，向广大居民宣传冬季安全使用燃气的知识和水仙的产品。

四、延伸阅读

[1] 水仙官方网站 [EB/OL]. [2017-08-22]. http://www.narcissus.com.cn.

[2] 王依群. 迎接 21 世纪的挑战——上海水仙电器股份有限公司发展巡礼 [J]. 家电科技，1995(1):43-44.

[3] 李淑云. 水仙的兴衰留给我们的思考 [J]. 中国招标，2008(12):18-19.

[4] 张建国，童明玉. 树立市场观念建立与完善自主营销体系 [J]. 上海管理科学，1996:37.

[5] PT 水仙：绝境中的反思 [EB/OL]. [2017-08-22]. http://finance.qq.com/a/20101125/006036.htm.

[6] 许彩国. 市场营销案例分析：失败篇 [M]. 江苏：东南大学出版社，2008:166-178.

[7] "退市第一股"水仙电器拟重组复活. [EB/OL]. [2017-08-22]. http://finance.ifeng.com/a/20160202/14203142_0.shtml.

（王可欣　赵洁　王金喜）

四季沐歌

一、品牌简介

四季沐歌是北京四季沐歌太阳能技术集团有限公司的公司品牌。该公司 2000 年创立于北京中关村科技园区昌平园。该公司业务涉及太阳能光热、太阳能光伏、空气能、净水机、五金卫浴等产品的研发、生产制造、销售及服务。2013 年，获得"亚洲品牌 500 强"。

二、品牌发展历程

2000 年，北京四季沐歌太阳能技术集团有限公司成立。

2010 年，获得联合国千年发展目标公益爱心奖。

2011 年，入选国家高新技术企业。

2012 年 5 月，日出东方四季沐歌在上海证券交易所上市，股票代码：603366。

2014 年，获得世界环保大会国际碳金奖。

2015 年，净水生产线投产。

2016 年，四季沐歌吸油烟机创造"世界上家用侧吸式油烟机产品吸力承重最大"世界纪录。

2017 年，WOW 净水机荣获 2017 年艾普兰奖。

日出东方太阳能股份有限公司收购帅康，进军厨电行业。

三、品牌识别

为了顺应企业开启国际化元年的战略，四季沐歌 2016 年正式启用新的 Logo 标识和品牌识别系统，结合企业多元化的需要，引入产品品类识别辅助色，助力四季沐歌国际化、时尚化、年轻化、社交化品牌形象的塑造。

图 1　旧 Logo

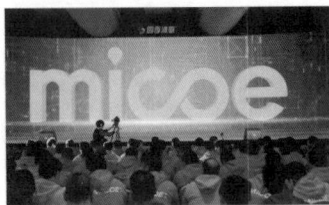

图 2　新 Logo

中国品牌（家电卷）

四、产品技术创新

2002 年，依托北京大学新能源研究中心，自主研制开发的中高温集热管。

2005 年，开发以活水芯技术为核心的"瑜伽"系列太阳能。

2011 年，成立太阳能光热行业国家认定企业技术中心。

CNAS 国家认可实验室正式投入使用。

2012 年，推出新一代"精钻航天管"，产品抗氧化性、抗衰减性提高。

2016 年，推出 ZERO 智能净水机。

五、广告策略

2015 年，获得中国广告长城奖营销传播金奖、知名品牌奖、成就人物奖。

2016 年，四季沐歌凭借《奔跑吧兄弟》营销案例，获得中国广告长城奖·年度营销案例奖。

获得 2016 年虎啸奖年度广告主杰出贡献奖。

六、企业公关活动

（一）赞助冠名

2007 年，四季沐歌成为"中国航天事业合作伙伴"。

2015 年，成为米兰世博会中国国馆指定供应商。

2016 年，携手浙江广电中国蓝 TV 展开娱乐营销，赞助《奔跑吧兄弟》《中国好声音》《十二道锋味》三档栏目。

2017 年，成为"中国航天事业战略合作伙伴"。成为 2017 年阿斯塔纳世博会指定用品供应商。

（二）慈善公益

2003 年，在北京大学设立"四季沐歌奖学金"。

2008 年，向汶川地震灾区捐建 7 座太阳能淋浴房及 1 所春蕾学校，并于壹基金携手为灾后 10 所寄宿学校援建太阳能浴室。

2016 年，携手壹基金联合救助江苏盐城龙卷风冰雹受灾地区。

七、延伸阅读

[1] 四季沐歌官方网站 [EB/OL]. [2017-08-07]. http://www.micoe.com/.

[2] 四季沐歌吸油烟机创世界纪录 引发千人抢购热潮 [EB/OL]. [2017-08-06]. http://www.prnasia.com/story/153850-1.shtml.

[3] 新鲜出炉的 MICOE 与四季沐歌的国际化视野 [EB/OL]. [2017-08-06]. http://news.cheaa.com/2016/0108/467221.shtml.

[4] 李骏. 营势：后来者居上的破局秘诀 [M]. 北京：北京大学出版社，2015.

[5] 任文鹤. 牵手航天，四季沐歌品牌营销出新招 [J]. 广告主，2008(11):49.

[6] 陈振烨. 四季沐歌的"割草战" [J]. 经理人，2009(4): 42-44.

[7] 刘瑞芳. 成就低碳生活之美——访北京四季沐歌太阳能技术有限公司总裁李骏 [J]. 建设科技，2010(4): 46-48.

（张庆芳　林升栋　静思宇）

苏泊尔

SUPOR 苏泊尔

一、品牌简介

苏泊尔是浙江苏泊尔股份有限公司的公司品牌。该公司 1994 年成立于浙江省，总部位于浙江省杭州市，拥有 5 大研发制造基地，员工 1 万多名。该公司主要从事生产炊具、厨房小家电、环境家居电器、厨卫电器。2014 年，入选胡润中国品牌榜。

二、品牌发展历程

1994 年，苏泊尔第一台安全压力锅上市。

2002 年，苏泊尔第一台电饭煲上市。

2004 年，苏泊尔在深圳证券交易所上市，股票代码 002032。

2006 年，法国 Groupe SEB 集团收购苏泊尔，成为控股股东。

2011 年，Groupe SEB 集团增持苏泊尔公司股份至 71.31%。

2012 年，苏泊尔双层全钢无缝电水壶，获德国红点奖。

2014 年，苏泊尔进军环境家具电器领域。

2015 年，公司入选《财富》（中文版）"中国企业 500 强"。

三、品牌识别

2009 年，苏泊尔继承原有 Logo 并发布全新品牌口号"演绎生活智慧"，以及英文品牌口号"Smart thinking for smooth living"。

四、产品技术创新

2012 年，苏泊尔巧易开压力快锅上市。

2013 年，苏泊尔球釜 IH 电饭煲上市。

2014 年，苏泊尔鲜呼吸电压力锅上市。

2015 年，苏泊尔蒸汽球釜 IH 电饭煲上市。

2016 年，苏泊尔推出火红点钛 Pro 炒锅和鲜呼吸 100 快速电压力锅。

截至 2016 年 4 月，苏泊尔共获得 3 016 项专利技术。

五、广告策略

（一）代言人

2002 年，电视节目主持人刘仪伟代言苏泊尔炊具。

2011 年，越南歌星美心成为苏泊尔品牌越南市场形象代言人。

2016 年，华语影视男演员黄轩代言苏泊尔水杯。

（二）广告语

2015 年，苏泊尔压力快锅广告语"8 分钟搞定你的菜"。这一广告主题结合了产品的功能定位和受众的情感利益，满足了 25—55 岁职业女性在快节奏生活中立即享用美食的需求。

六、企业危机事件

2004 年，苏泊尔采用的美国杜邦公司"特富龙"不粘锅涂料遭质疑：不粘锅不能用于酸性食物。公司公关部门先向国家质监部门和行业协会求证"不粘锅有毒"的消息，随后向媒体证明了国内不粘锅产品的安全性。企业化"危机"为"机遇"，树立了负责、诚信的形象。

2010 年，被曝苏泊尔原董事长苏显泽向商务部条约法律司原副司长郭京毅行贿共计 30 万元；苏显泽向安排其与郭京毅会面的中间人张玉栋送"代理费"100 万元。

2012 年部分媒体报道称，不锈钢炊具锰超标存在锰中毒风险。国家食品安全风险评估中心澄清，包括苏泊尔产品在内的近 40 件不锈钢器皿，其锰的迁移量不会损害健康。因不当报道引起的恐慌最终得以平息。

七、企业公关活动

（一）赞助冠名

2014 年，冠名赞助《舌尖上的中国》第二季。

2015 年，独家冠名央视节目《我爱妈妈》。

（二）事件营销

2014 年，苏泊尔借助《舌尖上的中国》第二季热播之际，通过微博"大 V"转发、微信 H5、系列海报等形式发起"舌尖"营销，吸引用户参与分享美食故事。

（三）慈善公益

2006 年，实施"苏泊尔小学"公益项目。截至 2016 年，已经在青海、贵州、甘肃等 12 省的偏远山区签约捐建 22 所苏泊尔小学，累计投入 2 500 多万元。

八、延伸阅读

[1] 苏泊尔官方网站 [EB/OL]. [2017-07-29]. http://www.supor.com.cn/.

[2] 凯文 . 苏泊尔启用新标志 新品牌战略曝光 [EB/OL]. [2017-07-29]. http://tech.sina.com.cn/e/2009 -07-20/18173279235.shtml.

[3] 裘益政，竺素娥 . SEB 跨国并购苏泊尔案点评 [J]. 财会月刊，2009(23): 37-39.

[4] 百度百科 . 苏泊尔 [EB/OL]. [2017-07-29]. https://baike.baidu.com/item/ 苏泊尔 /10963024?fr=aladdin.

[5] 王欣 . 苏泊尔 : 定位鲜明的广告主题 [EB/OL]. [2017-09-04]. http://finance.sina.com.cn/roll/2016-09-04/doc_ifxvqctu6150256.shtml.

[6] 刘琼 . 不粘锅沾上的信任危机——析杜邦特富龙的危机公关 [J]. 公关世界月刊 , 2005(5):27-28.

[7] 胡希，石洪波 . "减持门" "行贿门" 齐袭苏泊尔 [N/OL]. 四川新闻网成都晚报 , 2010-08-06. http://cd.qq.com/a/20100806/000519.htm.

[8] 百度百科 . 苏泊尔质量门 [EB/OL]. [2017-07-29]. https://baike.baidu.com/item/ 苏泊尔质量门 /7960110 ?fr=aladdin.

（丁琼洁　曾秀芹　静思宇）

索 弗

一、品牌简介

索弗是广东索弗电子实业有限公司的公司品牌。该公司创建于 1997 年，总部位于广州市，是一家集研发、实验、生产、行销和服务为一体的综合性健康产业企业。该公司主要打造中医按摩、物理治疗、美容产品、运动健康四大系列产品。

二、品牌发展历程

1997 年，索弗公司成立。

2003 年，索弗实现生产销售一体化。

2004 年，索弗进军国际市场。

2005 年，索弗实现自主研发按摩椅。

2008 年，索弗成立北京和上海分公司。

2009 年，索弗品牌与国际连锁巨头强强联合。

2010 年—2013 年，索弗连续四年获得"按摩器具出口十强企业"称号。

2014 年，索弗健康产业五大系列产品全面亮相。

2017 年 2 月，MONSPACE 集团注资控股索弗电子实业有限公司。

三、广告策略

代言人

2014 年 6 月，舞蹈评论节目《中国好舞蹈》中人气组合"三胖组合"参与索弗最新一轮的 S-MOVE 舞蹈广告片的拍摄。

四、企业危机事件

2011 年，上海工商部门组织对上海市部分商场、专业卖场、综合超市销售的按摩器、足浴器类家用小电器进行了质量监测。经检测，有 21 个批次商品不合格，产品型号为 SF-580

的索弗足浴盆被检测为不合格产品。

五、企业公关活动

赞助冠名

2015 年 3 月，索弗承办 2015 年中国按摩保健器具行业领袖峰会，按摩保健业界代表同聚一堂，就促进业间技术、贸易、管理及电商融合进行交流与探讨。

2017 年 7 月，索弗电子协办广州白云机场首届涂鸦大赛。

六、延伸阅读

[1] 索弗官方网站 [EB/OL]. [2017-08-20]. http://www.sofocn.com.

[2] MONSPACE 集团注资控股中国索弗（Sofo）智能家居公司 [EB/OL]. [2017-08-20]. http://ln.qq.com/a/20170301/047876.htm.

[3] 21 个批次家用小电器不合格 [EB/OL]. [2017-08-20]. http://www.cqn.com.cn/news/xfpd/xfjs/smjd/397695.html.

（李一鸣　王晶　王金喜）

太阳雨

sunrain太阳雨

一、品牌简介

太阳雨品牌，隶属于太阳雨集团（以下简称"太阳雨"）。该公司始创于 1999 年，总部位于江苏省连云港市，是一家专注于太阳能、空气能、净水等生态科技领域的企业。2012 年 5 月，太阳雨在上海证券交易所挂牌上市，完成从民营企业向公众公司的改制转型。

二、品牌发展历程

2006 年，太阳雨聘请澳大利亚国家科学工程院教授哈丁博士为首席科学顾问，成立行业首家卫星商学院，为企业发展提供人才保障。

2009 年，太阳雨与德国国家 ITW 测试中心合作，引进德国原装太阳能热利用系统检测线。

2010 年起，太阳雨与北京大学、中科院等科研院所展开合作，在北京组建研发中心，承担国家火炬计划项目，其中太阳能综合利用项目被列入国家 863 计划。

2012 年，太阳雨与太阳能研究机构德国 Fraunhofer ISE 及 PSE AG 公司合作开发"人造太阳"技术，该项技术达到太阳能行业内最先进的世界级检测水准。

2012 年至 2015 年，太阳雨连云港、洛阳、兖州、顺德四大生产基地相继建成。

2016 年 10 月，太阳雨获得 2016 年中国广告长城奖·广告主奖"年度营销传播案例"，以及广告主奖年度人物大奖"影响力人物""品牌贡献人物"。

2016 年 12 月，太阳雨发布 i+ 战略，围绕生态理念、生态技术、生态公益三大核心，太阳雨生态版图全面升级。

截至 2017 年，太阳雨已获得 2 项国家重点新产品、4 项国家级科技项目、4 项发明专利、5 项省级科技项目、8 项核心技术、9 大创新技术、12 项中高端领域在研技术、12 项外观设计专利、15 项国内外专业认证及 40 项实用新型专利。

三、广告策略

2014 年底，太阳雨签约影星林志玲作为品牌形象代言人。

2015 年，太阳雨净水机成为湖南卫视《我是歌手》第三季战略合作伙伴。

2017 年 1 月起，影星林志玲正式出任太阳雨集团全球首席品牌官。

2017年5月，太阳雨与中央人民广播电台签署战略合作协议，中央人民广播电台中国之声、中国经济之声频道全天候播放太阳雨品牌及产品广告。

四、企业危机事件

2012年10月，皇明太阳能董事长黄鸣在其微博上发布《关于太阳能热水器产品检测情况的补充说明》，说明中对江苏质检院所声明的内容"关于型式检验报告上'检测日期栏'中显示的检验时间问题，是报告编制人员错误地把能效报告的检验时间填在型式检验报告'检测日期栏'中"提出质疑，认为事件背后存在造假问题，太阳雨联合江苏质检院以虚假检验报告骗取节能补贴。针对该事件，太阳雨出具质检报告并予以否认。江苏质检院方面表示愿意复检。

五、企业公关活动

2008年5月，太阳雨通过江苏省红十字会向汶川地震灾区捐资110万元，以及1 000顶帐篷、1 000床棉被等物资。

2009年4月，太阳雨出资30万元在淮海工学院成立"太阳雨助学金"，以资助贫困大学生。

2009年10月，太阳雨出资1 000万元，联合中国社会工作协会，设立"太阳雨公益慈善基金"，主要用于新能源普及、中国乡村教育等公益项目。

2011年，太阳雨成为中国环保事业合作伙伴，成立太阳雨公益慈善基金"阳光浴室"项目，为中国的学校、敬老院等社会公共机构提供生活热水解决方案。

2012年，太阳雨携手韩红爱心慈善基金，开展百人援蒙大型公益行动，共同成立"太阳雨·韩红爱心 西藏盲童艺术团"，拍摄了中国首部反映西藏盲童生活的公益微电影《假如失去三天光明》。2013年11月，西藏盲校音乐厅正式投入使用，使盲校孩子们有了温暖、舒适的学习排练场所。

2013年4月，"太阳雨公益慈善基金"向雅安地震灾区捐资1 000万元，捐赠10万支医用易折消毒棉棒套装以及帐篷、水、食物等救灾物资。

2017年5月，太阳雨千所"阳光浴室"公益项目入户江苏省11市，截至目前该项目已向31个省（直辖市、自治区）近1 000所学校及养老院捐赠太阳能热水系统。

六、延伸阅读

[1] 太阳雨官网 [EB/OL]. [2017-09-19]. http://www.sunrain.com/.

[2] 太阳雨牵手世界镀膜之父 [EB/OL]. [2017-09-19]. http://finance.sina.com.cn/chanjing/b/20060816/02122824383.shtml.

[3] 太阳雨5年内谋求百亿产值 领军太阳能光热产业 [EB/OL]. [2017-09-19]. http://news.hexun.com/2010-05-01/123594423.html.

[4] 太阳雨集团发布i+战略 全新开启下一发展序幕 [EB/OL]. [2017-09-19]. http://news.to8to.com/article/130360.html.

[5] 太阳雨将快速步入"三国时代"的发展经 [EB/OL]. [2017-09-19]. http://news.cheaa.com/2010/0810/244692.shtml.

[6] 太阳雨：百亿市值下的全球化突围 [EB/OL]. [2017-09-19]. http://www.sohu.com/a/16323960_114351.

[7] 林志玲现身太阳雨 2015 全球优秀经销商年会 [EB/OL]. [2017-09-19]. http://news.cheaa.com/2015/0123/434422.shtml.

[8] 太阳雨携手央广吹响 2017 中国品牌集结号 [EB/OL]. [2017-09-19]. http://www.prnasia.com/story/178547-1.shtml.

[9] 林志玲 2017 将正式出任太阳雨全球首席品牌官 [EB/OL]. [2017-09-19]. http://fashion.ifeng.com/a/20161214/40188667_0.shtml.

[10] 黄鸣继续死磕骗补门 指江苏质检院隐藏黑案 [EB/OL]. [2017-09-19]. http://www.instrument.com.cn/news/20121119/085512.shtml.

[11] 太阳雨千所"阳光浴室"公益项目入户江苏 11 市 [EB/OL]. [2017-09-19].http://finance.ifeng.com/a/20170522/15398875_0.shtml.

（王可欣　赵洁）

泰 昌

一、公司简介

泰昌是上海泰昌健康科技股份有限公司的公司品牌。该公司1998年成立于上海市，前身是平阳泰康家用电器有限公司，目前公司位于上海奉城经济园区，生产基地占地4万多平方米，备有1.5万平方米的零部件和成品仓库。该公司主要从事科研、生产、销售健身器材、按摩器材、家用电器、通讯设备等产品。公司近年来获得时尚新贵奖、爱普兰奖等荣誉。

二、品牌发展历程

1997年2月，第一批400台双A头高效按摩器进入东北市场，胜利油田一次性全部购买。

1997年11月，研制生产出家居、汽车双用振动按摩垫。

1998年4月，研制生产出滚轮足底按摩器。

1998年10月，在人民大会堂浙江厅举行产品说明会及座谈会，全国政协副秘书长赵启明等国家领导人应邀出席会议，亲笔题词"泰昌产品，造福老人""理疗健身，功在泰昌"。

1998年11月，上海泰昌健身器材有限公司在上海注册，原公司注销。

2007年3月—7月，参加中国国际体育用品博览会和广交会。

2008年5月，参加第23届中国（北京）国际体育用品博览会。

2010年5月，参加第25届中国（北京）国际体育用品博览会。

2011年3月，参加中国家电博览会，产品获得时尚新贵奖；股东由原来的4人变更为6人。

2012年3月，参加中国家电博览会，获得爱普兰奖。

2012年9月，增资完毕，注册资本增加为2 960万元人民币。

2012年12月，获称"上海市高新技术企业"。

2013年5月，国泰君安、立信会计师事务所、天元律师事务所、上海社科院、创丰投资、立信锐思、银信资产评估与泰昌公司齐聚公司二楼会议室，确定讨论上海泰昌健康科技股份有限公司创立大会的相关事宜。确定6月13日召开创立大会，增资至5 000万元。

2013年6月，立信会计师事务所、天元律师事务所、上海社科院、创丰投资、立信锐思、银信资产评估与泰昌公司齐聚公司二楼会议室，召开上海泰昌健康科技股份有限公司创立大会暨股东大会、董事会、监事会。

2013 年 7 月，泰昌公司股份成功，获得上海市工商行政管理局办法的营业执照。

泰昌公司被列入上市备选企业。

2013 年 8 月，举办上海泰昌健康科技股份有限公司 2013 年度技术研讨暨新品发布会。

2013 年 11 月，举办上海泰昌健康科技股份有限公司首届科技大会，展开 18 项专题报告研讨和足浴器市场需求的专题论坛。

2014 年 3 月，泰昌参加 2014 年中国家电博览会。

2015 年 3 月，泰昌参加 2015 年中国家电博览会。

2015 年 11 月，上海泰昌（股票代码：834224）登陆新三板，成为上市企业。

三、产品技术创新

2015 年，泰昌研发出"PTF 防感应电专利技术"。

2015 年，泰昌研发出第四代磁动力自动滚轮技术。

2016 年 11 月，上海泰昌健康科技股份有限公司工程技术研究中心落成。

四、广告策略

（一）代言人

2005 年 11 月，演员严顺开代言泰昌品牌。

2011 年开始，泰昌启用新代言人郭冬临。

（二）广告策略和媒体策略

2012 年 10，泰昌与龙马威科技发展有限公司携手合作新媒体推广项目，泰昌进入 E 传播时代。

2013 年 1 月，"泰昌、红泰昌、金泰昌，为天下父母洗脚"商标、广告语设计获得国家版权局颁发的著作权等级证书。

五、企业公关活动

2008 年 5 月，组织公司全体员工向四川地震灾区捐款。

2014 年 5 月，参加 2014 年武汉中国国际体育用品博览会，泰昌作为足浴盆行业的领导品牌，展示了足浴盆之外的按摩床、按摩靠垫、按摩披肩、脚轻松、按摩棒等系列产品，设置客户体验区，让产品与顾客零距离接触。

六、延伸阅读

[1] 上海泰昌：为天下父母洗脚 [J]. 中国品牌，2013(2):59.

[2] 赵秋玥. 让保健电器像金子一样闪闪发光——访上海泰昌健康科技有限公司董事长王昌华 [J]. 电器，2014(9):64.

[3] 上海泰昌 [EB/OL]. [2017-09-13]. http://www.shanghaitc.com/index.html.

（李一鸣　赵洁　翟悦）

天 际

天际 TONZE

一、品牌简介

天际是广东天际电器股份有限公司的公司品牌。该公司 1996 年成立于广东省汕头市。该公司主要生产及经营家用电器和电子产品，现已开发生产的产品有电热水壶、电炖锅、电炖盅、煮粥锅、电饭锅、榨汁机、豆浆机、保健壶、电蒸锅、电热水瓶、面包烘烤炉、多功能电热锅和热敏电阻等。

二、品牌发展历程

1996 年，广东天际电器股份有限公司成立。

2006 年，获得广东省知识产权优势企业荣誉。

2011 年—2014 年，天际电炖锅零售市场占有率排在首位，维持在 30% 左右。

三、广告策略

2015 年 8 月，天际在微信平台举办黑暗料理晒图有奖活动，用户可通过平台晒出使用天际产品烹饪的黑暗料理参与有奖评比，奖品为天际烹饪神器。

四、延伸阅读

[1] 十年雕琢，终成大器 [N]. 民营经济报，2007-02-12(T18).

[2] 天际电器 [EB/OL]. [2017-09-13]. http://www.tonze.com.

（李一鸣 白海青 翟悦）

天　骏

一、品牌简介

天骏是天骏电器有限公司的公司品牌。1996 年成立于中山市。自 1998 年起天骏开始研发暖风式干衣机，后经过技术创新与品类拓展，在吊扇灯、电烤炉、刨冰机、抽湿机和空气净化器领域推出全新品类产品，经营范围从小家电领域拓展至家具灯具领域。

二、品牌发展历程

1996 年，天骏电器有限公司成立。

1998 年，开始研发暖风式干衣机。

2009 年 10 月，第一家淘宝店铺开张。

2010 年 1 月，正式开通淘宝分销平台。

2010 年 10 月，进驻淘宝商城天骏旗舰店。

2011 年 3 月，建立网销产品开发项目工作组。

2011 年 9 月，进驻淘宝物流宝，在北京、上海、成都、中山设立物流配送仓。

2012 年，加入国家发起的干衣机（烘衣机）行业国家标准委员会，成为干衣机（烘衣机）国家行业标准的起草单位。

2013 年，完成天猫、京东、一号店、亚马逊等大型电子商务平台的铺货。

三、产品技术创新

2000 年，研制出第一款悬挂式干衣机。

2004 年，天骏通过欧盟 ROHS 认证体系认证。

2005 年，研制出第一代数码技术干衣机。

2006 年，研制出第一代智能感应式干衣机。

2007 年，研制出第二代智能变频感应式干衣机。

2009 年，研制出第三代全自动式智能感应干衣机。

2010—2012 年，天骏科技研发扩展到空气净化领域。

2011 年，研制出第二代数码带杀菌功能干衣机。

2012 年，研制出第四代全自动自能变频带杀菌功能干衣机。

2013 年，研制出环境空气净化器。

2013 年，天骏干衣机获得 CE 认证，取得合法进入欧盟统一市场的资格。

2013 年，天骏干衣机获得由德国 TüV 专为元器件产品定制的安全认证标志——TüV，这代表在整机认证的过程中，天骏干衣机的元器件均可免检。

四、广告策略

广告语为"致力打造中国健康环保电器"。

五、延伸阅读

[1] 天骏官网 . 关于天骏 [EB/OL]. [2017-09-08]. http://www.zstj.com.

[2] 天猫电器城天骏旗舰店 [EB/OL]. [2017-09-08]. https://tianjun.tmall.com.

[3] 百度百科 . 天骏电器有限公司 [EB/OL]. [2017-09-08]. https://baike.baidu.com/item/ 天骏电器有限公司 /5524987?fr=aladdin.

（谢璐　王晶　翟悦）

天　敏

10moons 天敏®

一、品牌简介

天敏是天敏科技发展有限公司的公司品牌。该公司 1996 年成立于广东省惠州市，目前拥有 13 个分支机构， 400 多名员工，500 余家代理商和经销商，产品销往全球 100 多个国家和地区。该公司主要从事计算机影音视频产品的研究、开发、生产和销售。

二、品牌发展历程

1997—1998 年，天敏品牌开始从事 PCTV 电视卡相关高清影音产品的研发、生产项目。

2001 年，首次推出 USB 接口高清摄像头。

2002 年，首次推出 USB 接口电视盒。

2002 年，自主研发出电视大师系列 2 代电视卡。

2007 年，首次推出 DMP100 多媒体播放器（网络电视机顶盒前身）。

2008 年，为响应北京奥组委科技奥运号召，天敏科技推出 UTV100 无线数字电视盒。

2009 年，首次推出全高清播放器 DMP400。

2010 年，首次推出搭载安卓智能系统的网络电视机顶盒 DMP650。

惠州天敏获得"中国高新技术企业"称号。

2011 年，天敏科技与央视旗下 ICNTV 达成授权合作，于同年首次推出双核安卓机顶盒——天敏 D6。

2012 年，首次推出搭载安卓 4.2 智能操作系统双核网络机顶盒。

2013 年，首次推出搭载阿里云 OS 系统机顶盒，同年 6 月与华数进行内容版权合作事宜，次月推出第一款语音控制网络机顶盒产品。

成为淘宝家电亿团活动入选品牌。

三、产品技术创新

2011 年，天敏科技研发生产出行第一部采用智能系统的高清播放器——DMP650，最新版 DMP650 采用拥有强大智能、性能稳定的安卓（Andriod），升级 2.3 操作系统，支持用户下载使用更多安卓 APK 软件，在同类产品中率先提供智能电视视频聊天功能，把可视通讯搬到的电视荧屏上。

2015 年，天敏科技生产研发出 64 位八核 4K 高清的旗舰产品天敏 D8 64bit，采用超强 64 位八核 CPU，ARM Coretex-A53 内核架构，64bit 八核运行速度是 32bit 八核的两倍，运行速度更快，处理能力更强。外置超强天线，无线网络有效接收，确保观看的画质高清流畅。

四、广告策略

2011 年，天敏举办"免费用，玩智能，赢大奖——天敏 DMP650 全国试用活动"。公司在通过天敏官网主页、帮派报名帖、思路高清论坛等链接提交申请的报名者中招取 50 名试用者，通过发表试用文章进行评比，奖品分为一二三等奖，参与奖与特惠奖。此次活动，天敏公司共联合全国 3 家 IT 媒体、5 家高清论坛、10 家淘宝店免费发放 50 份免费试用品，旨在搜集用户意见，了解了消费者的需求。

天敏品牌建有天敏盒子社区，用户可登陆社区进行产品交流、会员互动等内容，公司提供网络电视机顶盒的产品售后在线咨询。

五、延伸阅读

[1] 惠州天敏 [EB/OL]. [2017-09-13]. http://www.10moons.com/.

[2] 心随语动，天敏"天弓"摄像头 [J]. 现代计算机 (普及版)，2007(7): 122.

[3] 天敏云盒，让云生活触手可及 [J]. 电脑迷，2013, (9): 62.

[4] 你"本"闪耀，天敏本耀无驱摄像头 [J]. 电脑爱好者，2009, (6): 104.

[5] 龙之介 . 黑白双煞天敏 USB 视频盒 [J]. 数字世界，2004,(3): 36-37.

（李一鸣　白海青　翟悦）

统 帅

LeƏder 统帅
海尔互联网时代定制品牌

一、品牌简介

统帅是海尔集团旗下的家电子品牌。该公司 1998 年创立于山东青岛。该公司主营产品包括电视、冰箱、洗衣机、空调、冷柜、燃气灶、吸油烟机、电热水器、燃气热水器。公司近年获得最受电商青睐奖、市场进步最快奖和互联网定制家电品牌人气奖等荣誉。

二、品牌发展历程

1998 年，青岛乐家电器有限公司创立，品牌命名为统帅。

2000 年，青岛乐家电器有限公司集结美国、德国、意大利的设计师们在美国成立研发团队，针对海外发展需求研发简约家电。

2002 年，统帅针对海外消费特点研发产品，主要销往美国、德国、意大利、法国等欧美市场。

2010 年，统帅中标国家家电下乡。

2011 年，统帅冰箱获得 2010—2011 年度冰箱行业新锐品牌奖。

统帅电器的互联网定制家电产品获得 2011 年先驱中国年度创新品牌奖，入选《新民周刊》2011 年消费者最喜爱百大国产杰出品牌。

2012 年，统帅产品全系列中标国家"节能产品，惠民工程"。

统帅获得 2011 年—2012 年度冰箱行业节能标杆奖、2011 年—2012 年度冰箱行业节能两个奖项。

2012 年，统帅彩电 LE42KCAI 获 2012 年节能云电视产品。

2013 年，统帅获得 2012 年先驱中国年度创新品牌奖。

统帅电器登陆京东。

统帅空调在中国空调行业高峰论坛获得节能标杆奖及 2013 年冷冻年度空调行业电商渠道畅销之星两个奖项。

统帅在空调产业年会暨中国空调科技创新产品发布会上，获得最受电商青睐奖、节能突破贡献奖和市场进步最快奖三个奖项。

统帅彩电经中国电子视像行业协会审批，获得年度中国彩电行业高效节能产品奖。

2014 年，统帅电器获得中国互联网 20 周年最受用户欢迎定制家电品牌奖。

统帅电器在第十二届中国互联网经济年会暨 2014 年"金 i 奖"颁奖典礼上获得互联网定制家电品牌人气奖。

三、产品技术创新

2013 年 5 月，在中国冰箱行业高峰论坛上，统帅冰箱的节能技术和大容量设计获得"节能大容积人气之星"和"三门冰箱节能之星"的称号。

2013 年，统帅"风暴洗"洗衣机获得中国家用电器研究院颁发的"好产品"证书。

2014 年 11 月，在由《财经天下》周刊举办的 2014 年异想大会上，统帅天幕 iSee mini 安卓智能投影仪获得年度产品大奖。

2016 年，统帅冰箱 BCD-241WLDCN 获得由中国家用电器研究院授予的"好产品"证书。

四、广告策略

（一）代言人

2011 年，唐国强成为统帅品牌形象代言人。

（二）广告奖项

2011 年，统帅电器获得最佳创新营销案例大奖，入围《2011 创新一百营销案例手册》。

2012 年，统帅获得由中国广告协会颁发的中国广告长城互动创意奖。

统帅电器获得 2012 年度最佳创新营销案例大奖，入选《2012 创新一百营销案例手册》。

（三）广告策略和媒体策略

2011 年，im 2.0 为统帅策划"统帅，设计我的精彩世界"营销活动。

11 月 11 日"光棍节"时，统帅电视推出定制创意情书活动。

2012 年春季，统帅电器推出"穿越时空大作战"营销活动，采用动漫游戏形式，吸纳小清新、穿越、动漫、网游等流行元素，将中国古代小说和神话中的传统人物演绎成 Q 版漫画英雄。

2012 年 9 月，统帅电器在海尔商城、天猫聚划算平台推出"好视成双，定制预购"活动。

2013 年 12 月，统帅联手天猫聚划算平台推出"大屏时代的幸福生活"活动。

2015 年，统帅持续在人人网、国美在线、网易、京东商城、太平洋电脑网、中华网、和讯、猫扑、中国新闻网、酷 6 网等网站上投放企业形象及产品广告。

五、企业公关活动

（一）事件营销

2012 年春节，针对在外地务工人员春节抢票难，回家难的困境，统帅电器推出"幸福号爱心回家专列"活动。用户可参与"抢票实战"并获得家电优惠。

2012 年伦敦奥运会期间，统帅电器在官网推出"家电大撞想"活动，活动页面中，网友可以选择任意一款电器和一项体育运动，"撞想"出一款独一无二的"运动家电"，生成有关这个"撞想"故事的四格漫画。

（二）慈善公益

2013 年 6 月 1 日，统帅电器发起的留守儿童成长计划之"六一留守儿童关爱行"活动在安徽省蚌埠市怀远县找郢乡茆塘留守儿童之家举行，以孩子们日常的涂鸦作品和孩子们的照片为基础元素，设计和定制孩子们的专属冰箱。

2013 年 9 月 28 日，关爱留守儿童活动第二站走进江西省宁都县黄陂镇的留守孩之家，为这些留守儿童捐赠为他们定制的家电产品。

2014 年 2 月 14 日早晨，太原统帅电器的员工为太原各个街口的环卫工人准备汤圆。

六、延伸阅读

[1] 指尖上的奥运，统帅电器引发家电创意新玩法指尖上的奥运，统帅家电"撞"出创意新火花 [N]. 中国国门时报，2012-08-20(08).

[2] 统帅电器官网 [EB/OL]. [2017-09-12]. http://www.tongshuai.com/.

[3] 坤坤 . iSee mini 来了，一个"球"引发的互联网革命 [EB/OL]. [2017-09-12]. http://tech.caijing.com.cn/20140820/3665376.shtml.

[4] 成功营销：海尔："统帅，设计我的精彩世界" [EB/OL]. [2017-09-12]. http://www.vmarketing.cn/index. php?mod=news&ac=content&id=3629.

[5] 邵娜娜 . 告别单身 海尔统帅打造冬季最强"创意情书" [EB/OL]. [2017-09-12]. http://jingji.cntv.cn/20111114/111953.shtml.

[6] 冯媛 . 易观数字年会统帅电器斩获数字营销最佳案例大奖 [EB/OL]. [2017-09-12]. http://www.chinadaily.com.cn/tech/2013/07/02/content_16704816.htm.

[7] 统帅定制爱 六一留守儿童关爱行 [EB/OL]. [2017-09-12]. http://family.pconline.com.cn/332/3328302.html.

（李响　白海青　翟悦）

万　宝

Wanbao 万宝

一、品牌简介

万宝是广州万宝集团有限公司的公司品牌。该公司成立于 1978 年广州市，前身是广州家用电器一厂，目前拥有职工 1 万多名，22 家工（商）业企业。该公司主要经营制冷产品、家用电器的研发、生产、安装及销售，资本投资及管理，商业贸易三大业务。万宝牌电冰箱和 HUAGUANG 牌冰箱压缩机曾两次被评为"中国名牌产品"。

二、品牌发展历程

1978 年，广州家用电器一厂小批量研制、生产电冰箱。

1979 年，广州第二轻工机械修配厂开始研制家用电冰箱。

1980 年，广州第二轻工机械修配厂试产家用电冰箱。

改名为广州冰箱厂，大批量生产家用电冰箱。

1984 年，广州家用电器一厂改名广州空调器厂。

成立广州电冰箱工业公司，生产万宝牌电冰箱、空调器、冷藏柜。

1985 年，广州电冰箱工业公司改名为万宝电器工业公司。

1988 年，组建万宝电器集团公司。

1991 年，与日本松下、三井物产、新加坡包装合作组建合资公司。

1995 年，万宝冷机集团有限公司组建成立。

1998 年，万宝下属广州冷机股份有限公司在深交所上市。

组建广州市万宝冰箱有限公司。

1999 年，组建广州万宝家电控股有限公司。

2000 年，组建广州万宝集团有限公司。

2004 年，万宝牌电冰箱获得"中国名牌"称号。

2005 年，万宝跻身中国企业 500 强，名列中国制造业企业 500 强。

2006 年，万宝获"中国驰名商标"认证。

2008 年，获中国企业集团竞争力 500 强荣誉。

2013 年，获中国企业 500 强荣誉。

万宝冰箱再获全国售后服务行业十佳单位荣誉。

2015年，万宝集团属下广州森宝电器股份有限公司获准挂牌上市。

2016年，万宝集团与农发行并购意大利ACC公司。

万宝集团压缩机有限公司总工程师陈忠华获"全国五一劳动奖章"。

三、品牌技术创新

2000年，成立广州万宝集团有限公司技术中心。

2003年，组建广州市制冷重点工程技术研究开发中心。

2006年，公司技术中心认定为国家认定企业技术中心。

2011年，万宝集团技术中心创新能力平台项目建成。

2012年，集团实验中心获得中国合格评定认可委员会实验室认可证书。

四、广告策略

2010年，"家中有万宝，生活更美好"。

2011—2014年，广告语变更为"家有万宝，生活更美好"。

五、企业危机事件

2014年，内蒙古自治区工商局披露的2014年流通领域冰箱、洗衣机商品质量抽检结果中，一款型号为BCD–236SCJA，由广州万宝集团民权电器有限公司生产的"万宝"商标冷藏冷冻箱被检测出耗电量项目不合格。

根据上海市电冰箱产品质量监督抽检结果，广州万宝集团冰箱有限公司生产的型号为BCD–122D，标称商标为"wanbao"的冷藏冷冻箱质量不合格，不合格项目为储藏温度、耗电量、冷冻能力、能源效率等级四项。

六、企业公关活动

（一）慈善公益

2011年，万宝集团出资20万元，帮扶新华村、松江村10万元，用于发展村集体经济项目，提高村集体经济收入。

2012年，万宝集团帮扶从化市温泉镇南星村，投入总资金约65万元。

2014年，万宝集团参加了第二届广州市慈善项目推介会并现场认捐110万元，充分体现了万宝集团积极投身慈善公益事业、勇担社会责任的企业担当。

2016年，广州市举办广东扶贫济困日暨羊城慈善为民行动启动仪式，广州万宝集团有限公司认捐200万元。

（二）冠名赞助

2013年，中华龙舟大赛首站，广州万宝集团有限公司赞助冠名广州白云队。

七、延伸阅读

[1] 万宝淘宝旗舰店.品牌故事 [EB/OL]. [2017-08-06]. https://wanbao.tmall.com/p/rd579275.htm?spm=a1z10.1-b.w5001-12103253008.6.2a4b39eel3vsDD&scene=taobao_shop.

[2] 优酷视频.万宝广告片 [EB/OL]. [2017-08-06]. http://v.youku.com/v_show/id_XMjY2OTM0NDA0.html.

[3] 万宝集团官网 [EB/OL]. [2017-08-06]. http://www.gzwanbao.com.

[4] 陈维.万宝冰箱再上质量黑榜 [EB/OL]. [2017-08-06]. http://homea.people.com.cn/n/2015/0116/c41390-26396146.html.

[5] 广州万宝集团大力帮扶龙岗镇.[EB/OL]. [2017-08-06]. http://www.fengshun.gov.cn/zwgk/fsdt/fszw/2011-11-23/1322035668d15789.html.

（李响　曾秀芹　庄佳）

万　和

一、品牌简介

万和是广东万和新电气股份有限公司的公司品牌。该公司 1993 年成立于广东省，总部位于广东顺德国家级高新技术开发区。该公司主要从事生产热水器、厨房电器、热水系统。2006 年，万和获得"中国驰名商标"称号。2016 年，连续七年（2010 年—2016 年）入选"中国 500 最具价值品牌排行榜"。

二、品牌发展历程

1992 年，创始人卢楚其研制出超薄水控全自动燃气热水器 JSYZ5-A。

1993 年 8 月，万和成立。

2006 年，入选国家火炬计划重点高新技术企业。

2007 年，万和燃气灶获得"中国名牌"称号。

2010 年，V107 冷凝热水器获得"红顶奖"。

　　　　入选国家火炬计划重点高新技术企业。

2011 年，万和电气在深圳证券交易所上市，股票代码：002543。

　　　　万和燃辅热泵一体热水器 KR23/200Y-A 获得红顶奖。

2014 年，万和 SV56 高端智能燃气热水器获得燃气热水器产品红顶奖。

　　　　入选国家火炬计划重点高新技术企业。

2015 年，万和壁挂炉获得红顶奖。

　　　　设立子公司广东梅塞思科技有限公司，并推出新品牌——梅赛思。

2016 年，"多能复合热水系统优化节能关键技术及应用"项目获得中国轻工业联合会科学技术进步奖一等奖。

三、品牌识别

（1）第一阶段（1993 年—2000 年）：万和英文"v"作为图形，结合中英文"万和'组成极具视觉冲击力的标志，图形以不断前进的舰船的造型，寓意万和人乘风破浪，积极进取，强劲发展的创业精神。

图1

（2）第二阶段（2000年—2003年）：因为繁体字的应用限制及为了更简化商标，提高识别力，在原商标主图形基础上增加简体"万和"，突出了品牌，彰显万和的年轻活力及锐意进取。

图2

（3）第三阶段（2003年—2007年）：Logo基本形取自VANWARD品牌组合，更具国际化。

图3

（4）第四阶段（2007年至今）：沉稳成熟的色彩和更紧凑、更具科技感的图形寓意万和人的不断完善自我，蓬勃向上的精神。

图4

四、产品技术创新

研发投入方面，与同济大学共建华南家电研究院节能环保燃气具研发中心、建成万和实验大楼、设立博士后科研工作站、建设燃气自适应技术研究实验室。1993年至2015年，技术创新项目获得国内首创9项、国内领先水平8项、国际先进水平5项。

1995年，研发双门臭氧+电热组合型XD-76A消毒柜臭氧型消毒柜。

2005年，建成无氧铜水箱网带式气体保护连续钎焊生产线。

2008年，突破全预混催化燃烧技术和冷凝换热技术在热水器上的应用。

2009年，万和燃气热水器JSQ21-10H采用万和自主研发的第三代燃烧系统。

2014年，发布"云智能"技术，引领热水生活开始步入移动智能时代。

2015年，展示了全系列的S级高端智能燃气热水器、中式厨房电器及能源集成热水系统等产品。

五、广告策略

（一）代言人

2013 年，影星赵薇成为万和形象代言人。

（二）广告语

2008 年，提出"燃气具专家"。

2011 年，提出"万和让家更温暖"。

六、企业危机事件

2008 年、2011 年、2013 年相继发生万和热水器用户或亲属触电死亡案例，总计 5 人死亡。万和公司品牌管理部部长李惠珍认为，这些死亡案例均与万和热水器产品质量无关。

七、企业公关活动

（一）赞助冠名

2014—2015 年，赞助欧洲高尔夫球挑战巡回赛·佛山公开赛。

2016 年，万和海外战略合作伙伴——巴西 KOMECO 成为巴西奥运会赞助商。

正式成为"中国航天事业战略合作伙伴"。

（二）慈善公益

万和相继参与或发起"爱心厨房""爱心热水工程""易起回家·让家更温暖""温暖力量中国行"等公益活动。

八、延伸阅读

[1] 广东万和新电器股份有限公司官方网站 [EB/OL]. [2017-08-07]. http://www.chinavanward.com/.

[2] 彰显"技术咖"风范，万和主导冷凝式热水器升级发展 [EB/OL]. [2017-08-06]. http://digi.163.com/17/0117/14/CB07KDF7001680NS.html.

[3] 万和燃气热水器 JSQ21-10H 超薄设计推荐 [EB/OL]. [2017-08-06]. http://tech.qq.com/a/20090622/000231.htm.

[4] 万和签下赵薇做代言 双方互看中领先性 [EB/OL]. [2017-08-06]. http://news.cheaa.com/2013/0829/379442.shtml.

[5] "燃气具专家"是如何锻造而成 [EB/OL]. [2017-08-06]. http://www.cqn.com.cn/news/zgjyjy/709750.html.

[6] 万和热水器用户洗澡中被电死 5 年 5 名用户被电身亡 [EB/OL]. [2017-08-06]. http://finance.china.com.cn/industry/energy/xnyhb/20131011/1865395.shtml.

[7] 万和再度成为高尔夫欧巡赛·佛山公开赛热水系统供应商 [EB/OL]. [2017-08-06]. http://www.xdjd.cn/Article/515651/38618A84F4FE/Article.aspx.

（丁琼洁 曾秀芹 静思宇）

万家乐

万家乐

一、品牌简介

　　万家乐是广东万家乐股份有限公司的品牌，该公司 1992 年成立于广东佛山，其前身是广东省石油气具发展有限公司。公司主营发展热水及关联产业（热水系统、采暖系统、水净化系统）和厨房及关联产业（整套厨电、集成橱柜、生活电器、空气净化器），为客户提供家居（商用）热水、采暖及厨房的产品及整体系统解决方案。

二、品牌发展历程

1990 年，万家乐生产水控全自动燃气热水器。

1991 年，万家乐生产平衡式燃气热水器。

1994 年，万家乐股票在深圳证券交易所主板（A 股）挂牌上市。

1996 年，万家乐直排式安全型热水器等研制成功并获国家专利。

1997 年，推出强排式燃气热水器。

1999 年，万家乐黑金刚系列燃气灶具面市。

2001 年，广州汇顺购入万家乐法人股，成为万家乐第一大股东。

2002 年，自主研发双高火燃气灶。

　　　　万家乐获得"中国驰名商标"认证。

　　　　被授予"中国名牌"称号。

2003 年，推出三级能效的薄型机电热水器。

2005 年，推出冷凝快速燃气热水器。

2006 年，推出速热储水式电热水器。

2007 年，燃气灶具荣获"中国名牌产品"称号。

2012 年，万家乐将持有的新曜股权价转让给三新控股。

2013 年，推出 Q6 智能浴燃气热水器。

　　　　万家乐向施耐德总部购买顺特电气设备公司 10% 股权。

2014 年，推出适合中国烹饪需求的爆炒风烟机。

　　　　万家乐获得"中国最有价值品牌 500 强"荣誉。

2015 年，万家乐易清洁燃气灶获得德国 iF 设计奖

WiFi 智能电热水器 Hi8A 斩获德国红点产品设计奖。

2016 年，推出 X7 中央热水和 S6 无电洗安全电热水器。

2017 年，推出新品 Q6 恒温 π 燃气热水器。

三、品牌识别

（一）Logo 变化

新增拼音，将展开的翅膀抽象化，引入"企业之星"元素，使用繁体字。

图 1　1988—1994 年

用"万"字的首字母为主要元素。背景上是成片厂房建筑。

1994—2001 年

删除拼音，将"企业之星"要领转换成"欢乐心"。

2001—2005 年

引入英文标识"MACRO"。

2005—2008 年

保留"万家乐"繁体字，去除英文标识。①

萬家樂

改为简体字，"乐"的横线化作微笑。②

万家乐

2010 年至今

（二）广告宣传语

1989 年至今，保持"万家乐，乐万家"的宣传语不变。

四、产品技术创新

1988 年，研发带熄火保护安全装置的直排式燃气热水器。

1997 年，研发强排式燃气热水器。

2005 年，研发冷凝式燃气热水器。

2009 年，研发集成式家用燃气中央热水系统。

2010 年，创建行业内首个博士后科研工作站。

2013 年，研发智能燃气热水器。

东方恒热芯是万家乐历时 8 年自主研发的核心技术系统，是目前世界领先的原创燃热科技。

五、广告策略

（一）代言人

1989 年，汪明荃成为万家乐代言人。

2003 年，汪明荃第二次代言万家乐。

（二）广告语

1989 年，推出"万家乐，乐万家"宣传语。

六、企业危机

2002 年，万家乐股份有限公司与珠海市飞翔达实业有限公司签订《商标使用许可合同》，许可后者在其生产的空调、冰箱产品中有偿使用"万家乐"商标。而后飞翔达实业有限公司经

---

① 2008—2010 年

延续原标志最具特色的部分，对于品牌形象统一有积极的作用。继承以往深厚的底蕴，给人最为直接的视觉冲击力。

② 2010 年至今

中文标志中，万家乐的"乐"字起到画龙点睛之效。"乐"的横线化作一弯灿烂的笑容。

营不善陷入困境,对万家乐品牌的造成严重冲击。

2008 年,万家乐牌热水器严重漏电致少女死亡。死者父亲认为死因是两个月前购买的万家乐牌热水器发生严重漏电。万家乐公司相关部门负责人潘先生表示,公司已经积极采取各种相关措施,并让死者家属向东莞市消费者协会投诉。

2016 年,吉林省四平市一位胡先生家中的万家乐燃气热水器在使用过程中发生自燃,酿成火灾,险些伤及生命。万家乐派出的工程师判断事故原因是微动开关失灵。万家乐表示该热水器快到国家规定的使用年限,长期使用可能发生问题。

七、企业公关活动

(一)慈善公益

2006 年,万家乐与中国青少年发展基金会合作,捐资 44 万元帮助广西横县 100 名学子圆了大学梦,鼓励员工深入农村开展"一对一全程扶苗"活动。

2008 年,万家乐捐献 120 万给汶川灾区。

(二)冠名赞助

2016 年,"万家乐号"高铁专列正式启程。

(三)事件营销

2013 年,万家乐在家电行业发布首个走幽默恶搞路线的动漫微电影——《澡恋的浴望》,讲述中国热水文明历史并成功提出"智能浴"概念。

2014 年,万家乐发布厨房电器微电影——《保"味"中国》,爆笑演绎中国人的"吃商",巧妙解读产品,在幽默和科普后出人意料地回归"乡愁"这个主题。

2015 年,万家乐携手开心麻花《夏洛特烦恼》电影,在北京地质礼堂打造了一场娱乐盛会。

八、延伸阅读

[1] 万家乐官方网站 [EB/OL]. [2017-07-25]. http://www.chinamacro.cn/.

[2] 腾讯科技. 万家乐企业介绍 [EB/OL]. [2017-07-25]. http://tech.qq.com/a/20110308/000364.htm.

[3] 万家乐同步《舌尖 2》发布美食微电影 [EB/OL]. [2017-07-25]. http://news.sina.com.cn/o/2014-04-23/142929995708.shtml.

[4] 刘斌. 万家乐股权更迭 [EB/OL]. [2017-07-27]. http://finance.sina.com.cn/s/82470.html.

[5] 详谈万家乐 8 年厨电转型之路 最终以"失败"告终 [EB/OL]. [2017-07-28]. http://news.chinabm.cn/jcnews/2017/0728409192.shtml.

[6] 郭荣村. 万家乐 1.27 亿转让用佳电子股权 [EB/OL]. [2017-07-28]. http://business.sohu.com/20131206/n391350562.shtml.

[7] 万家乐:全资子公司收购施耐德东南亚部分股权 [EB/OL]. [2017-07-28]. http://stock.jrj.com.cn/hotstock/2016/05/31075921017425.shtml.

[8] 朱成方. 万家乐"东方恒热芯"破行业"无解"难题 [EB/OL]. [2017-07-28]. http://epaper.oeeee.com/epaper/D/html/2016-08/09/content_64703.htm.

[9] 百度百科. 万家乐 [EB/OL]. [2017-07-28]. https://baike.baidu.com/item/%E4%B8%87%E5%AE%B6%

E4%B9%90/3492811?fr=aladdin.

[10] 万家乐遭遇品质危机 双轮驱动惹的祸？ [EB/OL]. [2017-07-29]. http://smarthome.ofweek.com/2016-06/ART-91005-8460-29109565.html.

[11] "万家乐" 牌热水器严重漏电致少女死亡 [EB/OL]. [2017-07-29]. http://news.qq.com/a/20080903/001571.htm.

[12] 万家乐冠名中国高铁专列 [EB/OL]. [2017-07-29]. http://finance.china.com.cn/roll/20160120/3 552 616.shtml.

[13] 揭秘万家乐背后的 "娱乐＋跨界" 式营销 [EB/OL]. [2017-07-29]. https://home.focus.cn/article/5d d2d725320e047308e8831e7365092d.html.

（张庆芳　曾秀芹　庄佳）

万利达

万利达

一、品牌简介

万利达是万利达集团所属品牌，该公司创立于 1984 年，总部位于福建厦门，是以研发、制造和销售智能消费类电子及显示产品为主的企业。万利达曾获"中国驰名商标""中国名牌产品"等称号。

二、品牌发展历程

1984 年，创办金山无线电厂。

1988 年，董事长吴惠天获"全国五一劳动奖章"。

1989 年，更名为"万利达电子有限公司"，注册万利达商标。

1995 年，董事长吴惠天被评为"全国先进工作者"。

1998 年，获评中国科学技术部火炬优秀企业奖。

1999 年，"万利达 malata"商标被认定为"中国驰名商标"。

2003 年，万利达 DVD 视盘机获"产品质量免检证书"，激光视盘机获"中国名牌产品证书"并进入"中国名牌龙虎榜"。

2006 年，万利达功能扩展型液晶电视获 2006 年中国数字电视年度创新大奖，无绳电视获 CCTV2006 年创新盛典数码类最佳创意奖、2006 年中国音视频产业产品创新大奖。

董事长吴惠天被评为"优秀中国特色社会主义事业建设者"。

2007 年，万利达液晶电视获 2007 年中国数字电视年度工业设计大奖，迷你电视获 2007 年中国数字电视年度产品创意大奖。

2010 年，万利达推出平板电脑 T1、T2 等型号，成为国家火炬计划重点高新技术企业。

董事长吴惠天荣获"2010 年品牌中国年度人物"。

2014 年，万利达集团有限公司进入"亚洲品牌 500 强"。

董事长吴凯庭荣获"2013 年度中国经济十大杰出人物"。

2015 年，吴凯庭董事长荣获"全国科技创新创业人才"称号。

三、产品技术创新

1995 年，在电子工业部举行的国产 VCD 精品推展检测中，万利达 VCD 成为获得十项指标满分的全能冠军。

2006 年，万利达百变金刚液晶电视首发，在国内平板电视市场提出"集成创新"的概念，消费者可以根据自己需求自主决定电视功能。

2009 年，万利达功能扩展型液晶电视获发明专利证书。

2011 年，万利达可选择扩展功能的平板型电视机获福建省专利一等奖。

2013 年，万利达"平板电脑的研制"项目获福建省科技进步二等奖。

四、广告策略

2000 年，主持人汪涵代言万利达音乐手机。

五、企业公关活动

（一）慈善公益

2014 年，万利达集团成立三十周年庆典活动上，集团成立原始基金数额为 2 000 万元的吴惠天慈善基金会。

2015 年，万利达参与南靖商会、南靖县慈善总会等单位共同主办的"爱乡慈善送温暖"物资发放仪式，为南靖县 183 个村中因遭受意外事故或重大疾病的困难家庭送上电磁炉、电饭煲、电水壶等总价值近 20 万元的小家电 1 330 件。

（二）赞助冠名

2007 年，万利达冠名"万利达杯"厦门移动电视形象代言人选拔赛。

2010 年，万利达独家冠名央视网"春晚台"，以推广其巧克力笔记本电脑产品。

2015 年，由万利达冠名的"万利达教育电子"汉字听写大会山西赛区举行，本次汉字听写大会由山西万利达教育电子和山西省教育厅合作举办。

六、延伸阅读

[1] 万利达企业官网 [EB/OL]. [2017-09-14]. http://www.malata.com/cn/default.html.

[2] 孙维晨 . 万利达老总吴惠天去世与 VCD 一同谢幕的大佬们 [J]. 中国经济周刊，2012(21).

[3] 万利达欲做"小本专家" [J]. 消费电子商讯，2008(22)：56.

[4] 张亚达 . "万利达"探秘 [J]. 中国税务，1997(10)：31-32.

[5] 南靖 . 万利达百尺竿头再展雄风 [J]. 实用影音技术，2002(7)：4-5.

[6] 王振金 . 万利达集团公司影碟机产品竞争战略研究 [D]. 厦门大学，2008.

[7] 万利达：转型升级逆势而上 [N]. 闽南日报，2015-05-21(04).

[8] 万利达发布两个"互联网+"战略 [N]. 闽南日报，2015-04-24(02).

[9] 万利达收购"厦华"下月推出智能电视 [N]. 厦门日报，2014-07-08(B01).

[10] 雷光美，林顺来 . 万利达有了"2.0 版"！ [N]. 福建日报，2014-09-16(03).

（吴海谥　朱健强　蔡淑萍）

万 喜

一、品牌简介

万喜是万喜电器燃气具有限公司的品牌，该公司 2001 年成立于佛山市，主营厨卫电器，包括吸油烟机、燃气灶、热水器、电磁炉、消毒碗柜等。

二、品牌发展历程

2001 年，万喜电器燃气具有限公司创立。
2007 年，万喜推出近吸式烟机。
　　　　获得"中国驰名商标"认证。
2013 年，万喜获得"2012 年—2013 年度家电最具竞争力品牌"。
2015 年，万喜入选品牌排行网"2014 年度中国厨电十大品牌"。

三、产品技术创新

2006 年，成立佛山市万喜节能环保厨卫设备工程技术研究开发中心。
截至 2007 年，公司陆续研发出 6 大类、10 多个系列的高新技术产品，先后研发"2008 免拆洗"油烟机，"精确控火"燃气灶，"自动去湿"消毒柜、近吸式烟机等，申报并获得授权专利 25 项。

四、广告策略

2004 年，李冰冰成为代言人。

五、企业公关活动

（一）慈善公益
2008 年，万喜为汶川地震举行抗震救灾捐款仪式，半小时内筹款 5 万多元。公司还以企业的名义向灾区一所学校捐出 10 万元善款，并派遣重庆分支机构给学校送去价值 3 万多元的物资。

（二）冠名赞助

2010年，成为江苏卫视节目《非诚勿扰》的特约赞助商。

六、延伸阅读

[1] 万喜电器官网 [EB/OL]. [2017-08-10]. http://www.gd-wanxi.com.

[3] 林晓丽. 万喜荣获2012-2013年度家电最具竞争力品牌 [EB/OL]. [2017-08-10]. http://info.homea. hc360.com/2013/07/261455957405.shtml.

[4] 胡淑英. "成就优秀，追求卓越"——访广东省佛山市顺德区容桂万喜电器燃气具有限公司总经理，冯健生 [J]. 家电科技, 2007(8):11.

[5] 蒋士桦. 烟灶品牌快速提升的几个关键——访万喜电器燃气具有限公司营销总经理郑克 [J]. 现代家电, 2006,20:44.

[6] 万喜携手李冰冰"登陆"《非诚勿扰》[EB/OL]. [2017-08-10]. http://www.abi.com.cn/news/htm-files/ 2010-10/102643.shtml.

[7] 万喜重金续约金马影后李冰冰 强势打造行业领军品牌 [EB/OL]. [2017-08-10]. http://hangye. brandcn.com/yule/100917_256975.html.

（李响　黄合水　庄佳）

威　力

一、品牌简介

威力是中山东菱威力电器有限公司的品牌，该公司 1980 年成立于广东中上。该公司以家用电器制造业为主，拥有洗衣机、微波炉、烟熏炉、冰箱、冰淇淋机、制冰机、酸奶机、啤酒机等多元化产品。2001 年，威力获得"中国名牌产品"称号。

二、品牌发展历程

1988 年，威力自主研发的 XPB20-S 双桶洗衣机获国家质量奖。

1990 年，获评国家质量管理奖。

1992 年，获评金桥奖。

1993 年，注册"威力"商标。

2001 年，威力荣获"中国名牌产品"称号。

2005 年，东菱凯琴集团入主威力，成立中山东菱威力电器有限公司。

微波炉事业部成立。

2006 年，进入制冷业务。

2009 年，国有股份全部退出。

2010 年，进入冰箱业务。

2011 年，获评"中国驰名商标"。

公司技术中心被评为"广东省省级企业技术中心"。

2015 年，获中国设计红星奖。

三、品牌识别

图 1　1980 年—2010 年

图 2　2010 年启用

四、产品技术创新

1980 年，自主研发出中国第一台真正意义上的洗衣机。

2005 年，"不用洗涤剂的全自动超声波洗衣机"获国家发明专利。

2008 年，"一种具有蒸汽加热的多功能微波炉"获国家发明专利。

2009 年，"带酸奶功能的冰淇淋机"获国家发明专利。

2011 年，成立中山市级工程技术研究开发中心。

五、广告策略

（一）广告语

1984 年，"威力洗衣机，献给母亲的爱"。

2008 年，"威力威力，够威够力！威力洗衣机"。

（二）创意策略

1984 年，洗衣机广告"献给母亲的爱"，开启中国亲情营销广告新思维。

六、企业危机事件

2013 年至 2016 年，北京、上海、湖南等省级工商和质监部门的产品质量抽查过程中，每次都会出现一款甚至两款威力洗衣机产品质量不合格。连续四年多次登上全国各地的市场质量抽查"黑榜"。

七、延伸阅读

[1] 威力官网 [EB/OL]. [2017-08-08]. http://www.weili.com.cn/.

[2] 赖小鹏 . 威力冰箱：能否再现品牌威力 [J]. 销售与市场（管理版），2011(2):91-93.

[3]1984 年威力洗衣机广告 [EB/OL]. [2017-08-08]. http://v.youku.com/v_show/id_XMTY1NjU1N-DAzMg==.html.

[4] 连续四年登上质量黑榜，威力洗衣机到底在干啥？ [EB/OL]. [2017-08-08]. http://www.sohu.com/a/68397058_111100.

[5] 威力央视再携手 焕发品牌新光彩 [EB/OL]. [2017-08-08]. http://hangye.brandcn.com/dianqi/080623_137004.html.

[6] 威力电器更换新标识进军冰箱业 [EB/OL]. [2017-08-08]. http://www.sj33.cn/sjjs/sjjx/201012/ 26042.html.

（纪晓君　白海青　庄佳）

厦 华

PRIMA 厦华

一、品牌简介

厦华是厦华电子公司的家电品牌。厦华电子公司创立于 1985 年 12 月，坐落于厦门市火炬高新区，现拥有 1 家上市公司、22 家合资企业及 5 个配套厂。该公司是专业的电视机生产企业，行销网络遍布世界五大洲 100 多个国家和地区。厦华是国务院确定的首批"中国机电产品出口基地"，获得"中国驰名商标""中国名牌产品""名牌出口商品"等多项荣誉。

二、品牌发展历程

1985 年，厦华电子公司在厦门成立。

1995 年，厦华电子 A 股在上海证券交易所挂牌上市。

1999 年，厦华数字高清电视获国家测试最佳评价并参加国庆五十周年大典。

2003 年，厦华液晶、等离子电视双获全国发明金奖。

2005 年，获评"中国出口名牌"。

厦华液晶电视被中国工业设计协会授予中国 2005 年度工业设计外观优秀奖。

经战略重组，华映科技成为厦华电子第一大股东，厦华集团退居为第二大股东。

2006 年，在中国首届中国消费电子年会上被评为"2006 年平板电视最具竞争力品牌"和"最值得购买产品"。

经世界名牌协会调查认定，厦华跻身"平板电视全球八强"。

被中国电子行业品牌万里行组委会评为"中国电子企业最有价值品牌"。

2014 年，厦华将持有的厦门厦华新技术有限公司 76.607% 股权出售给万利达集团旗下的厦门赢趣科技股份有限公司。

将"厦华"系列注册商标以 1 200 万元人民币转让给万利达集团有限公司，后又将合法拥有的所有固定资产以每月 66 万元人民币出租给万利达集团。

将持有的厦华南非公司全部债权以 3 000 万元转让给深圳创维 –RGB，将持有的厦华南非公司 100% 股权转让给深圳创维 –RGB。

2015 年，荣获"全国质量检验稳定合格产品""全国质量信得过产品""全国质量诚信优秀企业"称号。

三、广告策略

（一）代言人

1996 年，配音艺术家李扬代言厦华。

1999 年，表演艺术家赵丽蓉代言厦华彩电。

2000 年，演员范冰冰代言厦华手机。

2004 年至 2005 年，演员陈道明代言厦华。

（二）广告语

2004 年，广告语为"有了厦华等离子，真想再活五百年"。

四、企业危机事件

厦华电子 2006 年、2007 年、2008 年连续三年亏损，面临退市。2008 年 12 月 12 日，厦华发布公告表示，亏损原因是国内外彩电市场竞争激烈，售价不断下跌，受国际金融危机影响，需求不振，销售量减少，同时公司清理库存，处理历史遗留坏账等。2009 年，厦华暂停上市，2010 年恢复上市。

2011 年至 2013 年，厦华电子连续三年亏损，截至 2013 年 12 月 31 日，公司资产负债率达 75%。2014 年，厦华停止彩电业务生产，推出一系列资产重组的方案。

五、企业公关活动

（一）赞助冠名

2010 年，厦华电子冠名赞助 2010 年"海上马拉松"赛事。

（二）慈善公益

2004 年，厦华赞助迪拜当地的残障中心，在该中心建立以厦华品牌命名的助学中心。

2009 年，组织承办劳动节展示活动的启动仪式，活动主题为"关爱外来务工人厦华彩电公益行动"。

六、延伸阅读

[1] 杨阳腾. 厦华老总坦诚八大失误 [J]. 航天工业管理，2001(8):31.

[2] 苏再全. "厦华"名牌之路 [J]. 企业文化，2001(2): 13.

[3] 郭则理. 自挤"水分"勇迎挑战——厦华电子自省录 [J]. 工厂管理，2001(9): 33.

[4] 厦华彩电即将停产 [EB/OL]. [2017-07-29]. http://news.sina.com.cn/c/2014-02-18/081029496781.shtml.

[5] 五一厦华彩电公益活动启动 [EB/OL]. [2017-07-29]. http://epaper.taihainet.com/html/20090508/hxdb171244. html.

[6] 厦华电子公益支持 2010 "海上马拉松"赛事 [EB/OL]. [2017-07-29]. http://info.homea.hc360.com/2010/09/061027574044.shtml.

[7] 中国营销传播网 . 厦华彩电营销计划 [EB/OL]. [2017-07-29]. http://www.emkt.com.cn/article/31/3134.html.

[8] 财报连续亏损, *ST 厦华面临退市危险 [EB/OL]. [2017-07-29]. http://it.sohu.com/20090212/n262194665.shtml.

（张潜　白海青　蔡淑萍）

中国品牌（家电卷）

夏 新

AMOi 夏新

一、品牌简介

夏新是夏新科技有限责任公司所属品牌，该公司始建于 1981 年，位于福建厦门。公司以研发、生产、销售移动通信终端产品为主，其主要产品包括移动电话、液晶电视、DVD 播放机、笔记本电脑和 MP3 播放器。夏新多次获得"中国驰名商标""中国名牌产品"称号。

二、品牌发展历程

1981 年，夏新电子有限公司创立。

1997 年，厦门夏新电子股份有限公司（Amoisonic）成立。

"夏新电子"股票在上海证券交易所挂牌上市。

2003 年，夏新初步完成 3C 产业布局，形成夏新移动、通信、家用系统、便携系统、IT、电子装备六大事业部体系。

厦门夏新电子股份有限公司更名为"夏新电子股份有限公司"。

2006 年，夏新获评"中国驰名商标""中国名牌产品"称号。

2007 年，由中国品牌研究院评选的首批 300 家"全国重点保护品牌"揭晓，夏新榜上有名。

第 21 届电子信息百强企业揭晓，夏新排名第 39 位。

"世界品牌实验室"发布"中国品牌 500 强"名单，夏新上榜。

2008 年，夏新与国美结成战略合作伙伴关系。

2009 年，夏新电子业务重组，夏新科技有限责任公司正式成立。

2012 年，夏新集团授权中山市西典电器有限公司负责运营管理其厨卫电器、小家电及生活电器品牌，授权深圳市海力士科技有限公负责运营管理其 DVD 及影音产品，授权广州市松浦电器有限公司负责运营管理其液晶电视产品。

夏新获"中国驰名商标"称号。

2014 年，中山市西典电器有限公司暨夏新厨电商学院正式成立。

2015 年，夏新与深圳市台东电科技有限公司签订战略合作，夏新将旗下中英文品牌"AMOI""夏新"授权与台东电科技独家运营。

三、产品技术创新

2004 年，夏新推出 TFT 液晶电视、PDP 等离子电视、DLP 背投彩电等多款数字电视。

2007 年，夏新、微软联合举办针对 GPS 智能手机的春季新品体验会，发布 6 款新款 GPS 系列手机产品。

夏新音乐手机 A510 获得中国创新设计红星奖。

由国家知识产权局主办的 2007 年创新盛典中国工业设计奖揭晓，夏新手机 N800 获最佳功能设计奖。

广告策略

（一）代言人

2005 年，聘请歌手李宇春为夏新直帅手机系列的代言人。

2014 年，聘请魔术师刘谦为品牌形象代言人。

（二）广告奖项

夏新电子投放的《梦幻魅力，舍我其谁》主题广告片获 2002 年 "AD 盛典——CCTV 观众喜爱的电视广告评选" 手机类获奖广告和《国际广告》2002 年度 "十大赏心悦目广告" 奖项。

五、企业公关活动

（一）赞助冠名

2002 年，夏新电子成为中国国家女子排球队的独家赞助商。

2003 年，夏新冠名赞助中央电视台举办的第二届主持人大赛。

2004 年，夏新赞助厦门国际马拉松赛，中央电视台第五频道全程直播。

（二）慈善公益

2003 年，夏新投入上百万元，在全国范围内捐助 3 所希望小学和 10 所希望图书室。

2005 年，夏新在全国开展赞助希望图书室活动，出资赞助全国 59 家希望图书室，捐助范围遍布四川、河南、湖北、湖南、甘肃等省份的贫困地区。

七、延伸阅读

[1] 夏新官网 . [EB/OL]. [2015-12-20]. http://news.amoi.com.cn/amoi/index.html.

[2] 夏新电器官网 . [EB/OL]. [2015-12-20]. http://www.zsamoi.com/.

[3] 刘海贵，陈培爱，等 . 新闻传播精品导读广告与品牌卷案例精解 [M]. 上海：复旦大学出版社，2005.

[4] 熊钟琪 . 中国企业创新案例 [M]. 长沙：国防科技大学出版社，2005.

[5] 张惠辛 . 超广告传播 品牌营销传播的新革命 [M]. 上海：东方出版中心，2007.

[6] 蒋任重 . 图解企业战略管理 [M]. 北京：中国经济出版社，2004.

[7] 樊力 . 夏新困局 [J]. 理财杂志，2008(7):58-60.

[8] 范锋，张兵 . 夏新新政 [J]. 企业管理，2004(2):71-73.

[9] 吴勇毅 . 夏新的多元化困局 [J]. 企业管理，2008(4):38-41.

[10] 深圳市台东电科技有限公司官网 [EB/OL]. [2017-09-14]. http://www.amoi-tv.com/.

（纪晓君　曾秀芹　蔡淑萍）

先 锋

一、品牌简介

先锋是先锋电器集团有限公司所属品牌，该公司 1993 年创建于浙江宁波，前身是宁波宁达电器厂，主要生产取暖器、电风扇、转换器三大主导系列产品。先锋先后荣获"国家免检产品""中国名牌产品""中国驰名商标"等荣誉称号。

二、品牌发展历程

1993 年，宁波宁达电器厂成立。

1998 年，公司以 78 万元买断"先锋"商标，先锋电器集团有限公司成立，实现企业名与产品名的统一。

2000 年，成立先锋发展中心，发展先锋文化，同时成立营销部。

2003 年，先锋现代化家电工业园建成并投产使用。

2004 年，先锋完成从家族企业到企业家族的股份制改造。

2005 年，先锋家用电风扇获得"中国名牌产品"称号，先锋取暖器获得"国家产品质量免检"荣誉称号。

2006 年，先锋商标被司法认定为驰名商标。

2007 年，先锋获国家商务部颁发的"2006 年度最具市场竞争力品牌"称号。

2010 年，先锋荣获中国家用电器协会颁发的"最具影响力品牌——先锋牌室内加热器"称号。

三、产品技术创新

2001 年，先锋电器实验室正式成立，该实验室拥有安规试验室、寿命试验室和噪音室等。

2006 年，先锋参照国家相关标准设立先锋实验中心。实验中心拥有 1 个噪音室、2 个风量室、3 个寿命试验室及多功能环境试验、温升试验室、ROHS 试验室、材料试验室、机械试验室和防水等级测试室等。

公司被批准为宁波市工程技术创新中心。

2008 年，先锋电器集团实验中心通过中国合格评定委员会的评审，成为 CNAS 认可实验室。

此外，先锋集团共开发出三大系列六大类别的新产品 300 多款，申报产品专利 200 多项，其中国际发明专利 3 项，国家火炬计划项目 2 项。

四、广告策略

2011 年，先锋冷风扇的广告语为"COOL 风引擎吹来一夏清凉"。

落地扇广告语为"风劲铝核电机让您畅享宁夏"。

五、公关活动

2008 年，先锋电器为汶川地震灾区人民捐款献爱心，公司员工参加慈溪市志愿者协会组织的"情系灾区，奉献爱心活动"。与慈溪爱心协会下的蓝天工作室一起，募捐集得慈善捐款 24 万多元、衣物 15 万余件。先锋电器集团与绵阳市红十字会沟通后，自行组织运输车辆，由先锋员工负责将电风扇捐赠给灾区。

六、企业危机事件

（一）价格违法

2008 年 6 月，浙江三门县两万多移动手机用户先后收到短信称家电行业要涨价，公司即将举行闭门特卖会，价格超低。在对信息进行技术分析后，三门县价格部门认为该商家涉嫌价格违法行为，马上组织人员开展调查取证。经查实，三门县先锋电器有限公司在销售经营活动中，当日既无特价销售，次日也没商品涨价，发送短信纯粹是为了招徕顾客，属于捏造、散布涨价信息的价格违法行为。据此，三门县价格部门依法对先锋电器有限公司作出罚款 2 万元的行政处罚。

（二）专利侵权

2011 年 7 月，中山市先锋电器有限公司仿冒侵害发明人何排枝于 2004 年 5 月 23 日申请并被国家专利局授予"一种组合互感器"的实用新型专利权，广东中山市中级人民法院下达一纸民事判决书，要求中山市先锋电器有限公司立即停止生产、销售侵犯原告何排枝上述专利的侵权产品，销毁库存侵权产品，赔偿原告经济损失及制止侵权所支付的合理费用人民币 10 万元。

七、延伸阅读

[1] 先锋电器官网 [EB/OL]. [2017-09-14]. http://www.singfun.com/.

[2] 陈宏波. 从"先锋电器"看隐形冠军企业成长 [J]. 决策与信息旬刊，2013(1):156-157.

[3] 张秋红. 精致文化的标准化演绎——先锋电器 2007 攻略 [J]. 销售与市场：管理版，2007:73-75.

[4] 庄飞翔. 先锋电器集团市场营销管理研究 [D]. 湘潭大学，2011.

[5] 毛加强. 慈溪自主创新 100 例企业篇 [M]. 杭州：浙江人民出版社，2007.

[6] 林克宇. 中国品牌之都 宁波品牌发展蓝皮书 [M]. 宁波：宁波出版社, 2008.

[7] 新浪资讯. 为电商买单, 先锋电器率先登船 [EB/OL]. [2017-09-14]. http://all.vic.sina.com.cn.

[8] 网易新闻中心. 先锋电器：取暖器霸主引领行业有序发展 [EB/OL]. [2017-09-14]. http://news.163.com/11/1222/10/7LSFG5BJ00014AEE.html.

[9] 中国家电在线. 先锋电器捏造散布涨价信息揽客被罚款 2 万 [EB/OL]. [2017-09-14]. http://www.eaonline.cn/info/infoContent.dll?id=97633.

[10] 慧聪消防网. 慈溪一电器企业发生爆炸致一死两重伤 [EB/OL]. [2017-09-14]. http://info.fire.hc360.com/2010/04/300824182267.shtml.

[11] 速途网. 易查 M-Box 助力移动营销 先锋电器移动 APP 全新上线 [EB/OL]. [2017-09-14]. http://www.sootoo.com/content/423534.shtml.

377

X

（陈振华　白海青　蔡淑萍）

香雪海

一、品牌简介

香雪海是香雪电器集团公司的公司品牌。该公司的前身是苏州电冰箱厂，创建于 1978 年。是专业生产销售电冰箱、冷柜的制造企业。香雪海曾荣获"中国驰名商标""国家免检产品"称号，中标国家财政部、商务部家电下乡活动。

二、品牌发展历程

1978 年，苏州电冰箱厂成立，并于 1983 年与苏州第二轻工机械厂合并。

1980 年，第一台香雪海冰箱诞生。

1984 年，苏州电冰箱厂注册香雪海品牌。

1988 年，香雪海电冰箱荣获国家银质奖。

1989 年，获 A 级产品称号及首届北京国际博览会金奖。时任公司总经理、厂长的龚维新获得全国"五一"劳动奖章。

1990 年，香雪海冰箱获全国首届轻工业博览会金奖。

1992 年—1993 年，香雪海连续三年被评为全国畅销产品。

1996 年，香雪海冰箱与韩国三星电子合资，合同约定自合资起三年内公司不能生产"香雪海"品牌冰箱。香雪海品牌从此沉寂。

2006 年，浙江上工电器制造公司买断"香雪海"品牌，重建覆盖全国的销售网络，推出新产品抗菌防霉健康冷柜，品牌复苏。

2007 年，香雪海品牌获"中国驰名商标""国家免检产品"等称号。

2008 年—2011 年，香雪海冰箱、冰柜全线连续多年中标家电下乡项目。

三、产品技术创新

2006 年，香雪海推出国内首款防霉抗菌冷柜。

2007 年，香雪海冷柜产品中的美式柜和概念柜获得国家专利。

最近几年，香雪海已拥有多项自主知识产权的工艺设备和专用设备，自主设计制作 100 多套模具，开发冷柜新品 100 多种，冰箱新产品 80 多个，有 10 多个产品获得国家专利。

四、广告策略

20 世纪 80 年代，香雪海的广告语为"新鲜常在香雪海"，"苏州冰箱香雪海，美观大方够气派"。

20 世纪 90 年代，香雪海与三星合资之后，品牌陷入十年沉寂。直到 2009 年，重新发展的香雪海抓住"家电下乡"发展机遇，于春节期间在中央电视台第六频道连续投放两个多月的电视广告。在被选为家电下乡推广品牌之后，又在中央电视台第六频道《乐万家》栏目播出香雪海专题片，介绍香雪海品牌的历史沿革。

2013 年，香雪海聘请吕丽萍作为形象代言人。

2015 年，香雪海提出"节能领导者，新鲜藏在香雪海"的广告口号，将旧有品牌形象与新产品串联。

五、企业危机事件

（一）与三星合资

1995 年香雪海与韩国三星进行合资，谈判中外方提出的合资条件给正处于上升时期的香雪海致命一击，即从合资起的三年时间内，公司不能生产香雪海品牌的冰箱。不仅如此，在与外方的合资中，对香雪海商标的价值没有进行任何形式的评估。据专家保守估计，即使是现在的香雪海品牌至少也值 1 000 万，当时的香雪海品牌价值在一个亿以上。在吸引外资的时候，地方政府或者企业过多地考虑引资问题，而忽略自己多年创下的品牌效应。为满足外方的合资条件，香雪海还把当时公司最优质的资产人员和设备毫无保留地给了由外方控股的合资公司。公司投资了下属苏州电冰箱厂的一期工程和苏州冷柜厂的二期工程，尤其是二期工程，引进大批的国外设备，由于这些进口设备技术含量高，公司技术力量跟不上而长期闲置。

（二）拖欠工资

2002 年 11 月 24 日，因香雪海电冰箱厂拖欠嘉兴加西贝拉压缩机有限公司的 400 多万元未能及时偿还，香雪海的小家电类生产使用商品商标被嘉兴市中级人民法院拍卖，仅以 104 万元的价格移主安徽六安宏泰家电有限公司。

六、公关活动

香雪海公司通过赞助学校，创造就业岗位，赞助希望工程等慈善事业，为灾区捐款、资助修路等方式回报社会。

2010 年，在香雪海品牌诞生三十周年之际，香雪海推出"悬赏 30 万，寻找 30 年香雪海老用户"活动，在全国范围内寻找使用香雪海冰箱 30 年以上的老用户，奖励他们 30 万元。

2014 年，香雪海在深圳世纪金源大酒店举行"品赢天下·香雪海冰箱、冰柜 2014 年度开盘峰会"。

七、延伸阅读

[1] 香雪海企业官网 [EB/OL]. [2015-12-10]. http://www.xxhgroup.com/index.asp.

[2] 香雪海电器公司简介 [J]. 宏观经济管理, 1990(1): 23.

[3] 不断进行技术改造, 让"香雪海"香飘九州 [J]. 经济管理, 1986(5): 43-45.

[4] 躬耕梅园 雪海飘香：记苏州香雪海电器公司总经理龚维新 [J]. 企业管理, 1989(11): 31-33.

[5] 曾朝晖. 香雪海之鉴：警惕合资对品牌的伤害 [J]. 市场周刊 (商务), 2003(3): 28-29.

[6] 香雪海第 20 万台冰箱下线 [N]. 商丘日报, 2011-04-21(A01).

[7] 卢红娜. 潘善红. 香雪海自主研发节能系列冰箱畅销国内市场 [N]. 慈溪日报, 2008-05-27(B4).

[8] 鲍铁英, 王平, 民权. 香雪海 300 万台冰箱冷柜项目投产 [N]. 河南日报, 2010-12-13(003).

[9] 香雪海广告视频 [EB/OL]. [2015-12-10]. http://www.tudou.com/programs/view/RfGDcqaneWM.

[10] 贺卫方. 话说知名品牌 [J]. 发现, 2010(11): 26-27.

[11] 姚蓓艳. 外资并购中本土品牌的保护与提升策略 [J]. 对外经贸实务, 2007(12): 65-67.

（吴海谧　周雨　李丽芳）

小　狗

一、品牌简介

小狗是小狗电器的公司品牌。该公司成立于 1999 年，创始人为檀冲。公司主要从事吸尘器产品的研发、制造和销售。截至 2014 年，小狗累计研发卧式、桶式、便携式、车载、推杆式、立式、除螨吸尘器 153 款，配件千余款，累计申请产品专利百余项。2014 年被评为"全国质量和服务优秀企业"。

二、品牌发展历程

1999 年 7 月 15 日，小狗商标注册。

2005 年，上市建筑粉尘专用的无耗材吸尘器。

2007 年 1 月，撤出所有传统销售渠道，开始转向网络销售渠道。

2012 年 10 月，获中国国际广告节长城银奖。

2014 年，获中国质量检验协会"全国质量和服务优秀企业""全国质量检验稳定合格产品"。

2014 年 10 月，小狗宣布旗下小家电产品全面启动"无条件、全免费"的中央保修服务，将这项服务命名为"嗨修"。

三、产品技术创新

2001 年，上市智能扫地机 D-1008。

2003 年，率先研制出行业最大功率车载吸尘器（260W）。

2004 年，上市 80 升超大容量的工业用干湿两用吸尘器。

2005 年，上市建筑粉尘专用的无耗材吸尘器。

2013 年，获得太平洋家居网——2013 年度最具核心技术及创新奖。

2015 年 6 月，小狗电器正式向外界发布 V-M900G 机器人扫地机。

2015 年 8 月，静音型扫地机器人上市。

四、广告策略

（一）代言人

2015 年，小狗电器签约张碧晨，为旗下全系列产品代言。

（二）广告语

2012 年 5 月 15 日，广告语"小狗吸尘器，新品万人团，18 日淘宝聚划算见"。

（三）广告策略

2014 年，《代号小 D 非绝密档案》营销案例获阿里妈妈第二届电商营销创新 2013 年度品牌实效案例 TOP10。

五、企业公关活动

2011 年 11 月 15 日，小狗电器员工自发向流浪动物收容所捐款 1 000 元，赠送价值千元的干湿吸尘器。

2012 年，小狗电器公司陆续向小学捐款，捐赠衣物、图书、体育器材等。

2013 年，小狗电器"梦想家园"助学专项金启动，公益花费将近 66 万元。

4 月 17 日，小狗"梦想家园"向安徽省怀宁县石牌镇中心学校捐赠课外图书 600 册。

4 月 20 日，雅安地震发生后，小狗电器捐出 15 万元。

小狗"梦想家园"资助陕西 29 名、北京 3 名、湖北 30 名、黑龙江 49 名、蒲公英外来务工者子女中学 10 名学生直至高中毕业。

2014 年，向中国扶贫基金会捐款共计 50 000 元，用于云南鲁甸 6.5 级地震的灾后重建。

六、延伸阅读

[1] 小狗电器官网 [EB/OL]. [2017-09-03]. http://www.xgdq.com/.

[2] 小狗梦想家园助学专项金 [EB/OL]. [2017-09-03]. http://www.xgdq.com/sever-search-91.html.

[3] 刘琪. 新模式：小狗电器的"降维"突击 [J]. 上海信息化，2014(12):76-79.

[4] 苏亮. 檀冲：中央维修推动全行业的"化学反应" [J]. 家用电器，2015(3):68-69.

[5] 付君萍. 小狗吸尘器以技术升级挑战车载吸尘器市场 [J]. 电器制造，2004(3):38-39.

[6] 李香萍. 小而美：小狗电器触网迸发的璀璨光芒 [J]. 中国商贸，2014(25):17-18.

[7] 谭爽. 小狗电器：一个品类，一个渠道，一条出路 [J]. 成功营销，2015(6):74-75.

[8] 华栩. 小狗电器：反向团购的典范 [J]. 销售与市场（评论版），2013(3):82-84.

[9] 陈维. 小狗电器加速扩展扫地机业务 [N]. 北京商报，2015-06-26(C2).

[10] 张钦. 小狗电器推出最安静扫地机器人 [N]. 北京青年报，2015-07-07(A15).

（李响　白海青　李敬嫄）

小　米

一、品牌简介

小米品牌，隶属于北京小米科技有限责任公司（以下简称"小米"）。该公司 2010 年 4 月成立，总部位于北京，是一家专注于高端智能手机、互联网电视以及智能家居生态链建设的创新型科技企业。

二、品牌发展历程

2011 年 7 月，小米宣布进入手机市场，旗下有三款产品——MIUI、米聊、小米手机。

2013 年 11 月，小米售后服务升级，全国百家授权中心推出 1 小时快修服务。

2013 年 12 月，小米盒子获得中国设计红星奖。

2014 年 7 月，小米进军印度市场。

2014 年 10 月，小米盒子增强版获 2014 年设计大奖（Good Design Award）。

2014 年 11 月，小米与顺为资本联合宣布入股爱奇艺，同时百度追加对爱奇艺的投资。三家企业在内容、技术产品创新，尤其是移动互联网领域展开深度合作。

2014 年 12 月，小米与美的集团签署战略合作协议，小米入股美的集团。

2015 年 2 月，小米全资收购设计公司 RIGO Design。

2015 年 3 月，小米盒子增强版、小米小盒子获德国红点奖。

2015 年 5 月，小米商城正式登陆欧美。

2015 年 10 月，小米电视 2S、小米蓝牙音箱、小米蓝牙耳机、小米插线板获 2015 年设计大奖（Good Design Award）。

2016 年 3 月，小米公司对小米生态链进行战略升级，推出全新品牌——MIJIA，中文名为"米家"。

三、产品技术创新

2010 年 8 月，小米 MIUI 推出首个内测版。

2011 年 8 月，国内首款双核 1.5G 手机——小米手机正式发布。

2012 年 4 月，国内首个实现无话费网络通话功能的小米"米聊 YY 语音"上线。

8 月，国内首个支持跨操作平台、跨运营商的手机端移动社区的小米"米吧"公测。

2013 年 8 月，小米手机业务初具规模，小米生态链团队建成，负责投资智能硬件公司，形成以手机（平板）、电视（盒子）和智能路由器三类核心硬件的周边硬件生态链。

2015 年 3 月，李宁公司宣布与小米生态链企业、小米手环缔造者华米科技达成战略协议，探索大数据健康领域，共同打造新一代智能跑鞋。

4 月，小米生态链企业、华米科技宣布与支付宝达成战略合作，共同打造基于可穿戴设备的新一代移动支付方案。

6 月，美的空调联合小米科技发布"i 青春"智能空调。"i 青春"智能空调是美的和小米合作以来，双方联合在智能家居领域共同开发的第一款智能家电。

2016 年 1 月，小米创始人兼 CEO 雷军宣布，小米 2016 年将筹建小米探索实验室，初期重点投入虚拟现实（VR）和智能机器人等新方向。

四、广告策略

2013 年，小米手机主题广告《嘿嘿》登陆中央电视台春节联欢晚会。

9 月，中央电视台综合频道《新闻联播》栏目播出报道"小米推出全球运行速度最快的智能手机"。

11 月，中央电视台综合频道《新闻联播》栏目播出报道"小米的互联网思维带来什么？"。

12 月，小米创始人兼 CEO 雷军做客《杨澜访谈录》。

2014 年，小米品牌宣传片《我们的时代》登陆中央电视台春节联欢晚会。

2015 年，小米 NOTE 产品广告登陆中央电视台春节联欢晚会。

五、企业危机事件

（一）抄袭事件

2014 年 12 月，日本空气净化器公司巴慕达发表声明称，小米空气净化器的外形、内部构造及宣传文案等都与其年初发布的 Air Engine 安之风空气净化器相似。针对此事，小米回应称，经过产品设计细节比对，小米空气净化器与巴慕达的产品完全不一样。

（二）侵权事件

2013 年 8 月，迅雷提起诉讼称，小米产品"小米盒子"内容侵权，盗播其电影《武侠》《泰囧》；9 月，湖南卫视起诉小米盒子盗播其王牌节目《天天向上》；10 月，优酷土豆集团起诉小米盒子对 10 部剧目侵权点播，要求小米盒子立即停止侵权行为。

2014 年 2 月，乐视以侵犯信息网络传播权为由，起诉小米、未来公司盗播《后宫甄嬛传》等十部影视作品。6 月 27 日，北京市海淀区人民法院公布诉讼结果，乐视胜诉，小米需承担盗播责任，赔偿乐视网 15 万元经济损失。

2015 年，乐视再次起诉小米盒子未经许可，擅自播放乐视享有独家信息网络传播权的电视剧《金太狼的幸福生活》，要求两被告小米、未来公司赔偿其经济损失 10 万元。最终，北京市海淀区人民法院判决小米公司、未来公司共同赔偿乐视公司相关经济损失 2 万元。

（三）信息安全事件

2014 年 5 月，据漏洞报告平台乌云网披露，由于小米用户社区安全漏洞，小米用户信息遭泄露，泄露信息包括用户的用户名、密码、注册 IP、邮箱等多种信息。事后，小米发布公告确认了用户信息泄露事件。

（四）标错地图事件

2015 年 1 月，小米在印度市场推出小米 4 以及 MIUI6，但小米公司全球副总裁 Hugo Barra 在微博上发布小米 4、MIUI6 市场发布会内容时所配照片引发争议。照片显示现场播放的 Keynote 中有一张印度地图，但在地图中包含了我国西南地区部分领土，引发网友质疑。此后，Hugo Barra 致歉，删除了该条微博。

六、企业公关活动

（一）慈善捐款

2013 年 8 月，小米向雅安地震灾区捐款 100 万元。

2014 年 8 月，小米通过壹基金向云南省昭通市鲁甸县地震灾区捐款 100 万元，通过高雄市政府社会局向高雄燃气爆炸事件的受害者捐款 100 万新台币。

2016 年 5 月，小米向珠海市慈善总会捐助 20 万元，用于珠海农民工子弟学校购买图书、电脑等用品。

2016 年 12 月，小米创始人兼 CEO 雷军捐资 10 万元，帮助广东省阳春市双滘镇修路、整修学校、建设文化楼、改造泥砖危房等，改善村民生活条件。

（二）小米"米粉节"营销

因小米在 2010 年 4 月 6 日成立，故小米将 4 月 6 日定为"米粉节"，并于每年 4 月举行小米新品发布会、产品大促等营销活动，依托社交媒体传播、降低消费者购物门槛等形式，提高品牌声量。第一届"米粉节"活动于 2012 年 4 月在北京 798 艺术中心举办。

七、延伸阅读

[1] 小米公司官网 [EB/OL]. [2017-09-17]. http://www.mi.com.

[2] 梁辰 . 异常的"系统维护"小米盒子暴露产业灰色地带 [J]. 通信世界，2012(45):6.

[3] 于璇 . 美的小米联姻首发"i 青春" [J]. 电器，2015(7)：57.

[4] 罗亮 . 小米盒子及手机获中国设计红星奖金奖 [EB/OL]. [2017-09-17]. http://tech.sina.com.cn/it/2013-12-12/17349000573.shtml.

[5] 刘佳 . 小米 12.66 亿入股美的瞄准智能家居 [J]. 中国中小企业，2015(1):52-53.

[6] 小米斥巨资做春晚营销 电视媒体成抢食要地 [EB/OL]. [2017-09-17]. http://info.broadcast.hc360.com/2013/02/180912546621.shtml.

[7] 友文 . 一场没有硝烟的战事 2014 年本土化企业春节广告营销 [N]. 企业家日报，2014-02-14(07).

[8] 小米在春晚投放 1 分钟广告 变身"土豪" [EB/OL]. [2017-09-17]. http://hn.cnr.cn/ hngbit/201401/t20140127_514756902.shtml.

[9] 孙雨 . 小米空气净化器被怀疑山寨 [N]. 北京晨报 , 2014-12-12(B04).

[10] 杜舟 , 王斌 , 陈翔 . 乐视小米恩仇录 [J]. IT 时代周刊 , 2014(14): 20-25.

[11] 冤冤相报何时了？乐视诉小米获赔 2 万元 [EB/OL]. [2017-09-17]. http://mt.sohu.com/20150828/n419954733.shtml.

[18] 刘夏 . 小米陷"泄密门"称波及不到 800 万户 [N]. 2014-05-15(B04).

[19] 李儒超 . 小米回应地图将中国领土划归印度：疏忽所致 微博已删除 [EB/OL]. [2017-09-17]. http://tech.ifeng.com/a/20150130/40965094_0.shtml#_zbs_baidu_bk.

[20] 邓黛 . 小米粉丝节背后的"触网深思"[J]. 成功营销 , 2014(5): 54-55.

[21] 小米米粉节销量达 20 亿元 : 创吉尼斯纪录 [EB/OL]. [2017-09-17]. http://mobile.163.com/15/0409/15/AMP4CJV10011179O.html.

（李响　赵洁）

小天鹅

一、品牌简介

小天鹅是无锡小天鹅股份有限公司的公司品牌。该公司 1958 年成立于江苏省无锡市，前身是国营无锡陶瓷厂，目前拥有研发团队 500 人。该公司产品涵盖滚筒洗衣机、全自动洗衣机、双桶洗衣机、干衣机等。2009 年，小天鹅荣获美国《读者文摘》信誉品牌金奖。

二、品牌发展历程

1958 年 5 月，国营无锡陶瓷厂在江苏无锡创立。

1978 年，研发生产全自动洗衣机。

1979 年，无锡陶瓷厂和无锡第二机床电器厂合并，更名为"无锡洗衣机厂"。

1986 年 10 月，更名为"无锡小天鹅电器工业公司"。

1993 年，无锡小天鹅股份有限公司成立。

1994 年，合资成立博西威家用电器有限公司，主要生产滚筒式洗衣机，小天鹅持有 40%股权。

1995 年，由无锡小天鹅股份有限公司及其他企业联合组成江苏小天鹅集团。

1996 年，小天鹅 B 股在深圳证券交易所上市，股票代码：200418。

1997 年，小天鹅 A 股在深圳证券交易所上市，股票代码：000418。

1998 年，小天鹅（荆州）电器有限公司挂牌成立，主要生产冰柜；无锡小天鹅梅洛尼洗碗机有限公司正式开业。

2001 年，小天鹅外资法人股经中国证监会批准上市流通，成为第一个进入 B 股市场的流通股。

2002 年，与日本东芝公司合资成立东芝洗衣机（无锡）有限公司，小天鹅占股 25%。

2003 年，专门生产空调的无锡小天鹅家用电器有限公司成立。

2004 年，南京斯威特集团有限公司收购小天鹅集团 65% 股权。

2005 年，获得国家商务部颁发的"2005 年—2006 年度重点培育和发展的中国出口名牌"称号。

2008 年，美的集团收购小天鹅 24.01% 股权。

2010 年，小天鹅向美的电器发行 8 483 万股股份，购买荣事达洗衣设备 69.47% 的股权。

2012 年，小天鹅比佛利滚筒洗衣机获得中国创新设计红星奖金奖。

2013 年，美的集团在深圳证券交易所上市，股票代码：000333。

2014 年，美的集团持有无锡小天鹅股份有限公司总股本数的 40.08%，公司控股股东由美的电器变更为美的集团。

比佛利滚筒洗衣机获德国 iF 设计奖；小天鹅洗衣机获中国家电艾普兰环保奖。

2015 年，比佛利洗衣机荣获德国红点奖；滚筒洗衣机获得中国家电艾普兰创新奖。

2016 年，小天鹅滚筒洗衣机 Star 系列荣获德国 iF 设计奖；BVL1D120G6 滚筒洗衣机获得中国家电艾普兰产品奖。

三、产品技术创新

研发投入方面，公司拥有国家级实验室、德国 VDE 实验室、UL 实验室，测试中心有整机可靠性实验室、性能实验室、EMC 实验室、电气实验室等三十五个专业实验室。研发团队达 500 人，拥有洗衣机专利 1 000 项，软件著作权 200 多项。

2001 年，与东南大学合作组建成立小天鹅——东大产学研联合研究中心。

2002 年，博士后科研工作站揭牌。

2014 年，推出 i 智能精准投放洗衣机，全面启动洗衣机智能化战略。

2015 年，小天鹅 i 智能滚筒水魔方洗衣机全球首发。

2016 年，推出"衣干即停"式热泵干衣机；推出可升降门滚筒洗衣机 Smart Hybrid，搭载最新研发的洗衣专家功能。

2017 年，推出"洁癖君"系列新品，搭载针对过敏体质人群研发的"抗过敏原洗涤程序"。

四、广告策略

（一）代言人

2000 年，刘晓庆代言小天鹅双桶洗衣机。

2007 年，模特周韦彤代言衣诺滚筒洗衣机。

2015 年，推出小天鹅虚拟代言人"天天"（如图 1）。

图 1　小天鹅虚拟代言人

（二）广告奖项

2015 年，小天鹅《我妈说》整合营销活动，获得 2015 年度中国广告长城奖媒介营销金奖和互动创意银奖。

五、企业公关活动

（一）赞助冠名

2016 年，赞助国家击剑队；赞助 2016 年亚洲击剑锦标赛；冠名 2016 年小天鹅环蠡湖国际半马。

2017 年，冠名赞助 2017 年斯诺克世界杯；冠名 2017 年无锡马拉松。

（二）事件营销

2015 年母亲节之际，小天鹅发起《我妈说》整合营销活动。

2015 年 9 月，上海迪士尼乐园开业前夕，小天鹅与迪士尼展开合作，宣布未来 3 年在洗衣机产品上使用迪士尼、漫威、星战原型，并授权公司通过指定的经销渠道销售许可产品。

六、延伸阅读

[1] 小天鹅官方网站 [EB/OL]. [2017-08-02]. https://www.littleswan.com/.

[2] 小天鹅洗衣机摘得 2012 中国设计"红星奖"金奖 [EB/OL]. [2017-08-02]. http://tech.hexun.com/ 2013-05-07/153858626.html?frommarket=sh-icity.

[3] 小天鹅收购荣事达 69.47% 股权 [EB/OL]. [2017-08-02]. http://news.163.com/10/1113/02/6LB9LUGN 00014AED.html.

[4] 美的集团 18 日深交所上市 [EB/OL]. [2017-08-02]. http://szsb.sznews.com/html/2013-09/12/content_2620615.htm.

[5] 小天鹅推行业首款"衣干即停"式热泵干衣机 [EB/OL]. [2017-08-02]. http://www.abi.com.cn/news/htmfiles/2016-4/170232.shtml.

[6] 与斯诺克男神"同框" 小天鹅开创家电体育营销新范式 [EB/OL]. [2017-08-02]. http://digi.163.com/17/0710/15/CP0CG4J4001680NS.html.

[7] 巨资投入！家电企业为何热衷体育营销？ [EB/OL]. [2017-08-02]. http://info.homea.hc360.com/2017/07/3117011215365.shtml.

[8] 小天鹅滚筒水魔方洗衣机获得德国权威机构认证 [EB/OL]. [2017-08-02]. http://news.to8to.com/article/129304.html.

[9] 再揽防过敏原权威认证 小天鹅领跑健康风口 [EB/OL]. [2017-08-02]. http://digi.163.com/17/0425/11/CIS7RNKM001680NS.html.

[10] 全球首台可升降门滚筒亮相 AWE 小天鹅大秀产品创新力 [EB/OL]. [2017-08-02]. http://digi.tech.qq.com/a/20160309/052879.htm.

[11] 广告主一掷万金广告人费尽心机 广告没效果怪谁？ [EB/OL]. [2017-08-02]. http://finance.sina.com.cn/d/26660.html.

[12] 千呼万唤始出来 小天鹅虚拟代言人圆满诞生 [EB/OL]. [2017-08-02]. http://news.dahe.cn/2015/

12-03/106097638.html.

[13] 30 年依旧动力澎湃，小天鹅引领年轻化转型 [EB/OL]. [2017-08-02]. http://jj.changsha.cn/h/143/20160311/2440903.html.

[14] 玩转体育营销 小天鹅洗衣机倡导健康新生活 [EB/OL]. [2017-08-02]. http://washer.cheaa.com/2017/0320/504782.shtml.

[15] 小天鹅《我妈说》创意斩获中国广告行业最高奖 [EB/OL]. [2017-08-02]. http://www.sohu.com/a/37651812_111100.

[16] 小天鹅《我妈说》再一次引爆国内洗衣机市场 [EB/OL]. [2017-08-02]. http://jiaju.sina.com.cn/news/20160510/6135625652050920411.shtml.

（蒋小燕　陈瑞　静思宇）

小 熊

一、品牌简介

小熊是广东小熊电器有限公司的公司品牌,该公司成立于 2006 年,总部设在广东顺德。小熊电器主要从事创意小家电的研发、生产和销售,核心品类为酸奶机、电热饭盒、加湿器、煮蛋器、豆芽机、电炖盅等。2014 年 8 月,公司获得 2014 年中国家电行业生活电器类普拉格奖。2015 年,揽获国际电商艾奇奖铜奖、营销创新类两项银奖、一项铜奖和一项入围奖;10 月,获第二节 TMA(Top Mobile Awards)"最具创新精神移动营销广告主"称号。

二、品牌发展历程

2006 年,佛山市小熊电器有限公司成立,产品以酸奶机、煮蛋器、电蒸锅、电炖盅为主。

2008 年,小熊电器建立"线上授权经销"商业模式,同步升级电商平台,逐步形成 C 店 + 商城店(天猫前身)的大淘宝网络渠道格局。

2009 年,小熊电器品牌升级,产品涵盖加湿器、蒸脸器及母婴系列;正式开通淘宝商城旗舰店。

2010 年,更名为"广东小熊电器有限公司"。

2014 年 10 月,泡菜酸奶机获得中国工业设计大赛设计银奖。

2017 年 3 月,小熊酸奶机 SNJ-A20T1 获 AWE 艾普兰奖产品奖。

三、品牌识别

2011 年,品牌重新定位为"Inspired Life 妙想生活"。

四、广告策略

(一)广告奖项

2014 年,小熊电器"非常 4+1"视频冠名热点节目《舌尖上的中国 2》,获得第 6 届金鼠标视频整合营销类金奖。

10 月,与齐鲁卫视合作的爱情连连看项目获创新营销类的长城金奖。

2015 年 10 月，由营养传奇和喜邑互动制作的微电影《爱不停炖 5·爱 9 在一起》获得 2015 年金投赏媒介服务类移动媒介整合服务金奖。

（二）特色广告策略

2012 年 9 月，小熊电器第一部微电影《爱不停炖 1》发布。

11 月 11 日，小熊电器发布爱情微电影《爱不停炖 2》。三天后，小熊团队全程策划真实求婚微电影《爱不停炖 3》。

2014 年 10 月，小熊电器正式发布全新 Mr. Big 电炖盅，并与优酷合作，签约优酷旗下都市情感动漫《泡芙小姐》中的女主角"泡芙"作为该产品代言人。

2017 年 4 月，成为黄小厨 noob 集市北京站首席赞助商，联合黄小厨推出联名产品——"熊醒醒"早餐系列。

五、企业公关活动

2015 年 5 月，小熊电器携爱心便当和多款小家电产品，赴北京探班电影《我是证人》拍摄现场，发起"全民暖饭·为爱证言"活动，发布多款由小熊电热饭盒制成的精致便当，征询粉丝意见。

六、延伸阅读

[1] 广东小熊电器有限公司官网 [EB/OL]. [2017-09-16]. http://www.bears.com.cn/Home.aspx.

[2] 贾丽军 . 顶级品牌营销九式 中国艾菲实效排名 50 强营销秘诀 [M]. 北京：中国市场出版社，2014.

[3] 滑明飞 . 小熊电器李一峰：从授权到收权 [J]. 环球企业家，2013(11): 62-63.

[4] 华书刚 . 小熊电器：奔跑在网络之上 [J]. 销售与市场 (评论版)，2012(8): 90.

（严文婧　白海青　李敬嫄）

小 鸭

一、品牌简介

小鸭是山东小鸭集团小家电有限公司的公司品牌。该公司 1979 年成立于山东省济南市，前身是济南洗衣机厂，至 2008 年拥有 27 家分（子）公司。该公司主要从事生产厨卫电器、生活小家电、健康类家电三大类产品。1999 年，获得"中国驰名商标"称号。

二、品牌发展历程

1979 年，济南家用电器厂与济南第二拖拉机厂合并，成立济南洗衣机厂。

1984 年，从意大利引进滚筒洗衣机技术、设备和生产线，制造全自动滚筒洗衣机。

1998 年，获得国家经贸委管理成果一等奖。

1999 年，小鸭电器在深圳证券交易所上市，股票代码：000951。

2001 年，小鸭滚筒洗衣机获得"中国名牌产品"称号。

2002 年，小鸭热水器获得"中国名牌产品"称号。

2004 年，山东小鸭电器股份有限公司更名为"中国重型汽车集团济南卡车股份有限公司"，证券简称由"小鸭电器"变更为"中国重汽"。

三、企业危机事件

2015 年，中国消费者协会公布山东小鸭集团家电有限公司生产的 XQB60-6766FH 全自动波轮洗衣机，"振动"指标不符合国家的相关标准。除此之外，2013 年小鸭牌 XPB30-288 型迷你洗衣机、2014 年小鸭牌 JZY-518 家用燃气灶具部分产品均被曝不合格。

四、延伸阅读

[1] 小鸭集团官方网站 [EB/OL]. [2017-08-08]. http://www.xiaoyagroup.com.cn/index.html.

[2] "小鸭"欲重振洗衣机主业 [EB/OL]. [2017-08-08]. http://news.163.com/10/1224/ 07/6OLEG-76M00014AED.html.

[3] 小鸭太阳能荣膺"中国驰名商标" [EB/OL]. [2017-08-08]. http://www.dzwww.com/shandong/sd-news/200809/t20080924_3977744.html?pc.

[4] 山东小鸭电器股份有限公司股票上市公告书 [EB/OL]. [2017-08-08]. http://app.finance.ifeng.com/data/stock/ggzw.php?id=49656&symbol=000951.

[5] 中国名牌的失乐园 [EB/OL].[2017-08-08]. http://business.sohu.com/20041210/n223432917.shtml.

[6] 山东小鸭集团 [EB/OL].[2017-08-08]. http://www.dahe.cn/ggzx/glhd/sbpx/t20051014_283218.htm .

[7] 经深圳证券交易所核准 "中国重汽"股票明起恢复上市 [EB/OL]. [2017-08-08]. http://news.shm. com. cn/2004-10/27/content_479546.htm.

[8] 小鸭再登质检黑榜 三线企业受困质量迷局 [EB/OL]. [2017-08-08]. http://info.homea.hc360. com/2015/06/1517191064603.shtml.

[9] 曾朝晖 . 小鸭集团:金凤凰到丑小鸭的堕落 [J]. 管理与财富 , 2007(9):62-63.

（谢璐　曾秀芹　静思宇）

新家族

一、品牌简介

新家族，为浙江省嘉兴市新家族电器有限公司（以下简称"新家族"）品牌。该公司于1998年创立，总部位于浙江省嘉兴市，是一家以开发、研制集成吊顶、浴霸、换气系统、照明系统等高科技产品为主导的现代化企业。2009年，新家族获"中国著名品牌""质量达标用户放心AAA级示范单位"称号。

二、品牌发展历程

2007年，创始人徐云峰创立"新家族品牌"。

2008年，新家族入驻淘宝。

2009年，新家族入驻淘宝商城，正式开启B2C的经营历程。

2010年，新家族全金属碳纤维机型600F-9M问世。

2011年，新家族浴霸600F-9T成为淘宝浴霸单词搜索排名第一。

2014年，新家族第一家实体店开张，并提供上门安装服务。

三、产品技术创新

2009年，新家族自主研发了该公司第一台集成吊顶专用的杀菌灯XF-25S，并研发、研制出行业内最薄的换气系统XF-37。

2010年，新家族开发行业内首台倡导低碳新生活的碳纤维机型XF-11，把原有的1 500W功率降低至1 000W，通过惠更斯原理，加大反光层面，达到更高取暖效果。

目前，新家族已申报并获得国家专利12项，新家族全系列产品均已通过国家3C认证。

四、企业公关活动

2011年，新家族通过其淘宝的分销平台，为浙江省嘉兴市100多名下岗待就业人员提供了新的就业机会。

五、延伸阅读

[1] 新家族品牌官网 [EB/OL]. [2017-08-15]. http://www.singerz.winza.com.cn.

[2] "新家族电器" 5年成长为年销售额超千万的电商 [EB/OL]. [2017-08-15]. http://bay-hzrb.hang-zhou.com.cn/system/2013/09/02/012552606.shtml.

[3] 3月份刚需回归 吊顶消费市场迎来"小阳春" [EB/OL]. [2017-08-15]. http://www.singerz.winza.com.cn/Article/detail?id=128.

（张季苹　周雨　李慧）

新 科

Shinco新科

一、品牌简介

新科品牌是江苏新科科技有限公司所属品牌，该公司创建于 1993 年。目前主要从事液晶电视、无屏电视、智能电视、电脑电视、高保真蓝牙音响、DVD、GPS 导航仪、MID 平板电脑、DVB-T、网络播放机、三网合一高清智能终端机、录音笔、蓝牙音箱、家庭影院等家用类消费电子产品的开发、生产、销售。新科曾获"中国驰名商标""中国名牌产品"和"中国出口名牌"称号。

二、品牌发展历程

1993 年，新科创始人秦志尚创建新科品牌，主营空调和 VCD。

1994 年，新科电子组建省级企业集团。

1997 年，成立江苏新科电子集团有限公司。

1999 年，新科品牌获"中国驰名商标"称号。

2000 年，更名为"新科电子集团有限公司"。

新科空调成为集团支柱产业。

2004 年，新科开始主营出口业务，代工生产液晶电视。

2011 年，江苏丰润集团全盘收购新科电子，对新科空调进行重组。

三、产品技术创新

1999 年，生产出新科第一批 CBHD 碟机。

2004 年，新科推出 EVD 高清影碟机。

2015 年，新科发布可上网的智能云电视机、4K-2K 超高清云电视、无屏电视、Hifi 音响、可用微信控制的智能空调等新产品。

新科具有远程监控语音点播视频通话功能的电视机获得实用新型专利证书。

四、广告策略

（一）代言人

2012 年，女艺人母其弥雅（MIYA）代言新科。

2015 年，前央视主持人李咏代言新科电视。

（二）广告语

20 世纪 90 年代，新科推出广告语"世界看中国，中国有新科"。

2012 年，新科推出广告语"好品质好生活，新科空调"。

五、企业公关事件

2002 年，新科独家赞助冠名当年的全国女足超级联赛。

2006 年，新科赞助首届新科空调杯常州围棋大赛。

2014 年，新科空调冠名常州市"新科状元活动季"。

2014 年—2015 年，新科赞助中国羽毛球大师赛、常州武进西太湖国际半程马拉松赛、纵横天下户外征服西藏大北线——常州突击队等体育活动。

六、延伸阅读

[1] 新科企业官网 [EB/OL]. [2017-08-29]. http://www.shinco.com/index.html.

[2] 宋佳楠 . 新科郭文峰：以极致精神做中小企业：专访江苏新科电器有限公司总经理郭文峰 [J]. 家用电器，2012(10): 34-35.

[3] 郝凤苓 . 新科："状元"踏空 [J]. 21 世纪商业评论，2013(3).

[4] 丁雪 . 新科 10 万台 EVD 涌向市场 [J]. 电器，2004(1): 57.

[5] 周绍雷 . 新科通过厂商战略联盟赢得了市场 [J]. 现代家电，2002(10): 17.

[6] "新科电器"成功重组强势回归 [N]. 武进日报，2012-10-11(A02).

[7] 鞠燎原，马叶星，张丽 . 民企上演"蛇吞象" 友奥电器成功并购"新科空调" [N]. 武进日报，2012-08-13(A02).

[8] 新科：与海信、春兰争高低 [J]. 电器制造商，2002(4): 21.

[9] 新科空调差异化挺进 2007 年 [J]. 家用电器，2006(12): 123.

[10] 晓文 . 三大核心产品打造"数字化新科" [J]. 苏南科技开发，2006(9): 19-20.

（吴海谧　周雨　蔡淑萍）

新　力

新力暖通
XINLI WARMER

一、品牌简介

新力是新力电器有限公司的公司品牌。该公司成立于 1997 年，是一家主要从事中央空调和家庭采暖系统设计、销售、安装以及维保服务的专业公司。该公司现有员工 200 多人，公司下设新力电器家庭暖通事业部、新力电器中央空调工程事业部、新力电器品牌代理事业部和新力电器技术服务中心。其中新力电器家庭暖通事业部是意大利阿里斯顿、德国菲斯曼燃气壁挂炉、德国瑞好采暖管道系统、芬兰瑞特格散热器、三菱电机、日立家用中央空调和美国怡口净水系统的全国一级经销商。

二、品牌发展历程

1997 年，扬州新力电器有限公司成立。

1998 年，阿里斯顿授权新力电器为扬州、泰州地区总代理，成立新力电器技术服务中心。

2000 年，能率授权新力电器为扬州、泰州地区独家代理。

2001 年，阿里斯顿燃气采暖壁挂炉扬州首家采暖用户安装调试成功。

2003 年，新力电器中央空调事业部成立。

2005 年，新力电器家庭暖通事业部成立。

2006 年，新力电器家庭暖通事业部取得德国瑞好采暖管道扬州代理。

2007 年，新力暖通扬州首家采暖体验中心开业。

中央空调事业部中标扬州开发区新光源研发中心中央空调工程。

2008 年，新力电器中央空调事业部中标江海职业技术学院图书馆及江苏省五台山医院中央空调工程。

2009 年，新力电器获得"全国百城万店无假货示范店"和"扬州市双文明单位"称号。

新力电器取得扬州暖通学会会员资格。

2010 年，新力电器中央空调事业部中标江苏信息产业基地及扬州市房管局中央空调工程。

2011 年，新力电器中央空调事业部中标扬州 723 研究所研发大楼及扬州福利院多功能中心中央空调工程。

新力电器家庭暖通事业部中标扬州幸福魔方小区阿里斯顿燃气壁挂炉 369 台。

2012 年，新力电器中央空调事业部中标扬州国土局办公大楼中央空调工程。

德国菲斯曼集团授权新力暖通特约销售及服务商。

2013 年，扬州大学建筑环境与设备工程专业扬州新力电器有限公司大学生实习基地挂牌。

2015 年，新力电器迁址到扬州市维扬路 478 号。

新力电器当选为扬州市靖江商会常务副会长单位。

2016 年，扬州新力电器商学院正式成立。

三、延伸阅读

[1] 新力电器官方网站 [EB/OL]. [2017-08-23]. http://www.yzxldq.com.

（张季苹　朱健强　王金喜）

星　星

XINGX 星星®

一、品牌简介

星星是星星集团有限公司的品牌，该集团 1988 年成立于浙江省台州市椒江区，前身是椒江市电冰箱厂。截至 2016 年，集团拥有员工近 2 万人。主要产业分为制造业（白色制冷家电）、商业及商业地产、现代服务业等三个板块。

二、品牌发展历程

1988 年，叶仙玉创立浙江省椒江市电冰箱厂。

1992 年，"椒江市电冰箱厂"更名为"浙江星星电器工业公司"。

1993 年，星星商标正式申请注册。

1998 年，董事长叶仙玉获"全国优秀乡镇企业厂长（经理）"称号。

1999 年，星星商标获"中国驰名商标"认证。

2000 年，董事长叶仙玉获"全国质量先进个人""全国轻工业系统劳动模范"称号。

中国星星集团有限公司正式挂牌成立，集团下设 6 家子公司：浙江星星便洁宝有限公司、浙江星星冰箱有限公司、浙江星星塑模有限公司、台州市星星包装有限公司、台州市不锈钢制品有限公司、台州市椒江塑料工业园区投资有限公司。

2001 年，星星牌系列冷冻冷藏箱被评为"首批国家质量免检产品"。

2002 年，星星牌电冰柜被国家质检总局授予"中国名牌"称号。

星星集团浙江水晶光电科技有限公司成立，向光电子高新产业发展。

2004 年，星星牌冷藏冷冻箱被授予国家质量免检证书。

2005 年，星星冷柜再获"中国名牌"产品称号。

2007 年，星星冰箱复评再次荣获"中国名牌"称号，同时获"国家免检产品"称号。

2010 年，星星集团将下属的优质资产家电板块业务剥离、分立而新成立浙江星星家电股份有限公司。

2011 年，星星家电股份有限公司被授予"2009 年—2010 年度全国质量工作先进单位称号"。

2014 年，星星家电股份有限公司的子公司浙江本原生活电器有限公司成立。

2015 年，浙江星星优品网络科技有限公司开业，前身为浙江星星家电股份有限公司电子商务部。

三、产品技术创新

1992 年，开发生产国产首创的卧式双温冷藏、冷冻柜。

1993 年，成功开发研制岛式陈列柜。

2005 年，中国星星集团与中科院计算所、台州市科技局、台州市椒江区科技分局合作建立中国科学院计算技术研究所台州分所。

中国家用电器研究院零部件分院在星星集团揭牌成立。

四、企业危机事件

2016 年，四川省工商局抽查结果显示浙江星星家电股份有限公司生产的两批次冰柜样品不合格。

五、企业公关活动

（一）公益慈善

1997 年，星星公司捐款 50 万元，修建百里江堤。

2008 年，四川省汶川县大地震发生后，星星集团及筹集善款 116.1 万元，支持灾区抗震救灾。

2010 年，星星集团有限公司为青海地震灾区一次性捐资 20 万元，叶仙玉总裁和全体干部、员工共捐款约 30 多万元。

2011 年，星星集团捐助台州市老年事业善款 50 万元。

（二）事件营销

1998 年，举办"星星杯"摄影大赛，"星星杯"公益广告作品大奖赛。

1999 年，中央电视台《科技聚焦》节目组来星星拍摄专题片。

六、延伸阅读

[1] 星星集团官网 [EB/OL]. [2017-08-13]. http://www.xingxing.com/.

[2] 两批次"星星"冰柜不合格 [EB/OL]. [2017-08-13]. http://www.ccn.com.cn/432/558369.html.

（李响　周雨　庄佳）

熊 猫

PANDA® 熊猫

一、品牌简介

熊猫是熊猫电子集团有限公司的品牌,该公司 1936 年成立于湖南长沙。目前集团旗下拥有 24 家企业,该公司主要有液晶显示、电子装备、电子元器件和现代服务业四大核心产业。

二、品牌发展历程

1936 年, 长沙创业时期。

1946 年, 工厂迁至南京,主要从事通信机和交换机制造。

1948 年, 与美国飞歌公司合作装配五灯收音机。

1956 年, 熊猫商标诞生。

1984 年, 荣获国家质量管理奖。

获国家质量金质奖、银质奖。

1987 年, 成立熊猫电子集团。

1992 年, 与日立、松下合作建立自行设计的录像机生产线。

南京熊猫电子股份有限公司成立。

1995 年, 南京无线电厂正式更名为"熊猫电子集团公司"。

PANDA 熊猫电子商标,获"中国驰名商标"认证。

1996 年, 熊猫电子 H 股、A 股分别在香港联交所、上海证交所挂牌上市。

1998 年, 南京熊猫电子股份有限公司、瑞典爱立信公司、爱立信(中国)有限公司共同创建南京爱立信熊猫移动终端有限公司。

1999 年,熊猫电子集团公司开始实施大规模资产重组,从国有独资企业改组为由南京新港、省国投和南京国有资产经营控股公司三家股东共同投资的有限责任公司。

2000 年, 熊猫电子集团有限公司与中国华融资产管理公司签订债转股协议。

南京爱立信股权结构变化并更名,新的股权结构中熊猫占比 43%,同时南京爱立信通信有限公司更名为"南京爱立信熊猫通信有限公司"。

南京熊猫电子股份有限公司再次实施资产重组,主营业务从传统产业向通信、信息等高科技产业转型。

2001 年, 熊猫彩电获得首批"中国名牌"产品证书。

　　成立恩贝尔电池（南京）有限公司、南京熊猫田村通信电源设备有限公司、南京熊猫日立科技有限公司等三家合资公司。

　　2002年，熊猫与朝鲜合资建立的晨曦熊猫计算机有限公司在平壤投产。

　　2003年，熊猫手机获"中国名牌"称号。

　　2004年，南京熊猫电子股份有限公司和法国泰雷兹CGA公司共同投资组建南京泰雷兹熊猫交通系统有限公司。

　　2005年，熊猫跻身2005年中国企业500强名单。

　　2006年，跻身中国制造业500强。

　　2007年，南京中电熊猫信息产业有限公司正式成立。

　　2008年，熊猫电子集团有限公司荣获全国"五一"劳动奖状。

　　2009年，撤销产业集团，建立七个专业公司和一个事业部。

　　2013年，集团董事长李东生入选福布斯"2013年中国50位最佳CEO"。

　　通力电子控股有限公司在香港联交所主板上市。

　　2014年，熊猫股份竞买熊猫集团持有的深圳京华股份，完成重大资产重组。

　　2015年，熊猫电子与华融、长城资产公司完成资产置换和股份转让。

　　获"国家技术创新示范企业"荣誉称号。

三、品牌识别

图1　1956年—2013年

图2　2014年至今

四、产品技术创新

1936年，制造环球牌五灯收音机，开创了中国无线电制造业的历史。

1953年，创造出第一台全国产化收音机——红星牌电子管收音机。

1981年，成功研制第一套全国产化UPS不间断电源。

1985年，引进日本技术，大量生产熊猫牌18寸彩电。

1990年，成功研制第一部国产化自动插件机。

1998年，熊猫100 Hz数字王彩电研制成功，获电子部科技进步一等奖。

　　经国家批准首批设立企业博士后工作站。

2000 年，通信主板全自动多功能柔性测试线、石英晶片自动分选系统、高清晰度彩电和数模一体卫星数字接收机等一批新产品相继研制成功。

2002 年，公司成立熊猫工程技术研究院。

2005 年，首推盲用移动信息终端。

2006 年，"基于多网融合技术的 TD-SCDMA 多模终端的研制及产业化"项目和"荫罩式 PDP 技术产业化"项目被列为江苏省科技成果转化重大项目，获省政府专项资金支持。

2008 年，熊猫机顶盒公司中标"直播卫星电视安全接收系统的研发、产业化及标准制定"项目，获得国家电子发展基金项目支持。

2015 年，公司在广播电视科技领域实现突破，中标国家广电总局地面数字电视广播发射系统项目。

五、广告策略

2003 年，聘请影星梁朝伟作为熊猫手机品牌形象代言人。

2009 年，电影《功夫熊猫》主角阿宝成为熊猫品牌代言形象。

六、企业危机事件

2005 年，前南京熊猫移动总经理马志平因涉嫌虚报注册资本被捕。事件的起因是贴牌熊猫手机的上海易美出现资金链断裂，引发熊猫移动全面崩盘。

南京熊猫与熊猫移动、省投资签订了关于债权债务转让的《协议书》，由省投资承接熊猫移动偿还 50 000 万元债务的责任。

2011 年，广东省质监局抽查到深圳市兆池股份有限公司生产的一批次熊猫液晶电视机常温性能项目不合格。不合格的原因是生产企业为了降低成本，选用了质量较差的显示屏。

2013 年，熊猫彩电售后服务跟不上，导致广东清远经销商终止合作。

七、企业公关活动

（一）公益慈善

2006 年，熊猫电视机有限公司联合省红十字会共同举办大型公益抽奖活动。

2007 年，南京 LG 熊猫电器有限公司向南京福利院进行捐赠。

2012 年，熊猫电视向南京市残联捐赠 200 台熊猫液晶电视。

2013 年，中国电子熊猫集团联合江苏省残联捐赠收音机及电视。

中电熊猫家电公司资助贵州省贫困学生。

（二）冠名赞助

1998 年，熊猫电子集团公司赞助共建中国男子排球队。

八、延伸阅读

[1] 中国电子熊猫集团官网 [EB/OL]. [2017-08-04]. http://www.panda.cn/SJTCMS/html/CECPANDA/

about002.shtml.

[2] 熊猫集团电子有限公司官网 [EB/OL]. [2017-08-04]. http://www.panda.cn/SJTCMS/html/PandaJT/companyinfo/companyinfo_gongsijieshao_02.asp.

[3] 泽文. 名牌形象始终如一——记中国电子名牌"熊猫"集团 [J]. 中国商论 ,1995(16):27.

[4] 南京熊猫电子新 LOGO[EB/OL]. [2017-08-04]. http://www.logonews.cn/panda-new-logo.html.

[5] "熊猫"下月推出全球首款 IGZO 电视 [EB/OL]. [2017-08-04]. http://www.gywb.cn/content/2016-03/17/content_4691261.htm.

[6] 周国洪. 姚玉洁. "熊猫移动"巨额财务危机调查 [EB/OL]. [2017-08-04]. http://business.sohu.com/20050808/n240230408.shtml.

[7] 评论：都是熊猫移动惹的祸 [EB/OL]. [2017-08-04]. http://tech.qq.com/a/20060522/ 000125.htm.

[8] 熊猫彩电因质量差被商家拒售 [EB/OL]. [2017-08-04]. http://money.163.com/13/0426 /10/8TC-MTKVQ00254SK5.html.

[9] 深圳兆池公司熊猫牌液晶电视机抽查不合格 [EB/OL]. [2017-08-04]. http://www.cqn.com.cn/news/xfpd/xfjs/smjd/415370.html.

[10] 熊猫家电员工奉献拳拳爱心 [EB/OL]. [2017-08-04]. http://news.sina.com.cn/o/2013 -11-12/040028683059.shtml.

（陈振华　周雨　庄佳）

雪 花

一、品牌简介

雪花是北京轻工雪花电器有限责任公司的品牌，该公司 1988 年成立于北京市，前身是北京雪花电器集团公司，公司现有职工 439 人。该公司是一家以塑料新材料为主导产业，家电高端投资与都市服务业为基础支撑产业的产业投资经营型公司，主营产品为塑料制品、电冰箱、冰箱压缩机、电器插座等。

二、品牌发展历程

1988 年，雪花电器集团公司成立。

雪花牌 DCD170 双门四星级电冰箱获国家优质产品银质奖和出口产品银质奖。

1992 年，北京电冰箱压缩机厂与雪花公司（本部）合并。

1994 年，北京雪花电器集团与美国惠而浦公司合资成立北京惠而浦雪花电器公司。

1998 年，雪花与加拿大格林柯尔公司合资成立雪花格林柯尔电器有限公司。

2002 年，青岛海信电器与北京雪花控股方签订合作协议成立海信（北京）有限公司。

三、产品技术创新

1956 年，首台电冰箱在北京冰箱厂（北京雪花电器的前身）研制成功。

四、广告策略

（一）广告语

1988 年，雪花在《人民日报》上刊登广告"人人爱雪花，雪花飘万家"。

1991 年，播出广播广告"往昔雪花冬日来，今朝雪花四季飘"。

1997 年，雪花冰箱广告语"夏天也有雪花"。

（二）广告奖项

1994 年，雪花冰箱在中央电视台投放的广告获第八届全国电视广告印象奖生产资料类二等奖。

五、企业危机事件

1986 年，雪花冰箱因质量下降由畅销转为滞销的消息在报纸上披露，新闻轰动一时。轻工部和北京市政府为此在北京电冰箱厂召开现场办公会，严肃对待产品质量问题。

1997 年，美国惠而浦公司因合资两年多来亏损严重，提出撤资让股。

六、企业公关活动

（一）冠名赞助

1984 年，北京雪花电冰箱厂每年用 10 万元获得北京足球队冠名权，当时的北京足球队名为"北京雪花队"。

（二）事件营销

1988 年，雪花在北京举办"雪花冰箱 30 年回顾展"，在展览会上陈列不同时代的雪花冰箱。

六、延伸阅读

[1] 北京轻工雪花电器有限责任公司官网 [EB/OL]. [2017-08-06]. http://www.beijingxuehua.com/xhjt.htm.

[2] "海信要控股雪花"成事实 雪花冰箱改嫁海信 [EB/OL]. [2017-07-28]. http://finance.sina.com.cn/roll/20020520/209059.html.

[3] 刘启超. "雪花"是怎样腾飞的 [J]. 中外管理，1994(2)：33-34.

[4] 郑国伟. 标致、惠而浦撤资说明了什么 [J]. 中外管理，1998(6):13-14.

[5] 史习传，谢然浩. 对"雪花"冰箱质量下降的再思考 [J]. 瞭望周刊，1986(38):37-38.

[6] 艾馨. 在创新中求发展——北京电冰箱厂近事小记 [J]. 国际贸易，1985(4)：57.

[7] 田芳，等. 家电 60 年·印迹 [J]. 家用电器，2009(10)：16-17.

[8] 李楠. 现代企业制度通鉴（中国卷）[M]. 北京：国际文化出版公司，1996.

[9] 徐德胜，龚萍. 电冰箱用户指南 [M]. 上海：上海交通大学出版社，1988.

（吴海谧　苏文　庄佳）

亚 都

优质空气专家

一、品牌简介

亚都是亚都科技集团的品牌，该集团 1987 年创立于北京，现总部位于苏州，旗下子公司近十家，员工逾万人。集团业务范围涉及空气（加湿器、空气净化器、除湿机、干衣机、新风机等）、水（商用净水机、新能源热水、民用净水机、共享咖啡机等）、生态（河流治理、土壤修复、网格化监测等）三大领域。

二、品牌发展历程

1987 年，亚都建筑设备制品研究所正式成立。

1988 年，成立分支机构亚都研究所昌平实验厂。

1990 年，生产出第一台亚都牌加湿器 YC-D200。

1993 年，进行股份制改造，成立亚都科技股份有限公司。

1998 年，亚都率先研发民用空气净化器。

2004 年，装修污染系列产品第一代 KJF2801 诞生。

2006 年，亚都成为北京 2008 年奥运会空气加湿净化器独家供应商。

2015 年，亚都推出双面结构空气净化器——亚都双面侠。

2016 年，亚都总裁龙林荣获 2015 年空气净化器产业杰出企业家。

三、产品技术创新

1997 年，成立亚都空气污染物研究所。

2004 年，发明除甲醛分子络合技术。

2007 年，发明室温催化氧化除甲醛技术。

2011 年，室温催化氧化甲醛和催化杀菌技术获得国家技术发明二等奖。

2012 年，与中科院合作，成立中国雾霾成份与净化研究院。

2015 年，三合一复合净化滤芯技术获得了工信部 1 000 万元国拨资金支持。

四、广告策略

2013 年，华少成为亚都代言人。

2016 年，蒋欣成为亚都代言人。

五、企业危机事件

1999 年，美国微软公司起诉北京亚都科技集团侵犯计算机软件著作权。亚都回应，声明集团确有部分计算机安装了非正版软件，但未发现有购买盗版软件的经费支出，软件非公司购买。此案以亚都胜诉告终。

2013 年，亚都空气净化器虽然国家强制性标准达标，但在国家未作强制性规定的适用面积、能源效率等级等环节上存在利用标准漏洞现象，有夸大产品功效的嫌疑。

2017 年，成都工商局检出亚都空气净化器共有 2 批次样品不合格，主要质量问题为结构、连续骚扰电压等项目不符合国家标准。

六、企业公关活动

（一）慈善公益

2001 年，亚都捐赠大量空气净化器到指定医院，与医患人员共抗"非典"。

2006 年，亚都捐赠价值 2 000 万元净化器，联合全国妇联，在百座城市、千家医院共建了 10 000 所健康绿色产房。

2008 年，亚都向汶川地震灾区捐赠净水设备。

（二）冠名赞助

2000 年，亚都冠名国安足球队。

（三）事件营销

1990 年，正值电视剧《渴望》热播，亚都借势开展"向社会献爱心"系列活动，提出"亚都好气雾，爱心最称著"的宣传口号。

1991 年，长春电影制片厂根据亚都创业史改编成 12 集电视连续剧《亚细亚人》。这是亚都第一次把企业形象宣传嫁接在电视文学艺术上。

1993 年，《亚都悟语》出版发行，传播了企业文化。

七、延伸阅读

[1] 亚都公司官网 [EB/OL]. [2017-08-09]. http://www.yadu.com.cn.

[2] 虞立琪. 在履行社会责任中腾飞 [J]. 商务周刊，2006(23): 78.

[3] 黄宁. 亦庄亦谐："亚都净化加湿器"广告策略简析 [J]. 大市场·广告导报，2005(8): 137.

[4] 张东伟. 亚都广告公关促销的谋略 [J]. 思维与智慧，1996(3): 17.

[5] 空气净化器敷衍地方标准 亚都飞利浦夸大功效 [EB/OL]. [2017-08-09]. https://0x9.me/cLbMQ.

[6] 欧阳仪. 亚都公关的奇招奇术 [J]. 经济与信息，1994(2): 31.

[7] 张振祥. 无声的震撼: 亚都山东公司聋人演示员上岗仪式 [J]. 中小企业管理与科技, 2011(2):32.

[8] 陈丽艳. 亚都迎战微软 [EB/OL]. [2017-08-09]. http://www.66163.com/Fujian_w/news/xmsb/sb/990717/gb/shxz1.htm.

[9] 亚都的奥运新闻营销 [J]. 每周电脑报, 2007(36): 37-46.

[10] 刘徽. 亚都: 把空气租给奥运 [J], 商界评论, 2008(9): 84.

[11]2017上半年家居质量黑榜: 日上、亚都、七彩人生等质量不保 [EB/OL]. [2017-08-09]. http://www.stardaily.com.cn/2017/0722/59015.shtml.

[12] 亚都天猫双11主打空气净化器 找华少代言 [EB/OL]. [2017-08-09].http://www.ebrun.com/20131101/84685.shtml.

[13] 亚都空气净化器携手蒋欣 冲出重霾上演欢乐颂歌 [EB/OL]. [2017-08-09]. http://news.ifeng.com/a/20161115/50259877_0.shtml.

[14] 北京亚都为四川灾区建成首批临时饮水点 [EB/OL]. [2017-08-09]. http://info.hvacr.hc360.com/2008/06/20083191036.shtml.

（宣长春　张季苹　周雨　庄佳）

扬 子

YAIR 扬子空调

一、品牌简介

扬子是扬子空调有限公司的品牌，该公司 1988 年成立于安徽省滁州市，拥有员工 1 500多人。该公司主营分体式家用空调、户式中央空调、大型商用空调机组和热泵热水机组等系列产品，长期致力于人工环境工程研究和节能环保技术研究，是大型暖通和制冷设备制造供应商。

二、品牌发展历程

1988 年，中国扬子集团扬子空调器总厂成立。

1992 年，扬子空调成为"中国名牌商标"。

1995 年，荣获中国专利技术及产品博览会金奖。

2000 年，扬子空调器厂进行股份制改革。

2002 年，扬子空调分体壁挂机荣获"国家免检产品"称号。

成立中外合资企业——滁州扬子必威中央空调有限公司。

2003 年，扬子空调窗机和柜机一起获得"国家免检产品"称号。

2004 年，扬子空调新生态工业产业园落成并投入生产。

2012 年，悦世新品成功上市。

2013 年，被认定为第一批国家级知识产权优势企业。

2014 年，成为国家技术创新示范企业。

2015 年，凭借悦世酷睿系列圆柱柜机获"2015 年度中国工业设计十佳创新型企业"称号。

三、产品技术创新

2002 年，扬子空调成功开发了静音系列空调和全无氟系列空调。

2003 年，与上海交大国家纳米实验室联合研制的"纳米—光催化"空气净化技术成功应用。

2005 年，成功开发我国第四代创新型的热水供应设备——"普利斯特"系列空气源热泵热水。

2007 年，与瑞典国家能源研究中心合作成功开发水（地）源热泵系列产品。

扬子空调技术中心获得"省级企业技术中心"资质。

2009 年，扬子空调技术中心获得"国家级企业技术中心"资质。

2013 年，"现代农业人工环境装备和节能技术开发与产业化"项目获安徽省科学技术研究成果证书。

2016 年，获批安徽省博士后科研工作站。

四、广告策略

（一）广告语

1997 年，在当地报纸上刊载 "装扬子、生贵子，生贵子、送扬子"。

（二）广告奖项

2004 年，卓越形象品牌传播事业机构为扬子空调制作的广告运作案例获艾菲银奖案例奖。

五、企业危机事件

2013 年，国家审计署发布的 2013 年第 25 号公告显示，扬子空调等八家家电企业存在虚假申报材料、套取、骗补等行为，共骗补 9 000 余万元。

2017 年，中国扬子集团滁州扬子空调器有限公司向消费者及经销商召回 2016 年 8 月至 9 月生产的部分型号为 KFRd–35GW 分体挂壁式房间空调器。本次召回范围内的空调，经检测发现其信号线拉扭力不足、输入功率和电流不符合标准要求，使用过程可能存在耗能与实际标称不符的情况。

六、企业公关活动

2008 年，扬子空调总公司向汶川地震灾区居民捐赠价值 100 万元的移动式帐篷（野战医院）专用空调。

七、延伸阅读

[1] 扬子空调官网 [EB/OL]. [2017-08-02]. http://www.yair.com.cn/.

[2] 扬子空调广告运作案例 [J]. 广告大观，2004(11):56.

[3] 秦忠炎."扬子空调"广告语荒唐可笑![J]. 广告大观，1997(9):30.

[4] 扬子空调公司向灾区捐赠价值 100 万元专用空调 [EB/OL]. [2017-08-02]. http://business.sohu.com/20080516/n256904809.shtml.

[5] 孙姗姗.扬子空调副总裁方钊：老品牌重视口碑营销 [EB/OL]. [2017-08-02]. http://ac.ea3w.com/136/1369735.html.

[6] 格力等家电企业骗补被审计曝光 [EB/OL]. [2017-08-02]. http://finance.ifeng.com/a/20130626/10022193_0.shtml.

[7] 安徽质监局：日立和扬子空调共召回 304 台缺陷空调 [EB/OL]. [2017-08-02]. http://www.jdxfw.com/html/2017/report_0601/60371.html.

（谢文萍　曾秀芹　庄佳）

亿 力

一、品牌简介

亿力是亿力上海电器有限公司的品牌。该公司 1983 年成立于湖北黄岩，前身是黄岩市红旗日用塑料模具厂，目前拥有分公司 4 家，在职员工约 2 000 人。公司主营高压洗车机、高压清洗机、真空吸尘器、空气净化器等清洁类电器和清洁类设备。

二、品牌发展历程

1983 年，黄岩市红旗日用塑料模具厂成立。

1991 年，获全国模具博览会金奖，获"中国家电模具优秀制造商"荣誉。

1995 年，工厂更名为"浙江黄岩亿力模具有限公司"。

1996 年，成立台州市亿力电器有限公司。

1999 年，成立上海亿力电器有限公司。

2004 年，上海亿卡清洁器具有限公司成立。

2009 年，浙江亿力清洁设备有限公司成立。

2010 年，在浙江建立生产基地。

三、产品技术创新

1996 年，亿力首台全自主研发的吸尘器问世，甲壳虫仿生机。

1999 年，研发出首款无尘袋吸尘器。

成功研发首款清洗机。

2004 年，制造串激电机。

2013 年，与上海电机学院共同研制"光伏发电组件智能清洗机器人"项目。

2014 年，与德国 TUV 上海认证机构合作成立目击试验室。

目前公司产品已获 50 多项国家专利。

四、企业危机事件

2005 年，在北京家乐福超市抽检的上海亿力电器有限公司生产的亿力吸尘器，被检出电源连接和外部软线不合格。

五、企业公关活动

2014 年，亮相 2014 年香港春季电子展。

2016 年，上海亿力在中国家电博览会（AWE）上展示了 3 款全新自主研发的产品。

六、延伸阅读

[1] 亿力电器官网 [EB/OL]. [2017-08-25]. http://www.yilichina.cn/.

[2] 孙青青. 品牌故事会专访上海亿力李清山 [EB/OL]. [2017-08-25]. http://info.clean.hc360.com/2014/04/030929285150.shtml.

[3] 百盛等商场售不合格家电 [EB/OL]. [2017-08-25]. http://news.qq.com/a/20050916/000177.htm.

[4]AWE2016：亿力展出无线洗车机等新品 [EB/OL]. [2017-08-25]. http://hea.163.com/16/0315/17/BI7FKK9P00166898.html.

（谢文萍　白海青　庄佳）

亿 田

entive 亿田

—生活由你 健康有我—

一、品牌简介

亿田是浙江亿田电器有限公司的品牌，该公司 1991 年成立于浙江嵊州市，前身是嵊州蒋镇阀门厂。公司产品主要有集成环保灶、吸油烟机、燃气灶、消毒柜和烤箱等厨房设备。2005 年，亿田获"中国消费者放心产品信誉品牌"称号。

二、品牌发展历程

1991 年，嵊州蒋镇阀门厂成立。
2005 年，获得"中国消费者放心产品信誉品牌"称号。
2011 年，获得中国五金制品协会颁发的创新奖。
　　　　亿田第一台模块侧吸式下排集成灶诞生。
2012 年，获中国厨卫创新产品奖。
2015 年，亿田获"国家高新技术企业"认定。

三、产品技术创新

2007 年，侧吸下排集成灶专利发明。
2013 年，签约中科院共建厨电节能环保技术研发中心。
2016 年，浙江理工大学亿田集成灶发展研究所建成。

四、广告策略

2013 年，林志颖成为亿田代言人。

五、企业危机事件

2008 年，发展尚不成熟的集成灶产品出现不同程度的漏油情况，公司决定将存在缺陷的 2000 多台产品悉数召回报废，维护亿田品牌在行业内的良好声誉。

六、企业公关活动

（一）慈善公益

2016 年，亿田牵手芒果 V 基金和湖南电视台公共频道举办爱心公益活动。活动每售出 1 台集成灶，亿田将捐款 100 元委托芒果 V 基金定向用于教育类捐助项目。亿田向新化县圳上镇松山中学捐赠了 200 套爱心桌椅。

（二）冠名赞助

2015 年，赞助中央电视台第七频道《食尚大转盘》栏目。

赞助中央电视台第一频道《中国味道》。

赞助中国城市春晚。

（三）事件营销

2015 年，亿田科技馆建成，馆内重点展示亿田企业发展史、人类文明厨房进化史、亿田倡导的未来健康厨房理念，科技馆引进全息投影设备，立体成像，将影视科幻变成现实，在科技馆内多层次展示亿田品牌发展理念。

七、延伸阅读

[1] 亿田电器官网 [EB/OL]. [2017-08-26]. http://www.entive.com/.

[2] 孙伟勇的亿田梦 [EB/OL]. [2017-08-26]. http://www.abi.com.cn/news/htmfiles/ 2014-12/151224_2.shtml.

[3] 牵手芒果 v 基金，亿田长沙公益行 [EB/OL]. [2017-08-26]. http://www.chinachugui.com/news/2016/0912/160912120098.shtml.

[4] 亿军崛起 创新未来 [EB/OL]. [2017-08-26]. http://hz.fccs.com/home/groupbuy/15602_18920.html.

（张季苹　王晶　庄佳）

樱 花

SAKURA樱花

一、品牌简介

樱花是樱花卫厨（中国）股份有限公司的公司品牌。樱花 1978 年在中国台湾成立，1994 年进入昆山。该公司专业生产樱花吸油烟机、燃气灶、消毒柜、保洁柜、电蒸箱、电烤箱、燃气热水器、壁挂炉、水槽、整体厨房等卫厨产品。2010 年，获得"最具影响力品牌""最佳创新产品""最具市场支持度""最具创新营销"四项荣誉。2012 年，获年度十大厨电品牌称号。2017 年，樱花获金勾奖。

二、品牌发展历程

1978 年，张宗玺、张宗明成立台湾樱花工业股份有限公司，创立樱花品牌。

1986 年，樱花成立整体厨房事业创始团队，研制出为中国人度身定制的樱花整体厨房。

1986 年，为燃气热水器和电热水器永久提供免费安全检查服务，每年 6 月至 8 月，樱花根据消费者的需求，免费安全检查热水器。

1988 年，因业务大幅成长，公司改组成立台湾樱花股份有限公司。

1994 年，樱花卫厨（中国）有限公司在江苏昆山成立。华东昆山生产基地主要生产燃气灶、吸油烟机、消毒柜、浴霸、水槽、燃气热水器、整体厨房，供应中国大陆市场。

1995 年 1 月，成立樱花中国上海直营分公司。

台湾樱花成立厨具事业处，开拓系统厨具市场。

1996 年 1 月、6 月，在成都、广州、无锡、南京、南通、宁波、杭州、台州、北京、天津十个城市成立直营分公司。

1997 年 6 月，重庆直营分公司成立。"樱花厨艺生活馆"厨具加盟连锁专卖店在台湾地区开始招商。

1998 年 8 月，樱花卫厨（华南）有限公司正式成立，在华南顺德生产基地生产吸油烟机、电热水器、太阳能、空气能、烤肉炉，供应中国大陆及海外市场。同年，樱花在惠州、嘉兴、绍兴、温州、金华、苏州、常州、徐州、大连、上海（浦东、松江）、汕头、武汉 12 个城市成立直营分公司。

1999 年 1 月，获得"外商投资先进技术企业"称号。成立厦门直营分公司，成立卫浴生产处。

2000 年 1 月，成立青岛、锦州、中山三家直营分公司。

10月，率先停止销售直排式燃气热水器，比国家规定提前半年。

2001年1月，成立深圳直营分公司，6月，成立扬州直营分公司。

2001年8月，水龙头正式上市。

2002年5月，消毒柜正式上市；8月，成立整体厨房事业处，水槽正式上市；在中国台湾高密度设立100多家樱花厨艺生活馆，成功为50万家庭打造完美个性厨房。同年，樱花企业团与美国奇异电器展开战略合作，樱花中国筹备开拓整体厨房事业。

2003年，樱花整体厨房进入中国大陆，整体厨房专卖店开始招商。8月，浴霸正式上市。

2004年11月，整体厨房杭州分公司成立。

2005年，台湾樱花推出SAKURA CARE整体服务，进一步改善用户的感受。

2006年4月，整体厨房南京分公司成立。

2007年4月，樱花整体厨房南通分公司成立；5月，樱花整体厨房宁波分公司成立。

2008年，樱花整体厨房首批通过厨柜行业中国环境标志产品认证。获得"2008年度最佳外商投资企业"称号。

2010年，樱花中国再成立17家直营分公司。同年，樱花New A-TECH高效炉头燃气灶SCG-6932s获2010年中国创新设计红星奖。

2011年，樱花吸油烟机SCR-3993S获红顶奖。

2012年，樱花成立电子商务营业本部。SCG6889G等产品获中国厨卫创新设计大赛创新产品奖"。

2013年，张永杰接任台湾樱花董座，台湾樱花开始由张永杰（张宗玺之子）、张永正（张宗明之子）共同领导。

2013年，日本热水器巨头日本能率以90亿日元（约合5.4亿元人民币）的价格收购樱花卫厨（中国）有限公司55%的股份，引进策略股东，加强双方在燃气热水器方面的科技合作。

2013年11月，蓝鸿奖任职樱花卫厨（中国）股份有限公司总经理。

2014年，CKIB-樱花获得中国厨卫产品创新大奖、"高效净化环保之星"称号；樱花公司获得"最具影响力企业"称号。樱花首创的线上"云安检"服务试行成功。

2015年，樱花都市时尚系列烟炉一体化设计获得2015年中国设计红星奖。

2016年，樱花燃气热水器环保恒温获中国家电艾普兰奖产品奖；E68燃气热水器获2016年ONE SHWO创意大奖。

2017年，樱花双旋风2.0系列吸油烟机3998获2017年AWE艾普兰产品奖；燃气壁挂炉SCL-28B55获红顶奖燃气壁挂炉类至尊大奖。

三、品牌识别

2013年，樱花整体厨房深耕江浙区域，快速拓展至全国各大区域，完成樱花整体厨房的战略提升，提出"创想·由心开始"品牌再造口号，致力于开发更贴近消费者需求的产品。

四、产品技术拓展

1995年，台湾樱花与日本长府制作所展开数码燃热技术合作，实现关键零组件技术本土化；

组建樱花公司实验中心。

1999 年，数码燃热技术移植到樱花中国。

2009 年，樱花中国、台湾樱花联合与长府制作所签订高效节能型数码燃热技术合作协议。

2011 年，华东实验中心通过认证成为国家认可实验室，实验中心总体投资共 2 000 万元人民币，引进德国尤尼专业燃气热值仪、美国安捷伦气相色谱分析仪、日本富士烟气分析仪、三组份自动配机等先进检测设备及仪器，可以对燃气热水器与燃气灶的燃气系统气密性、热负荷准确度、燃烧工况、电器性能等项目进行检测。

2016 年，樱花整体厨房被授予"2015 年《家用厨房设备》国家标准起草单位"。

五、广告策略

（一）广告代言人

2014 年 Ella（陈嘉桦）成为台湾樱花热水器代言人。

2015 年 Selina（任家萱）为台湾樱花整体厨房代言（包括樱花厨具柜体、樱花厨房精品电器、樱花永久免费厨房健检服务）。

（二）广告语及其变更

早期，樱花的广告宣传语为"樱花，我们为你想得更多"；

2004 年台湾樱花推出"把家热起来"品牌再造，唤起人们对家的热情；

2013 年樱花（中国）卫厨广告语升级为"创想，由心开始"；

2014 年樱花整体厨房的广告语为"携手实现厨房创想"。

（三）广告奖项

2007 年，台湾博达华商广告为樱花制作的橱柜广告成为 2007 年第 C 期龙吟榜佳作。

2010 年，台湾智威汤逊广告为樱花制作的橱柜广告《把家热起来》成为 2010 年第 A 期龙吟榜佳作。

（四）特色定位

2012 年，樱花正式启动"品牌再造"工程，梳理进入大陆市场的成长历程，将目标群体年龄范围继续明确在 25 ～ 40 岁；以入户访谈的方式深入研究其生活习惯，逐步调整产品、推广方式和渠道。

有别于其他厨电品牌大打价格战、聘请代言人、重金砸广告的激进和张扬，樱花卫厨的表现一直低调、内敛。樱花广告投放相对较少，且主要选择覆盖更广的央视媒体，以及少数地方卫视如四川电视台、浙江卫视、上海电视台。线下促销则处处可见，北至东三省，南至两广，西至新疆。

六、企业危机事件

2007 年，由于樱花卫厨顺利打入大陆市场，一度风生水起，成为首个销售额突破十亿的厨卫企业，迅速积累起品牌美誉度，成为山寨厂商竞相模仿的对象。从 2007 年开始，樱花卫厨采用法律途径对仿冒品牌进行维权诉讼。"苏州樱花""南通樱花""台湾樱花""大都樱花"等被法院判决认定构成商标侵权，侵权单位被要求停止生产、销售侵权商品，并赔偿樱花卫厨经济损失。

2011 年，因烟道式燃气热水器产品存有重大的安全隐患，为响应社会呼吁，樱花全面停产烟道热水器。

七、企业公关活动

2007 年，樱花卫厨（中国）有限公司捐助中国残疾人福利基金会。

2008 年汶川地震，樱花卫厨（中国）有限公司捐助 100 万元。5 月 30 日，樱花卫厨（中国）有限公司再次通过昆山市慈善总会向四川地震灾区追加捐款 40 万元人民币。

2009 年 6 月，樱花卫厨（中国）冠名赞助经国际排球联合会批准，由中国排球协会、中央电视台主办，昆山市人民政府承办的"樱花卫厨"杯中国昆山国际女子排球精英赛。

2011 年 5 月樱花卫厨（中国）冠名"樱花卫厨杯"全国体操锦标赛暨世锦赛选拔赛。

2014 年，在搜狐主办的"筑·爱 2014 搜狐焦点家居公益之夜"，樱花卫厨荣获 2014 年度社会责任杰出贡献奖。

2014 年樱花卫厨（中国）特别赞助中国蓝剧场。

八、延伸阅读

[1] 樱花官网 [EB/OL]. [2017-09-16]. http://www.sakura.com.cn/.

[2] 博锋, 池小红. 思想：中国家电首脑符号 [M]. 北京：人民邮电出版社, 2009.

[3] 郑锐洪. 营销渠道管理 [M]. 北京：机械工业出版社, 2012.

[4] 廖金泽. 非常渠道 [M]. 上海：上海交通大学出版社, 2006.

[5] 乐贵忠. 诚信是金 [M]. 上海：百家出版社, 2006.

[6] 新民传媒. 品牌超越一切 [M]. 上海：文汇出版社, 2010.

[7] 朱恒绕. 樱花卫厨（中国）有限公司产品管理探析 [D]. 华东理工大学, 2011: 23-24.

[8] 笑对金融风暴樱花卫厨逆势成长 [J]. 中国五金与厨卫, 2009(12): 28-30.

[9] 傅教智. 廖金柱所理解的热水器——樱花卫厨采访录 [J]. 现代家电, 2003(4): 48-49.

[10] 廖金柱. 行业发展需要一种坚持精神 [J]. 现代家电, 2009(16): 38-40.

[11] 阿斌. 为何台商钟情昆山 [J]. 两岸关系, 2000: 57.

[12] 搜狐网. 樱花体验馆：划时代的卫厨消费模式 [J]. 家用燃气具, 2011(1): 23.

[13] 石少菊. 服务承载品牌的基石——与樱花卫橱（中国）有限公司品牌总监水梓谈品牌观 [J]. 现代家电, 2005(10): 50-51.

[14] 赵晓飞. 善打渠道冲突战外来品牌立足大上海 [J]. 现代营销（经营版）, 2005(9): 26.

[15] 汤仲群. 自建营销网络 [J]. 企业活力, 2000(9): 16.

[16] 黄耀庆. 产品物有所值服务物超所值 [J]. 现代家电, 2014(22): 124.

[17] 戚娟娟. 廖金柱大陆企业很快就会成为对手 [J]. 中国企业家, 2001(10): 71-73.

[18] 万红强. 让"樱花"开遍千家万户——访樱花（中国）公司总经理廖金柱先生 [J]. 台声, 1999(7): 15-16.

[19] 戚庆燕. "樱花卫厨"告赢"樱花电器" [EB/OL]. [2015-11-12]. http://news.sina.com.cn/o/2009-

04-25/021415523577s.shtml.

[20] 陈仁义.Selina代言樱花传递爱[EB/OL]. [2015-11-12]. http://www.chinatimes.com/cn/newspapers/20150505000173-260204.

[21] 阳军.BBDO台湾击败JWT拿下樱花厨具CTP创意业务[EB/OL]. [2015-11-12]. http://www.yxad.com/News/guoneiguanggao/News_35160.shtml.

[22] 曾祥萍.能率收购樱花55%股权[N/OL]. [2015-11-12]. http://informationtimes.dayoo.com/html/2013-05/27/content_2262571.htm.

[23] 殷俊红.别被冒牌忽悠 樱花卫厨屡遭山寨侵权[EB/OL]. [2015-11-12]. http://www.ce.cn/cysc/zgjd/kx/200907/09/t20090709_19417453.shtml.

[24] 黄小容.樱花张永政：20年深耕，迎接全渠道，挑战新未来[EB/OL]. [2015-11-12]. http://www.sakura.com.cn/news/detail/25.

[25] 中国残疾人福利基金会鸣谢[N/OL]. [2015-11-12]. http://www.chinatimes.cc/site1/hxsb/html/2008-01/28/content_9531.htm.

[26] 以沫.樱花卫厨张永政：不惧被山寨，紧握需求脉动[EB/OL]. [2015-11-12]. http://www.abi.com.cn/news/htmfiles/2015-4/156146_1.shtml.

[27] 佛山市顺德区委社会工作部（区民政宗教和外事侨务局）张宗明[EB/OL]. [2015-11-12]. http://sdshgz.shunde.gov.cn/data/main.php?id=265-7270085.

[28] 曾丽芳.台湾樱花董座，张永杰接班[EB/OL]. [2015-11-12]. http://www.chinatimes.com/cn/newspapers/ 20130605000172-260202.

[29] 金姬."樱花"绽放的秘密[EB/OL]. [2015-11-12]. http://news.sina.com.cn/c/sd/2009-12-23/165819323222_4.shtml.

（蒋小燕　陈经超　李敬婧）

樱　雪

INSE樱雪

绿色智慧　樱雪厨卫

一、品牌简介

樱雪是中山市樱雪集团有限公司的品牌。该公司 1998 年创立于中山市南头镇，在北京、广州、深圳设立分公司，专业于研发、生产、销售燃气热水器、燃气灶具、吸油烟机、电热水器、消毒柜和壁挂炉等家用厨卫电器。2002 年，樱雪获得"中国名牌产品"称号。

二、品牌发展历程

1998 年，创立中山市樱雪燃气具有限公司。

2002 年，樱雪燃气热水器、燃气灶、吸油烟机、消毒柜被中国质量检验协会评为"全国质量稳定合格产品"。

樱雪牌燃气热水器被评为"中国名牌产品"。

2003 年，樱雪吸油烟机被评为"国家免检产品"。

2004 年，中山市樱雪集团有限公司成立。

2006 年，樱雪自动双调热水器同期达到行业领先水平。

2009 年，樱雪被认定为"中国驰名商标"。

2015 年，樱雪荣获全国质量诚信标杆典型企业。

2016 年，李荣坤董事长荣膺"2016 年度品牌创新人物奖"。

三、产品技术创新

樱雪集团与中国各大著名院校、全球著名电器研发机构深度合作，取得了显著的科技成果。截至 2017 年，拥有各项发明及实用新型专利 102 项。

2005 年，樱雪被评为"高新技术企业"。

2011 年，建成省级技术研发中心。

2013 年，建成省级工程中心。

2015 年，建成广东省院士专家企业工作站。

四、广告策略

（一）代言人

2009 年，樱雪签约香港艺人容祖儿作为代言人。

（二）广告奖项

2015 年，樱雪品牌全案荣获中国广告长城奖营销传播金奖。

五、企业危机事件

2002 年，樱雪被某些同行大肆中伤为"樱雪花 20 万元买中国名牌，花 10 万元买广东省名牌"，严重损害樱雪的声誉。

2012 年，樱雪从 2009 年开始连续三年登上质量黑榜。记者多次致电客服中心，负责人却推卸责任，导致樱雪企业形象在消费者心中大打折扣。

六、企业公关活动

（一）慈善捐赠

2009 年，樱雪集团向四川省汶川县漩口镇小学捐赠了价值 30 万元的热水器、被褥及文具等生活学习用品。

2015 年，樱雪电器为了改善任丘贫困人士生活，特别捐献了 100 台全新嵌入式灶具和活动善款，为任丘的公益事业带了个好头。

（二）事件营销

2016 年，樱雪电器成为"中国大学生广告艺术节学院奖"核心命题单位。

七、延伸阅读

[1] 中山市樱雪集团有限公司官网 [EB/OL]. [2017-08-28]. http://www.china-inse.com.

[2] 燃具业又爆贿评谣言 [EB/OL]. [2017-08-28]. http://www.cheaa.com/product/2002/ 1021/2037.shtml.

[3] 樱雪号称中国名牌 产品屡曝缺陷连续三年上黑榜 [EB/OL]. [2017-08-28]. http://dwz.cn/6v2J1v.

[4] 樱雪集团的创新与责任 [EB/OL]. [2017-08-28]. http://www.dvdc100.com/v-mt-d-20160128-n-436213313/.

（张季苹　苏文　庄佳）

优 博

一、品牌简介

优博为上海跨博电器有限公司所有品牌。该公司 2005 年成立于上海，主要从事即热式电热水器、即混式电热水器、热水龙头、热水宝、饮水机、壁挂机、净水器等产品的研发、制造、销售。2011 年，获"中国驰名品牌"称号。

二、品牌发展历程

2005 年，组建技术团队，开展即热热水器研发工作。

2008 年，热水余热回收器获得实用新型专利。

2010 年，注册优博商标。

　　　　获"中国著名品牌"称号。

　　　　获"全国产品质量放心消费联盟单位"荣誉。

2011 年，获"消费者首选十大品牌"荣誉。

　　　　获"中国驰名品牌"称号。

　　　　获"绿色环保首选产品"称号。

2015 年，即热式电热水器获外观专利。

三、产品技术创新

截至 2017 年，公司先后研发即热式热水器、即混式电热水器等产品，申报并获得授权专利 5 项。

四、广告策略

2011 年，聘请吴孟达代言优博热水器。

五、企业危机事件

2012 年，上海市质监局公布对该市热水器专项监督抽查的结果。上海跨博电器有限公司生产的优博快热式电热水器被查出有严重质量问题，容易引发触电、火灾等安全事故。

六、企业公关活动

2014 年，上海优博参加第三届中国·沈阳国际家博会。这是优博品牌的首次参展，大大提升了上海优博品牌在东北地区知名度，产生非常好的品牌效应。

七、延伸阅读

[1] 优博官网 [EB/OL]. [2017-08-29]. http://www.zgshyb.com/.

[2] 霍一夫. 上海优博、罗格等热水器电源线芯过细易引发火灾 [EB/OL]. [2017-08-29]. http://www.fabao365.com/news/915053.html.

（张季苹　王霏　庄佳）

鱼 跃

YUYUE
鱼跃医疗

一、品牌简介

鱼跃是江苏鱼跃医疗设备股份有限公司的公司品牌。前身是 1998 年成立的江苏鱼跃医疗设备有限公司,总部在上海。公司主要从事康复护理系列和医用供氧系列医疗器械的生产。鱼跃目前拥有 100 多项国家专利,被认定为国家火炬计划重点高新技术企,主要产品通过美国 FDA 认证、欧盟 CE 品质认证、日本 SG 安全认证等国际认证。

二、品牌发展历程

1998 年, 江苏鱼跃医疗设备有限公司成立。
2007 年, 公司更名为"江苏鱼跃医疗设备股份有限公司"。
2008 年, 鱼跃医疗在深圳交易所 A 股上市;成为江苏省首批"双百"企业。
2009 年, 荣获"国家火炬计划重点高新技术企业"称号。
2010 年, 成为江苏省医疗诊断护理设备工程技术研究中心。
2013 年, 在美国圣地亚哥成立海外研发中心。
2016 年, 鱼跃医疗获"国家认定企业技术中心"称号;鱼跃医疗德国子公司正式运营。

三、广告策略

鱼跃医疗主要依托中央电视台作为广告播出平台,选取央视新闻频道中知名度较高的节目《东方时空》和《共同关注》。广告场景结合产品特征,以家庭的温馨场景营造出轻松温馨的氛围,重点突出产品功能和使用方式。

四、企业公关活动

2008 年, 鱼跃医疗向汶川捐赠产品。

五、延伸阅读

[1] 鱼跃官网 [EB/OL]. [2015-11-15]. http://www.yuyue.com.cn/.

[2] 魏晋. 鱼跃品牌广告登录央视 [EB/OL]. [2017-09-17]. http://www.ydzz.com/news.php?col=66&-file=51228.

[3] 广告视频 [EB/OL]. [2015-11-15]. http://www.iqiyi.com/w_19rskshggh.html.

[4] 广告视频 [EB/OL]. [2015-11-15]. http://www.iqiyi.com/w_19rskshggh.html.

[5] 中华人民共和国民政部官网. 2004 年度全国爱心捐助奖获奖单位、个人名单及事迹简介 [EB/OL]. [2015-11-15]. http://www.mca.gov.cn/article/zwgk/tzl/200711/20071100003853.shtml.

（宣长春　林升栋　李丽芳）

远 大

一、品牌简介

远大集团创立于 1988 年，总部在中国长沙，员工 3 000 余人，集团下设 4 个子公司：远大空调有限公司，提供以燃气和废热为能源，制冷、制热、卫生热水一机三用功能的非电中央空调主机；远大洁净空气科技有限公司，提供洁净空气产品和空气检测仪器；远大能源利用有限公司，提供区域冷热电联产系统的设备、投资、设计、施工及运营服务；远大可建科技有限公司，致力于可持续建筑领域。

二、品牌发展历程

1988 年，在湖南郴州注册远大，公司主要业务为开发制热设备。

1990 年，无压热水锅炉获得中国发明金奖。

1991 年，无压热水锅炉获得巴黎国际博览会发明银奖。

1992 年，远大研制出第一台直燃型吸收式空调。

公司迁至湖南省省会长沙，开始大规模生产非电中央空调设备。

1997 年，远大空调销售额达 20 亿元人民币，占据非电空调市场 90% 的份额。

1999 年，远大开始生产一体化中央空调输配系统。

2003 年，远大空调有限公司成立。

2004 年，远大科技集团进入印度市场，并成立印度子公司。

2005 年，远大成立了远大空品科技有限公司，将集团业务从中央空调领域延伸到空气净化领域。

2008 年，远大可建科技有限公司成立，致力于建造经济、环保、抗震的节能建筑。

2009 年，远大能源利用管理有限公司成立。

远大空调成为上海世博会全球合作伙伴中唯一的中国民营企业。

2010 年，远大洁净空气科技有限公司成立。

三、产品技术创新

1988 年，研发出无压热水锅炉。

1992 年，研制出非电空调，以天然气为能源，能耗降低。

1999 年，研发冷热电联产系统，制冷制热零能耗。

2008 年，推出远大洁净新风系统。

2009 年，推出工业化可持续建筑，节约资源，提高工作效率。

2016 年，自主研发不锈钢芯板结构，延长使用寿命，进一步节约能源。

四、企业危机事件

2013 年，远大集团投资的天空城市项目被曝"未批先建"，有环保人士指责远大集团，认为建设天空城市会破坏当地最后一块湿地大泽湖，工程被迫停工。到 2017 年为止，天空城市项目已经停摆四年多，工地变鱼塘。

五、企业公关活动

2010 年，上海世博会远大馆 24 小时内搭建完成，由于 100% 实现工厂化制造，建筑垃圾只有传统施工所产生垃圾的 1%；此外，该建筑的耗能也只相当于传统建筑的 20%，生动体现了上海世博会"低碳、节能"的理念。

2012 年，远大可建集团发布了一则定时拍摄视频，展示了一座 30 层的酒店是如何在 360 小时（15 天）内建成的。视频一经发布便迅速被国内外网友点击和转发，在国外视频网站 YouTube 上的点击量超过 580 万次。

六、延伸阅读资料

[1] 远大集团官方网站 [EB/OL]. [2017-08-31]. http://www.broad.com.

[2] 企业与人类 [EB/OL]. [2017-08-31]. http://www.broad.com/NewsDetail-162.aspx.

[3] "天空城市"成鱼塘，谁该反思 [EB/OL]. [2017-08-31]. http://cq.people.com.cn/n2/2016/0701/c365408-28594295.html.

[4] 百度百科.上海世博会远大馆 [EB/OL]. [2017-08-31]. https://baike.baidu.com/item/%E4%B8%AD%E5%9B%BD2010%E5%B9%B4%E4%B8%8A%E6%B5%B7%E4%B8%96%E5%8D%9A%E4%BC%9A%E8%BF%9C%E5%A4%A7%E9%A6%86/10984822?fr=aladdin.

（谢璐　黄合水　庄佳）

兆 邦

一、品牌简介

兆邦是河南兆邦电器有限公司的品牌,该公司2002年成立于河南民权县,现有职工600人。该公司是专业从事制冷及保鲜冷藏设备生产的企业,主要产品有冷柜、商用冷藏陈列柜。

二、品牌发展历程

2002年,河南兆邦电器有限公司成立。

2005年,获"全国知名品牌"称号。

获"重质量讲诚信双保障"单位称号。

2007年,兆邦的立式冷藏陈列柜系列产品通过中国国家强制性产品认证。

2009年,兆邦收购河南冰熊冰粒机有限公司。

与日本松川株式会社合作,成立专用汽车项目。

三、产品技术创新

公司设有技术研发中心,专业从事新产品的开发和研制工作,从建厂到目前已独立开发了40多个产品,并荣获3项国家专利。

四、延伸阅读

[1] 河南兆邦电器有限公司官网 [EB/OL]. [2017-09-09]. http://www.zhaobang.com.cn/.

[2] 兆邦电器品牌介绍 [EB/OL]. [2017-09-09]. http://mp.ppsj.com.cn/zhaobang.html.

（严明君　王晶　庄佳）

正 野

一、品牌简介

正野是广东正野电器有限公司的品牌，该公司 1995 年成立于广东佛山，是一家专业从事通风、换气电器设备研究开发、生产及销售的企业。2006 年，广东正野获"国家免检产品"称号。

二、品牌发展历程

1999 年，获"中国优秀民营科技企业"证书。

2006 年，获"国家免检产品"称号。

2015 年，超能变频管道换气扇"黑精灵"研制成功。

三、产品技术创新

2006 年，组建广东省通风换气产品工程技术研究开发中心。

截至 2017 年，正野已开发出两大类（家用通风换气类；通用工程机械类产品），九个系列的通风换气产品，拥有八十余项自主知识产权。

四、广告营销策略

1996 年，成为国内较早引入 CIS（企业形象识别系统）的公司、制订企业 CI 手册。

五、企业危机事件

2001 年，广东正野（GENUIN）所属的广东伟雄集团有限公司、佛山市高明区正野电器实业有限公司、广东正野电器有限公司状告佛山市顺德区正野电器有限公司、佛山市顺德区光大企业集团有限公司的正野（ZHENGYE）品牌涉及商标侵权，属于不正当竞争。佛山市中级人民法院一审判正野（GENUIN）胜诉。

六、延伸阅读

[1] 广东正野电器官网 [EB/OL]. [2017-09-11]. http://www.genuin.com/sch/about/aboutus.php.

[2] 日用电器编辑部. 与时俱进, 变革创新——"正野"创品牌之路 [J]. 日用电器, 2009(12): 48.

[3] 王斗斗, 柴黎. 是搭名牌便车还是合法使用 最高法再审"正野"商标侵权案 [EB/OL]. [2017-09-11]. http://news.sohu.com/20081114/n260628592.shtml.

433

（严明君　黄合水　庄佳）

Z

一、品牌简介

志高空调是广东志高空调有限公司的公司品牌。该公司1994年成立于广东省，前身是兴隆空调维修中心，目前总部位于广东省佛山市南海区。该公司主要从事生产家用空调、中央空调、冰箱、洗衣机、制冷设备、生活电器等。

二、品牌发展历程

1989年，李兴浩创建兴隆空调维修中心。

1994年，广东南海志高电器厂成立并投产。

1997年，更名为"广东志高空调股份有限公司"。

2002年，承诺零配件终身免费更换。

2006年，推出"节能，健康，静音"为核心技术的"三超王"空调，作为其品牌的标志性产品。

2007年，志高正式与三菱、现代、威能、杜邦联合成立"空调品质联盟"。

2009年，志高控股在香港联交所上市，股票代码：00449.HK。

2012年，推出变频云空调，打造全球智能云大数据中心。

2015年，宣布建立空调"智能云+"生态系统；智能王空调凭借58项智能云功能获得世界纪录协会颁发的"世界最智能的空调"认证证书。

三、品牌识别

1997年，提出品牌口号"全球家庭新选择"。

2006年，提出"世界品质，志高创造"。

2015年，转型进入中高端市场，提出"高端空调引领者"口号。

四、产品技术创新

研发投入方面，志高成立技术研发中心、制冷技术研究院、智能家电研究院和国家博士后科研工作站、院士专家企业工作站等研发机构。

2012 年，"基于云计算技术的云空调系统"荣获国家发明专利和国家实用新型专利。

五、广告策略

2008 年，世锦赛太极拳世界冠军郭伊纳成为志高形象代言人。

2014 年 12 月，影星成龙代言志高空调。2017 年又与成龙续约 10 年。

六、企业危机事件

1994 年，志高空调遭遇大规模价格战，3 000 多台空调积压，合作的台商撤资。1995 年，董事长李兴浩以低于成本的价格出售存货。随后，志高空调被骗 1 000 多万元，合伙人撤资，资金被冻结。1997 年，供应商借钱解围。李兴浩说，是信誉挽救了志高。

2010 年，志高公司生产的康梦宝蚊帐空调被指不制冷，退换货率达 95% 以上，使得代理商损失惨重。7 月 7 日，志高认为产品设计存在缺陷，但并未以书面形式承认产品存在质量问题。8 日，福建经销商龚光明在志高总部大楼跳楼自杀，志高否认与该事件有关。10 日，志高声明，将承担蚊帐空调产品质量责任，以及因此给经销商带来的损失。

七、企业公关活动

（一）赞助冠名

2010 年，成为深圳 2011 年世界大学生夏季运动会空调独家供应商。

2016 年，志高空调中标里约奥运家用空调项目。

2017 年，赞助美国 NASCAR 汽车赛（National Association for Stock Car Auto Racing）；8 月，赞助西班牙"国王杯"帆船比赛。

（二）慈善公益

2008 年，向四川地震灾区捐款 350 万元。

2013 年，志高爱心公益捐助累计超 1 亿元。

八、延伸阅读

[1] 志高空调官方网站 [EB/OL]. [2017-08-02]. http://www.china-chigo.com/.

[2] "院士工作站"落户，志高厨电打造创新核动力 [EB/OL]. [2017-08-02]. http://home.fang.com/news/2011－04－29/4953989.htm.

[3] 刘新华，陈玉义．志高空调：挺直民族品牌的脊梁——记广东志高空调有限公司总裁李兴浩先生的创业人生 [J]. 中国绿色画报，2007(10):52-63.

[4] 李兴浩．志高空调的自主创新战略实践 [J]. 中国品牌，2007(10):14-15.

[5] 志高空调转型中高端 [EB/OL]. [2017-08-02]. http://news.ifeng.com/a/20141226/42801634_0.shtml.

[6] 志高打造创新型企业 迎来"黄金时代" [EB/OL]. [2017-08-02]. http://info.homea.hc360.com/ 2006/

04/111551311912.shtml.

[7] 志高空调续约"大哥"成龙10年 让中国制造再次伟大 [EB/OL]. [2017-08-02].http://www.fsonline.com.cn/p/191983.html.

[8] 志高生产空调不制冷 媒体曝经销商被逼跳楼 [EB/OL]. [2017-08-02].http://news.163.com/12/0320/11/7T1MAKBS00014AED.html.

[9] 志高赞助美国nascar全球顶级汽车赛 [EB/OL]. [2017-08-02].http://www.cqn.com.cn/auto/content/2017-07/06/content_4527494.htm.

[10] 志高赞助西班牙"国王杯"帆船比赛 [EB/OL]. [2017-08-02].http://www.lnsq.com.cn/cn/lengnuanzixun/2511.html.

（吴海谧　赵洁　静思宇）

中　诺

CHINO▸E 中诺

一、品牌简介

中诺是深圳市中诺电子工业有限公司的品牌，1997 年成立于广东深圳，前身是深圳市中诺投资发展有限公司，是专业从事有线通讯终端、无线通讯终端、移动通讯终端、网络通讯终端、OA 办公终端、三网融合产品的研发设计、生产制造和销售的高新技术企业。2012 年，获"全国质量检验稳定合格产品"称号。

二、品牌发展历程

1997 年，深圳市中诺通讯设备有限公司于深圳龙华成立。

2004 年，获"消费者认可诚信示范单位"称号。

2005 年，公司名称变更为"深圳市中诺电子工业有限公司"。

2006 年，获"国家免检产品"称号。

2010 年，被评为"保护消费者权益 315 信用品牌"。

2011 年，更名为"深圳市中诺通讯股份有限公司"。

　　　　获"国家高新技术企业"称号。

2012 年，获"全国质量检验稳定合格产品"称号。

2014 年，福建福日电子收购中诺通讯。

三、产品技术创新

1997 年，第一台中诺电话机面市销售，陆续开发十大系列五百多种款式的电话机，拥有自主知识产权的专利 30 多项。

2003 年，中诺导入无绳电话技术合作项目。

　　　　中诺与北京汉王科技公司签订 SIM 卡手写 PDA 电话合作项目。

2004 年，与华为科技有限公司共同合作研发无线公话。

2005 年，与华为科技有限公司签订精密注塑合作项目，共同研发可视电话，合作推出数字机顶盒。

2006 年，与法国 ALCATEL 合作研发商务电话，推出 2.4G 数字无绳电话。

2007 年，与华为技术合作推出 CDMA 无线手机。

四、企业危机事件

2013 年，广东省质量技术监督局公布电话机产品质量专项监督抽查结果，深圳市中诺通讯股份有限公司生产的电话机有 2 批次被检出不合格，还有深圳市中诺通讯股份有限公司生产的 1 批次宝泰尔电话机也被检出不合格。

五、延伸阅读

[1] 中诺官网 [EB/OL].[2017-09-07].http://www.chino-e.net/.

[2] 中国质量检验协会：深圳市中诺通讯股份有限公司 [EB/OL].[2017-09-07].http://www.chinatt 315. org.cn/2013zly/company_1349.htm.

[3] 福日电子：定增收购中诺通讯获批，并购主旋律不减 [EB/OL].[2017-09-07].http://www.infomorning. com/newspaperview.asp?id=16103.

[4] 中诺技术合作 [EB/OL].[2017-09-07].http://www.chino-e.net/index.aspx?menuid=5&type=articleinfo &lanmuid=9&infoid=95&language=cn.

（严明君　林升栋　庄佳）

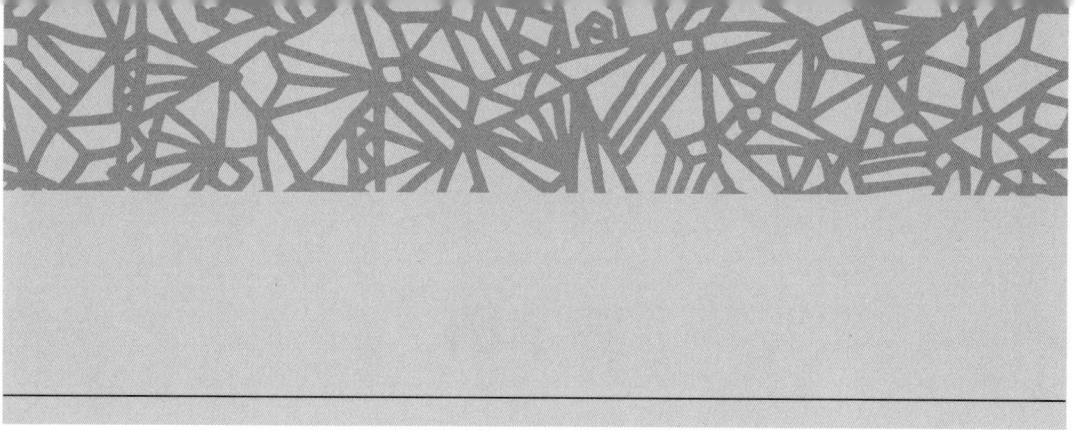

本书中的商标收集整理制作工作
由汤琪琦、周国平、邓绒、马阳阳、谢文萍、冯清完成。